ちくま学芸文庫

共産主義黒書〈アジア篇〉

ステファヌ・クルトワ
ジャン=ルイ・マルゴラン
高橋武智 訳

筑摩書房

LE LIVRE NOIR DU COMMUNISME
Crimes, terreur et répression
by
STÉPHANE COURTOIS, NICOLAS WERTH,
JEAN-LOUIS PANNÉ, ANDRZEJ PACZKOWSKI,
KAREL BARTOSEK, JEAN-LOUIS MARGOLIN

目次

共産主義黒書〈アジア篇〉

第2部　アジアの共産主義——「再教育」と虐殺のあいだ

中国の強制収容所システムの恐怖を世界に暴露し、
一九九七年十月九日に死去したジャン・パスカリーニに捧げる

ヨーロッパの共産主義と比較したとき、アジアの共産主義には、第一義的に重要な特殊性が三つある。第一に、一九四五年八月にソ連に占領された北朝鮮を除き、アジアの共産主義はおおむね、彼ら自身の努力によって生まれたという事実である。そのためアジアの共産主義国は(朝鮮戦争以後の北朝鮮も含め)、自前の政治制度を建設することができた。これらの体制はソビエト起源のマルクス-レーニン主義に基づくものではあるが、それと同じ程度に、自国の過去に根ざし、ナショナリズムを色濃くとどめている。ラオスは半分例外と言えよう。この国の弱さといったら、〈兄貴分の〉ベトナムを前にするとき、あまりにも明白である。

第二に、今これを書いている瞬間にも、アジアの共産主義は、きわめて大幅な譲歩という犠牲を払ったカンボジアを含め、依然として権力の座にあるという事実だ。最後の特殊性は、以上のことから了解されるように、基本的な公文書がいまだに公開されていない事実である。これには二つの例外がある。一つはポル・ポト時代にかんするカンボジアの記録だが、これ自体も精査される余地が大いにある。もう一つはモスクワのコミンテルンの公文書だが、アジア共産主義のどの国にせよ、権力をとる前のことについては、残念ながら沈黙を守っている。

しかしながら、これらの体制とその過去にかんする知識は、ここ十年のあいだに大きな前進を遂げた。ひとつには、今では中国、ベトナム、ラオス、カンボジアに行って、国内を旅行したり調査したりすることが比較的楽になったからである。他方では、重要性の高い情報源が入手可能になったことだ（もっとも、ある人々にとっては以前からそうだったが）。情報源の主たるものは公式のメディア（西側のさまざまな機関によって総合的に行われている放送の傍受をふくめ）だが、とりわけ、地方紙、過去の指導者たちの回想録の出版、国外亡命者たちの書いた証言、国内で集められる口頭の証言などである——要するに、大きなドラマは、アジアにおいては、それほど古いものではないということだ。

国内政治上の理由から、プノンペン当局はポル・ポト時代を悪く言うように、北京当局は文化大革命の猛威を告発するように奨励しさえしている。しかし、首脳部のあいだでどのような議論が交わされたかについては、依然として知ることができないままである。たとえば、毛沢東の「後継者に指名された」林彪《りんぴょう》元帥が、一九七一年に、なぜ、そしてどのように死んだかは今なお知ることができない。このような資料の選別的公開は歪んだ影響をもたらしている。文化大革命については、非常に優れた物語や、地域的あるいは分野別の優秀な個別研究がいくつか利用できる一方で、毛沢東の意図にかんしては謎に包まれたままである。特に、一九五〇年代の（中国とベトナムの）粛清や中国の大躍進の研究はまだほとんど手つかずなのが現状だ。今なお権力の座にある体制の、基盤そのものの再検討を迫るようなリスクがあるからかもしれない。中国西部の、最も広大で最も多くの死者を出した収容所群で起こったことは、ほとんど知られていないに等しい。

総体的に言って、共産党幹部や知識人の運命は、犠牲者の大半を占める「庶民」の運命よりもずっとよく知られている。つまり、事態を見るうえで錯覚を避けるのはそれほど容易ではないということだ。文字通り最後の「強硬派」共産主義国、北朝鮮がかたくなに国を閉ざしつづけており、ごく最近までそこからほとんど誰も逃れることができなかったという事実をこれに加えてもよい。

したがって、以下の議論の展開に、犠牲者の数のような基礎的なデータの場合も含めて、かなり不確かな概数的性格が残るだろうことは避けがたい。それにもかかわらず、極東の共産主義体制の究極目的と方法については、深刻な疑問が残る余地はあるまい……。

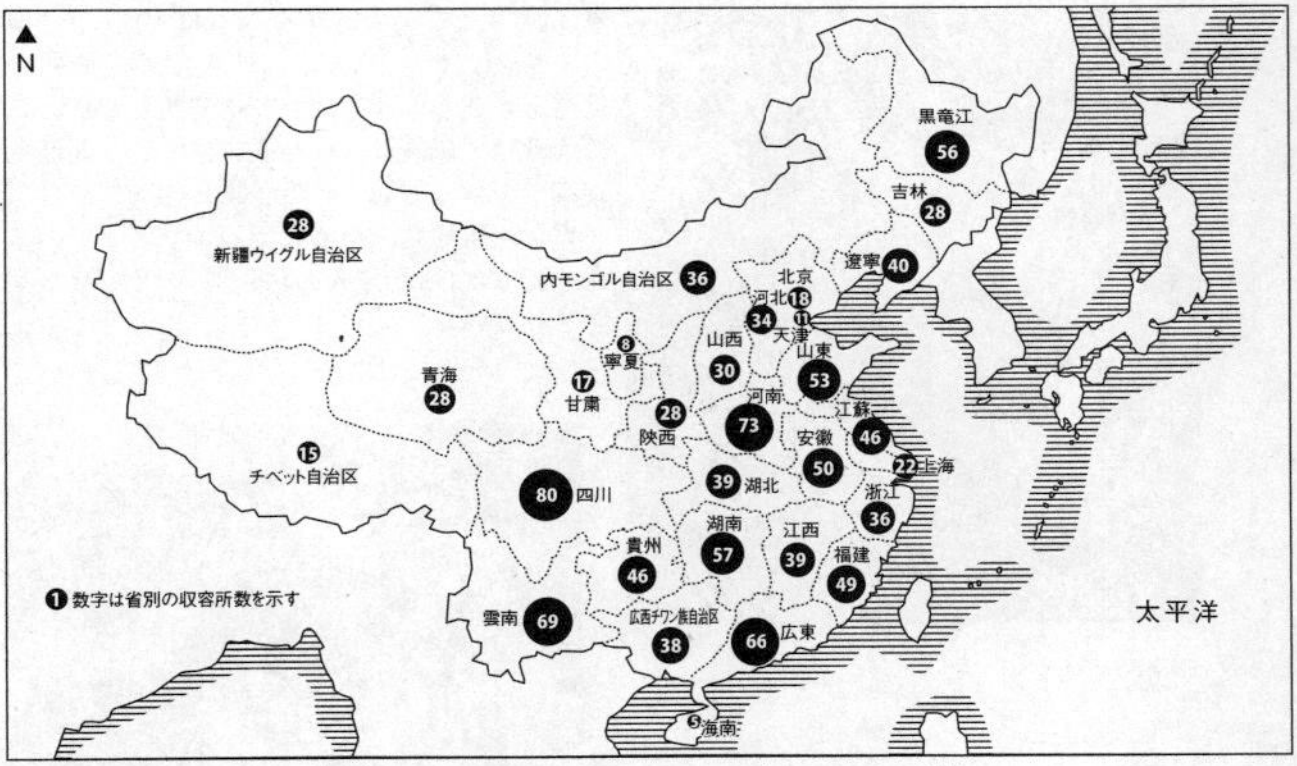

中華人民共和国内の労働収容所（省別収容所数）

◀毛沢東と中国の共産主義者は1949年に権力を掌握した。1958年、彼らは工業発展の促進をめざして「大躍進」を開始したが、この作戦は大飢饉という結果を招いた。共産党指導者たち（ここでは毛沢東と彭真）がプロパガンダ用写真のためにポーズをとっているあいだに、3000万人の中国人が死んだと推定されている。

▶1966年に始まった「プロレタリア文化大革命」によって、毛沢東は再び権力を取りもどしたが、同時に潜在的な内戦を引き起こすことになった。紅衛兵は破壊し、辱め、リンチし、暗殺した。写真はアジテーターの制裁にかけられた歴史家のChien Po Tsan。

◀「人民の敵」、すなわち、狂信者の一団からそのように名指された人々は、愚弄され、虐待され、しばしば処刑された。これは、「農民を搾取した」という理由で射殺される富農。

◀1973年、北京。毛沢東の言葉を借りれば「中国人民の偉大な友人」として、レーニンとスターリンの肖像が掲げられている事実は、中ソ紛争にもかかわらず、ソ連の創立者が依然として中国共産主義体制の本質的な引証基準であることを示している。

▲みずからを演出する権力。紫禁城の城壁の上から、中国共産党の指導者たちが、天安門広場に集まった人民共和国人民を見おろしている。彼らと、軍隊式に集合した人民との距離が、この体制の性格を物語っている。

▲天安門広場での紅衛兵のアジプロの場面。毛沢東がみずからの目的を達したと判断した時、今度は彼らの多くが弾圧をうける番になった。そのうちのある者は、何年も後になって、「文化大革命」とは何だったのかについて証言し、毛沢東の死後、「第五の現代化」つまり民主主義のための闘いに参加した。

▶1989年の春、北京の学生たち——もう一つ後の世代だが——が天安門広場を占拠する。どの要求よりも優越する彼らの要求は民主主義であって、それは毛沢東の巨大な肖像の前におかれた像に象徴されている。

▲数週間後、権力側は、大衆の支持をうけた学生運動にたいする武力の使用を決定した。戦車が配置され、6月4日夜、学生たちが泊まり込んだ現場を破壊する。約1000人の学生が殺された。

▶中国の反体制運動は降伏しなかった。反体制派は元紅衛兵の魏京生に象徴されている。「反革命の罪」で、最初は15年の懲役を言い渡された彼は、1995年12月、再び14年の刑を言い渡された。

◀▼中国にもグラーグがある。受刑者の労働力を使う工場−刑務所からなる広大な機構、労改がそれである。ここで作られた製品はしばしば輸出に向けられる。ソビエトのハンガリー干渉を批判したために、裁判なしで19年間閉じこめられていたハリー・ウーは、膨大な資料の収集に成功した。これは、ひそかに撮影された2枚の写真である。

◀1968年春、北ベトナムは南にたいする大規模な攻勢を開始する。ベトミン軍はフエの町を占領した。南ベトナム軍が同じ町を奪還した時、そこで発見されたのは死体がいっぱい詰まったいくつもの巨大な穴だった。

▶ベトナムにおける共産主義再教育センターの一場面。「再教育」には特別の目的がある。被拘留者は彼を閉じこめている体制を承認し、抑圧者のイデオロギーに賛同することを強制されるのである。

◀共産主義者にとって、「反革命分子」の処刑は、自分たちの政治・社会体制を押しつけるために、恐怖《テロル》の教育法に訴える機会である。

◀ 1975年の南ベトナムにおける共産主義体制の勝利と導入は、脅威を感じたベトナム人の大量脱出をもたらした。ボート・ピープルは、新しい独裁体制の下にとどまるよりも、荒れる海や海賊の襲撃というしばしば死につながる危険をおかして、間に合わせの船で逃げる方を選んだ。

▲ 1975年4月、カンボジア。勝利してプノンペンに入るクメール・ルージュ。15～16歳の少年である非常に若いこの戦士たちはすぐさま、首都からの全住民追放を決定した「ナンバーワンの長兄」、ポル・ポトの政治的道具になった。

▲ポル・ポト体制の崩壊後、親ベトナムの新しい政府が「ジェノサイド博物館」をつくった。そこには、身元確認不能なクメール・ルージュのテロルの犠牲者の頭蓋骨が何千となく展示されている。

◀元は学校だったツール・スレン刑務所は、悪夢にうなされるような拷問と処刑の場であった。子供、女性、男性、年寄り——どの囚人もむごたらしく処刑される前に写真をとられた。

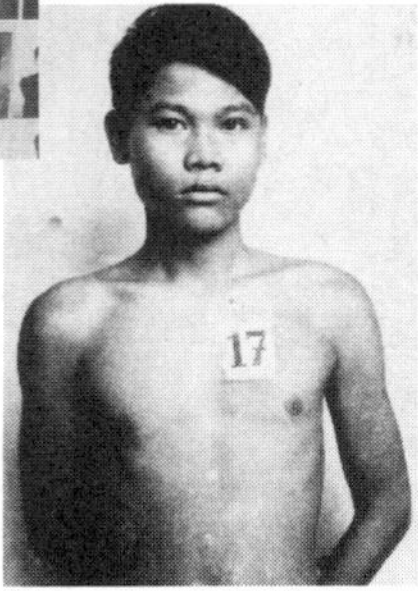

▶「通常、私は囚人が到着した時、彼らにピンで番号札をとめてから写真を撮ったものだが、裸で来た者には肌にじかに番号をつけたこともあった」（写真家の言葉）

▲1986年にもなお、ポル・ポトとその家族が、最も身近な同志たちと一緒に写真をとられたことがある。しかし、1997年7月には、ポル・ポトは彼自身の部下たちに捕らえられ、政治的下心に満ちた見せかけの公判のための疑似裁判に引き出された。

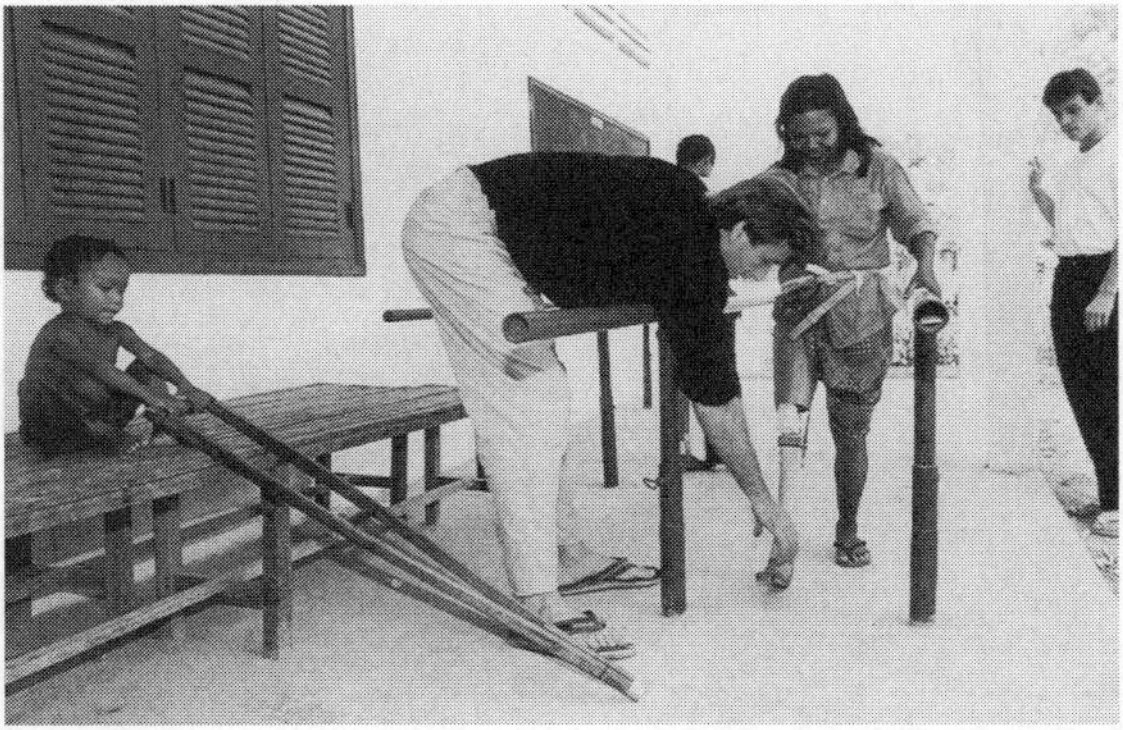

▲地雷原の後ろに立てこもって、クメール・ルージュは依然カンボジアのゲリラ地帯を維持している。この国は、手足の障害者が世界一多い国であり、それは特に青少年や子供のあいだに多い。

第1章　中国——夜のなかへの長征

ジャン＝ルイ・マルゴラン

「武装した敵を全滅させた後にも、さらに武装せざる敵がいるだろう。彼らもまた、必ずやわれわれに死に物狂いの戦いを挑むであろう。われわれは彼らを決して過小評価してはならない。もし今、問題をこのように提起し理解しなければ、われわれは最も大きな間違いを犯すことになろう。」

毛沢東(1)

共産主義中国における抑圧政策は、その「長兄」であるソ連における弾圧、その肖像画が一九八〇年代初頭にもなお北京[1]の一等地に見られたスターリンのソ連のやり方の複製《レプリカ》だったのだろうか? 共産党内部で大量の死者を出す粛清がほとんどなかった事実、あるいは、政治警察が比較的目立たなかった——舞台裏では、一九四〇年代の延安のゲリラ根拠地から一九七五年の死まで、政治警察の主人《あるじ》として康生が常に重みをもち続けていたにもかかわらず[2]——事実を考えれば、答えはノーだ。しかし——内戦は別として——この体制に原因を帰すべき非業の死者の総数を考えれば、答えはもちろんイエスだ。

多少なりとも信頼できる収支計算が存在しないにもかかわらず、確実な推定によると、六〇〇〇万人から一〇〇〇万人の直接的な犠牲者を挙げざるをえない。これには数十万人にのぼるチベット人が含まれている。さらに、何千万人もの「反革命者」が人生の長い時期を監獄制度のなかで送り、そこで命を落とした者はおそらく二〇〇〇万人にのぼるであろう。さらに、一九五九年から一九六一年にかけ、不当にも「大躍進」と呼ばれる時期に、二〇〇〇万から四三〇〇万人にのぼる「過剰な死者」が出た。この数字は、毛沢東という一人の男の常軌を逸した企図からのみ生じた飢饉、この壊滅的事態に対策を講ずることを受け入れさえすれば自分の誤りを認めることになったろうに、それさえも拒んだ犯罪的な彼の頑なさから生じた飢饉の犠牲者のことであった。その数を考慮に入れるなら、答えはなお一層イエスとなろう。最後に、チベット人がこうむったジェノサイドと呼んでもいい被害の規模を考えるなら、答えは断然イエスである。中国による占領の結果、「世界の屋根」〔チベット・ヒマラヤ地方〕の住人が、おそらく一〇人に一人から五人に一人の割合で殺されたのだ。一九八九年六月の天安門広場での虐殺（おそらく約一〇〇〇人の死者にのぼる）〔最近の研究では、広場自体では死者は出なかったとされる〕について、近い過去の中国の経験に照らせばまことに取るに足らないことだ、と指摘した鄧小平のあけすけに驚いて見せた態度は、期せずして正反対の事実を告白するものであった。

それに、上に挙げた数々の虐殺が苛烈な国共内戦の悲しい結果であったとか（内戦そのものはさほど苛烈ではなく、しかも現体制は一九五〇年にはすでにしっかり根をおろしていた）、あるいは単に忌まわしい歴史の継続だった、といった主張もほとんど成り立ちえない。日本軍による占領（だいたいこの占領は全般的な飢饉を引き起こしはしなかった）を除いて、多少なりとも比較の対象にできるほどの殺戮や広汎な飢饉を見出そうとすれば、十九世紀の第三・四半期まで溯《さかのぼ》らなければなるまい。しかしながら、それらの出来事にしても、毛沢東主義による残虐行為のような広がりをもったわけではなく、系統的・計画的な性格もなかった。とはいえ、中国の歴史の上でこの瞬間は、それ自体、例外的に悲劇的な時期だった事実に変わりはないが。

中国共産主義の検討は二重の意味で重要である。一九四九年以降、北京政権は赤旗の下に置かれた諸国民のうち、三分の二近くを統治していた。ソ連の消滅（一九九一）と東欧の非共産主義化の後には、実に十分の九に相当している。雲散霧消したに等しい「現実の社会主義」の運命が、中国における共産主義の今後にかかっていることはほとんど自明であろう。溯れば、中国は一九六〇年の中ソ決裂以後、公然とマルクス―レーニン主義の「第二のローマ」の役割を演じていたが、実質的にはそれは、長征の後、延安の「解放区」を確立した時期（一九三五―一九四七）以来のことであった。朝鮮、日本、ベトナムの共産主義者は時としてこの延安に避難しては新たな根拠を見出したものである。

　金日成政権が中国共産党の勝利以前まで溯り、その存在をソビエト軍による占領に負っていたとしても、政権が延命できたのは、朝鮮戦争のあいだの、一〇〇万にのぼる武装した中国人「志願兵」の介入（一九五〇年十一月）によるものであった。北朝鮮の抑圧方式はスターリン「モデル」に多くを借りているが、ピョンヤンの主人は、毛沢東主義（延安以降、中国共産主義と全面的に混同されている）からは、「大衆路線」（全住民のたえざる、また徹底的な指導と動員）と、その論理的な帰結である、社会管理の主要手段としての「生涯教育」の強調とを採り入れた。金日成は毛沢東を敷衍《ふえん》してこう断言している。「大衆路線とは、勤労大衆の利益を積極的に守ること、党の周囲に集結する彼らを教育し、また再教育して、党の周囲に結集させること、彼らの力に依拠すること、そして革命的任務の達成のために彼らを動員することにある[1]」

　中国共産主義の影響は、一九四九年より後に成立したアジアの共産主義体制にたいしては、さらに目覚ましいものがある。特に、北京に移り住んだベトナムの指導者、ホアン・ヴァン・ホアンの回想録[1]が出版されてから知られるようになったことだが、一九五〇年からジュネーヴ協定調印（一九五四）までのあいだ、きわめて多くの中国人顧問がベトミンの軍隊や行政機関に配置されており、また、約三万名の北京の兵士、特に工兵が、一九六五年から一九七〇年までの間、南ベトナムでの戦闘に出発した北ベトナム軍部隊の交代要員をつとめていたのである。ディエンビエンフー〔一九五四年、ベトナム民主共和国軍がフランス軍を破り、ジュネーヴ協定をもたらした〕の勝利者、ヴォー・グエン・ザップ将軍は一九六四年に、次のような間接的表現で中国の貢献を認めている。「中国の勝利ののち、一九五〇年以降、我が軍と我が人民は中国人民解放軍から貴重な教訓を引き出すことができた。われわれは毛沢東の軍事思想のおかげで自らを教育することができた。それは、我が軍の成熟度を規定し、相次ぐ勝利に貢献した重要な要因だった[2]」。ベトナム共産党（当時は労働党と呼ばれていた）は、いわばお返しとして、すでに一九五一年に党の規約にこう書いている。「労働党は、マルクス、エンゲルス、レーニン、スターリンの理論と、ベトナム革命の現実に適用された毛沢東の思想とを、党思想の理論的基礎と、また党の全活動の方向性を示す磁針と認める[3]」。大衆路線と再教育とは、ベトナムの政治体制の中枢に位置づけられた。延安で練り上げられた整風《ジェンフェン》（「活動スタイルの改革」）運動は、チンフアン〔漢字を当てると整訓〕とベトナム語に書き換えられて、一九五〇年代半ばの冷酷な粛清を

支配することになった。(1)

一方、クメール・ルージュのカンボジア(一九七五―一九七九)もまた、北京から強力な援助を受け、毛沢東自らが失敗したことを成功させようと試み、とりわけ主意主義的な「大躍進」神話を採用しようとした。

これらの政権は、毛沢東の政権と同様、好戦主義的起源の跡を強くとどめ(金日成が抗日ゲリラとしてのいわゆる武勲を誇っていたにせよ、北朝鮮ではこの傾向はそれほど強くない)、ついには社会の恒常的な軍隊化を結果するほどだった(軍隊化は中国ではさほど感じられない。中国は「前線」ではなかったからだ)。ソビエト体制のなかで政治警察が占めていた中心的位置が、ここではむしろ軍隊に帰せられ、時に直接弾圧の任務まで与えられることは特徴的である。

暴力的伝統によるのか?

すでに存命中から毛沢東はその全能ぶりによって、しばしば「赤い皇帝」と呼ばれた。気まぐれで、おそろしく自己中心的な性格、多くの死を招くことも辞さない処罰、最晩年まで続いた放蕩生活(2)について今日知られていることからすれば、彼をかつて「中華の国」に君臨した専制君主たちと同一視するのはあまりにも容易だろう。とはいえ、現代的統治のシステムにまで仕立てあげられた暴力は、リベラルとはほど遠いこの国の伝統をもはるかに超えたものである。

歴史上中国が繰り返して血なまぐさい衝動に駆られたことがなかったわけではない。一般にそれらの出来事は、世界の他の地域におけると同じように、宗教――これはまた宇宙の包括的ヴィジョンを指す世界観と切り離せないが――という媒体を利用して起こされたものだ。中国の二つの偉大な伝統――儒教と道教――を隔てるのは、理論的相違、あるいは項目ごとの対立というよりもむしろ、孔子の側は社会と合理性を強調し、道教の提唱者である老子の方は、個人と直感性、感性、さらに言えば非合理性を強調したところにある。ところで、すべての、あるいはほとんどすべての中国人のなかでは、中国的性格のこの二つの面が、割合は様々だが、共存している。

時として、危機の瞬間に、最も恵まれない人々、最も窮地に立った人々のあいだで道教がはっきりと優位を占めて、儒教の拠点、知識人のピラミッドにほかならぬ国家へ攻撃を仕掛けることがあった。終末思想と救世主思想をいだく宗派に触発された数多くの反乱がそれだ。一八四年の黄巾の乱〔道教の影響下の太平道による〕、五一五年の法慶を指導者とする弥勒教徒の反乱〔北魏末期の大乗教徒の乱〕、一一二〇年の方臘を指導者とするマニ教徒の反乱(1)〔北宋末期〕、一三五一年の白蓮教の乱〔紅巾の乱とも〕、一八一三年の八卦教の乱(2)〔天理教〈白蓮教の一派〉の乱とも〕など。

これらの運動のメッセージはどれもかなり似かよっている。それは道教と民衆仏教の混淆形態をとり、弥勒《マイトレーヤ》をしばしば前面へ押し出している。この未来の仏陀は輝かしい贖罪主として今すぐにも到来するのだが、「旧世界」の全面的破滅の形をとって実現されるはずであった。選ばれたエリートにほかならぬ信者たちはこの予言の実現に手を貸し、弥勒による救済を待たなければならない。信徒は家族の絆《きずな》までも含め、偶然的な関係はすべて断ち切るべきものとされた。魏王朝の年代記によれば、五一五年に「父たち、息子たち、兄弟たちはもはやお互いを見分けることができなかった」(1)と書かれている。

ところで中国では、道徳総体が家族の義務の尊重に基礎を置いている。したがって、もし家族間の義務が投げ捨てられれば、すべてが許されることになる。そのとき家族の代役を務める宗派《セクト》は個人を完全な支配下に置く。他の人々はすべて彼岸での地獄行き――とこの世での非業の死――を約束される。時には(四〇二年のように)、役人たちは細切れに切り刻まれ、もし彼らの妻子がその肉を貪り食うのを拒みでもすれば、自分たち自身が手足を切り取られることになった(2)。一一二〇年には、虐殺は数百万人にも及んだとみられる。いっさいの価値が転倒させられた。すなわち、一一三〇年のある布告によれば、「人々を殺すこと、それは仏法《ダルマ》を実現させることだ(3)」と言う。殺人は憐憫の行為である。なぜなら精神を解放するからだ。盗みは平等へと人々を引き寄せる。自殺は望ましい幸福だ。自分自身の死が恐怖に満ちたものであればあるほど、与えられる報いは大きくなるだろう、など。さらに十九世紀のある文書によると、「やおら切り刻まれた末の死は、緋色の衣をまとって天国に入ることを保証するだろう」[1]とも言われた。

しかしある種の見方からすれば、これら残酷な千年王国運動〔ユートピアの性急な実現を求める運動〕を、二十世紀のアジアの革命運動と比較しないですますことは難しかろう。前者は後者の多くの特徴を説明するには十分ではないが、それにもかかわらず、なぜ時として運動が勝利しえたのか、また、なぜ運動にともなう暴力が、一瞬とはいえ、多くの人々の目に正常でほとんど当たり前のものと見えたのか、を理解するのを助けるからである。

　しかしながら暴力にたいする社会的な歯止めは強かったし、結局ごく稀にしか秩序が乱されることがなかった事実もそこから説明されよう。中世の、いや啓蒙時代になってからも、ヨーロッパ人訪問者は古い帝国を象徴する太平にひとかたならず驚き、魅了されたものだ。地方の隅々に至るまで教えられていた公式の教義である儒教は、恩恵を君主の基本的な徳とし、家族になぞらえて国家を形成しようとした。人間主義的な諸原理と呼んでも決して時代錯誤にはならないこの態度から、虐殺に訴えることは厳しく退けられ、人間の命に高い価値が付与されていた。この事情はずっと時代を遡っても変わらない。約二十一世紀にわたる帝国の歴史を通じて基準とされてきた思想家だけにかぎっても、まず侵略戦争を次のように断罪した墨子（紀元前四七九―三八一年頃）が挙げられよう。「一人だけの殺人が犯罪とされる一方で、複数の殺人、たとえば、他の国を攻撃するような多数者の殺人が善行として賞賛されるとすれば、善悪の区別を知るなどと呼べるだろうか？」(1)

孫子のかの有名な『兵法』（紀元前五〇〇年頃）では次のように言われている。「戦いは火事のようなものだ。武器を置こうとしない者は武器によって滅びる」(2)。経済的に、可能なかぎり短期間だけ戦い、流血を最小限にとどめるのがよい。「持久戦がいずれの国にせよ利益をもたらした例はかつて見られたことがない……百戦百勝は最高の技量ではない……敵を打ち負かすのに秀でた者は、敵の脅威が具体化する前に勝利を収めるものだ」(3)。味方の軍勢を大事にすることは肝要だが、だからといって敵軍を絶滅させようと懸命になってはならない。「敵軍を捕虜にすることは敵軍の絶滅に優る……殺人を勧めてはならない」(4)。ここに見るべきは、道徳的宣言よりもむしろ、好機を捉えるべしという考慮であろう。殺戮と残忍な行為は敵の側に憎悪と絶望的なエネルギーとを呼び起こすばかりであり、敵はそれを利用し、状況を自軍に有利な方向に転換させうるかもしれない。さらにこうも言っている。征服者にとって「最良の政策とは、国家を無傷のまま奪いとることである。国家を滅ぼすことは次善の策でしかない」(5)。

これこそ中国の偉大な伝統（とりわけ儒教に顕著に表れている）に典型的な推論である。すなわち、倫理的原理は超越的なヴィジョンから派生するのではなく、調和と社会運営の有効性とを重視するプラグマティズムから生まれるのだ。このためにおそらく、倫理的諸原理に一層大きな有効性がもたらされることになろう。

これとは別に、もう一つ「プラグマティズム」があった。法家のそれだ。法家は孔子や孫子の同時代人だが、そのプラグマティズムは孔子・孫子とは逆に、社会を恫喝することにより、国家がその全能性を確立する必要性を強調したものである。が、かえってそのことによって、法家思想が栄光の時期を迎えたときに——すなわち秦の時代だが——社会を機能させる上での国家の根本的無効性を証明してしまった。紀元前三世紀の秦王朝が短命に終わったことでも明らかなとおりである。

王朝により事情は大いに異なりはするが、このタイプの権力の恣意性はむしろ次第に、特に北宋王朝（九六〇—一一二七）以降は少なくなっていく。遠隔の辺境地帯への流刑——赦免による帰京の可能性もないわけではない——は、失態を演じた官吏に科せられるものとしては最も普通の刑罰になった。唐王朝になってからの六五四年には、すでにより人道的な刑法が公布されていた。悔悟と同様に犯意が一層重視されるとともに、反乱の場合、自動的に追及された家族の連帯責任を問うことを廃止したものである。死刑執行に先立つ手続きがより複雑で時間のかかるものになると同時に、最もおぞましいいくつかの刑罰が廃止された。上訴の制度も設けられた(1)。

国家の暴力は全体として、限定され制限されているように見えたのである。もちろん中国の史書が、「最初の皇帝」である秦の始皇帝（在位紀元前二二一—二一〇）により、四六〇人の知識人と行政官が生き埋めにされたことを、おびえた筆致で記述していることは確かだ。明らかに毛沢東がモデルとしたこの秦の始皇帝はまた——破廉恥な施策においてさえ明断であって——すべての古典文献を焼き払わせ（いや古典文献に言及しただけで死刑を科し）、約二万人の地方貴族に死刑ないし流刑を言い渡させ、最初の万里の長城建設のため、何十万人とまではいかないまでも、何万人もの生命を犠牲にした。

反対に漢王朝（紀元前二〇六—紀元二二〇）になると、儒教が力強い復活をとげ、以後帝国は二度と、こうした暴政や頻繁な殺戮を経験することはなくなった。秩序は厳正で、裁判は厳格だったが、大きな反乱や外国による侵入の時期（残念ながらかなり多かったが）を別にすれば、他の大部分の古代国家に比べ、いや中世・近世のヨーロッパ諸国に比べても、人命はむしろよく保障されていたと言えよう。

たしかに、平和な時代だった十二世紀の宋王朝でも、三〇〇近くの訴因が死刑相当とされてはいたが、原則として死刑が言い渡されるたびに、皇帝による検証と副署が必要だった。戦争は通常数十万にのぼる死者を生み出したが、この高すぎる最終死亡者の数には、疫病、飢饉、洪水（黄河の——堤防で治水されてはいたが——下流が氾濫した壊滅的な事態を想像してもらいたい）による死者、また戦争にともなう交通網解体から生じた死者も加えられていると見なければなるまい。

このようにして太平天国の乱とその鎮圧（一八五一—一八六八）は、二〇〇〇万から一億人の死者を出したとされる。いずれにせよ、中国の人口は、一八五〇年の四億一〇〇〇万人から一八七三年の三億五〇〇〇万人に減少したのだ。(1) しかし、実際に意図的に殺戮されたと見なされるのは、この犠牲者全体の極小部分にすぎまい(太平天国下ではおそらく一〇〇万人前後)(2)。いずれにしてもこれは、数々の大反乱・西洋帝国主義による度重なる侵略・窮乏化した人民の絶望の増大などを特徴とする、例外的に激しい混乱期の出来事であった。共産主義革命家の登場に先立つ二、三ないし四世代が生きた時代は、残念ながらこうした文脈のなかにあった。このような文脈によってこそ、先行世代は、長い中国の歴史でも稀なレベルの暴力と、価値観の崩壊とに慣れていったのだ。

しかしながら、二十世紀前半の中国には、量的にも、様態から言っても、勝利した毛沢東主義の荒れ狂う猛威を予告するような要素はほとんどなかった。一九一一年の革命(辛亥革命)はそれほど悲劇的ではなかったにしても、それに続く十六年のあいだ、国民党が半安定化状態を押しつけるまでには相当数の殺戮が行われた。たとえば革命の中心地だった南京の場合がそれで、一九一三年七月から一九一四年七月までのあいだに、独裁者、袁《えん》世凱《せいがい》は数千人を処刑させた。(3) 一九二五年六月、広東の租界警察は、労働者デモへの参加者五二人を殺害した。一九二六年五月、北京での抗日デモの際、平和的に行動していた四七人の学生が命を落とした。とりわけ、一九二七年四―五月、上海で、ついで東部の他の大都市でも、新政権の指導者、蔣介石と、地元の犯罪者集団からなる秘密結社との奇妙な同盟によって、数千人の共産主義者が処刑された。この事件を舞台とするアンドレ・マルローの『人間の条件』は、共産主義者を機関車のボイラーに投げ込むような、ある種の処刑の残忍性について触れている。共産党と国民党のあいだの内戦のこれら初期のエピソードは、長征（一九三四―一九三五）と同様、非常に大規模な殺戮をともなうものではなかったように思われるが、一九三七年から一九四五年までの日本軍は、広大な中国の占領地域で無数の残虐行為を犯したのだった。

これらの行為の大部分より、はるかに多くの死者を出したのが一九〇〇年、一九二〇―一九二一年、および一九二八―一九三〇年の飢饉であった。いずれも旱魃に襲われがちなこの国の北部ないし北西部を襲ったもので、第二の飢饉は五〇万人の死を、第三の飢饉は二〇〇〇万から三〇〇〇万人の死をもたらした。(1) しかし、第二の飢饉は内戦に基づく交通網の解体のため、さらに深刻になったとはいえ、そこになんらかの「飢饉を企てる陰謀」があったとは言えないし、したがって虐殺という語を使うことはできない。

しかし、二〇〇万から三〇〇万人（すなわち、住民二〇人にたいし一人以上）が餓死し、人肉食の行為すら見られた、一九四二年から一九四三年にかけての河南の場合は事情が同じだったとは言えない。収穫が壊滅的だったにもかかわらず、重慶の中央政府はいささかの減税も許さず、きわめて多くの農民が全財産を没収されるにいたったのであるから。内戦の前線だったという事実は何の言い訳にもならない。農民たちは無給のまま、長さ五〇

○キロメートルの対戦車壕の掘削のような夫役を課せられたが、この壕は何の役にも立ちはしなかった。[1] 河南では内戦がわずかながら口実になりえたとしても、そこにはすでに、大躍進の際の弊害が不吉な顔をのぞかせている。いずれにせよ、農民の恨みは深かった。

最も頻繁に行われた残虐行為、したがって合計すれば、間違いなく最も多数の死者を出した残虐行為はひっそりと展開され、ほとんど何の痕跡も残すことがなかった。それは、中国農村部という大洋のなかで、いくつもない幹線からも遠く離れたところで、貧乏人（または半貧乏人）が貧乏人にたいし行った戦いのことである。その場かぎりのこれら殺戮者のなかには無数の盗賊がいた。彼らは時には恐ろしい徒党を組んで、略奪し、恐喝し、身代金を強要し、抵抗する者を、身代金の支払いが遅れた場合は、人質を殺したものである。盗賊たちが捕まると、農民たちは、嬉々として彼らの処刑に立ち会った。

しかし多くの場合、兵隊の方が、彼らの戦いの相手のはずの盗賊よりさらに大きな災いだった。一九三二年に福建省から出された請願書は、「今後は盗賊とだけ戦えばすむように[2]」と、いわゆる秩序維持部隊の退去を要求している。一九三一年には同じ省で、二五〇〇人の兵士からなる部隊の多数が、限度を超えた略奪と強姦を犯したため、憤激した農民の手で殺戮された。一九二六年には湖南省西部の農民は、秘密結社の紅槍会を隠れ蓑につかって、敗れた軍閥の配下の「盗賊兵士」約五万人を同じように処分したといわれている。一九四四年に、やはり同じ地方で日本軍が攻勢に転じたとき、大勢の犠牲者を出した前年の夫役を思い出した農民たちは、敗走する兵隊を追跡し、時には生きながら埋めたものである。死んだのは約五万人にのぼった(1)。とはいえ、この兵士たちもまた、彼らの死刑執行人と同じように哀れな連中、同じように貧乏な農民にすぎず、不運にも徴兵にとられ恐怖におびえていた犠牲者にほかならなかった。徴兵制度こそ、アメリカの将軍、ウェドマイヤーの言葉を借りれば、飢饉や洪水と同じように村民に襲いかかり、自然災害以上の犠牲者を生み出したものであった。

一般に激しさの点ではそれより劣るが、その他多くの反乱が起こった。それらは土地税、阿片税、酒税、豚の屠殺税、夫役、高利の貸付、不正な裁判……など、行政機関による収奪と感じられるものを目の敵にしていた。しかし最悪の打撃は、しばしば農民自身が他の農民に向けて加えるものだった。村同士、氏族同士、秘密結社同士の残酷な戦いは田園を荒廃させ、殺された先祖への崇拝も手伝って、消しがたい憎悪を生み出したのだ。たとえば、一九二八年九月、江蘇省のある県の小刀会メンバーは二〇〇人の大刀会メンバーを殺戮し、六つの村を焼き払った。十九世紀の終わりから、広東省東部は、黒旗の村々と紅旗の村々とに分断され、激しく敵対していた。同じ地方の普寧県では、林《リン》氏族が、不幸にもホーという苗字をもった人々全員を追い回し殺すという事態まで起こった。ハンセン病患者も例外なしに、生きながら焼かれ、また多数のキリスト教徒も殺された。こうした抗争は、決して政治的なものでも、社会的なものでもなく、ただ、土地の小名士たちがこれによって支配を強化するだけだった。敵とされるのはしばしば移住者であり、川の反対側に住む人々にすぎなかった(1)……。

テロルと切り離せない革命(一九二七―一九四六)

しかしながら、一九二八年一月、ある紅旗の村に、深紅の旗を翻《ひるがえ》した部隊がやって来たとき、村民は中国における最初の「ソビエト」の一つ、彭湃《ほうはい》が指導していた海豊・陸豊のソビエト政権に熱烈な気持ちで加わったのだった。初め共産主義者たちは注意深くも曖昧な態度を取りながら、演説によって地元民の憎悪をかきたて、最終的には、理路整然たる自分たちのメッセージを通じて、村民の心を自分たちの目標の側に獲得した。と同時に、新参党員が残酷きわまる衝動に身をまかせることは認めたのである。このようにして、文化大革命やクメール・ルージュ政権が最も荒れ狂った時期の予兆ともいうべきものが、それより四、五〇年も前に、一九二七年から一九二八年にかけての数カ月間に起こったのだ。

この運動は、一九二二年以降、共産党の組織した農民組合が展開する強力な扇動によって準備されたうえで、「貧農」と、倦むことなく弾劾される「地主」とのあいだの極端な二極化――伝統的な紛争からいっても社会的な現実からいっても、特にこうした分割が強調されていたわけではないのに――へと到達していたのである。しかし、借金の棒引きと小作制の廃止によって、ソビエトは広汎な支持をかちえていた。彭湃は「民主的テロル」の体制を確立するためにこの支持を利用した。全人民が「反革命主義者」の公開裁判に招かれ、被告はほとんどいつも同じように死刑を宣告されたものだ。人民は処刑に参加し、犠牲者を少しずつ切り刻む作業に専念する赤衛隊員に向かって「殺せ、殺せ」と叫び、時にはその肉片を料理して食らい、あるいはまだ息絶えていない受刑者の目の前で、その家族に食べさせた。すべての人が饗宴に招かれて、元地主の肝臓や心臓を分け合った。また全員参加の会合では、切り取ったばかりの首を乗せた杭が一列にならぶ前で演説が行われた。

のちにポル・ポトのカンボジアでも見られたことだが、復讐のための人肉食《カニバリズム》への嗜好は、広く東アジアに行き渡っていたきわめて古い祖型に対応するもので、中国史でも極端な変動期にしばしば出現したことがある。たとえば、煬帝《ようだい》（隋王朝の）は六一三年の外国（高句麗）侵略期にあたり、最も遠い親戚までも迫害することで反逆者に復讐した。「最も重い処罰を受けた者たちは、四つ裂きの刑（四肢を四頭の馬で引っ張る刑）のうえ、首を竿の上にさらされるか、四肢を切り取ったうえ、矢で射すくめる刑に処せられなければならなかった。皇帝は高官たちに、被害者の肉を一切れまた一切れと呑みこむよう厳命を発した」[1]。偉大な作家であり、共産主義が民族主義・反西欧主義と一体化する以前に共産主義を賛美していた魯迅《ろじん》は書いている。「中国人は食人種である」……と。

こうした血まみれの狂宴ほどに人気がなかったのは、一九二七年の赤衛隊による寺院内での道教の呪術師兼宗教家への暴行だった。そのとき忠実な信徒たちは偶像を守ろうとして赤く塗ったものだ。このことは彭湃が神格化され始めていたことを物語るものであろう。ソビエトが支配していた四カ月のあいだに、大勢の貧者を含め、五万人がこの地域から逃げ出した(1)。

彭湃(一九三一年に銃殺)はまぎれもなく、軍隊化した農村共産主義の発案者だった。ただちにこの方針は、その頃まで周辺的存在にすぎなかった一人の共産党幹部、毛沢東(彼自身が農民の出身である)の取り上げるところとなり、理論化されて有名な『湖南農民運動視察報告』(一九二七)となった。当時、蔣介石の国民党の弾圧下に総崩れの状態にあった、都市的・労働者的な共産主義運動に取って代わったこの代案は、急速に力を得、早くも一九二八年には、湖南省と江西省の境界にある井崗山《せいこうざん》山中に、最初の「赤色基地」を建設するにいたった。基地の本拠は拡張補強され、この湖南省東部〔正しくは江西省の瑞金〕において一九三一年十一月七日(ロシアの十月革命の記念日にあたる)、中華ソビエト共和国の成立が宣言された。毛沢東は人民委員会議の主席となった。一九四九年の勝利に至るまで、中国共産主義は様々な変貌や恐るべき失敗を経験することになるが、そのモデルはここに確立されたのであった。すなわち、革命の力学を国家の建設に集中させること、さらには、本質的に好戦的なその国家を、敵の「傀儡」国家——この場合は蔣介石の指導する南京の中央政府のことだが――とその軍隊についには打ち勝ちうるような軍隊の建設に集中させることが眼目だった。したがって、革命段階においてさえ、軍事的・抑圧的側面が一義的かつ始源的であったことは少しも驚くにあたらない。

この点で、中国の場合は、ロシアの初期ボリシェヴィズムから遠く離れているが、マルクス主義からはなお一層遠いのだ。中国共産党の創立者たち、とりわけ彼らの「頭脳」とも言える理論的指導者の李大釗《りたいしょう》が一九一八―一九一九年に共産主義にたどりついたのは、権力獲得と民族的・革命的国家強化の戦略へと単純化されたボリシェヴィズムを媒介としてのことであった。[1] かくて中国共産党が勝利する所ではどこでも、兵営社会主義（および特別法廷と銃殺用射撃班）が根を下ろすことになる。彭湃がそのモデルを提供していたことは間違いない。

中国共産主義の抑圧的実践の特異性の一端は、にわかには認めがたいだろうが、次の事実に起因している。すなわち、一九三六年から一九三八年のスターリンの「大テロル」に先立って、中国のソビエトで大テロルがあった、という事実だ。いくつかの推定によれば、一九二七年から一九三一年のあいだに江西省だけで、戦闘によらない犠牲者を一八万六〇〇〇人も出したのである。[2] その大半は、ほとんど即時実施された急進的な土地改革、重税、軍事的必要によってのみ正当化されうる青年の動員などへの抵抗から来たものだった。住民のいだいた嫌悪感はきわめて根強かったので、共産主義が特にラジカルだった所（一九三一年以降、毛沢東は住民を遠ざけるような行き過ぎたテロリズムのかどで批判され、一時的に指導力を失った）や、地元出身の幹部が脇役に追いやられた所（たとえば、ソビエトの「首都」、瑞金周辺など）では、南京軍の攻勢にたいしてもわずかな抵抗しかできないほどだった。

抵抗がより盛んになり、時には勝利さえしたのは、もっと後に建設された、より自立的な「基地」においてだった。そこでは幹部たちが恐怖政治から苦痛に満ちた教訓を引き出したからである。(1) これと同様の緊張は、延安を中心とする陝西《せんせい》省北部の基地でも見られたが、共産党はもっと選別的で流血の少ない抑圧方法に訴えて解決することを学んだのだった。農民に課せられた税の負担は恐るべきものだった。一九四一年には収穫の三五％が天引きされたが、これは国民党が保持する地域での四倍に相当した。村人たちは公然と、毛沢東の死さえ望むようになった……。党は抑圧を加えたが、譲歩もせざるをえなかった。すなわち――大規模に、しかし密かに――阿片の栽培と輸出を行ったのだ。(2) これにより、一九四五年まで、基地の公的収入の二六―四〇％が賄われることになる。

共産主義体制の国で往々にして見られるように、権力の暴虐は、活動家がその犠牲となった場合により大きな痕跡を残した。活動家には他の人たちと比べ、よりよく自己表現する力があり、とりわけ彼らが参加していたネットワークがしばしば存続しえたためである。なかには数十年たってやっと権力濫用が清算をみた場合もある……。最も弾圧の標的となった幹部はほとんど常に、彼らが活動していた地元の住民と最も絆の強い人々だった。彼らの敵の方は中央機関への従属度がより強く、相手の「地方主義」を糾弾した。たしかに地方主義には、与えられた指令の当否を論ずることも含め、ある種穏健な態度をとらせる要素がしばしばあったからである。

しかしながらこの対立の陰には、もうひとつの対立が隠されていた。地元活動家は農民のなかの富裕階層、特に急進的なナショナリズムに基づいて共産主義に行きついた地主家族の出身であることが多かった（地主家族はまた知識層の大半を輩出させていた）。これにたいし「中央の」活動家、「正規」軍の兵士はといえば、その多くが、体制の周辺に追いやられた人々、社会の落伍者たちから徴募されていた。盗賊、浮浪者、乞食、無給の兵士、女性だったら娼婦といった連中で、すでに一九二六年から、毛沢東はこの人々に革命において重要な役割を演じさせることを考えていた。「こういう人々は実に勇敢に戦うことができる。正しいやり方で指導されれば、彼らは革命勢力となることができる」(1)。ずっと後の一九六五年、毛沢東がアメリカのジャーナリスト、エドガー・スノーに向かって、自分のことを「星のもと、穴だらけの傘をさして歩む年老いた僧」(2)と述べたときも、彼はまだ自分をこれらの連中と同一視していたのではなかろうか？

残りの住民はといえば、少数の断固たる反対派（彼らもまたしばしばエリート層に属していた）を除くと、農村における共産党の階級基盤と見なされた「貧農と下層中農」も含め、その受け身ぶりと「態度の冷淡さ」が特に目立っていた……、と共産主義の指導者たちは言っている。ただただ党のおかげで社会的存在になれ、幹部に昇格した落伍者たちは、多かれ少なかれ漠然とした復讐心に燃え、「中央」[1]の支持を背景に、最も過激な解決策に訴える自然発生的傾向をもち、場合によっては地元幹部の一掃という手段にまで走ることになった。一九四六年以後の、土地改革をめぐる数々の血なまぐさい暴走事件は、このタイプの矛盾から説明されよう[2]。

　確認されたかぎりで最初の大きな粛清は、一九三〇―一九三一年にかけ江西省北部の東固の根拠地で荒れ狂った。この地域では、上に述べたような緊張が、国民党右派につながる政治警察組織、ＡＢ（「アンチ・ボリシェヴィキ」の略）隊の強力な活動によって深刻になった。この部隊は共産党員のあいだに裏切りの疑惑の種を巧みに播いたものである。共産党は秘密結社から広く党員を募っていた。一九二七年に三点会〔三合会とも〕のリーダーが入党したことが決定的な援軍となったのである。まず大勢の地元幹部が処刑され、ついで粛清は紅軍に向けられた。およそ二〇〇〇人のメンバーが抹殺された。捕らえられたのち逃亡し、「党の皇帝」毛沢東にたいする反乱を起こそうとしていた幹部たちは、交渉の席に呼ばれたが、逮捕されて殺された。麾下の一部隊が反乱を起こした第二軍〔正しくは紅二十軍〕は完全に武装解除され、その将校は処刑された。迫害は一年以上にわたり、大量の民間幹部と軍幹部が殺戮された。犠牲者の数は数千の規模に達した。革命根拠地の創立者を含む、地元の最高幹部一九人のうち、一二人が「反革命的」だとして処刑され、五人は国民党に殺され、一人は病死し、最後の一人はこの地域と革命を捨て去った。(1)

毛沢東の延安滞在初期の出来事だが、この根拠地の創立者で伝説的なゲリラ、劉志丹《りゅうしたん》が除かれたのも、これと同じパターンに属するように思われる。この図式は、良心の呵責を感じない点では同じだが、そのマキャヴェリズムにおいてはより一貫している中央機関のありようを示している。この事件の責任者は「モスクワの男」といわれた「ボリシェヴィキ」、王明《おうめい》だったようだ。当時はまだ指導部内で孤立していなかった彼は、劉の部隊を支配下に置こうと望んでいた。劉の方は自信をもっていたので、逮捕されることを受け入れ、拷問されても、自分の「裏切り」を自白することはなかった。そこで彼の部下の主な者たちは生き埋めにされた。王明のライバルであった周恩来は劉を釈放させたが、劉は自分の指揮権の自立性を保持するのだと主張し続けたため、「強硬な右派」と宣告され、前線に送られ、そこで殺された。たぶん銃弾を背後から浴びて(2)……。

一九四九年以前の時期で最も有名な粛清は、一九四二年六月に、延安で最も優秀な共産党知識人を襲うことから始まった。毛沢東が、それから十五年後に全国レベルで再び行ったのと同様に、彼はまず二カ月のあいだ、きわめて大幅な批判の自由を許可した。ついで突然、すべての活動家は、確立していたはずの男女平等の形式主義を告発していた丁玲《ていれい》と、芸術家のために創造の自由と権力にたいする意見具申の自由を要求していた王実味《おうじつみ》の二人にたいして、数えきれないほどの集会を通じて「闘争する」よう「促され」たのである。力尽きた丁玲は自らを貶《おとし》める自己批判を受け入れ、屈服しようとしない王を攻撃した。共産党を除名された王は投獄され、一九四七年、延安からの一時的撤退の際に処刑された。一九四二年二月、党主席の『文芸講話』のなかで展開された知識人の政治への服従という教義は、以後、法律に等しい価値をもつことになる。この服従が得られるまで整風のための会合は繰り返されるのだった。

粛清が再燃し、拡大し、多くの犠牲者を出すようになったのは一九四三年七月初めのことだった。不十分さや密かな疑念から活動家たちを保護するという大義名分をもったこの「搶救運動《そうきゅう》」〔搶救とは緊急救助の意味〕の不吉な中心人物は、一九四二年六月に毛沢東により、整風運動を監督すべき組織、新機軸の中央学習委員会のトップに据えられた政治局員康生《こうせい》である。黒革を着込み、黒い馬に乗り、獰猛な黒い犬を連れ、ソビエトのＮＫＶＤ《エヌカーヴェデー》で教育されたこの「黒幕」は、共産主義中国で最初の本物の「大衆キャンペーン」を組織することができた。すなわち、批判と自己批判の全面化、別の逮捕を可能にするような自白にいたる選別的逮捕、公衆の面前での侮辱、殴打を内実とするキャンペーンであり、毛沢東の思想を無謬と宣言し、それだけをお墨付きの根拠にまで高める運動だった。ある会議の際、康生は出席者一同を指さして宣言した。「お前たちは全員、国民党の手先だ……。お前たちの再教育にはまだ長い時間がかかるだろう」(1)。逮捕、拷問、死亡（「中央」だけでも約六〇人。その多くは自殺による）が広がり、毛沢東が「スパイは毛皮の毛の数ほどに大勢いる」[1]と断言していたとしても、党指導部が不安を覚えるほどだった。

八月十五日から弾圧の「違法な方法」が禁止され、十月九日には、それまでも度々あったことだが、毛沢東は豹変してこう宣言した。「われわれは誰一人殺してはならない。大部分は逮捕されるいわれさえなかった人々だろう」[2]。こうしてこの運動は最終的に中断された。十二月、康生は事実上の自己批判のなかで、逮捕者のうち、有罪なのはわずかに一〇％だけだったこと、そして、死者たちは名誉回復されるべきであることを認めざるをえなかった。彼のキャリアは、一九六六年の文化大革命の勃発まで上昇することはなかった。一方、一九四四年四月、毛沢東は高級幹部の集会で謝罪し、無実の犠牲者たちを称えて三度頭を下げ、初めて拍手喝采を浴びた。またしても、彼の自然発生的な過激主義は強い抵抗に出会ったのである。しかし、一九四三年のテロルの記憶は、それを体験した人々の心から薄れることはなかった。[3]毛沢東はテロルで人気を失いはしたが、その分だけ、人心に恐怖を植えつけたのである。

〈ソビエトのスターリン主義者が見た延安での毛沢東主義者の方法〉

党の規律は、批判と自己批判の馬鹿馬鹿しいほど厳格な形式に基づいている。だれが批判されるべきか、なぜそうされなければならないのかを決めるのは、細胞責任者である。一般に毎回一人の共産党員が「攻撃」の対象となる。全員がそれに参加し、誰一人それから身をかわすことはできない。「被告」には唯ひとつの権利があるだけだ。自分の「誤り」を悔いることである。彼がもしも無実だと考えたり、「悔悛の念を表す」のに生ぬるすぎると、攻撃がまた初めから繰り返される。それはまさしく心理的な調教だ。(…)私は悲劇的な現実であることを理解した。毛沢東が「精神の浄化」と呼ぶ、この残酷な心理的強制方法は、延安の党組織に息詰まるような雰囲気をつくり出していた。少なからぬ数の共産党活動家が自殺したり、逃亡したり、精神病患者になったりした……。整風の方法は「誰もが他人の内面の思想をすべて知るべきだ」という原則に則《のっと》っている。このように卑しく恥ずべき指令が個々の会議を支配している。最も個人的かつ内面的なすべてのことが、破廉恥にも公の場でさらされ、検討される。批判と自己批判のレッテルのもと、各人の思想、願望、行為が調べあげられるのだ(1)。

弾圧は徐々に洗練さを加えていく。戦争(日本と国民党にたいする)には時として数千人の犠牲——その支配権奪取をめぐり、河北の一隅では一九四〇年の三カ月間で三六〇〇人に達した(2)——がともなうとしても、暗殺は個別化の傾向をたどっていった。裏切り者が特に狙われたが、これまた秘密結社の伝統的な慣習に一致する。ある元ゲリラ指導者によれば、「われわれは、人民が革命の道を継続する以外に選択の余地がないようにするため、多数の裏切り者を殺したのである」[1]。監獄制度が発達すると、以前ほど頻繁に処刑という手段に訴えずにすむようになった。早くも一九三二年から、江西のソビエト地区では、労働による更生施設が栄えていた。皮肉なことにこれは国民党の法律で規定されたものだった。一九三九年には、特別裁判所に近い法廷もここかしこで出現していたが、長期刑に処せられた者たちは労働・生産センターに入所させられた。これには三重の利点があった。恐ろしすぎる罰による住民の離反を呼ばないこと、使用可能な労働力を得られること、すでに経験を積んでいた再教育の手段を通じて、新たに忠誠を誓う者を復帰させることの三点である。日本人の捕虜ですら、こうして中国紅軍の後継者である人民解放軍に組み入れられ、蔣介石との戦争に使われることがありえたのだ[2]!

土地改革と都市での粛清(一九四六—一九五七)

一九四九年に共産主義者が権力を獲得したこの国は、まさしく優しさと調和に満ちた地ではなかった。暴力と時には虐殺とが、統治手段としてはもとより、対抗手段、あるいは隣人との紛争を清算する手段としても、きわめて当たり前のものになっていた。したがってこれから考察する行為は、対抗暴力の性格、現実的な暴政(県の長官だった彭湃の犠牲者の一人は、組合に加盟した農民を一〇〇名ばかり処刑させていた)にたいする反撃の性格をもっていたし、多くの村人からもそう認識されていたことは確かである。そういうわけで、毛沢東後の公式な歴史においても（一九五七年の反右派闘争の直前まで、偉大な舵取りの毛沢東はほぼ正しい方向に舵を切っていた）、とりわけ、裕福すぎた同国人の不幸から利益を得たことのある（あるいはそう思い込んでいる）多くの証人の記憶のなかでも、この時期はすばらしいイメージをとどめているのだ。このことからもおおむね説明されるように、この時期に共産党員は（党員知識人も含め）それほど粛清の波をかぶることはなかった。とはいえ、それは中国共産党が打ち出した弾圧のなかで最も血なまぐさい波だったのであり、それは国の全土にわたって展開されたのだった。広がりから言っても、全般性から言っても、継続期間から言っても（ごく短い休止期はあったにしても、ほとんど毎年のように、新たな「大衆キャンペーン」が打ち出された）、計画化され中央集権化された面から言っても、それは中国的な暴力に質的飛躍をとげさせたのである。

一九四三年延安での「整風運動」にはたしかに総稽古《ゲネプロ》の趣があったにしても、その規模たるや広大な国土のなかの辺鄙な地区で起こっただけだ。ある社会階層にかんして言えば、今回の一連の虐殺は、いずれにせよ全国的規模で（十三世紀のモンゴルですら、帝国の北部を荒廃させただけだった）、中国がそれまでに経験したことのないようなジェノサイド的様相を帯びたのである。これら残虐行為のいくつかは、三年間にわたる激しい内戦の文脈のなかで起こった。たとえば、満州のスーワンツの町を占領した際に五〇〇人の住人が殺されたが、その大部分はカトリック信者だった。他方で、一九四八年に共産党が決定的優位に立つやいなや、これまでのように、プロパガンダ目的で敵の捕虜を大量に釈放するのをやめた。何十万人となく囚われ、すぐさま過密な刑務所からあふれ出した捕虜たちは、以後、再教育と戦争努力への貢献という二つの配慮を結びつける、新たな労働による改造のための収容所（労働改造、略して労改《ラオガイ》）の最初の住人となったのだ。(1) しかし交戦中でさえ、最悪の行為は軍事的文脈の埒外で、つまり後方で起こったのであった。

農村：従順化と社会工学

一九一七年のロシア革命と異なり、一九四九年の中国革命は農村から都市へと拡大していった。したがって、都市における粛清に先立って土地改革運動が行われたのは論理的だ。国民共産党員は、見てきたとおり、土地改革については長い経験をもっていた。しかし、国民党中央政府との抗日「統一戦線」を実現し、なんとかして維持するために、一九三七年以降、彼らは自分たちの綱領のこの基本点を抑制していた。彼らが土地改革運動を再開するのは、日本敗北後のことだった。すなわち、やがて彼らを権力の座へと導くことになる、一九四六年の内戦再開の状況においてである。職業的扇動者の集団が何千となく地方へ送り込まれた。住民、氏族、秘密結社の連帯意識に巻き込まれることのないよう、望むらくはその地域の出身者でないアジテーターの集団は村から村へ、人民解放軍による「解放区」のいたるところへ送られた。人民解放軍の前進とともに、この運動は徐々に南部および西部の国境地帯にまで広がっていく（チベットはこの時点ではまだ含まれていない）。

次の点は思い違いをしないでほしい。何十万という中国の村々を一つ一つ転覆させることになった真の土地革命を、ただ上からの人心操作の結果だけと見るのも、逆に無邪気にも、共産党が「大衆の意志」に応えただけだと思い込むのも、どちらも間違っていよう。[1]大衆には自分たちを不幸と感じ、変化を願うだけの理由が数多くあった。なかでも甚だしい不均衡の一つは、農民のあいだの不平等だった。ウィリアム・ヒントンが革命時代を生き抜いた張荘村（山西省）では、[2]七％の農民が耕作可能な土地の三一％と、役畜の三三％を所有していた。一九四五年の全国調査によれば、三％しかいない村の有力者によって平均二六％の土地が所有されていた。[3]この所有の不平等ぶりは、最も富裕な村民がほとんど独占していた高利貸し（月に三―五％、年にすると一〇〇％にまで達する）[4]のせいで、さらに大きなものになっていた。

最も富裕な村民、それとも単に、貧しさが最も小さい村民と呼ぶのがふさわしいのだろうか？　南部沿岸地域には数百ヘクタールの所有地が見られるにしても、実にささやかな「地主」の大半は二―三ヘクタールの土地で満足していた。張荘村（住民一二〇〇人）では、一番裕福な地主で一〇ヘクタールあるかないかだった。そのうえ、農民集団間の境界はきわめて曖昧で、村民の大多数は、土地のない極貧層と、主に自らの労働では生活していない地主との中間層に属していた。一九四五年までの東ヨーロッパの農村部に見られ、ラテンアメリカでは今なお見られる極端な社会的コントラストと比べると、中国の農村社会は比較的平等主義的だったと見なすことができよう。それに、すでに述べたことだが、貧富のあいだの紛争は、農村社会における混乱の主要な原因であるとはとても言えなかった。

そこで、一九二七年における海・陸豊のソビエト地区と同様、共産主義者が――毛沢東自身を先頭に――社会問題のいわば技師の役割を演じたのである。すなわち、むしろ恣意的に定義され、境界線を引かれた農村集団をかなり人為的に分極化したうえで（この場合、遵守すべきものとして党機関が定めた割り当て比率があった。それは地帯に応じ、また中央政治の紆余曲折に応じて、「特権者」を一〇％から二〇％とするものだった）、この分極性のなかにこそ、農民の不幸のほとんど唯一の原因が存在するのだと宣言したのである。そうするとたちまち、幸福に至る道はたやすく見つけられることになった……。

そういうわけで、扇動者たちは農民を四つのグループに分けることから始めた。貧農、下層中農、中農、そして富農である。この分類から除外された者は、多少の議論はあったにしても、「地主」と宣言され、当面打倒すべき人間となった。時には十分明瞭な判定基準がないために、また最貧農が好むからというだけの理由で、しばしば党の指令（それはよく変わったことは確かだが……）を踏みはずしてまで、地主に富農をつけ加えたものだ。農村のささやかな名士の運命は初めから明確に定められていたにしても、それを実現するために選ばれた道は、もちろん政治的には最も有効な道だったろうが、必ずしも単純明快ではなかった。というのも、大衆を「巻きぞえにする」ような形、これから後は彼らが共産党の敗北を恐れるような形、もし可能なら、彼らには自由意志があるという幻想を与えるような形で、この道に「広汎な大衆」を参加させることこそ肝要だったからであり、そのため、新しい権力は大衆の決定を支持し、ついで追認することしかしなかったのだ。これは異論の余地なく幻想ではあった。というのも、具体的条件は村や地方によって差異が大きかったにもかかわらず、いたるところで、またほとんど同時に、改革の過程と結果とは同一だったからだ。

今になって分かることだが、農民の確信を一層すばやくかちえるためなら、恐怖心を利用する用意があったとはいうものの、活動家が「農民革命」の舞台装置をしつらえるのに、どれほどまでに努力を払わねばならなかったことだろうか。それというのも、戦争中、人民解放軍に加わるくらいなら、日本軍支配地域へ逃げるほうを選ぶ青年の数はかなり多かった。また、農民は全体としては常に無気力で、新権力による（土地改革のプロローグとしての）小作料軽減後も、密かに伝統的な小作料を払い続けるほど地主に従順であり、社会的基盤にかんする共産党の理想に賛同するにはほど遠かったからである。扇動者たち同士では、農民をその政治的立場から、積極派、標準派、後進派、地主支持派に分類していた。そのあとで扇動者は、何とかして、公式の社会集団にこれらのカテゴリーを当てはめようと苦労したものだ。その結果は、無数の個人的いさかいや口に出せないような願望（たとえば邪魔になる夫を厄介払いするなどの）までも取り込まざるをえなくなって、一種フランケンシュタイン流の怪奇な社会学に行きつくことになった。しかも、この分類はお好みどおりに修正することができた。たとえば、土地の再配分をより手っとり早く終わらせようとして、張荘村当局は、突然、（全部で二四〇家族のうち）九五家族いたはずの貧農を二八家族に減らしたのだった。(2) 共産党幹部はといえば、ほとんどが特権階層出身だったにもかかわらず、民間人は概して「労働者」に分類され、兵士は「貧農」あるいは「下層中農」に分類されていた(3)……。

土地改革の鍵となった方策は「訴苦会」である。村人全員が集まったところへ、一人あるいは複数の地主が出頭するのだ。地主たちはそのうえしばしば「裏切り者」とも呼ばれていた（貧農自身もまた誤りを犯したことはかなりすぐに——最初期の一九四六年を除いて——「忘れ」ながら、地主については相当系統的に日本占領軍への正真正銘の協力者と一体視されていた）。昨日まで権勢をほしいままにしていた人物を前にしての恐れからか、ある種の不公正を意識してのことか、事態が動き出すまでにしばしば時間がかかり、そういう場合、活動家が被告人を物理的に手荒く扱ったり、侮辱するなどして、力を貸すことが必要だった。そうすると一般に、日和見主義者と、地主に恨みをいだく人々とが同席していることから、告発の発言が噴き出し、集会の熱気が高ぶっていった。農民的な暴力の伝統を考慮すれば、続いて地主の死刑宣告にまで（財産没収をともなうことは言うまでもなく）至ることはさほど困難でなく、たいていの場合、農民も多かれ少なかれ積極的に参加して、刑はその場で即座に執行された。しかし、幹部が最も多くの場合求めていたのは、刑を言い渡された者を県庁所在地の法廷に立たせ、判決を確認させることだったが、その目論見は必ずしも成功するとはかぎらなかった。

各人がその役割を完璧に、しかも遅ればせながら本物の確信をもって演じきったとき、このようなホラー芝居は「闘争会」その他の自己批判集会――少なくとも一九七六年の最高指導者の死まで、すべての中国人が休みなしに耐え忍び、また他人にも耐え忍ばせることになった例の集会のことだ――の起源となったのである。こうしたお芝居こそは、そもそもの初めから、中国において伝統的な、儀礼主義と体制順応主義への根強い傾向を露わにしたものであり、恥知らずの権力はこの傾向を心行くまで利用し濫用しえたのであった。

正確なデータがないので、犠牲者の数を決定しようがないが、村ごとに少なくとも一人の犠牲者が「必要」とされたことは明らかだから、最低数は厳密に言って一〇〇万人に達するであろうし、大多数の研究者は、二〇〇万人から五〇〇万人のあいだの死者という数字で一致している。その上、四〇〇万から六〇〇万にのぼる中国人「クラーク（富農）」が、設置されたばかりの労改を満たす目的で村を去ったし、おそらくその二倍の「クラーク」が、期間は様々だが、地方当局の「支配下」におかれた。すなわち恒常的に監視され、

(1)

(2)

最も辛い仕事に使われ、「大衆キャンペーン」の場合には、迫害の憂き目に遭ったのである。[1]

張荘村では合計一五人が殺されたが、もしこれを一般化すれば、全体では高い推定数に達することになろう。しかし、張荘村では改革過程はいち早く開始されていた。一九四八年より後になると、ある種の行き過ぎは廃止されたが、それ以前には、張荘村で猛威をふるったものだ。たとえば、地元のカトリック教徒会会長の全家族の殺戮（および教会の閉鎖）、富農と連帯していた貧農への体罰と財産没収、過去三世代にわたる「封建的出身者」の追及（これにより、ほとんど誰一人として、忌まわしい「資格の再審査」を免れることができなかった）、架空の財宝のありかを白状させるための死に至る拷問、きまって焼きごてによる拷問をともなう尋問、処刑された者の家族への迫害の拡大、被処刑者の墓の発掘と破壊などである。また、元盗賊でカトリックを棄教した幹部は身勝手にも、十四歳の女子に自分の息子と結婚するよう強要したうえで、こう言い放った。「私の言葉は法律だ。私が死刑を宣告した者は死ななければならない」[2]

中国のもう一方の端にある雲南省では、フー・リーイーの父親は、旧政府の警察官だったというただそれだけの理由で「地主」に分類された。役人だったため、彼は即座に懲役刑を言い渡され、一九五一年、地方の土地改革が絶頂期を迎えたとき、「階級敵」とされて、村から村へ見せしめに引き回され、ついで死刑を宣告されて処刑された。しかし、彼のどの行為が正確に処罰の理由となったのかはついに明らかにされなかった。彼の長男は、国民党兵士を人民解放軍側に寝返らせる運動を起こした兵士であり、そのため公式に賞賛を受けてもいたが、それにもかかわらず、彼も「反動的」と分類されて「監視」下に置かれた。(1) しかしながら、繰り返して言うが、これらはみな、村民の多数の賛同を得ていたように思われる。村民はこの後、強制収用された土地の分配に与《あずか》ることができたからである。なかには、何らかの理由（たいてい家族次元の）から、このようにあまりにしばしば恣意的に行われた処刑に心を傷つけられた人々もいた。彼らの復讐の望みは、のちの文化大革命の折に、遠回しにではあるが、表現される機会を見出すであろう。そのなかには、新しい「指導者層《エスタブリッシュメント》」にたいする行き過ぎた過激主義の外見をとった例も含まれる。(2) というわけで、スケープゴートの虐殺は、共産党指導部がめざしていたような、「正義の味方」としての党の背後に農民の一体性を実現する結果になったとは必ずしも言えない。

土地改革という広汎な運動の真の目的は、実際には、何よりもまず政治的次元のものであり、次に経済的次元のものであり、最後に初めて社会的次元のものであった。土地の四〇％は再配分されたが、農村の特権層の数が少ないのと、とりわけ、大部分の農村における人口密度が極度に高いために、貧農がさほどの裕福さを手に入れる結果にはならなかった。改革後も、彼らの平均経営面積はわずか〇・八ヘクタールにすぎなかったのである。(3)

アジア地域の他の諸国（日本、台湾、韓国）は、同じ時期に、中国よりも不平等性の大きかった農村において、中国と同様に徹底的な農地改革を成功裡に実現した。われわれの知るかぎり、そこにはただ一人の死者も出なかったし、土地を没収された者には多少とも納得のいく補償が与えられた。

中国の土地改革に見られた恐るべき暴力は、したがって、改革そのものを目的としたのではなく、共産党機関による権力の全面的な奪取をめざしていたのである。言葉を換えれば、党員または幹部になるはずの少数の活動家の選別と、処刑にかかわった多数の村民との「血盟」とが狙いであり、最後に、これ以上ないほど極端なテロルを操る共産党の能力を反抗分子や軟弱分子に見せつけることこそが目標だったのだ。最後にこの経験は、中期的には基盤である農村内部での運営と諸関係について、やがては集団化を通じての産業資本の蓄積にたいする農村の寄与について、共産主義者が内面的な認識に到達することを可能にしたと言えよう。

都市：「サラミ戦術」と財産没収

いっさいの出来事はその基盤から生まれるとされているはずだが、毛沢東は朝鮮戦争への中国軍の参戦（一九五〇年十一月）に引き続く先鋭化段階（反革命鎮圧運動）に際して、進行中の虐殺を公然と承認することをよしと自ら判断して、こう述べた。「もちろんわれわれは、殺されるに値するすべての反動分子を殺さなければならない」(1)。しかし、この時点での新たな要素は、少なくとも中国北部では終息に向かっていた土地改革ではなかった（これに反し、遅れて「解放」された中国南部、特に広東省のような反骨精神に富む諸省では、一九五二年初めになってもまだ、農村での運動は完了するにはほど遠かった[1]）。

新しい点はむしろ、暴力的粛清の都市への拡大だった。粛清の拡大は、中国共産党の全体主義的な統制計画を阻害する恐れのある様々な集団（知識人、ブルジョワ――最もささやかな経営者も含め――、非共産党活動家、自立心が強すぎる共産党幹部）を少しずつ完全な服従へと追い込むような、的をしぼった一連の「大衆運動」を、同時的ないし連続的に推進して展開することになろう。このやり方は、数年の隔たりはあったが、ヨーロッパの人民民主主義諸国の建設期――経済においてだけでなく、政治・抑圧機関においても、ソビエトの影響が最も顕著だった時期――に採用された「サラミ戦術」とそれほどの違いはない。やや離れた問題ではあるが（しかし、反対派、階級敵、山賊など、いずれも「人民政府の敵」たちを一体化してあつかう恐るべき傾向がしばしば確立していた）、犯罪者と社会的疎外者《マルジナリテ》（売春、賭博、アヘンの吸引など）は厳しく処罰された。共産党自身の数字によれば、二〇〇万人の「盗賊」が一九四九年から一九五二年のあいだに「抹殺」され、そしておそらく同じくらいの人数が投獄された[2]。

統制システムは、革命が勝利する前からほとんど出来上がっていたが、勝利後には速やかに大がかりな手段を手に入れることになった。すなわち、一九五〇年末には五五〇万人の民兵、一九五三年には三八〇万人の宣伝工作員（または活動家）、彼らの活動を調整する（またその熱心さを監視する……）任務を帯びた七万五〇〇〇人の情報収集員などである。都市では、国民党が復活させた伝統的な相互管理システム（保甲制）を完成させて、（一五から二〇世帯の）居住者グループが居民委員会のもとに組織され、この委員会自体がまた街道委員会または社区委員会に従属した。[1] どんなものもこの網の目から逃れることはできなかった。夜間の外出であれ、「よそ者」の一日以上の滞在であれ、ことごとくが居民委員会への登録の対象とされた。特に農村からの「無秩序な」人口流出を防ぐため、全員が「戸口」（戸籍のこと）、つまり、都市住民登録簿への記載証明書をきちんともっているように注意が払われた。

このようにして、およそ責任――どんなに低い責任であっても――をもつ者なら、誰もが警察の補助役を果たしていたのである。警察は（ちょうど裁判所や刑務所と同様に）、最初は旧体制の役人の大半を吸収したが（いったん過渡的な利用価値がなくなると、彼らは将来のキャンペーンの際、その「ごく自然な」標的となった）、すぐに適正規模を超えてしまった。一九四九年五月の上海占領の時、一〇三だった警察分署は、その年の終わりには一四六に増えていた。[2] 公安部（政治警察）所属の部隊は総勢一二〇万人に達していた。[3] 最も小さな村に至るまで、いたるところで公安部隊はにわかづくりの牢獄を開いたものの、既存の刑務所の過密な状況ときたら、前例のないほど過酷だった。一〇〇メートル四方の房に三〇〇までの人が、上海の中央拘置所では合計一万八〇〇〇人もの人が詰め込まれた。飢餓的な食料配給、労働による極度の疲労、非人間的な規律、さらに恒常的な肉体的暴力(たとえば、歩行中はずっと頭を下げたままでいなければならないのだが、頭を上げるやいなや銃尾で殴られた)が支配していた。囚人の死亡率は、一九五二年まで年五%(一九四九年から一九七八年までの労改における死亡率の平均値にあたる)を大幅に上回っていたことは確かだ。広西〔壮《チワン》族自治区〕のある班では六カ月で五〇%に達することもあったし、山西省のいくつかの鉱山では日に三〇〇人もの死者が出た。想像を絶するほど多様で、極度にサディスティックな拷問が日常茶飯に行われた。最も頻繁に行われたのは、手首または親指で、身体を宙吊りにする拷問だった。ある中国人司祭は、連続百二時間に及ぶ取り調べの後に死んだ。手のつけようのない乱暴者が抑えのきかないほど荒れた振る舞いをすることもあった。ある収容所の司令官は、数々の強姦に加えて、一年で一三二〇人の囚人を殺すか、生き埋めにしたという。当時かなりの頻度で起こった反乱(囚人は精神的に打ちのめされている余裕さえなかったからだし、なかには多数の兵士もいた)がきっかけになって、本物の殺戮に転化することもあった。延長《イエンチャン》の油田では、二万人の徒刑囚のうち数千人が処刑された。一九四九年十一月には、ある森林現場で五〇〇〇人の反乱者のうち一〇〇〇人が生き埋めにされた(1)。

「反革命分子一掃」のためのキャンペーンは一九五〇年七月に開始され、一九五一年には

（国家・党の幹部の汚職、浪費、官僚主義にたいする）「三反」運動、引き続いて「五反」運動（賄賂、不正行為、脱税、職務怠慢、国家機密の漏洩にたいするもので、ブルジョワジーを標的にしていた）、さらには西洋化した知識人にたいして向けられた「思想改造」キャンペーンが発動された。以後、知識人は定期的に「再教育」の研修を受け、所属する活動集団（「単位《ダンウェイ》」）に自分の「進歩」を証明しなければならなくなった。これらの運動が時間的に相接して行われたため、都市のエリートの誰一人としてもはや安全とは感じられなくなった。

とりわけ「反革命分子」の定義はたいへん曖昧で解釈の余地が大きく、共産党の路線とほんの少しでも食い違いがあれば、現在あるいは過去のいっさいの立場が断罪を招くに十分だったのだ。このことは、ほとんど無限の抑圧権力が地域や企業の党書記へと委譲されたことを意味していた。党中央に励まされ、公安部という「軍事部門」の助けを得て、書記たちはこの権力を行使し、濫用することになった。とりわけ、一九五一年という恐るべき年については、アラン・ルーにならって「赤色テロル」の語を使うことができよう(1)。

数字で表現された確実なデータを示せば、すでにそれだけで驚倒せざるをえまい。上海では一夜にして三〇〇〇人（そして四カ月間で三万八〇〇〇人）が逮捕された。北京では、たった一日で二二〇人が死刑宣告を受け、ただちに公開処刑された。同市では九カ月のあいだに三万回の糾弾集会が開かれ、広東では十カ月間で八万九〇〇〇人が逮捕され、そのうち二万三〇〇〇人が死刑を宣告されたのだ。[1] 四五万社の私企業（うち、上海だけで一〇万社近く）が捜査の対象となり、経営者の三分の一余と多数の企業幹部が公金横領の罪（最も多いのが脱税）で有罪となり、多少の差はあれ厳しく処罰された（約三〇万人が懲役刑）。[2]外国人居住者は絶好の標的となった。一九五〇年以降、一万三八〇〇人の「スパイ」が、特に聖職者が逮捕された。その一人、イタリア人司教は終身刑を言い渡された。その結果、カトリック宣教師は一九五〇年の五五〇〇人から一九五五年には約一〇人に減少した。――そのため、厄介な証人がいないわけで、中国人信徒は抑圧の衝撃を正面から浴びることになった。すなわち、一九五五年以降二万人が逮捕されたが、その後の二十年間にあらゆる宗派のクリスチャンが何十万となく投獄されたのである。[3]

一九四九年に、台湾と香港への流出を遅らせようとして、大げさな宣伝をともなって赦免された国民党の元政治・軍事幹部は、その後二年もたたないうちに殺された。新聞が「反動分子にたいする大衆の極度の寛大さにも限界がある」と書きたてたのは冗談ではなかった。刑法の制定も弾圧を容易にするのに貢献した。刑法は「反革命分子」を「現行反革命」と「歴史的反革命」とに区別したが、後者をも罰することで、犯罪溯及《そきゅう》の原則を導入したのであった。さらに、特に法律に触れる行為を何一つ犯していない被告人を、「類推」によって（最も近い犯罪の処理に基づいて）裁くことも可能になった。しかも刑は極度に厳しかった。「通常の」犯罪にたいしては八年間の懲役というのが事実上最低の刑だったのにたいし、この場合の基準は二十年間に近かったからである。

重ねて言うが、全体像を提示するのははるかに難しいことだが、一九五七年に毛沢東自身、この期間に一掃された反革命分子として八〇万人の数字をあげている。都市での処刑件数はおそらく少なくとも一〇〇万の大台に達したであろう。すなわち、農村での「抹殺件数」の最も確実な数字の三分の一にあたるわけだ。当時、都市住民一人にたいし農村住民は少なくとも五人いたのだから、都市においてこそ抑圧が最も厳しかったと推定できよう。(農村における一・二%にたいし)都市人口の約四・一%にあたる約二五〇万人が「労働矯正所」(「労働改造」、略して「労改」より軽微な犯罪にたいする施設で、中国語ではこの処置を「労働教養」、略して「労教」という)に拘留されていたこと(1)、それに、訴追されたり取り調べを受けた人々のなかで自殺の件数が非常に多く、チョー・チンウェン(2)によると、合計七〇万人と推定されることを考慮すると、この統計数字は一層陰鬱さを帯びてくる。日によっては、広東では、反革命分子の自殺が五〇件まで数えられたという。都市での粛清の形態は実際のところ、土地改革のそれに似ており、ソ連で行われたような、もっぱら警察の手による、広く秘密のヴェールに包まれたやり方とは異なっている。中国では、党の地方委員会は警察の行動の大半を支配しており、住民を抑圧に参加させるよう最大限の努力を払っていた。もちろん、農村における以上に、真の決定権を住民に委譲することはなかった。

労働者は街道委員会の指導のもと、「資本主義の虎ども」の「巣窟」征伐におもむき、資本家に帳簿の公開、批判の受け入れ、自己批判の実行を強制し、さらに今後は彼らの事業にたいする国家の管理を受け入れるように強いた。資本家がすっかり「後悔する」なら、調査グループに参加して、同僚を密告するよう勧められたし、彼らがちょっとでもためらいを見せようものなら、事態は最初の段階からやり直しとなった……。知識人にたいしても、やり方はほぼ同様だった。彼らは職場で「服従と再生」の集会に参加して、自分の悪習を良心的に告白し、今では「自由主義」や「西洋主義」と心底から絶縁したこと、「アメリカの文化帝国主義」の害毒を理解したこと、自分のなかに住みついていた「古い人間」を、その疑惑や自立的思想ともども、殺したことを見せなければならなかった。これには毎年二カ月までの時間が費やされ、そのあいだは他の活動はいっさい禁止された。この場合においても告発者たちにはたっぷり時間があり、彼らの手から逃れる手段は何ひとつなかった——残るのは、伝統に忠実に選ばれた解決策としての自殺だけである。人々は、相次いで変節を強いられる恥辱や、強制的に同僚を密告させられる屈辱を断ち切ろうとして、あるいは単に、ある日自分が完全に参ったことを知って、自殺したものだ。これと同じ現象は、文化大革命のあいだに、増幅され物理的な暴力を加えられた形で目にすることになろう。とりあえずは、都市の全住民とその活動のすべてが党の絶対的統制の下に置かれたわけである。

企業長は、一九五一年以後、帳簿を公開せざるをえなくなり、重税に押しひしがれ、一九五三年十二月には国家の資本を企業に受け入れることを強いられ、一九五四年には原料の調達と生産物販売を国家に独占され（当時配給制が一般化されていた）、一九五五年十月には改めて全体調査を受け、それから二カ月を待たずして一九五六年一月には、ささやかな終身年金と、時には旧会社の技術顧問のポストとひきかえに（のちに文化大革命はこれらの約束を否認した）、会社の集団化を「提案」された（「公私合営」と呼ばれる）。労働者からさまざまな理由をつけて法廷に引き出された上海のある反抗分子は、二カ月間で破産し、ついで労働収容所に送られた。中小企業の経営者は、何もかも巻き上げられて自殺することがしばしばだった。大会社の経営者の扱いはまだましだった。彼らの能力がまだ役に立っていたことに加えて、その支援をめぐり当時台湾とのあいだで熾烈な競争が演じられていた、影響力もあり豊かでもある中国人の海外ネットワークとの絆を彼らが握っていたからである。(1)

それでも粉砕機は回転を止めることはなかった。たしかに、一九五〇―一九五一年に発動されたキャンペーンは、一九五二年か一九五三年には完了したと宣言されはした。徹底したキャンペーンが行われたので、ただ単に、もはや粉に挽くべき穀物が少なくなっていたというだけのことであった。それにもかかわらず、弾圧はきわめて過酷なまま続き、一九五五年には、新たなキャンペーン、「潜行反革命分子粛清運動」（略して粛反《スーファン》）の火蓋が切って落とされた。これはとりわけ知識人を対象にしたもので、そのなかには今や、最低限度の独立心を示す勇気をもった古くからの党の同伴者たちまで含まれていた。たとえば、尊敬すべき魯迅の弟子で、マルクス主義者の優れた作家、胡風《こふう》は一九五四年七月中央委員会にたいし、党の強制により作家の頭に突き立てられた「五本の短刀」(とりわけ、創造活動の「総路線」への服従を含む)を告発した。十二月には彼を弾劾する大規模なキャンペーンが荒れ狂い始めた。すなわち、高名な知識人は皆、競って告発しなければならず、ついで勝鬨をあげるために「大衆」が動員された。完全に孤立した胡風は、一九五五年一月、自己批判を提出したにもかかわらず、それは拒否されたのだ。七月には一三〇人の「共犯者」とともに逮捕され、以後十年間、収容所のなかでくすぶり続けることになる。一九六六年にまたしても彼は逮捕され、一九八〇年の完全復権まで監獄世界のなかをさまようことになる。(1) 党員たちもまた、初めて大量に連座した。『人民日報』は、彼らの戦列のなかに一〇%の「隠れた裏切り者」が存在すると告発した。そしてこの数字が尋問の割り当て数を導いたように思われる。(2)

粛《スーファン》反運動にかんしては、ある情報筋は八万一〇〇〇人が逮捕されたといい(これは相当に控えめな数字に思われる)、別の情報筋は七七万人が死んだという。この差は中国の謎ではある……。一方、有名な「百花斉放」(一九五七〔一九五六の間違い〕年五—六月)は、大衆的抑圧の面では、この連続的キャンペーン・サイクルの一環であると言えよう。ただこの動きの場合、「毒草」の粉砕ぶりたるや、毛沢東によって宣言され、ついで同じ毛沢東によって否認された自由化が巻き起こした、わずか数週間だけの希望と飛躍の大きさに見合ったものだった。彼の目標は二重だった。あらゆる整風運動がそうだったように(牢獄内でさえ時々整風運動が展開された)[1]、まず初めに自然発生的な発言と最も広汎な不賛成の意思表示とを掻き立てておいた上で、続いて「悪い思想」を露わにしてしまった連中をよりよく粉砕するというものである。他方で、右のように助長された批判の厳しさに直面して、主席のラジカルな立場の周囲に党機関の統一性を構築し直すというものでもあった。これは、ソ連共産党の第二十回大会をきっかけに、中国内においても、抑圧的慣行を法にかなったものに変える(公安部の策動と刑の執行にたいし、裁判所の監視をより有効に及ぼす)[2]傾向と、毛沢東崇拝の問い直しとが強調されていた時期にあたっていたにもかかわらず、展開されたキャンペーンだった。

延安以来煮え湯を飲まされてきた共産党知識人が、全体として慎重に距離を置いてふるまったことは意味深い。しかし、数十万の単純きわまる人々、すなわち、ほとんどが一九四九年の「同伴者」であり、特に共産党が存続させておくのが賢明だと考えていた形だけの「民主諸党派」の党員たちは、「反右派闘争」への方向転換が突然襲ってきた時、自らが表明した立場の罠にはまってしまった。この闘争の場合、一般に処刑はほとんどなかったが、四〇万から七〇万人の幹部(技術者と技師を含む中国知識人の少なくとも一〇%)が、

「右派」という不名誉なレッテルを貼りつけられて、収容所や遠い僻地の村で悔い改めるために、二十年余を過ごすことになった——もっともそれは、彼らが、高齢や、一九五九—一九六一年の飢饉や、絶望や、あるいはその十年後、彼らへの迫害をやり直すのに躍起だった紅衛兵の嵐を生き延びることができたとした場合の話だが。いずれにせよ、最初の名誉回復に立ち会うには一九七八年まで待たねばならなかったのである。そのうえ、数百万の幹部（河南だけで一〇万人(1)）と学生が、一時的にというより原則的には最終的に、「農村に下放」させられた。彼らを厳しい環境の農村に送ることは制裁措置であったが、また、農村に集中されるはずの「大躍進」を準備することをも狙いとしていたのだ。

右派にたいする「闘争」の時期には、牢獄への監禁に先立って、一般に、社会的監禁状態が出現していた。たとえ少量のお湯を与えるためであっても、もはや誰一人、右派とされた彼のことを知らないふりをする。彼はなお仕事に行かなければならなかったが、それは職場で自白書に次ぐ自白書を書き、「批判—教育」のための集会に次ぐ集会へ我慢して出席するだけのためであった。通常宿舎は職場に近接しているので、隣人兼同僚が、あるいはむしろ自分の子どもたちが、息つく暇も与えてくれない。(2)皮肉や侮辱の言葉を投げられ、「右派なのだから」道路の左側を歩くことは禁止だし、「人民は徹底的に右派と闘うぞ」(3)というセリフで終わるはやし声が追ってくる。反応すれば刑が加重されるのだから、(4)身じろぎもせずすべてを受け入れる方がよいのは明らかだ。当時自殺者の数が多かったことも容易に想像できよう。無数の捜査や批判集会を通じて、また、労働単位ごとに、そのメンバーの少なくとも五%が対象となるはずの——そのとおりに行くところが官僚主義の奇跡だ——粛清を通じて(もっとも大学では、百花斉放の際は突出して七%だった)[1]、党官僚が主要な文化組織の長におさまった。今世紀〔二十世紀〕前半の中国が経験した知識と芸術のあの輝かしい開花期は終わりを告げた。いや圧殺されたのだ。のちに紅衛兵がやってきて、その思い出まで抹殺しようと企てるだろう[2]。

成熟した毛沢東主義社会が真に形成されたのはこの時だった。文化大革命の激動でさえ、この社会を不安定化させたのはほんの一時期のことにすぎなかった。歴史のページがめくられるには、鄧小平《とうしょうへい》による最初の大改革を待たねばならないだろう。毛沢東主義社会の基礎は、偉大な舵取り自身の金言、「階級闘争を忘れるな!」にあると言ってよかろう。実際、この社会ではいっさいが、農村では土地改革のキャンペーンとともに、都市では一九五一年の「大衆」運動キャンペーンとともに開始され、一九五五年ごろになって初めて完成を見た、個人へのレッテル貼りの全般化に基づいていた。労働集団がその過程ではある役割を担っていたとはいえ、いずれにせよ、最後に決定権を握るのが警察だというのは意味深いことだった。ここに見られるのは、またしても気まぐれな社会的区分だったが、数千万の人々にとって、これは悪魔のような結果をともなうものだったのだ。

一九四八年以降、張荘村のある幹部は「生計の立て方がその人の考え方を決定する」と主張していたが、[1]毛沢東主義の論理に従えばその逆になるはずである。実際には、（かなり恣意的に境界を定められた）社会集団と政治集団とを混淆させていたが、その混淆の結果は、「紅類」（労働者、貧農、下層中農、党幹部、人民解放軍兵士および「革命烈士」）と、「黒類」（地主、富農、反革命分子、「悪質分子」および右派分子）との二元的な分割に帰着するものであった。この二つのグループのあいだに、「中立類」（たとえば知識人、資本家など）が置かれていたが、このカテゴリーは落伍者、社会的疎外者、「資本主義の道を選んだ党の責任者」、その他のスパイとともに、徐々に「黒類」の方へと押しやられていく傾向があった。たとえば、文化大革命のあいだに、知識人は正式に「ふんぷんたる悪臭を放つ九番目の（黒）類」になるであろう。レッテルは、たとえ何をしようと、文字通りその人の肌に貼りついていた。右派分子は、たとえ公式には「名誉回復された」としても、次の大衆キャンペーンが起こるやいなや、その格好の標的となり、都市に戻る権利は決して認められないであろう。[2]このシステムの地獄的な論理は、闘うべき、そして時には打倒すべき敵が必要だという点にあり、そこで、敵の「ストック」は、弾劾されるべき特性を拡大することによってか、あるいはそれまで味方だった者の堕落や失権によって、絶えず更新され補充されるべきだという点にあった。たとえば、共産党幹部もまた右派分子になることがあるのだ。

このような分類法は、すでにお分かりのように、言葉のマルクス主義的意味での社会階級より、むしろインド流のカーストに近い（はっきりさせておきたいが、伝統的な中国では、カーストに似た存在はまったくなかった）。というのは、一方で、重要なのは、一九四九年より前の社会的地位であって、その後の巨大な変動は考慮の外に置かれることになった。他方で、家長に与えられた資格は通常、自動的にその子どもに伝えられていった（逆に妻は「結婚前のレッテル」を保持し続ける）。このレッテルの世襲化は、革命的をもって任ずる社会を恐ろしく硬直化させ、「悪い生まれの」人々を絶望のなかに投げ込むのに貢献した。実際、「黒類」とその子どもたちにたいしては、大学入学の場合であれ、就職の場合（一九五七年七月の指示）であれ、さらには、政治生活への参加の場合であれ、差別が系統的に貫徹されたのである。彼らが「紅類」の配偶者と結婚することは非常に難しく、社会は常に彼らを排除追放しがちだった。これら「問題を抱えた」人々との交際が呼び起こしかねない当局とのもめごとは絶えず恐れられていた。文化大革命とともに、このレッテル貼りの慣行は最悪の極点に達し、体制の観点からしてさえ、有害な副作用のことごとくを証明することになろう。

史上最大の飢饉（一九五九―一九六一）

西欧に長いあいだ広まっていた一つの神話として、もちろん中国は民主主義のモデルではなかったにしても、「少なくとも毛沢東は一人一人の中国人に茶碗一杯の飯を与えることに成功した」というのがある。しかし不幸なことに、これ以上間違った神話はない。一方では、のちにも見るように、住民一人当たりの食料可処分量はきわめてつましいものであって、この量は彼の治世の初めと終わりとでは、おそらく有意の増加を示すことはなかったはずだ。しかも、歴史を通じ稀に見る規模の、農民階級に課せられた努力にもかかわらず、ほとんど変化は起こらなかったのである。他方で、そしてとりわけ、毛沢東と彼がつくりあげたシステムは、あらゆる時代とあらゆる国をひっくるめても、絶対値で最大多数の死者を出した飢饉として今に残り続けている（これが最後だと希望するものだが……）出来事にたいし直接責任があったということだ。

毛沢東の目的が同胞を大量に殺すことでなかったことは認めてもよい。しかし、最も控えめに言って、飢え死にした数百万の人々のことを、毛沢東はほとんど気遣いはしなかった。この暗い歳月における彼の主たる気がかりは、彼自身が糾弾される可能性があると知っていたこの現実を、最大限に否認することだったように思われる。この大災害にあっては、計画自体か、それとも計画適用にあたってのたえざる逸脱か、双方の責任の取り分を明確にするのはかなり困難なことである。いずれにせよ全体の経過は、共産党指導部の、とりわけその主席の、経済分野における無能力、国にかんする誤解、思い上がりのなかでの孤立、主意主義的なユートピア主義を強烈に照らし出している。一九五五―一九五六年の合作化《がっさく》（協同組合化のこと）は大多数の農民からむしろ好意的に受け入れられていた。合作化によって、農民は彼らの村をベースに再編成され、協同組合からの脱退権も言葉だけのものではなかった――一九五六―一九五七年には、広東省で七万世帯がその恩恵に浴して、数多くの単位組合が解散した(1)。この明白な改革の成功と一九五七年の豊作に力づけられた毛沢東は気の進まない農民にたいし、大躍進の諸目標（一九五七年十二月に発表され、一九五八年五月に精密化された）を、さらに一九五八年八月には、大躍進に到達する手段と想定された人民公社をも、提案し押しつけたのであった。

大躍進政策とは、同時に、そしてきわめて短期間で（「三年間の努力と欠乏、千年間の幸福」、流行のスローガンはこう保障していた）、農民の生活様式を一変させる企てだった。農民は数千、いや数万家族からなる巨大な単位に編成されなければならず、そこでは食事から始まって、すべてが共同のものになる。また、壮大な灌漑工事と新しい耕作方法のおかげで、農業生産を飛躍的に発展させるという企てでもあった。最後に、いたるところに工業単位、とりわけ小さな高炉を導入することにより、農業労働と工業労働の差異を廃止するという企てだった（フルシチョフの「農業都市」とそれほどの距離はない）。この目標は、各地域共同体の自給自足性を保障すると同時に、工業の加速的な成長を可能にすることにあったが、後者に至る手段としては、新たな農村企業を通しての道と、また、国家や国家が管理する大工業のため、人民公社が放出すべき大量の余剰農産物を手段とする道との二つが考えられていた。共産主義を手の届く距離に置いたといわれた、この美しい夢のなかでは、資本の蓄積と生活水準の急速な向上とは、車の両輪のように相たずさえて進むはずだった。あとは、上部から定められた目標を完遂しさえすればよいだけの話だ……。
数カ月のあいだは、すべてが完璧に進行しているように見えた。風にはためく紅旗の下、人々は昼も夜も働き、「もっと多く、もっと早く、よりよく、そしてより経済的に」生産した。地域の責任者は新記録につぐ新記録を発表し、その結果として目標は絶えずはねあがることになった。一九五八年の穀物生産の目標額は三億七五〇〇万トンとなり、前年度の一億九五〇〇万トン（これ自体が相当良い数字だった）の実に二倍に達するはずだった。十二月には、所期の成績が達成されたと宣言された。ただし、現場の農地に派遣されたのち、国家統計局の職員が予め疑念を表明していたことは事実だ。職員はきっと「右派分子」だったにちがいない……。大躍進のおかげで、十五年で追い越すはずだったイギリスには、今やあと二年で追いつけることが確実になった。主席が保証するとおり、「状況はすばらしい」のだから、生産ノルマは引きあげられ、義務的な供出量は増加し、作業場建設のため農地を更地にするように命令された。河南のようにモデルになりたい省は、寛大にも二〇万人もの労働者を、成績がそれほどよくないと公表した省に譲ったものである。[1]
「社会主義的競争」はますます進展をみた。自留地や自由市場は全面的に廃止され、集団を離れる権利は撤廃され、金属製の道具はすべて鉄鋼に鋳直されるために、時には木の扉までが高炉の燃料として掻き集められた。それを埋め合わせるように、共同の食料備蓄はことごとく、記念すべき饗宴の折などに消費された。「肉を食べることは革命的と見なされていた」と山西省では今も記憶されている。[1]万事めでたしだ、信じがたいほどの収穫があるはずだったから……。一九五七年十月、省の水力技師会議の際に、すでに河南の新聞は「人々の意志は事物の主人である」と見出しをつけていた。[2]

しかし、まだ時には紫禁城から外出する機会のあった指導者たちは（当時毛沢東はほとんど出なくなっていた）、じきに明白な事実の前に降伏しないわけにいかなかった。彼ら自身、自らの罠に――つまり、義務的といってもよい楽天主義の罠、百戦百勝を重ねた成功の罠、戦闘中の軍隊でも指揮するように経済と労働者を管理するのに慣れた、長征生え抜きの神話的指導者は万能だという思い込みの罠に――はまりこんでいたのだ。幹部にとっては、耐えがたいほど住民を搾りあげてでも、何とかして予定どおりの引き渡し額を供給するために、統計の数字をいじることの方が、神聖不可侵な目標を達成できなかったと告白するよりリスクが少なかった。というのも、毛沢東の下では、「左への逸脱」（主意主義、教条主義、暴力は左翼的と見なされていたので）は、右寄りの凡庸さより常に危険が小さかったからである。一九五八―一九五九年には、うそが大きければ大きいほど、うそをついた者の昇進は早かった。それほどまでに前方への逃走は全面的であった。客観的な基準となるはずの「温度計」はすべてこわれており、潜在的な批判者は牢獄か灌漑工事の現場行きだった。

この悲劇の理由には技術的次元のものも含まれていた。ソ連のアカデミー会員、ルイセンコから直輸入された、遺伝学の主意主義的否定に基づくある種の農学的方法は、長兄の国〔ソ連〕におけると同様、中国でも教条的価値を帯びていた。農民に押しつけられたとき、それらの方法は悲惨な結果をもたらすことが明らかとなったのである。毛沢東自身、「仲間と一緒だと、［種子は］成長しやすく、一緒に育つと種子も快適な気分になる」[1]と主張するのをよいと信じていた——階級的連帯の自然界への創造的適用であろう——が、（通常の五—十倍の密度という）超過密な播種は若い苗を枯らせたし、深耕は土地を干上がらせるか、あるいは塩分を地表に浮き上がらせたものである。さらに、小麦とトウモロコシは同じ畑ではあまり相性が良くなかったし、チベットの寒冷高地で伝統的だった大麦にかえて小麦を植えたら、破滅的な結果を招いただけであった。

その他の「誤り」は国レベルのイニシアティヴに属するものだった。たとえば、穀物を食べる雀を皆殺しにすると、寄生虫が急増した。やっつけ仕事で、互いに調整のとれていない水利工事が相当数行われたが、工事は、役に立たないか、有害でさえある（浸食の加速化や、最初の増水とともに突然決壊する）ことが明らかとなった。しかも、その建設事業には多くの人命の犠牲（河南のある現場では、六万人の労働者のうち一万人）をともなった。将来を穀物類の莫大な収穫増に懸けようという意志（ちょうど工業で鉄鋼に懸けたように、

「ビッグ・イズ・ビューティフル」の思想）は、均衡のとれた食料供給にしばしば不可欠な、牧畜業を含む、付随的な「小さい」農業活動を破滅させてしまった。福建省では、付加価値の非常に高かった茶の農園が水田に転用された。

最後に、経済面では、惨状を招いたのは資源の配分であることが明らかになった。資本の蓄積率はかつてない高水準に達していた（一九五九年に国内総生産の四三・四％）[1]が、その資本は、しばしば未完に終わるか、粗雑な出来でしかない大灌漑工事を立ち上げるために、またとりわけ、都市部の工業を大規模に開発するために投入された（中国は「二本足で歩く」というのが毛沢東主義者の名高いスローガンだが、農業の「足」の血はことごとく工業の「足」へと注ぎ込まれなければならなかったのだ）。この常軌を逸した資本の配分ぶりが、それに劣らず常軌を逸した労働力の配分をも規定することになった。たとえば一九五八年に国営諸企業は二一〇〇万人という膨大な数の労働者を新規に雇い入れた。すなわち、この部門の増加はわずか一年で八五％にも達したのだ！　結果はといえば、一九五七年から一九六〇年のあいだに、非農業人口は全体の一五％から二〇％に増えたことになる――彼らを食べさせねばならなくなるのは国家だ[2]。

ところで、それと並行して、農村勤労者は耕作は別にして、あらゆる労働（大工事、全製品がスクラップにされるのが通例だったミニ製鋼所〔土法高炉を指す〕、古い村の破壊、新しい住居の建築など）に動員されて疲弊しきっていた。しかも、一九五八年の「夢のような」

収穫を前にしたとき、穀物類の植付面積を一三％減少させることが許されると信じさえしたほどであった。[1]「経済的妄想と政治的欺瞞」[2]のこうした結合の結果こそ、農民にはもう取り入れる余力すらも残っていない、それほど悲惨な一九六〇年の収穫高だったのだ。河南は「水利工事が一〇〇％完成した」（考えられるかぎりの灌漑と堤防工事が原則として実現をみた）と宣言した最初の省だったが、それはまた、飢饉によって最も手ひどい打撃を受けた省の一つでもあった（推定によると、二〇〇万から八〇〇万人の死者を出した）[3]。他方、国家の取り分は最高水準に達しており、一九五七年に供出された穀物は四八〇〇万トン（総生産高の一七％）、一九五九年には六七〇〇万トン（同二八％）、一九六〇年でも五一〇〇万トンだった。落とし穴はうそつきどもの頭上で、というより不幸にして彼らが統治する住民の頭上で、バタンと閉じてしまった。

たとえば、鳳陽モデルで名高い安徽省鳳陽県では、一九五九年には穀物生産量が一九万九〇〇〇トンと発表された。前年度の一七万八〇〇〇トンと比べると、大した進歩ではある。しかし一九五九年の生産量の実数は、一九五八年の八万九〇〇〇トンにたいし、わずか五万四〇〇〇トンでしかなかった。しかも国家は、幻の収穫量から、実際の取り分として二万九〇〇〇トンを要求したのだった！　そのせいで、翌年には（ほとんど）全員が重湯の食事で我慢しなければならなくなった。そして、一九五九年末に『人民日報』が掲げた、超現実主義さながらの「豊穣の年に質素にくらす」という一句がはやりのスローガンになったのである。国有新聞は昼寝の効用を吹聴し始め、医学教授たちは、脂肪もタンパク質も余分なものだという中国人特有の生理について強調した[1]。

その時ならまだ大躍進の目標を修正するだけの時間的余裕がおそらくあったろうし、事実、一九五八年十二月にはその方向をめざす最初の策が講じられた。しかし、ソ連との緊張状態が始まり、とりわけ一九五九年七月、人望の高い彭徳懐《ほうとくかい》元帥が共産党政治局で、毛沢東自身の望む戦略を攻撃したため、毛沢東は、純粋な政治戦術的理由から、自己の非を少しでも認めまいとして、どんなわずかな難問も存在するのを認めることを拒否した。あまりにも明晰な国防部長、彭徳懐は林彪《りんぴょう》に取って代わられ、後者は偉大な舵取りの卑屈な子分であることがやがて明らかになった。彭徳懐は逮捕こそされなかったものの、中枢の職務から遠ざけられ、一九六七年には党から追放、終身刑に処せられ、一九七四年、獄死の憂き目をみることになる。毛沢東の憎悪はそれほどまでに執拗であった。自分の優位を揺るぎないものにしようとして、一九五九年八月、毛沢東は大躍進の再開と深化を押しつけ、以後、人民公社は都市にまで拡大されると約束された(が、結局実現はみなかった)。中国は大飢饉に見舞われた——しかし、毛沢東は生き延びるであろう。なぜなら、のちに林彪が主張したように、歴史をつくるのは天才たちだからである。

飢饉は国全体を襲った。北京ではバスケットボールのコートまでが野菜畑に姿を変え、二〇〇万羽の鶏が首都のバルコニーを占領した[2]。国土の広大さと、自然条件や栽培作物の極度の多様性にもかかわらず、いかなる省も被害を逃れることはできなかった。この事実だけで、「一世紀間で最悪の天災」という公式の非難が空虚なことを証明するに十分であろう。実際には、一九五四年と一九八〇年とは、気象学的には平年よりはるかに乱調に見舞われた年度だったが、一九六〇年にかんして言えば、中国に一二〇ある気象台のうち、厳しい旱魃を記録したのは八地点だけで、並の旱魃を記録した地点も三分の一を下回っていた。[1] ところが、一九六〇年における一億四三〇〇万トンの穀物の収穫は、一九五七年の収穫(一九五八年はわずかにこれを超えた)より二六%も少なく、再び一九五〇年のレベルまで落ち込んだのだった――この間に中国の人口は一億人増加したにもかかわらず、である。[2]

しかしながら、備蓄食料の配分と権力機関の近接性の点で恵まれていた都市では、打撃はそこまでひどくはなかった(たとえば最も暗黒の時期にあたった一九六一年に、都市住民は平均して穀物一八一キロを手に入れられたのにたいし、農村住民は一五三キロしか受け取れなかった。後者への食料配給は二五%減少したのにたいし、都市住民の減少分は八%だった)。この点で毛沢東は、彼をめぐって美化された伝説とは裏腹に、むしろ中国の支配者の伝統に忠実に、農民という名の粗野で未開な人々の生存についてさえほとんど心遣いを見せることはなかったのである。

他方、地域的な――いや局地ごとと言ってもよいが――不平等は大きかった。最も脆弱だった省、つまり北部と西北部の省は、十九世紀でもこの二地方だけが飢饉に襲われたのであり、論理的には今回も最も打撃の大きかった省に数えられる。これに反し、最北部に位置する黒竜江省はほとんど被害を受けず、そのうえ大部分が未開拓だったために、人口は一四〇〇万人から二〇〇〇万人に膨れあがった。飢えた人々にとっての避難所だったと言えよう。ヨーロッパの過去の飢饉の例から知られた過程によると、工業作物（サトウキビ、採油植物、ビート、とりわけ綿花）に特化した地域では、ひときわ厳しい飢餓に襲われたとき、飢えた人々はもはや製品を買う手段もないので、生産が（時には三分の二も）崩壊してしまうものだ。自由市場（あるいは闇市場）での米価は、十五倍から、時には三十倍にも跳ねあがった。毛沢東主義の教条がこうした災害の深刻さを倍加させた。というのも、人民公社は自給自足を可能にすべきものであるが故に、省と省のあいだでの食料輸送が大幅に削減されていたからである。もとより輸送手段自体が石炭不足に苦しんでおり（飢えた炭鉱夫は食物を探しに職場を離れたり、野菜を栽培したりしていたから）、また飢饉から来る無気力と解体状況という全般的傾向のために機能しなくなっていた。遼寧省のような工業化した省では、二つの効果が重なって現れた。まず、一九六〇年の農業生産が一九五八年のそれの半分に落ち込んだ。第二に、一九五〇年代には平均して年一六六万トンの食料製品が遼寧省に送られていたのに、一九五八年以降その輸送は国全体でわずか一五〇万トンにまで落ち込んだのだった。

飢饉が本質的に政治次元のものだったことは、四川、河南、安徽省のような、正常時はむしろ穀物を輸出する省なのに、当時過激な毛沢東主義者に指導されていた省にきわめて高い死亡率が集中していた事実によって証明される。中北部にある安徽省はおそらく最も打撃が大きかった省であろう。死亡率は一九六〇年には六・八％に跳ねあがり（正常時は約一・五％）、一方、出生率は一・一％（それ以前は約三％）まで転落した。その結果、この省の人口は、たった一年間で二〇〇万人（全住民の六％）も減少したのである。(1)

河南の活動家たちも、毛沢東と同じように、すべての困難は農民による穀物の隠匿に起因していると確信していた。全国で最初の人民公社が組織された信陽県（人口一〇〇〇万人）の書記によれば、「食料が足りないわけではない。穀物はたっぷりあるが、住民の九〇％がイデオロギー問題をかかえているのだ」(2)とのことだった。つまり、村民総体を相手にして（「階級的陣列」はとりあえず忘れられていた）、一九五九年秋に、責任者が抗日ゲリラ戦争の方法を呼び起こしながら、軍隊式の攻勢が激しく開始されたのである。少なくとも一万人の農民が投獄され、その多くが飢え死にした。個人の炊事道具（役立たずの鋼に加工されずにすんでいた道具のことだが）はすべてこわすようにとの命令が出されたが、これは、自主的な食生活と、協同組合の財産をくすねるという欲望とをことごとく禁止しようとしたものだ。厳しい冬が近づいているというのに、火の使用まで禁じられてしまった！　弾圧の暴走ぶりたるや恐るべきものだった。何千人もの被拘留者にはシステマティックな拷問が加えられ、子どもたちは殺され、ゆでられ、ついで肥料として使われた——それも、全国キャンペーンが「河南に学べ」と煽っているまさにその時のことである。安徽省では、「たとえ九九％の者が死んでも、紅旗を維持する」(1)という意図が宣言されていたが、幹部は古きよき伝統、つまり、生き埋めと焼きごてによる拷問とを復活させた。葬式は禁止された。その数があまりに多いのに生き残った人々がおびえ、葬儀が事実上の抗議運動に転化することを恐れたからである。多数にのぼる捨て子を受け入れることも禁止された。「受け入れれば受け入れるほど、それだけ捨てる者が多くなる」(2)というわけだ。絶望して都市に逃げ込もうとした村人は一斉射撃で迎えられた。鳳陽県では八〇〇〇人を超える死者を数え、この県の農村人口の一二・五％にあたる二万八〇〇〇人が様々なやり方で処罰された。事態は、まぎれもない反農民戦争の様相を呈していた。ジャン＝リュック・ドムナックが言ったように、「政治にたいするユートピアの闖入は、社会にたいする警察的テロルの闖入ときわめて正確に符合していた」(3)のである。飢饉による死亡率は、村によっては五〇％を超えた。時には、権力を濫用した幹部だけが生き延びることができた。そして、河南におけるように、人肉食のケースは数多く（公式に確認されているのは六三件）、特に講《トンチン》のような組織を通じて食べるべき子どもを交換しあった。(4)ガガーリンが宇宙に飛び出したまさにその時、三万キロを超える鉄道と電話とラジオをそなえたこの国で、ヨーロッパのアンシャンレジーム下に見られたような、生存をめぐる大危機に固有な荒廃ぶりが再現されたのである。しかもそれは、十八世紀の全世界の人口と同じ規模にあたる住民を襲ったのだ。数え切れないほどの飢えた人々は、都会では草や樹皮やポプラの葉などの粥をすすり、腹の足しになるものを求めて路上をさ迷い歩き、食料輸送の車列からの略奪を試み、時には絶望的な農民一揆に身を投じた（河南省の信陽地区と蘭考《ランカオ》地区(1)）。それでも、飢えた人々にはいかなる食物も送られず、逆に「責任がある」現地幹部が銃殺されることすらあった。人々は病気や感染症にかかりやすくなり、そのため死亡率は一層増大した。消耗しきった女性の妊娠能力や出産能力はほとんど停止した。

労改の被拘留者の状況が近隣農民の状況より不安定とは必ずしもいえないにしても、彼らが最後に飢え死にしたわけではなかった。というのも、農民がわずかばかりの食物をもらおうとして、収容所の扉をたたきに来たことさえあったからである。一九六〇年八月にジャン・パスカリーニがいた労働隊員の四分の三は、その一年後にはすでに死んでいたか、または瀕死状態になっていたし(2)、生き残っていた者も、馬糞にまざった未消化のトウモロコシの粒や、牛糞のなかの蛆虫を探さねばならない事態にまで追い込まれていた(3)。彼らはまた、製パン用の小麦粉に三〇％の製紙用パルプを混ぜたものとか、米粥に沼のプランクトンを混ぜたものといった類の、飢饉用代用食の実験用モルモットとしても使われた。パルプのパンでは収容所の全員がすさまじい便秘にかかって、その多くが死んだし、プランクトンの粥でもやはり全員が病気になり、か弱い人々は死んでいった。最後に行き着いたのはトウモロコシの穂軸を挽いた粉で、これは全国へと広がった[1]。

国全体について言えば、死亡率は一九五七年の一・一%から一九五九年と一九六一年には一・五%に、特に一九六〇年には二・九%にまで跳ねあがった。出生率は一九五七年の三・三%から一九六一年の一・八%にまで落ちた。出生数の落ち込み(おそらく三三〇〇万人にのぼるが、なかには単なる出生の遅延も含まれよう[2])は考慮に入れないとして、飢饉による高死亡率に関連する損失数は、一九五九年から一九六一年のあいだに、二〇〇〇万(一九八八年以降の中国における公式に近い数字)から四三〇〇万人と推定できる[3]。これから言えるのは、中国の全歴史上ほとんど間違いなしに最も深刻な(少なくとも絶対数の点で)飢饉だったということであり(第二位は、一八七七―一八七八年に国の北部で九〇〇万から一三〇〇万人の犠牲者を出した飢饉だろう)、また、おそらく世界史上で最も深刻なものだったといってよかろう。これといささか同一の政治的・経済的文脈で、一九三二年から一九三四年のあいだにソ連を襲った飢饉があり、およそ五〇〇〇万人の死者を出したが、これとて比率の上では大躍進期の中国よりむしろ小規模であった[4]。

農村での死亡率は、正常時の都市の死亡率を三〇―六〇%かた上回り、一九六〇年には農村死亡率は都市のそれの二倍(一・四%にたいして二・九%)になった。それでも農民は、家畜に代表される生産資本を消費することにより、飢饉の影響を少しは遅らせることができたのである。すなわち、一九五七年から一九六一年にかけて、豚の四八%と、とりわけ役畜の三〇%が屠殺されたのだった。[1] 他方、厳密な意味で食料用でない作物（たとえば当時、国の主要産業の基礎だった綿花）について言えば、それにあてられる面積は、一九五九年から一九六二年のあいだに三分の一以上も減少した。生産の落ち込みはこのようにして製造業部門にも伝わったのである。

一九五九年末以降、生産奨励のため、農民の自由市場が再び許可されたが、農民がつけた価格は——その量がわずかなことを考えると——あまりに高く、飢えた人々が生き延びるに足りるものを見出せることはほとんどなかった。一九六一年にも、自由市場での豚肉の価格は国有商店の十四倍だったほどである。慢性的に穀物が不足する北西部の遊牧地帯では、穀物類の価格の上がり方は、牧畜製品の価格に比べずっと大きかった。たとえば甘粛省では、穀物類の配給が「半飢饉」の限界の半量にしか達していなかったので、一九六二年にもなお飢え死にする者が出ていた。

〈安徽省における大躍進の思い出、あるいは、魏京生はいかにして毛沢東主義と決別したか〉[2]

ここに来てから私は、農民たちが大躍進のことを、まるで生き延びられて幸運だった、そういう大災害でもあったかのように話すのをよく聞いた。この問題に少なからぬ興味をおぼえた私は、たびたび詳しい話を彼らにせがんだ。そして、聞くにつれて、「三年間の自然災害」はそれほど自然なものでなく、むしろ誤った政策の結果だったのだと確信するようになった。農民はたとえばこんな話をした。一九五九年から一九六〇年にかけての「共産風」(1)のあいだ、彼らの飢餓感はあまりにひどく、実った稲を刈り取る力さえないほどだった。その年は豊作だったというのにだ。彼らの多くは、籾が穂から風に飛ばされ田に落ちるのを見ながら、飢えて死んでいった。村によっては、ただの一人も稲刈りに行かれなかったという。途中、ある時、私は親類の者と一緒に、家から数里のところにある村に招かれて行った。ある無人の村のそばを通ったが、家という家はすべて屋根がなくなっており、ただ土壁だけが残っていた。

私は驚いたが、これは大躍進のあいだ、村の再編成の時期に廃村になったものにちがいないと確信して訊いた。

「どうして壁をこわして田にしないんだろう?」

親類の者は答えた。

「だって、この家は誰かの持ち物だし、持ち主の許可なしにこわすことはできないからさ」

その廃屋を見れば見るほど、私には誰も住んでいるはずがないと思えた。

「もちろん住んではいないさ! このあたりじゃみんな〝共産風〟の時代に飢え死にしちゃったからね! その後だれも帰ってきやしない。だから、土地は隣の生産隊に分配した。ただ、もしかすると誰か帰ってくるかもしれないと考えて、住居の敷地は分配しなかったのさ。でも、あの時以来、誰も帰ってきやしないと思うよ」

　われわれはちょうどその村に沿って歩いていた。まぶしいほどの日光が、土壁のあいだに生えている翡翠のような緑色の雑草を照らしており、手入れの行き届いた周囲の稲田とのコントラストが強調されて、風景は一段と荒涼とした印象だった。目の前の雑草のあいだから突然、以前に話を聞いたことのある宴会の一シーンが浮かびあがった（ママ）。食べるためにお互いの子どもを交換しあう家族たちの情景だ。自分の子どもととりかえっこした子どもの肉を噛みしめる親たちの苦痛にみちた顔が、私の脳裏にまざまざと浮かんだ。私には、村の近くの田で蝶々を追いかけている子どもたちが、親にむさぼり食われた子どもの生まれ変わりのように見えた。食われた子どもが不憫でならなかった。しかし、その親の方がなお一層不憫だった。相手の親たちが泣き悲しむ前で、悪夢のなかですら、味わうことになるなどとは思いも寄らなかったはずのこの肉を飲みこむように強いたのはいったい誰なのか？　その時私は、誰がその死刑執行人だったかを理解した。「人類が何世紀もかかって、そして中国が何千年紀もかかって、ただ一人しか生み出さなかったような」[1]死刑執行人とは、毛沢東にほかならない。そうだ、毛沢東とその盲信者たちは、彼らのシステムと彼らの犯罪的政治により、飢えのあまり気が狂った親が、他人の飢えをしのがせるために自分の血肉をわけた子どもを提供するように、そして自分の飢えをしのぐために他の親の血肉をわけた子どもを受け取るようにと強いたのだ。民主主義を暗殺することにより犯した犯罪の跡を洗い流そうとして、(1)毛沢東は「大躍進」を打ち出し、何千人という飢えのため朦朧となった農民に、鍬をふるって昔からの仲間を打ち倒すように、幼なじみの仲間の血と肉のおかげで自分の命を救うように強いたのだ。そうだ、死刑執行人は彼らではない。死刑執行人は間違いなく毛沢東とその一味だ。そのとき初めて、私は彭徳懐が、毛沢東の率いる党中央委員会を攻撃するだけの力をどこから汲みとったのかがわかった。農民がなぜこれほどまでに「共産主義」を忌み嫌っているのか、また彼らがなぜ、劉少奇《りゆうしようき》の「三自一包」政策〔大躍進がもたらした経済危機を乗り越えるため打ち出した政策。三自は自留地・自由市場・損益自己負担、一包は請負生産を指す〕への攻撃を認めなかったのかが、やっとわかった。それは、狂気にかられ、生き延びたいという本能から、自分の血肉をわけた子どもを他人に食わせたり、仲間を打ち倒して食らったりすることは将来二度と再びするつもりがないという、単純で十分な理由からであったのだ。この理由には、いかなるイデオロギーよりも重みがそなわっていた。(2)

耐えがたいまでの無意識というべきか、あるいはもっとありそうなことだが、共産主義に接近するために、割らなければならぬ数百万の「卵」にたいする絶対的な無関心というべきか、この危機への国家の対応ぶり——そう呼べるとしての話だが——は、犯罪的というほかない状況のなかでのいくつかの施策を通じて行われた。たとえば、穀物の純輸出量は——相手国の筆頭はソ連だったが——一九五八年の二七〇万トンから一九五九年には四二〇万トンに増加し、一九六〇年になってからやっと一九五八年の水準まで落ちたのだった。それどころか、一九六〇年の六万六〇〇〇トンにたいし、一九六一年には五八〇万トンの穀物を輸入するにはしたが、それでもまだまだ少なすぎた(1)。米国からの援助は政治的理由から拒否された。世界世論は、動員されることもできただろうに、中国流社会主義の災難については知る由もないままだったにちがいない。最後に、農村の困窮者への援助は年に四億五〇〇〇万元未満、つまり、一人あたり〇・八元が支出されたが、当時自由市場での米価はキロあたり二—四元にも達していたのだ……。中国共産主義は、誇らかに語られたように、「山をも動かし」自然を飼いならすことができた。しかしそれは、この理想の建設者たちを餓死するにまかせるためにほかならなかった。

一九五九年八月の出直しから一九六一年までのあいだ、まるで党が呆然として手をつかねたまま、災害を眺めているかのように、すべてが進行した。毛沢東が全身の重みをかけて推進していた大躍進を批判することはあまりにも危険だった。しかし、状況があまりにも悪化したために、体制「ナンバー2」の劉少奇が党主席を防衛的立場に追い込み、人民公社の設立以前の「ソフトな」集団化へ復帰するにひとしい路線を押しつけることができたほどであった。すなわち、自留地、農民市場、自由手工業が復活し、農民活動の管理を労働隊（昔の村に相当する）のレベルにまで分散することなどが採用された。これにより速やかに飢饉から抜け出すことが可能にはなったが、貧困からは抜け出せなかった。

まるで、一九五二年から一九五八年のあいだにかなり顕著に増加しつつあった農業生産が、その飛躍のさなかに二十年にわたって断絶されたかのようだった。「おなかがまだいっぱいである」あいだは、共産主義への信頼感が戻ってくることはありえず（毛沢東が人民公社について述べた言葉）、だからこそ、一九五九—一九六一年の大災害が突発したのだとも言うのだろうか。たしかに一九五二年から一九七八年にかけて農業生産の総量は倍増したものの、同時に人口のほうも五億七四〇〇万人から九億五九〇〇万人に増加をみた。住民一人あたりの生産は微増したことになるが、そのほとんどは五〇年代における豊作の年のおかげだった。大半の生産についていえば、どうにか一九五七年の水準（総量での）を回復するには、少なくとも一九六五年（河南では一九六八—一九六九年[2]）まで待たなければならなかった。

最終的な農業生産性が受けた打撃はさらに一層大きかった。大躍進の際の生産投入量の厚顔無恥というほかない浪費によって、生産性が約四分の一も落ち込んでしまったからである。全体として一九五二年の効率水準を取り戻すには、一九八三年まで待たねばならなかったのだ[3]。文化大革命時代の証言がすべて一致して確認しているとおり、村落世界の貧困たるや非常なもので、絶えず栄養不足に落ち込む限界線上にあり、余剰物はいっさいなかった（一家に油のびんがただの一本でもあれば、宝物といえただろう）[1]し、大躍進のトラウマから、農民は体制側のプロパガンダにたいし極度に懐疑的になっていた。人民公社の開始からちょうど二十年後、鄧小平のリベラルな改革に熱心に反応し、市場経済の中国への再導入の尖兵となったのが小農であったことは、驚くにあたらない。

しかし、体制にとっての「大きな秘密」である一九五九―一九六一年の災害については、当時外国からの訪問者の多くも争って否定したし、あるがままの実態が認められることはついになかった。一九六二年一月、幹部会議のかぎられた聴衆を前にして、劉少奇は次のようにかなり思い切った発言をしている。飢饉は七〇％かた人間の誤謬の産物であったろう、と。[2]当時は、毛沢東を直接非難せずに、この発言より先へ進むことは不可能だった。しかしながら、毛沢東の死後も、また、一九八一年に中国共産党が元主席にかんする「最終評価」を発表したときも、大躍進は、ともかくも公式の形ではいっさいの断罪を免れ続けている。

労改《ラオガイ》――隠された〈グラーグ〉

中国共産主義の納戸《なんど》は疑いもなく死体に満ちあふれているが、何よりも異例なのは、それをかくも長いあいだ、世界の目から隠しおおせてきたということだろう。収容所群島にほかならない広大な牢獄世界もまた、この定式の例外ではない。一〇〇〇カ所あまりの大規模な労働収容所（地図を参照）と、無数といってよい拘禁センターを擁していながら、人民共和国をとりあげた著作では、どんなに詳しい書物でも、比較的新しい出版物でも、これについて少しでも言及されることはまずない。たしかに抑圧機関はおのれを隠すべを心得ていた。たとえば「拘禁刑」とか「懲役刑」（これではあまりにも旧体制のにおいがするだろう）が言い渡されることはなく、労働による「改造」や「再教育」を言い渡されるのだ。このことからかなり論理的に帰結することだが、主要な拘禁場所は公共企業の外観をまとうことになるわけだ。たとえば、「荆州染色工場」（門にはこの名前しか書かれていない）が湖北省第三刑務所にほかならず、「英徳茶農場」が広東省第七労働改造単位にあたることは、知らないかぎり誰にも分からない。(1) 家族でさえ手紙を書くときは、名前を伏せた郵便箱宛てになる。それに毛沢東主義の時代には、予審の全期間にわたって（通常一年を超える）訪問禁止が慣例だった。

近親者といえども、囚人の拘置場所やその死亡場所を通知されるとはかぎらなかった——とりわけ文化大革命期にはそうだった——し、通知があるとしてもずっと後からだった。秘密の牢獄に囚われていた共和国の元国家主席、劉少奇の子どもたちがその死（一九六九年十一月）を知ったのは何と一九七二年八月になってからのことだ。そのとき初めて彼らは、父と同様一九六七年八月以来拘禁されていた母親を訪ねることができたのである。(2)

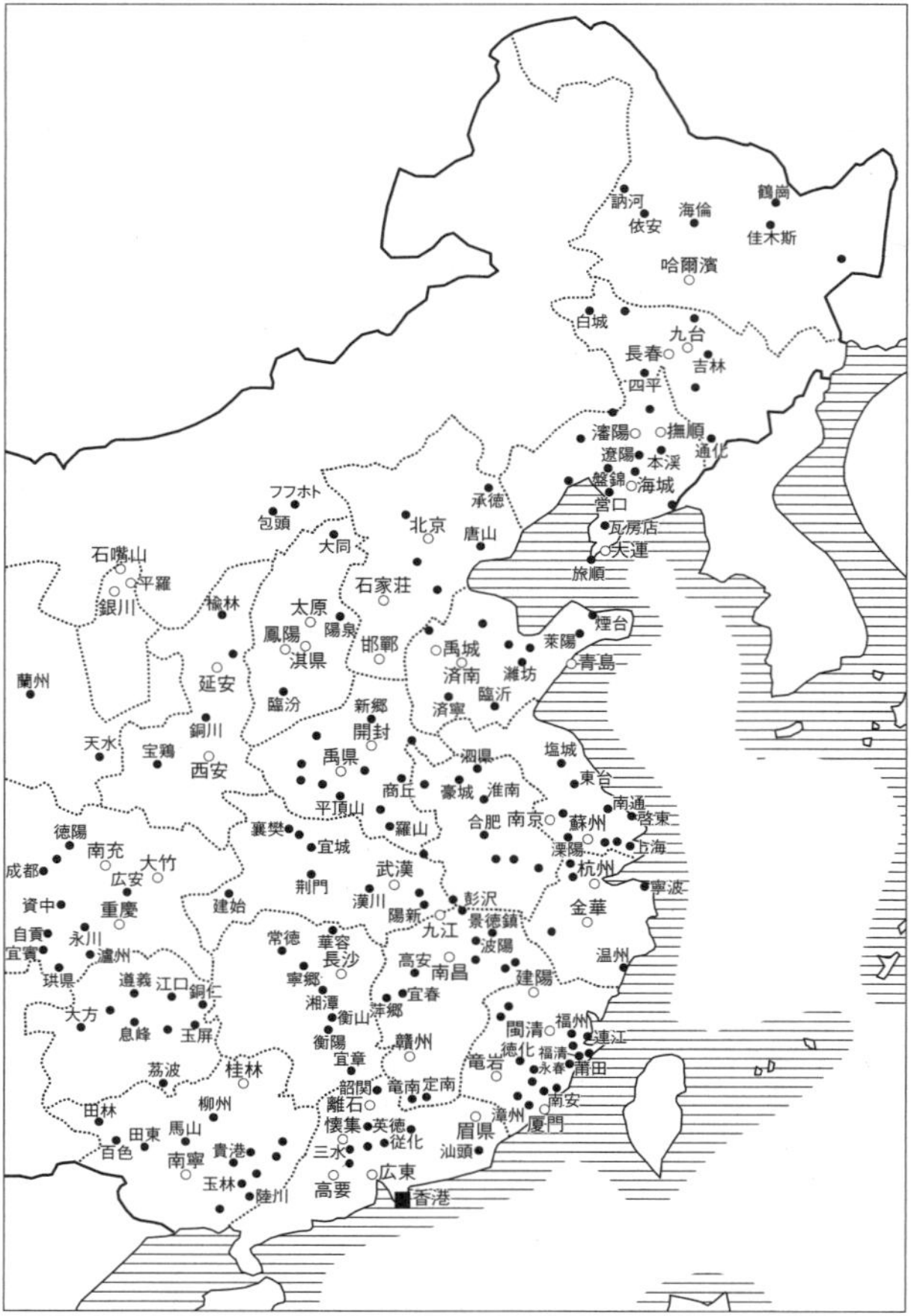

訥河
海倫
鶴崗
依安
佳木斯
哈爾濱
白城
九台
長春
吉林
四平
瀋陽
撫順
遼陽
本渓
通化
盤錦
海城
営口
瓦房店
大連
旅順
承徳
北京
唐山
フフホト
包頭
大同
石嘴山
平羅
銀川
楡林
石家荘
太原
陽泉
鳳陽
淇県
邯鄲
禹城
済南
濰坊
莱陽
煙台
青島
延安
蘭州
臨汾
新郷
済寧
臨沂
銅川
開封
天水
宝鶏
西安
禹県
泗県
塩城
商丘
亳城
淮南
東台
平頂山
南通
啓東
合肥
南京
蘇州
襄樊
羅山
徳陽
宜城
溧陽
上海
南充
大竹
成都
広安
荊門
武漢
杭州
寧波
資中
重慶
建始
漢川
彭沢
金華
陽新
九江
景徳鎮
自貢
永川
常徳
華容
宜賓
瀘州
長沙
高安
波陽
温州
珙県
寧郷
南昌
建陽
遵義
江口
銅仁
湘潭
宜春
衡山
萍郷
大方
息峰
玉屏
閩清
福州
連江
衡陽
贛州
徳化
福清
宜章
永春
莆田
竜岩
茘波
桂林
韶関
竜南
定南
南安
柳州
離石
漳州
厦門
田林
懐集
英徳
田東
馬山
眉県
従化
百色
南寧
貴港
三水
汕頭
広東
玉林
高要
陸川
香港

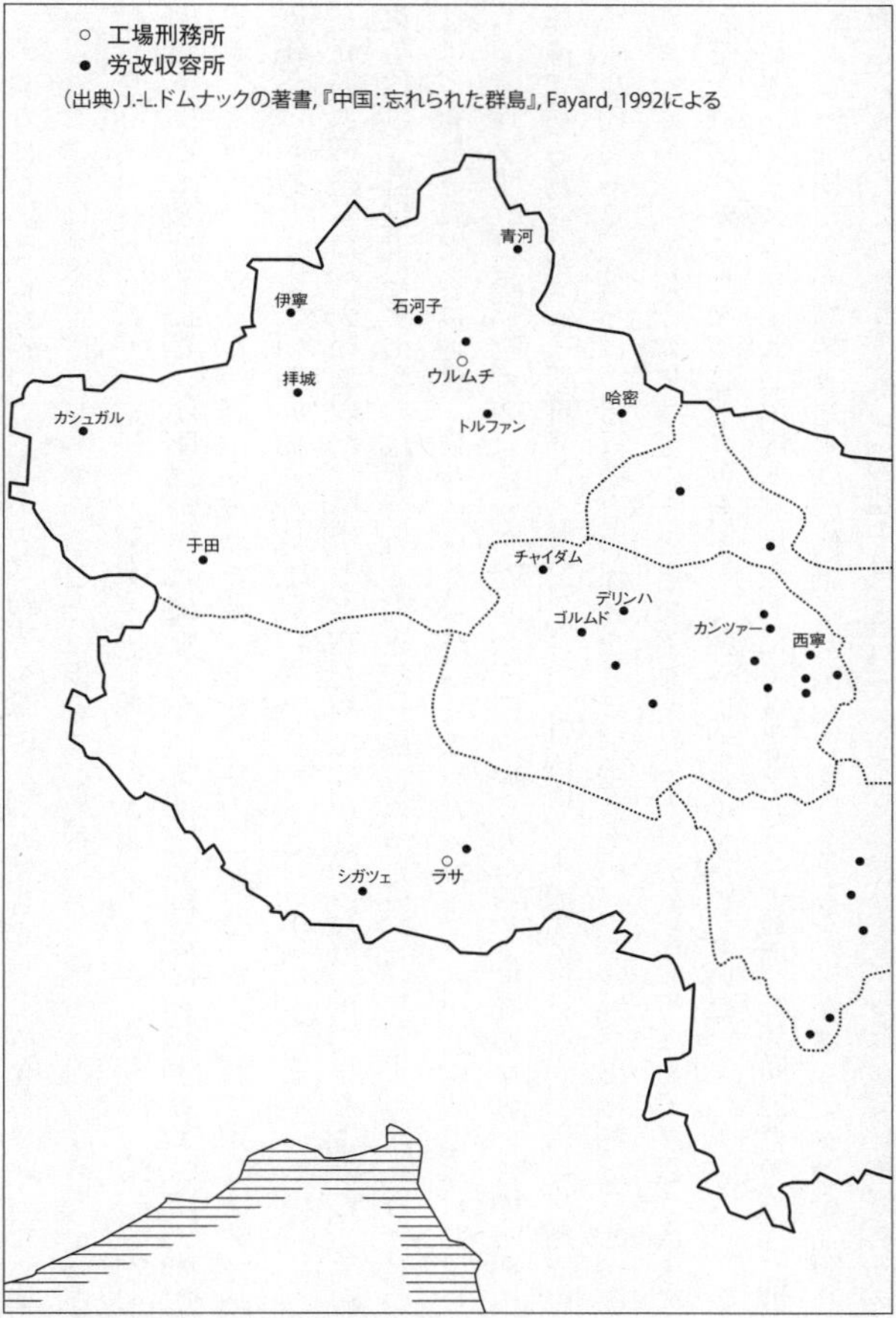

中華人民共和国内の工場刑務所・労改収容所

めったにないことだが、「姿婆を」移動する際に、囚人は目立ってはならなかった。独房以外では常に頭を下げ、黙っていることに慣れていた彼らが、駅では次のような奇妙な指示を与えられたものだ。「汽車のなかでは普通にふるまうように。繰り返して言うが、頭を下げることは禁止だ。便所に行かねばならない時は、監視係に合図するように。握りこぶしで親指だけ立てるのだ。タバコを吸ったり、話すことは許されるが、冗談は駄目だ。監視係は発砲してもよいとの命を受けているからな(1)」

元囚人の証言は、長いあいだ、稀少な存在だった。ひとつには、後で見るように、毛沢東時代は、監獄世界を出るのはきわめて困難で、かつめったにないことだった。もう一つには、釈放された者は通常、自分の苦しい経験をまったく話さないよう約束しなければならず、違反すれば再び拘留されるからだった。そういうわけで、今なおわれわれの主要情報源である物語の大半を提供してくれたのは、外国人——囚人のほんの一部にすぎない——なのである。彼らは、自国政府の保護を受け、生きて刑務所の外へ出られることが多かったからだ。そのなかには、ひとときでも袖すりあわせた、陰にうごめく多数の囚人の苦悩を証言することを、自己の使命として明確に引き受けた人もいた。

ジャン・パスカリーニ（中国名では鮑若望《パオ・ルオワン》）もそういう一人だった。同囚者の一人が彼に、なぜ仲間たちがパスカリーニの健康と安全をこれほどまで心にかけているかを説明したという。「ここにいるすべての連中は……、一人でも牢屋から出るなんて金輪際ありえないことなんだ。俺自身も含めてさ。終身契約なんだ。パオ、お前だけは違う。いつかお前は大手をふって出ていけるかもしれない。外国人ならありえることだが、俺たちはだめだ。ここを出たあとで、ここのことを話せるようになるのはお前だけだ。だから俺たちはお前に生きていてもらいたいと望んだんだ、パオ（…）ここにいるかぎり、お前はちゃんと生きていられる。俺が約束するよ。お前が他の収容所に移送されたら、そこでもお前は俺たちと同じ考えの囚人に出会うはずだ。お前は俺たちのお宝物なんだからな、じっさい！」[1]

あらゆる時代で最大の人口をかかえた刑務所システム

労改とは、どこにもない場所……。このブラックホールのなかに、毛沢東主義のまばゆい太陽は何千万という人々を埋め込んでしまった（ハリー・ウーによれば、一九八〇年代半ばまでに合計五〇〇〇万人だが——この数字はあくまでおおざっぱな見積もりでしかない[2]）。そしてそこでおびただしい人々が死んだ。ジャン＝リュック・ドムナックの二つの推定（つまり、平均的な年における約一〇〇〇万の——時期によるが、中国の全人口の一％と二％のあいだに相当——被拘留者と、五％の年間死亡率）を重ねあわせると、約二〇〇〇万の中国人が拘留中に死んだことになり、そのうち約四〇〇万人は大躍進の飢饉、すなわち、一九五九年と一九六二年のあいだに死んだことになろう（しかし、「正常な」——それ自体すでに最低の、だが——食料配給にもどったのは、やっと一九六四年になってからである)[1]。ジャン・パスカリーニの驚くべき証言の後、最近の二つの研究(ウーおよびドムナックの研究)によって、今世紀の三大収容所世界のうち、最も知られていなかったものの全体像に近づくことが今では可能になったと言えよう。

中国の収容所世界は、世界そのものに匹敵するといえるほどの広大さと、永続性(いずれにせよ、釈放の最初の大波が押し寄せた一九七八年まで)[2]と、そして多様性とをもちあわせていた。囚人の多様性についていえば、一九五五年頃はその八〇％が「政治犯」であり(しかし当時は、多くの一般刑事犯罪が政治犯罪と再規定されたために処罰が加重された)、次の十年間の初めには半数あまりが、一九七一年頃には三分の二近くが「一般刑事犯」となった[3]。この変化は、民衆層の体制離れと、政治的不安定の雰囲気のなかでの犯罪の再増加傾向とを反映する軌跡であろう。拘禁形態の多様性[4]についていえば、「予防拘禁」センター、様々な刑務所(そのなかには、失脚した指導者のためのきわめて特別な施設もいくつかあった)、本来の労改〔労働改造収容所〕、さらに「穏やかな」形態の流刑に相当する労教〔労働教養——日本語では「労働矯正」——の略〕と就業とがあった。

拘禁センターは、収容所群島への篩《ふるい》の役割を果たす施設であった。その数は約二五〇〇で、都市におかれ、被疑者はここで予審を受けたが、その期間は実に様々だった(十年に及ぶことすらあった!)。二年未満の刑もまた、拘禁センターで服役させられることがしばしばだった。刑務所に行くのは被拘禁者の一三%しかいなかったが、数は少なくとも一〇〇〇あり、通常中央権力に直属していた。まず、我が国の「重屛禁《へいきん》室」に相当する役割をもち、監視を強化したうえで、最も重い刑（特に二年の執行猶予つきの死刑判決は、中国法の奇妙な点だが、その大部分が「誠実な改造」のための赦免という結果に終わる）の受刑者と、「立場の微妙な」受刑者（上級幹部、外国人、聖職者、異端分子、スパイなど）とを閉じ込める刑務所があった。生活条件は実に多様だが、過度に悪いとは言えなかった（たとえば北京第一刑務所では、腹いっぱいの食事が与えられ、木製の簡易ベッドでなく、畳の上に寝られた。——収容所群島の他の場所から来た者にとってはまるで「夢」のようだった[1]——が、これは外国からの見学者のためのモデル施設だった）。しかし、規律はことのほか厳格で、厳しい工業労働が課せられ、イデオロギー的指導が強力なために、被拘禁者自身が、「野外にあるような」とひどく美化されていた労働収容所に送ってほしいと懇願することがしばしばあったほどである。

こうして被拘禁者の圧倒的多数が、広大な労働収容所に送られることになった。これは全国に分布するが、なかで最も広く、最も多数の服役者をかかえた収容所は、満州北部、内モンゴル、チベット、新疆、青海の半砂漠地帯に位置していた。とりわけ青海は、文字通りの「監獄省[2]」であって、酷暑の夏、厳寒の冬……の風土をもつ中国のコルィマともいうべき地域だった。ここの第二収容所はおそらく中国でも最大で、少なくとも五万人の流刑者が収容されていた。[1] 西部と東北部の僻地にある収容所は、条件が非常に過酷なことで知られていたが、概していえば、刑務所用の大国営農場より、都市化した地域にある刑務所工場のほうが、その労働リズムはさらに耐えがたいものだった。

労働収容所は原則として省または市の行政管理下におかれており（上海には、多数の省にわたって分布する独自のネットワークがあった）、したがって被拘禁者は、全体として、同一の地理的出身者だった（たとえば、中国東部でチベット人被拘禁者に出会うことはない）。ソ連とちがって、労働収容所は地方ないし地域の経済戦略に組み込まれており、ソ連のキルギス共和国〔新疆ウイグル自治区に隣接〕へ向かう「友好の鉄道」のような、国家的規模のプロジェクトへの参加は例外的にあっただけだ。だが、このプロジェクトの完成は、中ソ対立のために三十年間も中断された……。

収容所の住人は、かなり異なる三つの身分集団に分類されるべきである。最も多数で、とりわけ最も永続的な集団は、毛沢東の治下で、固有の意味の労改、つまり、「労働による改造」[2] とでも訳すべき活動を課せられた者だ。中長期の刑を宣告されたこのグループの服役者は、軍隊式（中隊、大隊、軍団など）に組織されていた。彼らは公民権を失い、完全に無給で、面会の機会もめったに与えられなかった。

次に、同じ収容所内に、また、もっと稀には特別施設のなかに、「労働による再教育」すなわち労教に割り振られた人々がいた。これは、一九五七年八月、反右派キャンペーンの絶頂期に創設された行政的拘留の一形態のことで、公安部による準合法的な拘禁慣行をいくらか形式化したものだ。この集団の犠牲者は刑の宣告を受けてもいなければ（したがって拘禁には定まった期限がない）、公民権も失っていず（しかし、収容所に投票所はない……）、わずかな給料を受け取っていた（しかし食費と居住費としてほとんどが天引きされる）。彼らが犯したとされる違反行為はかなり軽微で、労教で過ごす期間は原則として数年を超えることはなかったが、その長短は彼らの態度次第ということを日々いやというほど思い知らされたものだ……。労教の規律と拘禁・労働条件とは、実際には労改のそれにきわめて近かった。この双方をともに管理したのが公安部だからである。

もう少し「特権的な」集団が、就業という「職業を強制的に割り当てられた者」たちで、時に「自由労働者」とも呼ばれたが、もちろんこの自由は制限つきのものだった。なぜなら、年に一回か二回の外出許可が出る以外は、労働の場――たいていの場合、収容所だが――を離れる権利がなかったからである。労教より待遇はよく、給料も少しはましで、家族を呼び寄せ、結婚することもできるが、半刑務所的状況での生活であることに変わりなかった。つまり彼らがいるのは実は収容所内の「圧力調整室」であり、「釈放された者」が人生の残りの期間、閉じ込められている場所なのだ。一九六〇年代に至るまで、労改を生き延びた人の九五％が就業に振り分けられ、八〇年代の初めにもなお五〇％がそうだったと見られる。また、労教の元服役者の二〇％から三〇％も同様だった模様だ(1)。

出身環境から切り離され、職業も、都会に住む権利も失ってしまい、大体は離婚して（妻は「犯罪者」と別れるよう、当局から絶えず促されていた）、身を誤ったがゆえに生涯被疑者である彼らにとって、最も悲しいのは、多くは他にどこにも行き場所がないので、この境遇に甘んじなければならないことだった……。もはや何の希望もない彼らは、労改の被拘禁者からさえ不憫に思われたものだ。「われわれが出会い始めた自由労働者は、悲しい集団を形づくっていた。まるで刑務所の本物の居住者といったふうだった。彼らは怠けものだし、未熟練で、不潔だった。見るからに彼らは、もう何ひとつ試みる値打ちもないと決めていたようだった。そして、ある意味で彼らは正しかったのだ。彼らは絶えず飢えており、看守と警備兵の命令下にあり、夜もわれわれと同じように閉じ込められていた。われわれと彼らとで境遇が唯一違うのは、彼らが家族を訪ねる特権をもっていたことだけで、他にはこれといって何もなかった。もちろん彼らは給料ももらっていた。しかし、食料と衣類が政府の支給品でなくなっていたので、給料をそれに充てなければならなかった。これら自由労働者は身の回りに何が起ころうとすっかり馬鹿にしていた」(1)。毛沢東の治下にあっては、有罪判決という有罪判決は、実際上ほとんどつねに終身刑だったと言えよう。

「新しい人間」を求めて

際限なき収容は、被拘禁者の改造と「新しい人間」への変革とを高らかに謳った、この監獄制度のプロジェクトそのものと基本的に矛盾する。というのも、ジャン゠リュック・ドムナックが言うように、「拘禁は処罰ではなく、犯罪者が復権するための機会である」[1]と体制はうるさいほどに宣言していたからだ。公安部のある内部資料は、被疑者が通過すべき過程を次のように詳述している。「まず自分の罪を認めたあとでなければ、法に従うことはできない。罪を認めることは必要な前提条件であり、法への服従は改造の始まりである。認罪と遵法とは、受刑者に最初に教えるべき、そして改造の全過程を通じて銘記されるべき二つの教訓である」。ひとたび過去との決別が実現したとき、囚人の頭脳に「正しい思想」が浸透し始めることができる。「犯罪者の政治思想を正しい方向へ戻すためには、四つの基本的教育原理を確立することが絶対必要だ。すなわち、マルクス゠レーニン主義、毛沢東主義と社会主義への信念、共産党、人民の民主独裁の四つである」[2]。したがって、監獄施設は何よりもまず、騒々しく、精神が少し鈍いとみなされた被拘禁者、つまり「悪い生徒」のための教育の場なのである。

「ようこそ、新入学生同志たち！」[3]とパスカリーニを迎えた労働収容所の垂れ幕には書かれていた。一言の偽りもなしに、学習がすべてだったのだ。予審期間中ずっと、学習は日に少なくとも二時間、夕食の後、房のなかで続いた。しかし、もし囚人のなかに「進歩」の不十分な者がいるか、あるいは政治キャンペーンの期間中だったりすると、学習は昼間まで延長され、一週間、あるいはまるまる一月続くこともあった。「ノンストップ学習」

は多くの場合二週間から三カ月にわたり、刑務所世界へ同化するための研修期間の役割を果たした(1)。極度に厳格なしきたりにしたがって行われる学習時間のあいだ、歩きまわることも、立ちあがることも(座った姿勢を変えるのにさえ、許可を求める必要があった)、おしゃべりも厳禁だった……。

居眠りなど論外である。これはとりわけ日中の過酷な作業のあとでは、絶えざる誘惑だったが。カトリックの世界で育ったパスカリーニは、黙想や告解や悔悟がマルクスーレーニン主義的実践の域にまで高められているのに驚いた――違いがあるとすれば、これらの行為が必然的に集団的かつ公的次元を帯びるという点だけだった。その目的は、人間と神のあいだの絆を修復することでなく、党に絶対服従する大衆のなかに個々人を融合させることにあった。学習の楽しみに変化をつけようとして、ある被拘禁者の自白書(それはかならず詳細をきわめたものだった)にしぼった学習時間があるかと思えば、それと入れ替わるように、『人民日報』(文化大革命のあいだは、毛主席の『著作集』となったはずだ――いずれにせよ、『毛沢東語録』は常に携帯していなければならなかった)を読んで解説を聞く時間があり、あるいは教化の材料になると判断された出来事にかんする「討論」の時間もあった。

しかしながら、いずれの場合も目的は同一で、個人の人格を放棄させることにあった。監房長は、彼自身囚人だったが、かなり多くの場合共産党の元党員であり、この目的を遂行するうえで根本的な役割を担っていた。「彼は飽きることなく、われわれを集団討議や、守るべき道徳原理を含む話へと引っ張りこんだ。われわれの精神がつい耽りたくなるような他のすべての話題——家族だの、食べ物だの、スポーツだの、趣味だの、そしてもちろんセックスも——は絶対禁止だった。〝政府を前にして、われわれは共に学び、互いに監視しあわなければならない〟というのがスローガンで、それは刑務所内のいたるところに書かれていた[1]。自分が悪かったがゆえに、身を正し、間違った振る舞いをしたと認めるべきであった。「どのカテゴリーに属していようと、われわれ全員が罪を犯したのは、きわめて悪い思想をもっていたからにほかならない」と監房長は断言した[2]。われわれがそのような存在であったとすれば、その咎《とが》は資本主義的・帝国主義的・反動的思想による汚染に帰せられた。何ひとつ政治から逃れられないこの社会では、すべての罪はつまるところ政治次元のものであった。

　解決法は簡単きわまる。思想を変えさえすればいいのだ。そして、中国では儀式が心情と不可分なのだから、自分をボイラーマンの作業服でも着込んだ革命家にしてくれる、いやそれどころか、雷鋒《らいほう》タイプの英雄にでもしてくれるような鋳型を受け入れさえすればいいのだ。雷鋒とは、ふさわしい頭脳をもたないまま、ただ大義に奉仕する小さな歯車であることを心から誇りに思っていた模範兵士であり、不幸にして命令の遂行中クルマに轢かれて死んだが、一九六〇年代の初め、林彪元帥によって見習うべき模範とされた人物である。「囚人はじきに、何の拘束力もないスローガンの形で話すことを覚える。これが危険なのは、いうまでもなく、スローガンだけでものを考えるようになってしまうことだ。たいていの者がその危険に負ける(1)」

〈尿と弁証法〉

ある寒い、風のある晩だった。学習時間に、私は小用のため房を出た。北西からの凍りつくような風が顔に当たった時、私は便所まで二〇〇メートルの距離を歩くのが億劫になった。そこでとある倉庫まで歩いて行き、壁に向かって放尿した。結局のところ夜だし、だれも見ていまいと思い込んだのだ。

しかし私は間違っていた。放尿し終わったかどうかというその瞬間、私は尻を強く蹴飛ばされた。振り向いても、影しか見えなかったが、声で警備兵と分かった。

「つまり、あなたは衛生にかんする規則を知らないわけですね。あなたはだれですか?」と彼は訊いた。

私は名前を告げたが、それについで起こった出来事は、決して忘れられない教訓になった。(…)

「警備兵さん、私は自分が悪いことを認めますが、今やったことは刑務所規則の違反にすぎません。でも、あなたのほうは法を犯しました。政府職員には受刑者を叩く権利はありません。肉体的暴力は禁止されています」

一瞬の沈黙があり、影は考えていた。私は最悪の事態を覚悟していた。

静かに、落ち着いた口調で彼は言った。「パオ、あなたの言うことは正しい。もし私が落ち度を認めるとすれば——私はこの問題を次の自己批判の場（警備兵同士の場）にもちだすことになりますが——あなたは房にもどって、私のために完全な告白を書いてくれる心がまえがあるでしょうか？」

私は彼の対応に驚いた。感動すらした。なぜなら、囚人の前で自分の誤りを認める警備兵が相手だったからだ！（…）

「はい、警備兵さん。もちろん書きます」

（…）私は自分の座にすわり、告白を書く準備を始めた。数日たって、週一度の思想検討会の際に、私は監房中に聞こえるように大声でその告白を読みあげた。

朗読が終わると、私はつけ加えた。「表面的には、私がしたことはそれほど重大なことではないと思われるかもしれません。しかし、事情をもっと仔細に検討してみれば、私の行為は、私が政府の教育を尊重していず、改造に抵抗していることを示しています。あのように放尿することによって、陰険な形で自分の怒りをさらけ出したのでした。これは卑劣さにみちた行為でした。まるで、誰も見ていないと思って、政府の顔に唾を吐いたようなものでした。私は政府にたいして、私をできるかぎり厳罰に処してくださるようお願いするしかありません」

私の告白は警備兵のヤンに送られ、私は待った。私はすでに勇気を奮って、再び懲罰房に入れられることも覚悟していた。二晩後、ヤンが評決をもって房に入ってきた。「数日前、あなたがたの一人が、自分が法律を見下せる存在だと思い込んで、重大な誤りを犯した。(…)われわれは今回だけは彼を勘弁しよう。しかし、だからといって、謝罪の手紙を書くだけで、いつも面倒な結果から逃れられる前例だなどとは間違っても信じてはならない」と彼は言った(1)。

ある種の西洋人が好んで語るいわゆる「洗脳」とは、まさに読んだ通りの意味を表す行為だ。すなわち、粗雑なイデオロギーのむしろ荒々しい押しつけにほかならず、それ自体に何ひとつ繊細な点はない。その結果は、単純きわまる答えであればあるほど、どんな問いにも当てはまるような答えで用が足りることになる。とりわけ大事なのは、自己表現をするどんな些細な機会も囚人に許さないということだ。そのための手段にはいろいろある。最も独創的な手段は受刑者を、抵抗や内面生活を弱めてしまう栄養不良の状態に系統的に置いておくことだ(次の文章を参照せよ)。あるいはまた、自由時間もなく(学習と労働と雑役が長い一日を完全に埋めている)、くつろげる空間もなく(超過密な監房、一晩中ついている電灯、ほんのわずかしか許可されない私物)、もちろん独自の見解を述べるだけの最低の自由すらない状況のなかで、正統的なメッセージをいやになるほど囚人に吹き込むという手段もある。討論の際の発言（それはもとより義務的なものだが）はひとつ残らず克明に書きとめられ、各自の身上書類に記載される。一九五九年に、パスカリーニが中国のチベット干渉にたいし、わずかにせよ熱意不足の態度を表明したことは、その後の彼の身に高くつく結果になった。もう一つ独創的な手段をあげれば、イデオロギー的活動の大部分を他の囚人に委任してしまうことであり、ここにこのシステムの効率性の高いレベルが示されている。彼らは互いに身体検査をしあい、労働にかんする（したがって、食料配給にかんする）仲間の成績を評価し、釈放候補者の「改造」の進み具合について意見を述べる。そしてとりわけ、自分の進歩を自ら証明するためにも、また仲間が完全な自己批判をするよう仕向けるためにも、同房者を批判するのである。[1]

〈食料という武器〉

それから食料があった。——これこそ、全監獄制度のなかで唯一大事なものであり、最大の喜び、最も強いモチベーションだった。配給制が尋問技術の公式な一部として導入された一月後に、私が「草のうえにかかる霧の小道」[2]に到着したのは運が悪いことだった。絶望的に薄く水っぽいトウモロコシ粉の粥、固い小さな窩頭《ウォトウ》（トウモロコシ粉と大豆粉の蒸しパン）[3]、そして野菜の切れはしがわれわれの生活の中心になり、最も深い関心の基本的な対象となった。配給制が続き、われわれは痩せ続けたので、食べ物の一口一口を、最大限の注意を払い、できるだけ時間をかけて食べる習慣が身についた。労働収容所という所では、食料の質と豊富さについておよそ考えられないような噂話や夢のような話が飛び交っていた。これらの情報はしばしば、私は後で知ったのだが、囚人に自白を促すために取調官が思いつき、でっちあげた策動のたまものだった。こうした食事が一年も続くと、私はもっと食料を手に入れるためだったら、どんなことでも認めようという気になっていた。

食料不足については実によく研究されていた。彼らはわれわれを生かし続けさせはするが、しかし決して飢餓感を忘れさせない程度にしか食料を与えなかった。この尋問センターで過ごした十五カ月のあいだに、私が米を食べたのはたった一度で、肉は一度もなかった。逮捕後六カ月で、私の腹はすっかりぺちゃんこになり、関節は共用ベッドに身体が触れただけではっきりした痣ができるようになった。尻の皮膚は老婆の胸のように垂れ下がった。目はかすみ、集中力を失った。記録的なビタミン欠乏症にかかったあげく、ついには爪切りを使わなくても足の爪を折れるまでになった。髪の毛も抜け始めた。(…)

ロウは言った。「以前の生活はこんなにひどくなかったよ。二週間に一度は米の飯が出たし、月末には本物の白パンも出た。新年とか、メーデーとか、十月一日(1)とかの大きな祝日には肉だって少しは出た。そんなに悪くはなかったんだ」

変化が起こったのは次の原因によるものだった。「百花斉放」の時期に、[1]人民代表団が刑務所を視察に来たことがある。彼らは囚人が腹いっぱい食べているのを見て憤慨した。社会の屑であり、人民の敵である反革命分子が、多くの農民より高い生活水準を享受しているのは許しがたい、と彼らは結論したのだった。一九五七年十一月を境に、米も、肉も、小麦粉も、祭日の食事から姿を消した。

われわれは食料のことが頭を離れず、ある意味で気も狂わんばかりになった。もう何でもやってのける気持ちになっていた。これこそ尋問におあつらえ向きの雰囲気だった。だれもが自分を労働収容所に送ってほしいと頼むようになった。しかし、そのことを書面ではっきり述べないかぎり、だれひとり「草のうえにかかる霧の小道」を離れるわけにはいかなかった。そのための正式な書式すら存在したのだ。「私は、収容所での労働により、私の誤りについて改悛の態度を示すことを許可してくださるようお願いします」と。

後になってから、収容所内の条件がいかに耐えがたかろうと、お前たちがここにいるのは自ら求めてのことじゃないか、とどんな警備兵からもいわれたものだが、それはうそではなかったのだ。[2]

囚人にたいし圧力をかけるその他の手段はもっと古典的だった。人参を与える、つまり寛大な処置をとるとの約束が与えられるのは、自分の「犯罪」をすべて告白した場合、模範的にふるまった場合、仲間の「更生」に積極的に貢献した場合、そしてまた、「共犯者」ないし従順でない同囚者を告発した場合（これこそ改造における誠意を見るための基礎テストだ。なぜなら「他人を告発することはすぐれた改悛の方法だ[1]」から）だけであった。取調室に大きく掲げられていた垂れ幕にはこう書かれていた。「自白する者には寛容を、反抗する者には厳格さを、功績をあげた者には見返りを、大きな功績をたてた者には褒美を[2]」

そういうわけで、重い判決を受けた人の多くは、数年でも刑を減免してもらえるのではないかと期待して、熱心な宣伝家としてふるまった。パスカリーニがいくつも例をあげているように、問題は、彼らがほとんど見返りを得られなかったということだ。「善行」によっても、重刑を免れるわけではなかったし、刑はたいていの場合、口頭で宣告されるだけなので（被告人が自分の裁判に欠席する例も多かった）、「減刑」といっても、実際は拘禁期間を最初から予定されていた長さに戻すだけの話だった。ある年取った囚人はこの間の秘密を次のようにあばいている。「共産党員は、敵と交わした約束を守る必要はないと思っている。彼らは自らの目的をとげる手段として、役に立つならどんな卑怯な手口や策略でも使うのを躊躇しない――脅迫や約束も含めてだ。（…）細かい点だが、もう一つ覚えておきたまえ。共産党員は変節するような人間には、これっぽっちも敬意をもたないものだ[3]」

不幸にして、人参にたいする鞭のほうはもっと実質的だった。刑の加重は少しも例外ではなかった。告白の強要に屈しない者、告発を拒否する者（「政府に情報を隠すことは罰を科されるべき罪だ」(1)）、異端的言辞を弄する者、判決にたいし控訴し、「大衆の意志」を認めないと表明する者、こうした者たちはみな、新たに重刑を宣告された。たとえば五年が終身刑になることさえあった……。さらに、囚人たちが互いにいがみあうこともあった。監房長の「キャリア」はいわば同房の囚人にかかっているので、彼は最も反抗的な者に攻撃を仕掛け、日和見主義者から支持されるようにしがちだった。その上の段階には「試練」すなわち「闘争会」があり、この場合、自然発生的なものは何ひとつなかった——犠牲となる者はあらかじめ指導部によって選ばれ、その場所（監房か中庭）、時期、激しさもまたあらかじめ決定されていた——が、その雰囲気は土地改革の際の農民暴動に近かった（殺害だけはなかったが）。

「われわれの犠牲者は四十歳ぐらいの囚人で、偽りの自白をしたかどで告発されていた。彼は熱狂的な反革命分子で、ボール紙のメガホンで看守に向かって絶叫していた。（…）彼が何か——それが本当のことかどうかに、われわれの興味はなかったが——を言おうと頭をあげるたびに、〝うそつき！〟、〝人類の恥！〟とか、あるいは〝馬鹿野郎！〟など、われわれの怒号の渦が彼を包みこんだ。（…）試練はこんなふうになお三時間も続いた。一分経つごとに、われわれは一層寒く、一層ひもじくなり、それだけ意地悪くなった。思い通りのものを手に入れるためだったら、われわれは彼をずたずたに引き裂くことだってできただろう、と私は思う。後になって考える時間があったときに、私は理解した。当然ながらわれわれは、攻撃している相手の人間にどんな長所があろうと、熱烈な同意をこめて政府の立場を受け入れる心構えをしている以上は、われわれ自身にも同時に試練を受けさせていたのだということを」(1)

似たような状況下に置かれれば、少し時間が経つと、およそ囚人なるものの圧倒的多数が服従の外的兆候を示すようになることは理解できる。このことと、中国人のアイデンティティの特性とのあいだには二義的な関係しかない。というのも、非人間的待遇をつまりはそれほど受けたわけでないのに、ベトミンに捕らえられたフランス人捕虜の多くが、これと同じ再教育政策に直面したとき、同じ軌跡をたどったのであるから。(2) 再教育の効力は、心理的プレッシャーを加える強力な手段を二つ、相乗的に組み合わせた点に起因するものだ。その第一の手段とは、党と管理当局が父と母の役を演じて、話し方や歩き方(うつむいて、小走りに、など警備兵の声の指示するままに)や、食欲や衛生の管理の仕方に至るまでを、絶対的従属関係のなかで囚人に教えなおす、そういう徹底的な小児化を通じてであり、もう一つの手段とは、被拘禁者の妻を離婚に追い込むなり、子どもにその父親を否認させるなり、真の家族との接触をほとんど不可能にしておいたうえで、代理家族と呼んだらいいのか、身ぶりや言葉の一つ一つに責任をもってくれる集団へ囚人を融合させることであった。

しかしながら、改造の深まりの度合いはどのくらいまで達していたと言えるのだろうか？　スローガンによって語り、ロボットのように対応するということは、自己を無にし、「精神的自殺」(1)状態に陥ることであると同時に、面倒な問題から身を守り、生き延びることでもある。このように人格を二分することで、我関せずの態度を守るのはたやすいことだと考えるとしたら、たしかにあまりにも楽観的すぎるだろう。しかし、ビッグブラザー〔ジョージ・オーウェルが小説『一九八四年』で描いた逆ユートピア社会における独裁者〕をもはや憎まなくなってしまった人間は、確信を通じてというより、有用性の観点に立って推論しているのだ。たとえばパスカリーニは、一九六一年には自分の「再教育が十分成功していたので、警備兵からいわれることを本気で信ずるようになっていた」と、この間の事情をみごとに述べることができた。そしてすぐさま次のようにつけ加えている。「私は、法の一字一句にできるだけ近い振る舞いを常に維持することが私にとっての最大の利益だということもまた、とてもよく分かっていたのです」(2)

監房長の次のような超毛沢東主義的な立場の表明は、これにたいする反証となっている。労働への熱意と体制への忠誠を証明しようとするなら、君たちは寒さが摂氏零下一五度という絶対限度を超えた場合でも、働きに行くと言い張らなければならず、また、定刻より早く起床しなければならないだろう、そう監房長は言ったものだ。警備兵はそのお説教をさえぎり、そんな言い分は「まったく正統性に反する」(1)と判断した——それで被拘禁者たちはほっとした。多くの中国人と同じように、彼らはいくらか監房長の主張を信じ始めてはいたが、何よりもまずめざしていたのはトラブルを起こさないということだったからだ。

犯罪者はいつまでたっても犯罪者

誤った告発の可能性だとか、釈放の可能性などが決して考慮されるはずがないことを注記しておきたい。中国では、有罪だから逮捕されるのではなく、逮捕されたから有罪なのである。というのも、いっさいの逮捕は、毛沢東が主席である共産党に支配された「人民政府」の一機関の警察によって行われる。したがって、逮捕の正当性に異議を申し立てることは、毛主席の革命路線に反対することであり、反革命分子としての自己の本性を一層暴露することになる。同じ理屈にしたがえば、些細なことで抗議を受けた、とるに足らぬ警備兵でも、次のようにどなりつけて議論にけりをつけることができたろう。「なんだと！ お前は人民政府にたてつくつもりか！」。自分の犯罪を認め、万事において服従すること、これが唯一許された道である。監房内では、さらに話がおおげさになる。「お前は反革命分子だ。われわれは皆そうだ。でなければ、ここにいるはずがないじゃないか」(2)

閉じた回路内で機能するこの精神システムの異常な論理によれば、被告人自身が自分の逮捕の理由を提供しなければならない（「あなたはなぜここに来たのかを言いなさい」というのが、一般に取調官から最初に訊ねられる質問である）し、「当然受けるべき」刑の量定まで含めた、自分の告訴状を作成しなければならないのだ。この二つのやりとりのあいだに続けられるのは、数カ月の作業を要し、数百ページにわたり、数十年の人生を物語るような、相次ぐ自白書の執筆（何か厄介な問題がもちあがると、ゼロから再出発しなければならない）であり、最後に、通常、長期にわたって繰り返され、時には三〇〇時間に及ぶことすらある尋問であった。(1)「党には時間はたっぷりある」とはよく聞かされた言葉だ。取調官は頻繁に、睡眠の剝奪（予審がしばしば夜間に行われたために、その機会は倍増した）や、非常に重い刑罰――場合によっては、処刑――の脅しや、さらに、後に「博物館」になったにしても、当時は稼働中だった拷問室への恐ろしい見学などの手段に訴えたものである。(2)いずれにせよ、一九五〇年代半ばと文化大革命のあいだの時期には、厳密な意味での肉体的暴力がふるわれることは稀だった。拷問に似たすべての行為や、殴打や侮辱でさえ厳禁とされ、被拘禁者もそれを知っていた。「失態」があった場合は、被拘禁者は彼らの管理者を震えあがらせる可能性を一つだけはもっていたわけだ。そういうとき、もちろんそれとは名乗らずに、婉曲な形の暴力に訴える最後の手段として、「試練」（この場合、他の囚人からの殴打は許されていた）を受けさせるか、暖房もなく、空気もめったに通らない残忍な懲罰房に閉じ込める処置が使われた。懲罰房は時には横になれないほど狭く、そのうえたいてい、絶えず鎖につながれ、あるいは手錠をはめられ（しばしば後ろ手に）ていたため、排泄や食事はほとんど不可能だった。獣同然の状態に貶《おとし》められ、飢えた囚人は、制裁が一週間以上長引くと、ほとんどの場合に死んだ。

非常にきつい手錠を常にかけることは、「準拷問」のなかで最も多用された形態だった。苦痛はすぐに耐えがたくなり、手は腫れあがり、傷痕は元に戻らないことが多かった。「特別の手錠をはめさせ、囚人の手首を締めあげることは、毛沢東の刑務所できわめて広く行われていた拷問の形態である。囚人の足首の周囲に鎖を巻くこともあった。時にはさらに、手錠を窓格子につないで、囚人が食べることも、飲むことも、便所に行くこともできないようにすることもあった。その目的は、個人を貶めることにより、その士気を失わせることにあったのだ。（…）人民政府はあらゆる形態の拷問を廃止したと主張していたので、これは公式には〝懲罰〟または〝説得〟と呼ばれていた(1)」

〈毛沢東に抵抗する〉

私が病院に戻る日、女性看守が私にペンとインクびんをもって来て言った。

「あなたの自白書を書き始めなさい！　取調官が待っています」

私は取調官から渡された巻き紙をとり出してみると、一九六六年に自伝を書くためにもらった白紙の代わりに、最初のページには、「最高指示」という表題のもと、赤い枠のなかに毛沢東の引用文が書かれていた。「彼らは従順であり服従する権利しかもたない。彼らは自分の番でない時は、話す権利も行動する権利ももたない」。紙の下の方には、「犯罪者の署名」と書かれているのが読めた。

「犯罪者」という侮辱的な語を見て、怒りが込みあげた私はその下に署名しないことに決めた。しかし、一瞬考え直したのち、この状況を利用して、毛沢東主義者に反撃する手段を思いついた。

私は、毛沢東の引用文の下に、もう一つ枠を書いて、同じように「最高指示」とタイトルをつけ、枠のなかに毛沢東の別の引用文を書きこんだ。それは赤表紙の『語録』にではなく、彼の論文『人民内部の矛盾を正しく処理する問題について』のなかにあったものである。次のように述べていた。「反革命のある所はどこでも、当然われわれはそれを抹殺しなければならない。われわれが誤りを犯したときには、当然われわれはそれを訂正しなければならない」(…)

私はその紙を女性警備兵に返したが、その日の午後のうちに尋問に呼び出された。兵士を除いて、前と同じ人々が部屋にいたが、彼らの表情は暗かった。——予期していた通りだった。というのも、私に罪はないのに、有罪と見なそうとする彼らの権利に反対しようと、私は決心していたからだ。私は求められるのも待たず、すぐ毛沢東の肖像の前に低頭した。取調官が選んであって、私が大声で読みあげた引用文は次のものだった。「帝国主義の走狗にたいして、また地主の利益を代表する者どもにたいして、また、国民党の反動的一味にたいして、われわれは彼らを抹殺するために独裁権力を行使しなければならない。彼らは従順であり服従する権利しかもたない。彼らは自分の番でない時は、話す権利も行動する権利ももたない」

私が返した紙は取調官の前に置いてあった。私が着席すると、取調官は私を見ながらこぶしでテーブルを叩いて叫んだ。

「あなたはここで何をしてきたんですか？　あなたはわれわれがあなたを相手に時間つぶしでもしていると思っているんですか？」

「あなたの態度はまじめではない」と年取った労働者が言った。

すると、今度は若い労働者がさらに調子をあげて言った。「もしあなたが態度を変えないのなら、ここから決して出られませんよ」

私が口を開く前に、取調官は私の物語を床に投げ捨て、紙をまき散らし、そして立ちあがった。

「自分の房に戻って、やり直しなさい！」

警備兵が来て私を連れていった(1)。

予審の目的は、自白（これには事実、証拠力があった）と他人への告発を手に入れることにあった。告発は、受刑者の「誠実さ」を認定すると同時に、警察機関の見方に根拠のある意味を与えるものである。三つの告発があれば逮捕できるというのが規則であって、そのようにして逮捕の連鎖が続いていくのだ。すでに述べたいくつかの例外を除けば、被拘禁者を参らせるための方法はかなり古典的な警察的手法である。すなわち、彼自身の矛盾点を指摘すること、警察は彼のすべてをすでに知っていると言い張ること、彼の告白を他人の自白や告発と対決させることなどだ。強制的に、あるいは自発的に得られた告発はあまりに数が多く（「告発箱」は街路のいたるところに置かれていた）、彼の過去の意味深い断片を一つでも隠すことは非常にむずかしかった。

　自分にかんする密告の手紙を読んだパスカリーニは、抵抗がおよそ無意味だと即座に観念した。「……それは恐るべき啓示のようなものだった。数百ページの手紙のなかには、同僚たち、友人たち、その他私が一度か二度しか会ったことのないあらゆる種類の人々によって記入された告発用紙が含まれていた。（…）──私が一片の疑念もなく信頼していたどれだけ多数の人が私を裏切っていたことだろう！」(1)。鄭念《ていねん》は一九七三年に自白することなく釈放されたが（これは彼女の極度の不撓不屈さを示す点で例外的なことだったが、また文化大革命が司法・警察機関に加えた打撃という点からも例外的なことだった）、その後何年にもわたって、彼女を取り囲む両親や、友人や、生徒や、召使いたち全員が、彼女について公安部に報告する義務を負わされたものである。なかにはこの事実を認めた者もいた。彼らは他に選択の余地がないと考えていたからだ(2)。

予審過程が終わった段階で、「判事と被疑者との合作」になり、「正確な事実の意味的な転覆」に相当するような、有罪についての「真の物語」ができあがっていなければならなかった。(1) 「犯罪」はなるほど現実の生活に基づき、それなりの論理的整合性をもつものであるはずだ（告発者と被告発者が少なくともある程度は犯罪を信じていれば、より有効であろうし、特に「共犯者」を巻き込むには有利だろう）が、その生活とは、妄想的にも、過激かつ絶望的な政治的反対派の一貫した表現であると全面的に解釈し直された生活だったのだ。たとえば、国外への手紙で大躍進時代の上海における穀物の配給量の減少に言及することは、スパイ活動の証拠となる、という具合だ――たとえその数字が公式の新聞に発表されており、上海市の外国人社会では誰もが知っているものであっても。(2)

〈人格を放棄する〉

囚人が自信を失うのに長くはかからなかった。年を経るにつれて、毛沢東の警察は尋問方法に磨きをかけ、中国人だろうとなかろうと、だれも抵抗しようがないほどの洗練度に達していた。彼らの目的は、ありもしない犯罪を囚人にでっちあげさせることよりはむしろ、それまで彼が送ってきた普通の生活は、彼ら自身の人生観――とりもなおさず警察の人生観――と一致しないのだから、腐敗し、有罪であり、処罰に値すると囚人に認めさせることにあった。警察の成功の基礎は、絶望に、つまり、自分はまったく、永遠に、希望なしに、牢番の意のままに置かれているという事実を囚人が認識することにあった。囚人にはいかなる弁護の手段もなかった。なぜなら、逮捕されたこと自体が、彼の有罪性の議論の余地のない絶対の証拠だからだった（刑務所にいた年月のあいだに私は、実は間違って——彼は警察が追っていた男と同じ名前だったのだ——逮捕された一人の男と知り合った。数カ月後、彼は犯人の犯罪を残らず自白した。取り違いが判明した時、刑務所当局は、家に帰るよう彼を説得するのにひとかたならぬ苦労をした。いくらいわれても、自分はあまりにも罪があると感じていたのだった）。囚人には、三十分ほどですむお定まりの儀式以外に、いかなる裁判を受ける権利もなかった。西洋的意味での弁護士と相談する権利も、控訴権もなかった(1)。

判決が言い渡されると、受刑者は労働収容所（国営農場、鉱山、工場）に送られた。軽い学習が続けられたとしても、錆びつかせない程度の「試練」が過ちを犯した者を時折悩ますことがあったとしても、今や肝要なのは働くことになった。「労働による改造」という二つの言葉のうち、少なくとも前の語には、仮定的なところはまったくなかった。何よりもまず、十二時間続く重労働に耐えられる能力を採点された。その労役たるや、拘禁センターと同じく、日に二回の粗末な食事しか出ないだけに、一層消耗の激しいものだった。以後、人参の役割を果たすのは「高成績労働者」への食料配給制であり、これが「民間の」ノルマをすでに明瞭に超えるノルマの超過達成を強いるのであった。このように個別化されると同時に、労働成績は監房や大部屋のレベルでも考慮の対象となった。そのために、幹部層の最大幸福のために、だれが一番（十六時間や十八時間ぶっ続けで）へとへとになるまで働くかという集団競争（一九五〇年代終わりには「スプートニク打ち上げ」と呼ばれたものだ）が始まることになった。大きな祝日をのぞいて休日はなく、祝日のときには、果てしなく続く政治的説教を何としてでも我慢して聞かなければならなかった。衣類はまったく不十分というほかなく、逮捕された時に着ていたものをその後何年間も着ているのが普通だった。冬の上着は中国のシベリアともいうべき満州北部の収容所でしか支給されず、下着は規定では年に一枚しか……もらえなかった。(1)

食料の平均配給量は、月に穀物一二キロから一五キロのあいだだった（しかし、「怠け者」の評判がたった受刑者の場合は、九キロまで引き下げられることもあった）。これは、王政復古時代のフランスの徒刑場より、いやソビエトの収容所よりも少なく、一九七五—一九七七年のベトナムの収容所とほとんど同量だった。(2) ビタミンやタンパク質の欠乏は恐るべきもので、肉、砂糖、油はなきに等しく、野菜や果物もほとんどなかった——そのため、食料泥棒が横行して厳罰の口実になる一方、農場では、「自主的食料補給」（小動物——たとえばネズミは乾燥させたのを食べた——や食用植物を求めての）が行われた。医療は最低限度しか存在せず（感染症については、ある程度の例外があったが）、虚弱すぎる者、高齢すぎる者、助かる見込みのない者は、文字通り死を迎える施設を兼ねた収容所に送られ、そこで、飢餓線上の食料配給を受けてすぐに死んでいくのだった。(1) 拘禁センターに比べ労働収容所がただ一つ積極的だった点は、より柔軟な規律と、よりたくましくなった受刑者とが結びついていたことである。実際受刑者たちは、以前ほどおどおどしなくなり、コード化され押しつけられた言葉と行動に形式的には従いながらも、看守が背中を見せるや、規則を破るだけの自発性をもっていた。一言で言えば、収容所は人間的により生きやすい環境となり、最低限の連帯を期待することができたのであった。

そういうわけで、受刑者が「労改システム」という生活の場で経験を積んでいくにつれ、システムの大きな独創性であるはずの再教育を強調する面は、次第におろそかになっていった。しかしまさにこの点で、受刑者個人がたどった軌跡は、国がたどった軌跡に合致するのだ。労改の「完成」段階(一九五四—一九六五年頃)には、数百万人の受刑者が若く熱心な学生に姿を変え、ほとんど外からの干渉なしに自主的な規律をうちたて、機会があれば、獄内で忠実でよき共産主義者になったものだが、この段階を過ぎると、万事においてほつれが目立ち始め、いっさいが荒廃の道をたどり、陳腐化し始めたのだ。まさにこの動きは、しばしばごく年若い一般刑事犯がますます大量に収容所入りする傾向にも、また、文化大革命という、体制幹部の士気を総体的に阻喪させる企てにも、時期的に符合していた。受刑者のあいだにますます頻繁に暴力団が組織されていくうちに、中央機関の支配力は少しずつ緩んでいった。服従とヒエラルヒーの尊重は、もはや反射的・機械的対応であることをやめていた。幹部は服従とヒエラルヒーの尊重を、自分の側が譲歩するか、あるいは新たに暴力を行使して、かちとらなければならなくなった――しかもこの暴力は、もはや必ずしも一方通行というわけではない。

この過程を通じて犠牲にされたのは、いずれにせよ、思想の改造、すなわち自発的隷属をめざす教育であった。しかし、矛盾はこのプロジェクトそのもののなかに最初から刷り込まれていたのではなかろうか？　一方には、自分を今以上のものに高め、向上をはかり、身を清めて、輝かしい未来めざして前進するプロレタリア大衆に加わるようにという呼びかけがあり、他方には、どんなに努力を達成しても、囚われの身で全生涯を過ごすという忌まわしい現実があった。そして稀なケースとして本当に釈放されたとしても、原罪を洗い流すことが不可能なため、社会から追放されるしかなかったのだ。要するに、無限の自己改善可能性にかんするいかなる言説も、運命に――一瞬の過ちという運命に、さらにもっと多くの場合、生まれが悪かったという運命に――支配された社会の絶対的な過酷さを隠しきることはできなかった。これと同じ、耐えがたく非人間的な矛盾こそが、文化大革命という社会の内的爆発を引き起こすのにまさに貢献しようとしていたし、さらには、矛盾が解決されないがゆえに、大革命の失敗をもたらすことになるのである。

〈労改における略式処刑〉

彼ら全員の真ん中に、鉄の鎖でつながれた理髪師が立っていた。首に回したロープがきつくベルトに結ばれているため、頭はうなだれていた。彼の両手は背中でしばられていた。看守が彼を舞台の突端、われわれのすぐ目の前に直接押し出した。彼は黙って立っており、しばられた改悛者のように見えたが、その足元からは細長い湯気が立ちのぼっていた。イェンは演説の用意をしてきていた。

「私は皆さんに恐ろしいことを言わなければならない。これは私にとって嬉しいことでもないし、また全然誇りにも思えぬことだ。これは私の義務であり、あなた方の教訓になるにちがいない。あなた方の前にいるこの腐った野郎は、性犯罪で刑務所に入れられた。少年と度重なる同性愛の関係をもったからだ。その罪による刑はたった七年だった。その後、製紙工場で働いていた時、いつも素行が悪く、何度も盗みを働いたので、刑は倍になった。今回われわれは、彼がここにいる間に、十九歳の若い囚人——知的に遅れた囚人だが——を誘惑した証拠をつかんだ。これが社会の枠内で起こったことなら、彼は厳しく罰せられるだろう。しかし、その行為をここで犯したことにより、彼は道徳的な罪を犯しただけでなく、当刑務所の評判と、労働による改造という偉大な方針とを汚したのだ。それゆえ、また再犯であることをも考慮して、最高人民法廷代表は今ここに刑の宣告を読みあげる」

青い制服の男は前に進み出て、黒っぽい書類を読みあげた。罪状の要約のあと、締めくくりとして人民裁判所の決定が告げられた。死刑と刑の即時執行だった。

すべてがあまりにも突然起こったので、私はショックを受ける暇も、恐怖を覚える暇もなかった。青い制服の男が最後の言葉を言い終えるよりも早く、理髪師は死んでいた。彼の後ろに立っていた看守が大きなピストルを取り出し、彼の脳みそをふっとばしたのだ。血の雨と脳みそのかけらが飛び散り、最前列にいたわれわれの上に落ちてきた。私は床のうえで痙攣するそのおぞましい姿から目をそむけ、そして嘔吐した。イェンが再び登場して、また語った。

「これが皆さんへの警告になるように。この収容所では、今後二度と寛大な処置がとられることはないとあなた方に知らせる権限を私は与えられた。今日からは、道徳的次元のすべての罪は同じように処罰される。さあ、監房に戻り、今起こったことについて皆で討議するように(1)」

文化大革命：アナーキーな全体主義（一九六六―一九七六）

土地改革あるいは大躍進の、ほとんど天文学的数字に属するが、あまりにも知られざる惨禍と並べてみるとき、「プロレタリア文化大革命(2)」の災禍にかんし、著述家のほとんどがあげる四〇万人ないし一〇〇万人という死者の数（後の数字のほうの蓋然性が高いが）はまるで目立たぬものと思えるかもしれない。文化大革命が、中国現代史の他のいかなるエピソードにもまして、世界中に衝撃を与えたし、今も鮮やかに記憶に残っているのは、その言説といくつかの行為の極端なラジカリズムによるものであったが、それとともに、革命の舞台が都市部であり、政治家や知識人の階層に凝縮して現れたという事実によるものでもあった。しかも文化大革命はテレビの時代にふさわしく、とどこおりなく進行し、感動的なまでに熱情にあふれた数々の政治的儀式のみごとな映像を世界に提供しえたものだ。最後に、それまでの諸運動と違って、革命は、終結するとほとんど同時に、中国自体においても公式に断罪され始めた。とりわけ古くからの共産党の幹部や指導者にたいする紅衛兵の暴虐ぶりを告発することは、耳に快い常套句となるにいたった——もっとも、その直後の「秩序」への復帰段階において人民解放軍が犯した虐殺にこだわることは明らかにそれほど歓迎されなかったが。

文化大革命の第一の逆説はそこにある。すなわち、最も熱狂的な過激主義が、かつてないことだが、成功の一歩手前まで達したように見えたとき、もっといえば、わずか一年ちょっとでほとんどすべての権力中枢を一掃し、強固に制度化したように思われていた革命過程の再出発の瞬間においてさえ、文化大革命は都市部にいわば凝固した部分的運動として、ただ青少年学生のあいだでのみ覇権をふるう運動としてとどまっていたという事実だ。

これに反し――農村部は大躍進からどうにか立ち直った時であり、ソ連との紛争は頂点に達していた――当時核武装に専念していた科学研究にも、農民階級にも、軍隊にも手をつけないことが「中央文化革命小組」[1]（GRC）自身によって決定された。中央文化革命小組の考え方では、たぶん毛沢東の考えも同じだったろうが、これはより高く飛躍するための一歩後退だった。つまり、社会および国家のいかなる部門も、本来は革命化を永久に免れてはならないのであった。しかし、農村住民の大部分は、劉少奇から与えられた「ささやかな自由」（前出）と、少なくとも自留地とに固くしがみついていた。また、防衛能力を破壊することも、経済を破壊することも問題外だった。最近の大躍進の経験に照らしても、後者の点について彼らは慎重であった。前提となるべきは、知的・芸術的「上部構造」内での権力奪取であり、国家権力の征服だった。

しかし、この最後の目的は決して完全に達せられることはなかった。これらの制約は時には破られることがあったが、とにかく、依然として大多数の中国人をかかえる村落部では、大規模な対決や虐殺は見られなかったのである。農村部で起こったと分類される偶発事件の六四％が、実は人口が密集する都市部の周辺圏で起こったものだった。[2]とはいえ、最終的な「整頓工作」段階で、悪い側についた村人や、都市から農村に逃げ込んだ紅衛兵の個人的処刑が数多くあったことが報告されてはいる。

最後に、一九五〇年代の粛清とは大きく違って、特定の住民階層を一掃するという目的が明瞭に打ち出されたことは一度もなかった。知識人でさえ、初期には特に被害を受けたものの、手始めに迫害されるべき最前列の存在ではなくなった。だいいち迫害者自身が、しばしば知識人階層の出身者だった。最も犠牲者が多く出たエピソードは、全体としては、「失態」の結果、すなわち、総体的計画もない、地域的規模での比較的自然発生的な暴力の結果、生じたものである。たとえ中央が、虐殺に至ることが避けがたいような軍事作戦を命令したとしても、それは統御不能になった状況に直面するための、本質的に対応型のものであった。この意味で、土地改革よりも、すでに一九八九年六月の弾圧〔第二天安門事件〕のほうに近い地点に立ち会っていたといえよう。おそらく文化大革命は、革命的エネルギーを失った中国共産主義の行き詰まりの最初の兆候として残るにちがいない。

逆に第二の逆説は、本書のなかで、なぜ文化大革命にこれだけのページを割いて論述するのが適当であるかを説明するであろう。紅衛兵の運動は「弾圧的反抗」であった(1)(しかし、運動の粉砕は広汎な弾圧そのものだった)。すでに一九二〇年代末から、テロリズムの側面が中国共産主義と不可分のものだったことは見てきたとおりである。ところで、一九六六―一九六七年に、最もラジカルな集団自身、最も公然と国家体制を攻撃した諸集団自身は、常にその片足を国家のなかに置いており、国家のなかに保証人をもってさえいた。保証人のなかには、最も控えめにいっても毛主席がいたのであり、彼はどんな些細な戦術的決定をも支持する者として絶えず援用される絶対の典拠であった。中国の根強い伝統にしたがって、反抗においてまで権力の論理を組み込んでいたわけだ(1)。これらの集団は弾圧にかんし、さらなる激化に訴えることを決して拒みはしなかった。階級敵を前にした支配者のいわゆる優柔不断ぶりを批判して、これらの集団は、彼ら自身の武装した「捜査官」分隊と、彼らの風紀警察と、彼らの「裁判所」と、そして彼らの刑務所とをただちに組織した。

文化大革命のあいだ中、「何度も見られたのは下部の上部にたいする闘いだったが、ここでいう〝下部〟とは、あえて自分の実名を名乗らない権力とエリートとによって動員され、操作され、網の目のように分割され、恐怖に陥れられていた存在であった」。批判や打撃を相手に浴びせながらも、絶えず相手を模倣することをやめない、もう一つの権力自身による権力のこうした乗り越えこそは、「毛沢東主義の決定的スタイル」を典型的に示している。この「毛沢東主義の決定的スタイルは、長い探求の果てに、反抗と帝国という対《つい》概念を、ついに国家と社会を超越した政治過程創始のための代案なるものの永続的原理にしてしまった(2)」。もちろん、これは成り立つはずのない代案だ。というのは、それは見せかけの上に、つまり、反抗に意味を与えた人々の欲求不満の上に基づいていたからである。『山猫』〔ルキーノ・ヴィスコンティ監督の映画。一九六三年〕の表現を借りれば、「何も変わらないようにすべてを変える」という言葉から、帝国の問い直しと同様、反抗をも問い直す課題が出てくるはずである。

たしかに非常に少数派ではあるが、首尾一貫したものとして、この問い直しは、一九七九年の「民主の壁」へ、そしてその最も大胆な思想家、魏京生《ぎきょうせい》へと通ずるであろう。彼は先に引用した自伝のなかで、正当な不満から噴出した運動の、結局は致命的な矛盾に光を当てている。「この怒りの爆発は専制者崇拝の形態を帯びており、闘争と犠牲の過程を経て、専制政治へと誘導されていった……。(それは)政府をよりよく守るためにしか政府にたいして起ち上がらない人民という、あの不条理かつ逆説的な状況にたどりついてしまった。人民は彼らを隷属させてきたヒエラルヒー制度に反対したけれども、それはこの制度の創始者に向け支援の旗を振りながらのことであった。人民はまた、民主的な権利を要求したけれども、それは民主主義に軽蔑の視線を投げながらのことであった。そして、権利獲得のための闘いにおいて、独裁者の思想の言いなりになることを望んだのだ[1]」

本書では、文化大革命について、これまでの歴史的エピソードについてと同じほど完璧な紹介をするのを差し控えるべきだ、と読者は考えられるかもしれない。文化大革命は、特にその立役者や犠牲者の証言により、数が多く質も高い文学を誕生させたし、それに先立つ出来事よりよく知られているのは確かだ。しかし、とりわけ文化大革命は、もう一つの「大衆キャンペーン」であるより、はるかに深い意味でもう一つの革命であった(模倣された、流産した、道を踏みはずした、疑似的な革命だった、とも言えよう――が、それでもやはり革命だったことに変わりはない)。弾圧、テロル、犯罪をとりあげるだけでは、時と場所に応じ絶えず千変万化した、革命というこの現象の意味を汲みつくすことはとうていできまいが、とりあえずここでは、文化大革命の弾圧面にかかわって見ていくことにしよう。この側面は、一時的なものも含めて、はっきり区別できる三つの大きなカテゴリーに分けられる。まず、知識人と政治幹部にたいする暴力行為（主として一九六六—一九六七）であり、ついで、紅衛兵同士の分派闘争（一九六七—一九六八）であり、最後に、軍隊によって実行された手荒な整頓工作（一九六八）の三段階である。

以降、共産党の第九回大会（一九六九）とともに、一九六六年のいくつかの「既得権」の制度化——ただし、挫折に終わった——の段階が始まり、ついでとりわけ、病気でじきに衰えることになる毛沢東の後継をめぐって宮廷闘争が始まった。思いもかけぬ急激な展開が相次いで起こった。まず一九七一年九月、後継者として公式に指名されていた林彪が排除された。一九七三年には、鄧小平が副総理職に返り咲き、「修正主義」のかどで排除されていた高級幹部が大量に復職した。一九七四年には、指導機関内「左派」の攻勢があった。一九七六年の「上海四人組」による中枢部掌握の企ては、穏健な総理、周恩来の一月の死と、毛沢東の九月の死とをへだてる短い好機を利用して、主席夫人の江青《こうせい》が指導したものだった。同年十月以降、四人組はもはや「一味《バンド》」にすぎない存在として然るべく収監されてしまった。そして、以後二年にわたり国の支配者となった華国鋒《かこくほう》は、文化大革命の終焉を宣言することができたのだった。ここでは、紅衛兵の粉砕に続く「灰色の時代」（J＝L・ドムナックの言葉）についてほとんどとりあげないつもりだ。その時期の弾圧もたしかに厳しいものではあったが、大筋では一九五〇年代のやり方を踏襲したものだったからである。

革命の立役者たち

文化大革命とは、一人の人物と一つの世代との出会いの表現であった。人物とはむろん毛沢東その人だ。中央機構内部にあって大躍進の破滅的失敗に見舞われた彼は、一九六二年以降、国の実質的指導を劉少奇・共和国主席に譲らなければならなかった。党主席という、たしかに威信だけはある地位に追い込まれた彼は、いわば「弁舌の師」の位置まで後退したが、この面では競争相手を恐れる必要などなかったのである。しかし、祭りあげられてしまうことを恐れると同時に、生きながら決定的に疎外された存在になることを恐れた彼は、老練な戦略家として、自分の根本的な選択を押しとおす役割を演じるような有能な仲介役を探し求めていた。党は劉少奇とその補佐役である鄧小平総書記の手中にしっかり握られていたので、外部から迂回する道を選ばないわけにいかなかった。他のすべての共産主義国と同様、共産党に従属していた政府はといえば、周恩来という、心情的にはともかく理性的に穏健で、頭脳明晰な日和見主義者によって効果的に指導されており、そのため政府は、派閥間に起こりうる対決の展望にかんしてはむしろ中立的な要素となっていた。毛沢東は、一九五七年の粛清のときに幹部と知識人の大半の支持を失い、また、一九五九―一九六一年の飢饉の際には多数の農民の支持をも失ったことを意識していた。しかし、共産主義中国のような国では、受け身な多数派、一人一人がバラバラで、おびえている多数派というものは、戦略的位置に陣取った活動的な少数派に比べれば大した存在ではない。

ところで一九五九年以降、人民解放軍は「偉大な舵取り」に忠誠を誓う林彪に指揮されていた。彼は解放軍を少しずつ代替権力の中枢にしていき、この第二権力中枢が一九六二年以降、社会主義教育運動――厳格主義、規律、献身など、いずれも軍隊的な価値を強調する右派分子粛清の一種で、次第に浸透していった――のなかで、大きな役割を演じるようになった。こうして人民解放軍は一九六四年からは、新しい政治幹部の少なくとも三分の一を供給するようになり、また、党の路線に従わないすべての芸術と文学の完全破壊を謳う、江青と彼女の綱領の周囲に形成された、なり損ないの知識人・芸術家の小グループと結びついていった。軍事教練は学生にとって義務となり、武装民兵は一九六四年以降、人民解放軍により工場、街区、農村地区に組織ないし再編成された。軍隊は、当時も将来も、決して権力に取って代わりうる組織ではなかった。党による軍の指導はあまりにも効果的に行われていたし、凡庸な林彪は、ヘロイン中毒だと噂されていたが、独自の思想も政治的実力ももっていなかったからである(1)。しかし毛沢東にとって軍隊は、いつにもまして彼の「生命保険」であった、あるいは、彼自身の言葉を借りれば、彼の「万里の長城」

だったのだ。[1]

毛沢東が頼りにできると考えたもう一つの戦略的梃子《てこ》とは、すでに述べた一つの世代のことだった。もっと正確にいえば、この世代のなかで、中等教育、高等教育、および職業教育学院（このなかには、人民解放軍中ただ一つだけ、紅衛兵部隊の組織を許されていた軍事学院も含まれていた）[2]に就学していた部分である。彼らは都市部、とりわけ最大規模の市に集中しているという大きな強みをもっていた。都市こそ、権力のための闘争が展開される場所となるだろうからである。たとえば、上海の人口の四分の一は学校に通っていた。[3]

一九六六年に十四歳から二十二歳のあいだだった人々は、毛沢東にとって、教条上の狂信と大きな欲求不満をともに分けもっていただけに、一層熱狂的な道具になるはずであった。一九四九年の革命後にまるごと教育された最初の世代である彼らは、同時に、まだあまりにも若く、あまりにも都会的で、大躍進の惨禍について何も知らなかった。[4]劉少奇とその一派は、大躍進を公式に批判しなかったことを、後にいたく後悔することになろう。この世代は、体制によって――言葉のうえで――おだてられ、毛沢東にとっては、共産主義建設の胸躍る叙事詩が書き込まれるはずの、何の汚れもない「真っ白なページ」であると説得され、老いた独裁者によって「世界は君たちのものだ。中国の未来は君たちのものだ」[5]と保証されたので、紅衛兵の歌の歌詞どおりに、「党は我が母、我が父」[6]であることを早くから知っていたのだ。

そして、万一親子関係にもめごとが起こった場合でも、選択は明快で、生みの両親を否認すべきものだった。パスカリーニは、「十歳から十二歳ぐらいの意地の悪い洟垂《はな》れ小僧」が、一九六二年に労改にいる父に面会に来た時のことを次のように物語っている。「その子は誇らしげにわめいた。〝こんなところに来たくなかったけれど、母さんに無理やり来させられたんだ。お前は反革命分子で、家の恥だ。お前は政府に重大な損害を与えた。刑務所にいるのも当然の報いじゃないか。俺に言えるのは、お前が自己改造すべきだってことだけだ。そうじゃなければ自業自得なのさ〟。看守たちでさえこの長広舌にはショックを受けた。囚人は涙を流しながら（それは禁じられていたのだが）監房に戻ってきて、つぶやいた。〝もしもこうなると知ってたら、あいつが生まれた時に首を絞めてやるんだったが〟。ティエン(1)は何の非難もせずにこの事件をやりすごした(2)」。一九六六年にはこの子どもは十五歳ぐらいになっていただろう。ちょうど紅衛兵になる年頃だ……。最も若い者ほど常に最も暴力的で、犠牲者を侮辱するのに最も執念を燃やしたものだ。

しかし同時に、小さな赤いロボットとしてふるまうように仕込まれたこれらの若者は、しばしば欲求不満を感じてもいた。親の世代から革命家や戦士としての武勲を耳にたこができるほど繰り返し聞かされたために、自分ではヒロイズムを発揮できない不満を感じていた彼らは、一九六六―一九六八年の対決の際に、長征や、最初の紅軍基地や、抗日ゲリラなどを進んで模倣する行動に出ることになる。マルクス流に言えば、もう一度、しかし今度は喜劇の形で、歴史は繰り返されようとしていたのだ。彼らはまた、古典文学を学ぶ機会をほとんど奪われていただけでなく、一九五七年の整風運動をどうにか生き残り、慎重すぎる態度ばかりとる教授たちを相手にするとき、形だけの討論の自由しかもてない現状にも不満をいだいていた。そういう彼らが、制度化された革命に取って代わっていた、周囲で聞く灰色の妄言や繰り言にたいし、革命そのものの名において異議申し立てをしようとしたとき、彼らに利用できたものといえば、自分たちのわずかばかりの知識——主として毛沢東の著作に加え、ほんの一つまみのレーニン——だけだったのである。

最後に、「黒五類」の出身者である彼らの多くは、階級的出自の原則が支配する選別と割当数との相次ぐ障害物を越えねばならず、自分たちの労働や価値や大望にふさわしいポストをいつの日か手に入れるような現実的なチャンスを全然与えられない事態に欲求不満をいだくことになった。このような状況から、「黒五類」が学生のなかの多数派を占めていたエリート的な学校施設こそが、しばしば最も革命的となったのである。それで、紅衛兵が「生まれの悪い人々」にも正式に拡大されることが一九六六年十月一日に中央文化革命小組によって布告されると[1]、文化大革命はさらに重要な一歩前進をとげることになった[2]。十一月十六日には工場での、十二月十五日には村での、紅衛兵グループの結成が許可され、この運動はさらに決定的な拡大を見せた。この機会に、文化大革命の初め（一九六六年五月）以来、労働者に押しつけられていた否定的な政治的評価のすべてもまた取り払われたわけである。この瞬間の力学に乗じて、名誉回復された人々は、「右派分子」など貼られたすべてのレッテルの取り消しと、各自の意見や「誤り」が記入された秘密のカード〔檔案《ダンアン》＝身上記録〕の破棄とをかちとろうとした。

またその時、二種類の工業労働者が大挙して学生と高校生の群れに加わった。一つのカテゴリーは、年齢の如何にかかわらず、「後進的分子」と、政治的基盤に基づく（すべてが政治的であるはずなのに……）その他の被差別者であり、もう一つのカテゴリーは、雇用の保障も、労働組合の（したがって、社会的な）保護もない、季節労働者と日雇い労働者であった。後のカテゴリーの者は概して若く、新しい大工場のプロレタリアートの多数を形成しており、給料の値上げと恒常的契約を要求していた。(1) これに加えて、思いもかけず急速な昇進の機会をうかがう一握りの若い幹部や、かつてなんらかの理由で処罰を受け、報復心に燃える責任者(2)や、さらに、いつもその時々の狼と一緒に吠えたがる（そして、真っ先に裏切るのも彼らだ）日和見主義者などの連中をあげることもできよう。要するに、憎悪と、社会的な成功欲とで武装し、すべての権力――学校といわず、工場といわず、事務所といわず……――の攻撃に乗り出した不満分子の雑多な連合ができあがったのだ。

しかし、彼らは都市住民の二〇％程度の少数派にすぎず、全国規模ではもっと少数派であって、彼らが成功しえたのは、彼らの面前で国家が中央部の攻撃によって麻痺させられた場合と、人民解放軍が中央の指示によって厳しく規制された場合とにかぎられていた。

結局のところ、革命の水門を交互に開けたり閉めたりしていたのは毛沢東だった。その毛沢東ですら、力関係のめまぐるしい変化や、地方による多様な状況や、さらに反抗と帝国の維持、この双方の折り合いをつけようとする彼のたえざる探求を考慮すると、時には何をなすべきかよくわからないことがあったほどである。「造反派」――彼等をひとまとめにするのは、この名称だけだが――がひとたび「権力を獲得すると」（あるいは、もっと具体的にいえば、「権力が手渡されると」。このためには、いわば公印の譲渡がありさえすればよかったが）、彼らの内部矛盾や利己的な野望がただちにむき出しになって前面に出、そこから、何々に反対としか自らを規定できない分派間の、しばしば武装した、容赦なき闘いが引き起こされるのだった(1)。

紅衛兵の栄光の時

大半は依然として「革命的造反派」だった学生と高校生によって一九六六年に行われた迫害は、文化大革命全体のシンボルとして残った。しかしこの迫害は、おしなべていえば流血をみることが比較的少なく、ほとんど革新的な点もなかった。多少のサディズムと若者らしい興奮を加味すれば、それは、一九五〇年代に知識人を犠牲にした迫害によく似ている。五〇年代の迫害のほうがもっとずっと自然発生的だったとさえいえるのではなかろうか？　毛沢東とそのグループが紅衛兵の各集団を、糸で引くように操っていたと考えるとしたら、たしかに馬鹿げていようが、共和国主席、劉少奇の妻、王光美《おうこうび》が犠牲となった侮辱の陰には、「偉大な舵取り」の妻、江青の嫉妬が間違いなく見出せる。(1) 劉少奇は、彼が十分に孤立したと毛沢東が判断した後に初めて、「自己批判」をさせられ、ついで投獄された(そこで拷問を受け、死んだ)。反対に周恩来は、厳しく批判されながらも、いかなる屈辱も免れた。この運動のセンセーショナルな側面は、たしかに紅衛兵を媒介とするトップレベルの幹部間での意趣返しであり、また、時には長征以前にまで溯る連帯関係の決定的断絶であり、さらには、共産党幹部の粛清でもあった(六〇%がその職務から追われた。ただしその多くは、数年後に、一九七六年九月の毛沢東の死よりも前に復職したが。鄧小平はその最もよい例である)。

この点でもまた、暴力を相対化しなければなるまい。三〇年代のスターリン治下のソ連とは大きく異なり、高級指導者と幹部の大半が、虐待を生き延びたからである。一人だけやや知られていた炭鉱担当の大臣が紅衛兵に殴り殺された例があるが、非常に高いレベルでは、裁判による処刑はなかった。劉少奇は一九六九年に発狂して死んだ。彭徳懐は一九六七年七月に「闘争会」の際に肋骨を二本折り、一九七四年に癌で死んだ。外務大臣の陳《ちん》毅《き》は激しい攻撃を受け、一九六九年に「下放」されたが、林彪の死で、舞台の前面に戻ってくることができ、まもなく病気で死んだ。最もドラマティックな——また時期的にも最も早い——ケースは、公安大臣の羅瑞卿《らずいけい》のそれである。康生〔前出〕が思い通りふるまえるように、彼は早くも一九六五年十一月に粛清され、一九六六年に投獄され、窓から飛び降り自殺を図って、足を骨折したが、事前に自白させることを狙ってその危険な手術が引き延ばされたのち、結局一九六九年に切断手術が行われた――それにもかかわらず、彼は毛沢東よりも長く生きた。これらの人物の拘禁条件は、たしかに耐え難く屈辱的なものではあったが、彼らがかつて労改に送り込むことに貢献した何百万もの囚人のそれに比べれば、ずっと楽だったと言えよう。とりわけ彼らは、最低限の医療処置を受けられたのであった。(1)

紅衛兵の暴虐行為のシナリオは、都市部と大学にかんするかぎり、中国の端から端まで悲しいほど似ていた。一九六六年六月一日頃、北京大《ペイダ》（中国で最も権威ある北京大学）の哲学の女性助手、聶元梓《じょうげんし》が書いた大字報（大きな文字で書かれた壁新聞）がラジオで朗読されたのをきっかけに、火蓋が切って落とされた。大字報は敵を悪魔に見立てて、次のような言葉で闘いを呼びかけていた。「修正主義者のすべての支配と忌まわしい陰謀を、断固として、根底的に、全面的に、完全に打ち破ろう！　フルシチョフ型のすべての怪物と、すべての修正主義者を殲滅しよう！」(2)。するとたちまち、何百万という生徒や学生たちが組織され、自分たちの教授や大学の責任者、ついで、その連中を守ろうとする市や省の当局者のなかに、追及すべき「怪物や悪魔」の姿をいとも簡単に見つけ出したのだった。ある種の想像力を加えた結果、これら悪の権化は、「牛鬼」や「蛇神」と、さもなければ、「妖怪変化」とも呼ばれていた。中央文化革命小組の過激派、戚本禹《せきほんう》は彭徳懐について一九六七年七月十八日にこう断言した。「毒蛇は動かないでいるが、まだ死んではいない。張り子の虎、彭徳懐は瞬きもせずに人を殺す。彼は軍閥だ。動かないトカゲのような、あの姿勢に惑わされてはいけない。死んだふりをしているだけなのだ。それが彼の本能だ。昆虫や獣にさえ、自己保存本能がある。この肉食動物については言うまでもなかろう。彼を地べたに倒し、踏みつけにするのだ！」[1]

こうしたイメージ豊かな言葉は相当まじめに受け取らねばなるまい。というのも、犠牲者の同定を拒否することにより、その人に憐憫をかける可能性をいっさい取り去ることを狙いとしているからだ。これらの呼び方が一般に「闘争会」の開催に、そしてかなり頻繁に当人の死にもつながったことは、以前から知られているとおりである。北京大学で運動の発端となった「すべての怪物を殲滅しよう」という呼びかけは、少しも空疎な言葉ではなかった。「階級敵」はプラカードをかけられ、帽子をかぶらされ、時には滑稽な古着を着せられ（特に女性の場合）、グロテスクな（そして耐え難い）姿勢をとらされ、顔には墨を塗りたくられ、四つん這いになって犬のように吠えることを強要されて、人間としての尊厳を失わざるをえなかった。馬という名前の教授は、草を食べねばならなかった。同僚を一人の学生に殴り殺された老大学教員が言うには、「どうしてこんなことが起こったか、私は分かるような気がする。あの当時、地主は敵だった。まったくのところ、彼らはもう人間じゃなかったんだ。彼らに暴力をふるってもかまわなかった。それが正常だった」[1]。一九六七年八月、北京の新聞は次のように罵倒した。反毛沢東主義者は「道路を走り回るネズミだ。奴らを殺せ、奴らを殺せ」[2]と。

これと同じような、人間を人間でなくする慣行は、すでに一九四九年の土地改革時代から見られたものだ。たとえば、地主は犂につながれ、鞭で打たれながら耕すように強いられた。「お前はわれわれをけだもののように扱ったからな。今度はお前が俺たちのけだものになる番だ！」[3]と農民たちは叫んだ。同じような「家畜」が何百万となく殺戮された。なかには食われてしまった者さえいる。広西では少なくとも一三七人が、特に学校長がそのような目に遭った。しかもこれには、共産党の地方幹部も参加していた。同様に、紅衛兵のなかには、食堂で人肉を食事に出させる者すらいた。明らかに同じことがいくつかの行政機関でも行われた。ハリー・ウーは、一九七〇年に労改で処刑された男について語り、一人の公安部員が犠牲者の脳みそを貪り食ったという。犠牲者は――前代未聞の犯罪だが――「毛主席を打倒せよ」[4]とあえて書いたのだった。

長いこと太い革ベルトだけを主な武器としようとしていた、この紅衛兵たちの最大の動機がさしあたり何であったかは分からない。彼らは、社会変革への現実的欲求から出発して、格別の猛暑だったあの夏の「ハプニング」への参加に至るというふうに、絶えず漂っているように見えたものだ。そのあいだには、面倒な問題を避けたがる体制順応主義的な慎重さを示したこともある——受け身の状態にとどまっては、修正主義者と扱われるに等しいはずだが、どうせなら、そう思われたってかまわないというわけか……。そもそもの最初から、紅衛兵のあいだには、あらゆる矛盾が花開いていた。毛沢東が八月十八日に練り上げた、例の新しく単純きわまるスローガン、「造反有理」を彼らは際限もなく繰り返したものだ（このスローガンには、マルクス主義の「千の構成要素」が要約されていると思われたらしい）。しかし紅衛兵は、党主席とその著作（かの有名な小さな赤い本、『毛沢東語録』）にたいするまぎれもない崇拝の念を人々に押しつけ、また互いに押しつけあっていた。とりわけ、「反乱の権利」を享受しうる者はだれか（反乱の対象になるためにのみ存在する敵にこの権利を与えることなど、問題外だった）、また、その反乱の認可が実践可能となるのはいつかを決定する権利を握っているのは、ただ中央だけであった。

そのために、このありがたい「左の」証印を手に入れようとして、紅衛兵の組織同士のあいだで容赦ない競争がもちあがった。「参謀部を砲撃する」と主張する者もあったが、林彪がコントロールしていた軍の参謀部は紅衛兵を保護していたし、運輸省の首脳部は、一九六六年秋には、絶対的優先権をもつ輸送列車に紅衛兵を乗せて、中国全土を無料で旅行させていた……。これらの処置を正当化する「経験の交流」は、生まれた町を一度も出たことのなかった若者の陶然たる観光旅行へと変貌したのだった。おまけに、四つ星のアトラクションとして毛沢東による集団的接見があり、これは感涙（特に女の子にとっては義務ともいえた）を誘いもすれば、宗教的な熱情を表明する機会ともなり、時には死者が出るほどの大群衆を現出させたのである。[1]

八月十八日、毛沢東は言った。「われわれは優しさなど望まない。われわれは戦争を望む」。すると、紅衛兵の「やさしい宋」は、急いで「宋要武」（宋は戦いを望む）[2]と名前を変えた。公安部の新大臣で、江青に近い謝富治《しゃふじ》は、八月末、警察幹部からなる聴衆を前に、次のように宣言した。「われわれは、通常の慣行に従うことはできない。われわれは刑法どおり行うことはできない。他人を殴ったかどで人を逮捕するとしたら、間違いを犯すことになろう……。人を殺した紅衛兵は罰せられるべきだろうか？　私の意見は、誰かが殺されたとしても、殺されたというだけのことだ。それはわれわれの問題ではない……。私は大衆が人を殺す事実を承認はしない。しかし、もし大衆が、われわれには制止できないほどまでに悪い連中を憎んでいるとしたら、その時は強いて固執はしまい……。人民警察は紅衛兵の側に立ち、彼らと結びつき、彼らと意を通じ、情報、特に黒五類[3]分子にかんする情報を彼らに提供すべきである」。そういうわけで、最初のうちは、闘争に大きな危険はともなわなかった。党機関は相矛盾する潮流に動揺し、毛沢東の大胆さにうちのめされ、しかも進行中の運動を弾劾する勇気もなかったが、そういう機関を前にして、知識人と彼らにつながる事物（本、絵画、陶器、図書館、美術館、文化的建造物）は紅衛兵の手っ取り早い餌食となり、これについては権力をめざすすべての派閥の意見が一致しえたのである。

実際、反知識人主義は、すでに指摘したとおり、中国共産党のなかで重みのある伝統であり、毛沢東はとりわけみごとにそれを体現していた。紅衛兵もまた、彼の次の引用文をますます繰り返すようになりはしなかったろうか。「資本家階級は皮膚である。知識人はその皮膚に生える髪の毛である。皮膚が死ねば、もはや髪の毛はなくなる」(1)。官吏が「知識人」という語を発する時は、必ず「くさい」という形容詞をつけ加えたものだ。ジャン・パスカリーニが豚小屋から出てきて、サンダルを洗っていた時、警備兵を相手に同じような経験をした。警備兵はこう怒鳴りつけたのである。「あなたの脳みそはそれよりもっと汚れていて、サンダルよりもっと臭う！　すぐに洗うのをやめろ！　洗うのはブルジョワ的な癖だ！　代わりにあなたの脳みそを洗ったらどうだ！」(2)。文化大革命の初期、生徒と学生は教育にかんする毛沢東の文章の小さな要約書をもたされていたが、そのなかで毛沢東は教授の知識を「五穀の区別もできない」と断罪し、また、「彼らは学べば学ぶほど、それだけ馬鹿になる」とも言っている。毛沢東はまた、学業の短縮と、試験による選別の廃止とを説き、大学は、「専門家」ではなく、紅類を養成すべきだ、生まれながらの「紅類」に優先的に開かれて然るべきだ、とも言っている(3)。

二度や三度の自己批判をしばしば経験してきた知識人の抵抗の意志は弱かった。そして、老作家たちは、若者の前で侮辱されながら、何時間もぶっ続けで、消耗しきるまで「ジェット機乗り」をさせられた。彼らは、ロバの帽子（覚えの悪い生徒に罰としてかぶらせた耳の二つある帽子」を頭にかぶって通りを行列した。手ひどくひっぱたかれることもしばしばだった。なかにはそのために死んだ者もいれば、自殺した者の数はなお一層多い。たとえば、八月には偉大な作家、老舎《ろうしゃ》、九月にはバルザックとマラルメの翻訳者、傅雷《ふらい》が自殺をとげた。鄧拓《とうたく》は暗殺された〔自殺とされている〕。呉晗《ごがん》、趙樹理《ちょうじゅり》、リュー・チンは囚われの身で亡くなり、巴金《ぱきん》は何年ものあいだ自宅監禁の時を送った[1]。丁玲は十年分の原稿を没収され、すべてを無に帰せられた[2]。「造反派」兼死刑執行人のサディズムと狂信には耐え難いものがあった。たとえば、厦門《アモイ》大学（福建）では、「攻撃と批判の会合に耐え切れず、病気になったり、死んだ教授もいた。事実上われわれの目の前でだ。私は彼らにたいしても、窓から身を投げた一握りの教授についても、有名な温泉に身を投じ熱湯でやけどして死んだ教授についても、少しも哀れみを感じなかった[3]」。約十分の一の教師が「闘争会」の対象になり（初等教育では、同僚によって）、さらにずっと多くの教師がいたぶられた。

八月十八日、林彪が打ち出した「四旧」（旧思想、旧文化、旧風俗、旧習慣）打破キャンペーンの時、まるで台風でも待つように、都市は紅衛兵の到着を待ち受けていた。寺院はしっかり門戸を閉め切り（しかし、多くの寺院が、まるで公開火刑のようにしばしば破壊され、あるいは損壊をみた）、宝物は隠され、壁画は保護のために上塗りされ、蔵書は疎開された。京劇は廃止されて、その装置や衣裳は焼かれた。これに取って代わったのが毛夫人の「現代的テーマによる革命的オペラ」で、以後十年にわたり、許された事実上唯一の芸術表現形式となった。万里の長城自体も一部を壊され、豚小屋を建てるために煉瓦をもち去られた。周恩来は当時、北京の故宮を部分的に壁で囲んで、軍隊に守らせた。[1] 諸宗教は手酷い打撃を受けた。たとえば、有名な仏教聖地、五台山の僧侶は追い散らされ、古い写本は焼かれ、六〇にのぼるその寺が部分的に破壊された。新疆のウイグル族のもとではコーランが焚書に遭った。中国の新年である春節を祝うことも禁じられた……。古くからの中国の伝統である外国人嫌いは信じがたいほどの極点に達した。いくつかの墓地では「帝国主義者」の墓が荒らされ、[2] キリスト教の行事はほとんど禁止され、上海の海岸通り《バンド》では英語やフランス語の掲示が倒れんばかりに叩かれた。

イギリス人の未亡人、鄭念はよかれと思って、「家宅捜査」に来た一人の女紅衛兵にコーヒーを入れたところ、次のように言い返されてしまった。「なぜあなたは外国の飲み物を飲まなければならないのですか？　なぜ外国の食物を食べなければならないのですか？　なぜこんなにたくさん外国の本をもっているのですか？　なぜあなたはそんなに外国人なのですか？」[3]。紅衛兵、悲劇的なまでに生真面目なこの子たちは、猫や、鳥や、花といった「革命的エネルギーを脱線させるもの」を禁止するのがよい（したがって、庭に花を植えることは反革命的な行為になったのである）と考えていた。そして周恩来首相は、赤信号が「進め」を意味し始めるのを阻止するために介入せざるをえなかった。大都市――特に上海――では、紅衛兵の班は長髪やポマードをつけた人の髪をあっさり切り落とし、きついズボンはずたずたにし、高いヒールをもぎとり、先のとがった靴を切り裂き、店の名前もむりやり「相応《ふさわ》しい」名前に変えさせた。何百という「東方紅」の店は「偉大な舵取り」の写真と著作しか掲げなくなり、昔ながらの上海人を戸惑わせた。(1) 違反者は封印の代わりに、毛沢東の肖像を受け取るという危険にさらされたが、それを破りでもしたら、冒瀆行為とされたにちがいない。紅衛兵は通行人の足を止めては、彼らのお好みの毛沢東の引用文を暗誦させた。(2) 多くの人々が家を出る気持ちをなくした。

しかしながら、何百万という黒類の家族にとって、最も辛いのは紅衛兵の家宅捜査だった。架空の犯罪の「証拠」捜しと、地方当局のため、自分たちの組織のため、あるいは……自分たち自身のための金銀の回収と、純然たる破壊行為との区別がつかない形で、彼らは家財の全部あるいは一部を破壊し、略奪し、しばしば没収した。家宅捜査を受けた者にとって、侮辱と罵倒と殴打はほとんど日常茶飯の出来事だった。なかには自己防衛しようとする者もいるにはいたが、それはかえって悪い結果をもたらしたものだ。ちょっとした軽蔑の表情、軽いからかいの言葉、「宝物」のありかを白状しない態度などがあれば、雨あられの殴打が降り注がれ、多くの場合、殺人が犯され、少なくとも住居の全面的な略奪が行われた。(3) また稀にではあるが、紅衛兵のなかに死者が出ることもあった。同じ家が、異なる組織によって何度も「訪問」を受けることもしばしばあった。そういうとき、最後に訪れた連中は、面子を失わないように、先に訪ねた連中が堕落した「資本家」のため寛大にも残しておいた、生活に絶対必要な最低限の物までたびたび押収したものだ。こういう状況のもとでは、死亡の原因としておそらく自殺が最も多かったろうが、その数をぴったり数えようとするのは無駄なことだ。というのも、殺人の多くが自殺のようにカムフラージュされたから……。

しかし、部分的ながら、次のようなデータが残っている。北京で三万三六〇〇軒の住居が家宅捜索され、八万四〇〇〇人の黒類がこの町から追い出された一方で、同じ「赤色テロル」により、一七〇〇人の死者が出たとされている。[1] 上海では、一五万軒の住居が収用され、三二トンの金が押収されたとみられる。大工業都市の武漢（湖北省）では、二万一〇〇〇件の家宅捜索に加えて、痛めつけた上での殺害が三二件と、自殺が六二件数えられた。[2] 首都の南の大興地区におけるように、血なまぐさい逸脱行為が起こったこともある。そこでは、三二五人の黒類とその家族が五日間で暗殺された。一番の年長は八十歳で、一番若いのは生後三十八日だった。ある医者は、「造反派」の患者がペニシリン・アレルギーを起こして死んだため、「紅類の暗殺者」として処刑された。[3]

行政機関内部での「捜査」は――時に紅衛兵を装った警察によって行われたものだが――大規模であり、大量の死者を出すことさえあった。すなわち公安部の粛清の際に約一二〇〇人が処刑されたし、劉少奇関連の一件書類作成の過程で、二万二〇〇〇人が取り調べを受け、また多くが投獄された。中央委員会メンバーの六〇%が（ほとんど一度の会合もないまま）追放（そして、総じて逮捕）され、党の全省書記の四分の三が追放された。文化大革命のすべての時期を合わせてだが、（約一八〇〇万人のうち）三〇〇万から四〇〇万にのぼる幹部が投獄され――人民解放軍内では紅衛兵の組織が禁止されていたにもかかわらず――四〇万人の兵士が投獄された[1]。知識人のあいだでは、一四万二〇〇〇人の教師、五万三〇〇〇人の技術者と科学者、五〇〇人の医学教授、二六〇〇人の作家と芸術家が迫害され、そのうち多くの者が殺されるか、自殺に追い込まれたといわれる[2]。これらのカテゴリーの人々がとりわけ多い上海では、文化大革命の暴虐によって非業の死をとげた者は一万人にのぼるものと一九七八年以降公式に推定されている[3]。

しかしながら、これら若者が、社会の他の階層からの支援もほとんどないまま、一九六六年末と一九六七年初めに、いとも簡単に、党の高位の責任者たちを攻撃しえたという事実には何よりも驚かされる。責任者のなかには、天津の党責任者や上海市長のように、北京の競技場で「批判され」、ついには拷問で死に追いやられた者までいた。上海市長にいたっては、市電のレッカー車のクレーンのフックに縛りつけられ、殴打されたが、自己批判を要求する連中に頑固にこう答え続けたものである。「死んだ方がましだ！」[4]と。この現象を説明しうるものはただ一つしかない。つまり、国家機構の総体ではないまでも、その決定的な要素――毛沢東であり、とりもなおさず中央そのもの――が「革命家」の側に立った事実である。それに、一九六六年七月二十六日、すべての中等・高等教育施設が六カ月にわたって（のちにこの期間は延長される）閉鎖されたが、このような措置は五〇〇〇万人の生徒にとって行動参加を促すものであった。働き口もなく、たとえ人を殺しても、絶対に罰せられない（単なる「事故」だろう）保証をもち、公式のメディアから絶えず激励を受けていた彼らに、いったい誰が抵抗できたであろうか？

〈彼らの最初の虐殺《ボグロム》〉

（…）ぼくたちの何人かは泳ぎに行き、浜から戻ってくるところだった。学校の正門に近づいたとき、叫びやわめき声が聞こえた。数人の級友が息を切らしてぼくらの方にかけてきて、言った。

「闘争が始まった！　闘争が始まったんだ！」

ぼくは中に飛び込んで行った。運動場に、またもう少し離れた四階建ての真新しい校舎の前に、全部で四〇―五〇人の先生が並んでいるのが見えた。頭と顔に墨を塗られていて、たしかに「黒いギャング」の面々のようだった。首にはパネルがぶら下げられ、それには「反動的学校当局者、何某」、「階級の敵、何某」、「資本主義の道を歩む者、何某」、「何某、堕落した徒党の首領」などと書かれていたが、それはみな、新聞からの受け売りの形容詞だった。それぞれのパネルには赤いバツ印が書かれ、それが、教授たちを処刑を待つ死刑囚のように見せていた。皆、頭にロバの帽子をかぶらされ、そこにも似たような修飾語が書かれていて、背中には汚れた箒とハタキと靴を背負わされていた。

さらに彼らの首には、石のいっぱい詰まったバケツもぶら下げられていた。ぼくは校長先生を見つけた。先生のバケツは重そうで、針金の取っ手が肌に深く食い込んでいて、先生はよろけていた。全員裸足《はだし》で、ドラや鍋を叩き、「私はギャングの何某である!」などと叫びながら、運動場を一周していた。

最後に彼らは全員ひざまずいて、香をたき、毛沢東に向かって「自分たちの犯罪を赦してくれるよう」懇願するのだった。ぼくはこの光景を見て呆然とし、血の気が引くのを感じた。何人かの少女たちはもう少しで気絶するところだった。

次は殴打と拷問の番だった。ぼくはそれまで、このような拷問を見たことがなかった。彼らは汚物や昆虫を食べさせられ、電気ショックにかけられ、割れたガラスの上にひざまずかされ、腕と脚を空中に吊るされて「ジェット機乗り」をさせられた。

最初に棍棒を握って拷問を始めたのは、学校の悪たれ小僧たちだった。党幹部や軍将校の子弟である彼らは紅五類――労働者や貧農や下層中農、そして革命烈士の子どもをも含むカテゴリーのことだ――に属していた。(…)彼らは下品で残酷で、親の威光を振りかざし、他の生徒と喧嘩することにも慣れていた。勉強は全然できず、退校寸前だったので、そのためきっと先生たちを恨んでいたのだろう。

挑発者にそそのかされて大胆になった他の生徒までが、「奴らを叩きのめせ!」と叫んで、先生に飛びかかり、殴りつけ、足蹴にした。ぐずぐずしていた連中も大声で叫んだり拳固をふるったりして、応援しなければならなかった。

これまで述べたことに特に異様な点はなかったかもしれない。若い生徒というものは、普通は静かで、行儀もよかった。しかし、最初の一歩を踏み越えてしまうと、それに従うほかなかったのだ。(…)

しかし、ぼくにとって一番辛かったのは、この日、親愛な先生、ぼくが一番敬愛していたチェン・クテ先生が殺されたことだ。(…)

六十歳を過ぎ、高血圧を病んでいたチェン先生は、午前十一時半に屋外に引っぱり出され、二時間以上も夏の太陽にさらされた。それから他の先生と一緒に、パネルをつけ、ドラを叩きながら行進させられた。その後、彼らは先生を校舎の二階に引っぱって行き、それからまた階下に連れ戻し、その間じゅうずっと拳固や箒の柄で激しく殴りつけていた。二階では、襲撃者のなかには教室に飛び込んで竹竿を見つけ、それで先生を殴り続ける者もいた。ぼくは懇願してそれを止めさせた。

「そこまでやる必要はないだろう。あんまりだ!」

先生は何度も気を失った。しかし彼らはそのたびに顔に冷水を浴びせて息を吹き返させた。先生は動くのもやっとだった。先生の足はガラスで切れ、とげがささっていた。でもその精神は衰えていなかった。

「なぜ君たちは私を殺さない？　私を殺せ！」と先生は叫び続けた。拷問者が先生が排便能力をコントロールできなくなるまで、これが六時間続いた。彼らはもう一度冷水を顔に浴びせたが、すでに手遅れだった。殺人者たちは一瞬呆然とした。きっと、ぼくたちのほとんどがこういう場面に居合わせるのが初めてだったのと同じように、彼らも、人を殴り殺したのはこれが初めてだったからに違いない。一人また一人と、連中は逃げ去り始めた。（…）彼らは犠牲者の体を運動場の外の、よく先生が卓球をしていた木の小屋まで引きずっていった。そこで、彼らはそれを汚い体操用のマットの上に置き、校医を呼びつけて言った。

「彼が間違いなく高血圧で死んだことをしっかり確認するように。お前には彼を弁護する権利はないんだ！」

医師は先生を診断し、拷問のせいで死んだと宣言した。すると、何人かが彼をつかまえ、彼のことも引っぱたき始め、そして言った。

「何でお前は彼と同じように鼻の穴で呼吸してるんだ？　往生際も同じようになりたいのか？」

医師はとうとう、死亡証明書にこう記入した。「高血圧の発作による死亡[1]」と。

革命家たちとその師匠

紅衛兵は、少しだけ自分たちより狂信的ではあるものの、彼らの同時代人である一九六八年世代の革命家と親縁関係にある、と西洋では長いあいだ見なしてきた。[1] バラ色の伝説によればこうなるが、他方、暗黒の伝説によれば、四人組の失脚以後の中国では、紅衛兵は、政治的冒険家一味のファシスト同然の助手たちだったと見なされている。

現実のありようはこれと全然異なるものだった。「造反派」自身は自らを、民主主義やアナーキズムなどのいっさいの理想とまったく縁のない、よき毛沢東主義的共産主義者だと考えていた。事実、大体においてそのとおりだった。民主集中制がなかったので――そのため、この経験は二年経つか経たないかの期間で終わったが――共産党が分裂して完全に麻痺状態に陥った瞬間に、「造反派」は集団として、一種の奇妙な「第二共産党」を体現した。しかし、「造反派」は毛沢東のために死を覚悟し、人間的にもイデオロギー的にも林彪に、またとりわけ江青の中央文化革命小組に結びついていたので、毛沢東主義的中央の敵意の矢面に立った都市および省レベルの指導部にたいしてしか代案的な存在とならなかった。北京においても、「宮廷」内の意趣返しのための補充部隊になっただけだった。この数千万の若者の巨大なエネルギーは、ひたすら破壊的なだけに終わった。彼らが権力を掌握しえた期間はなるほど短かったが、その時彼らは権力に手をつけるようなことは厳密に何ひとつしなかったし、既存の全体主義の基本原則をいかなる点でも修正しなかった。

紅衛兵はしばしば、一八七一年のパリ・コミューンの原理を模倣していると主張したが、彼らが組織した選挙には、ただの一度も、およそ自由な点もなければ開かれた点も皆無だった。すべてはごく小単位の自称「機関」[1]によって決められていた。仮に指導部の交代があったにしても、紅衛兵が制圧しえた組織や行政機関の内部においてのみ、それも常に実力行使の形態をとって行われただけである。それらを超えて、多くの個人的「解放」や、工場における労働者のある種の社会的権利の勝利が実現されたことはたしかだ[2]。しかしそれだけに、一九六八年の挫折は一層過酷なものと感じられるだろう……。

紅衛兵は多くの絆で共産党機関に結びついていた。一九六六年六月から七月にかけて、「闘争の対象となった」教授のために最初の「黒い隔離小屋」をつくりだし、紅衛兵の最初のグループの活動にはずみをつけたのは、劉少奇派とそれに従属する省指導部によって主な学校施設に派遣された工作組であった。八月初め、中央委員会内での毛沢東の強権発動の一環として、公式には撤退させられたが、工作組は時には引き続いて現場の組織にたいする影響力を保持した[3]。いずれにせよ工作組は、教授や教育幹部にたいする暴力の行使を決定的な形で刺激し、四旧打破運動への道を開いたのだった。この運動は地域当局によって奨励されたが、実質的には警察が指導しており、警察は、家宅捜査されるべき候補者リストを提供し、証拠書類のみならず没収品をも回収した。一九七八年になって鄭念は、十二年も前にやみくもに強奪された陶器類の大半を取り戻して、驚き喜ぶことになる。この運動でスケープゴートとなったのは、しばしば以前のキャンペーンで常に闘争の対象とされた人々であり、それに加えて、真の権力保持者を救うために犠牲にされた中級幹部であった。

文化大革命の運動の工場への拡大と、個人的な目的——機関内から敵を一掃するという——を達成できないのではないかと感じた毛沢東の前方への逃走とを契機として、造反派と都市当局・省レベルの指導部のあいだで大規模な対決が起こったことはたしかだ。しかし一方で、後者つまり地方指導部は、「守旧派」と呼ばれる強力な大衆組織をつくりあげ、それを自分たちのために利用するすべを心得ていたが、それらの組織は、本質的には、毛沢東主義路線に一層近い造反派と区別しがたいものだった。造反派の方は、地域ではより独立する立場をとったが、今や「超中央委員会」の実態をそなえるにいたった中央文化革命小組への直結に救いを見出した。この小組では、康生が控えめではあるが重要な役割を演じていた。北京との連絡を確保していたのは専門的なチーム（最初は、たいてい首都の学生からなる）だったが、それを通じ、北京は助言とブラックリスト（とりわけ、中央委員会メンバーの三分の二を含む）を送り、その見返りに調査の結果と証拠の返事が送られてくるのを待ち、また、同盟者たちには、長いこと人民解放軍にたいしても魔法の盾となるはずの貴重な「優良ラベル」を提供した(1)。このように造反派は、守旧派とまったく同じように、国家機構の受益者だったわけだが、ただ、そのあり方はまったく同一ではなかった。

最後に、抑圧にかんするかぎり、これらすべてのグループや派閥のあいだにどれほど完璧な合意があったかについては、強調してもしすぎることはないであろう――そして、もちろんこの点にこそ、西欧の革命的伝統との非常に大きな相違がある。仮に労改（もとより、ほとんど大革命の影響を受けなかった）が批判されたとしても、それはその「放任主義」を批判するためにほかならなかった。鄭念は、新入りの、乱暴かつ非人間的な毛沢東主義者の女性警備兵たちが到着した時のことを痛切に思い起こしている。たとえばフア・リンシャンは人民解放軍と公然と闘う極左の造反派だったが、工場-刑務所の機械部門で武器製造にあたっていた。それなのに、彼のいうところでは、「工場にいた間じゅうずっと、囚人は監房に残っていて、われわれは事実上一度も彼らと接触したことがなかったのだ」[1]。紅衛兵は重要な闘争方法の一つとして拉致を使い、独自の監獄網を、学校・行政機関・工場ごとに張り巡らしていた。こうした「家畜小屋」（牛棚）や、「隔離小屋」、あるいは婉曲な表現を使うと「学習教室」では、なみなみならぬ洗練さと想像力を駆使して、幽閉と尋問と拷問とが絶えず行われていた。たとえばリンは、彼の高校での非公式な「心理学研究会」に触れてこう語っている。「われわれは拷問という呼び方は避けていたが、それを一つの技術であると見なしていた。（…）われわれはこの面での自分らの研究が十分科学的でないと考えるようにさえなった。実験を試みられない方法がいくつもあったからだ」[2]。ほとんどが迫害された前歴をもつ黒類からなる杭州の「急進的」民兵グループは、三カ所の捜査センターに平均して約一〇〇〇名を拘留しており、リーダーの翁森鶴《ウェン・センフ》を中傷したかどで二三人に有罪を宣告した。民兵のなかの労働者メンバーには、民兵として一日働くたびに三日間の休日と無料の食事が与えられた(1)。

元紅衛兵のいかなる証言をみても、弾圧の慣行がこれほどまでに大きな場を占めており、敵が床に殴り倒され、見せしめに引きまわされ、侮辱され、時には暗殺されまでしたという言及があまりにも多かったこと、しかも、だれにせよこれに反対する者が出てきた形跡のないことは驚きというほかない。また、文化大革命の時期の特徴として、元受刑者の再収監や、一度は取り消された右派分子のレッテルが全面的に貼りなおされた事実や、外国人と在外中国人の系統的な逮捕や、さらには、死んだ父親の刑の残余期間を娘が務めなければならない(2)というような破廉恥な措置までも見られたことは特徴的な事柄である。一般の行政機関がかなり手痛い目に遭ったのにたいし、労改の行政機関は少なくとも大手を振ってまかり通ることができた。いったい文化大革命の主人公は、造反派の世代と言えるのだろうか、それとも、獄吏の世代だったのだろうか(3)?

イデオロギー的に見ると、湖南省の省無連〔「湖南省無産階級革命派大連合委員会」の略(4)〕のような、理論形成に熱心だった急進的な造反グループでさえ、毛沢東主義の引証基準の枠組みから離れることはできなかった。たしかに、毛主席の思想は曖昧で(5)、その言葉にはあまりに矛盾が多く、だれでも、自分の理解どおりにそこから何でも「買い物する」ことができたのである。守旧派も造反派も、それぞれ毛沢東語録の引用文を十分にそなえていた――時には同じ引用文の場合もあったが、解釈が異なっていただけだ。文化大革命下の奇怪な中国では、乞食が、相互扶助にかんする毛沢東の一文を使って、盗みを正当化することができたし、闇で働く労働者が、煉瓦を横領しておきながら、良心のやましさなどいっさい感ぜずにすますこともできた。なぜなら、「労働者階級は万事においてその指導性を行使すべき」だからであった。(1)(2)

しかしそれでもやはり、毛思想には、避けて通ることができない硬い核心部分があった。すなわち、暴力の神聖化と、階級対決の過激性と、それらの政治面への延長という特徴である。正しい路線の保持者にはすべてが許されていた。造反派は、公式プロパガンダから距離をとることさえできず、彼らのテクストは、その建前論を猿真似するだけだった。彼らは、大衆にたいしてだけでなく、組織の同志にたいしてすら、厚顔無恥なうそをつくことを何とも思わなかった。(3)(4)

しかしながら、最もドラマティックだったのは、おそらく、一九五〇年代に確立された「階級成分の制度化《カースト》」についての合意(前出)が文化大革命によって一層強化された点であろう。それは別の様相を帯びることもできたはずだったろうが、すでに記した通り、中央文化革命小組が、火でも煽るように、組織の扉を「黒類」にも開いたために、黒類がそこになだれ込んだのだ。彼らが造反派に加入したのは、きわめて当然のことである(広東の高校の造反派のあいだでは四五％が知識人の子どもだった）。これにたいし、幹部と正規の資格をもつ労働者との子弟は、この南部の大都市の守旧派の実に八二％を構成していた。守旧派が「黒類」に攻撃の狙いをしぼっていた折も折、無資格の労働者にも依拠していた造反派は、政治幹部の天敵となった。しかし、造反派の視野には、社会政治的なカテゴリー間の区別の廃絶が含まれていたので、また、そこから出発して、生まれにともなう自らの破廉恥な汚点から名誉回復するためにも、造反派は、守旧派への弾圧のさらなる強化へ突進することになった。がそれと同時に、自分自身の親が無傷ですむように天に祈りながらも……、黒類を攻撃することをやめはしなかった。もっと悪いことに、造反派は、幹部や軍人の子弟に支配された北京の紅衛兵からまず広まった階級的遺伝という新たな概念を自分たちのために受け入れはしたが、この概念に一度も公然と反論したことがなかったのである。

　階級的遺伝の概念は、たとえば、次の注目すべき行進曲に表現されている。

「もし父親が勇士なら、その息子は英雄だ。
もし父親が反動分子なら、息子はケツの穴にひとしい。
もしお前が革命家なら、前進して、われわれの陣列に加われ。
もしお前が革命家でないなら、とっとと消え失せろ！

（…）

とっと消え失せるんだ！

お前たちをろくでもない部署から追い出してやる。

殺せ！　殺せ！　殺せ！(1)」

ある「生まれのいい」女性はこういうコメントを寄せている。「われわれは紅として生まれた！(2)紅という色は母の胎内から来たものだ。それにお前にはっきり言っておくが、お前は黒として生まれたのだ！　その生まれをどうすることができるっていうのだ？(3)」。これらのカテゴリーが人種同様の扱いを受けたことには破壊的な効果があった。ツァイ・ツェンファは、手に革帯をもち口汚く罵りながら、クラスの半数を占める黒類たちに、たっぷり時間をかけて毛沢東を学ぶよう強制した。「彼等が救われるためにはまず、両親を恥じるとともに、忌まわしい家庭の出自を恥じることを、かつそれを憎むことを学ばなければならなかった(4)」。彼らが紅衛兵に加わるなど、もちろん論外だった。北京の駅を紅衛兵はパトロールし、出身が悪いすべての紅衛兵を殴りつけ、家へと追い返した。田舎ではもっと寛大なことが多く、黒類が責任ある地位につくこともしばしばだった。それでも、その中に出身のよりよい者がいればいつも優先的に扱われた。「ポルシネット(5)の〝階級成分〟は申し分なかった。それこそが重要な資格だった。石工の家族の出である彼女は、三世代前から、彼女の家族が頭の上に屋根をいただいたことがないことをしょっちゅう誇っていた」[1]。実際、言葉のうえの衝突の際には、生まれにかんする議論が絶えずもち出されたが、一度でも異議を唱えられたことはなかった。ファ・リンシャンは非常に戦闘的な造反派だったが、むしろ保守的だった紅衛兵によって文字通り列車から放り出された。彼は言っている。「私の肉体的存在そのものが彼らにとっては侮辱であり、穢《けが》れだったことを、私は今でもありありと感じる。(…) 当時、私は自分が不浄な存在であるような気がしていたものだ」[2]。

デモ行進のとき、紅五類は常に先頭に立たされた[3]。このような人種隔離《アパルトヘイト》は社会の全体へと広がっていった。一九七三年に、地区での会合のとき、鄭念はうっかりしてプロレタリアートのなかに座ってしまった。すると、「まるで電気ショックでも受けたかのように、私のいちばん近くにいた労働者は、すぐに椅子を私の椅子から引き離した。気がついてみると、部屋には人があふれるほどいるのに、私だけが孤立していた」。そこで彼女は、「文化大革命の不可触賤民《アンタッチャブル》にほかならぬ、資本家階級のメンバーと知識人だけから構成された」[4] 女性集団に加わるために場所を移った。このような隔離を押しつけたのは警察でも党でもなかったと、彼女は明確に述べている。

この運動の第二段階は、一九六七年一月初め、権力の問題が提起されたときに始まった。毛沢東主義の中央は、北京では窮地に追い込まれていたものの大多数の省ではなお強力な拠点を当てにできた劉少奇派の旧指導部との対決において、回帰不能な点を通過したことを知っていた。このような劉派にとどめを刺すために、造反派は権力を奪わなければならなかった。最強の切り札である軍隊は介入しないであろう。したがって主席の新たな軍隊は、いっさいの行動の自由を有するはずであった。一月に上海が口火を切り、それからほぼいたるところで都市機関と党委員会がいともあっさりと転覆された。今や批判の時期は去り、統治することが課題となったのである。それとともに、破滅的な事態も始まった。すなわち、競合する造反グループ同士のあいだで、学生と労働者のあいだで、[1]常勤労働者と日雇い労働者のあいだで緊張が高まり、ほとんど瞬時にして、もはや単に革帯や短刀などにとどまらず、じきに火器まで用い、都市全体を巻き込むほどの激しい衝突を引き起こすことになった。

今や勝利を目前にしていたはずの毛沢東主義指導者はこの事態におびえていた。工業生産は崩壊し(一月の武漢では、生産高は四〇%も落ち込んだ[2])、行政機関は姿を消し、毛派指導者の手にも負えなくなった諸グループが権力の座についていたからである。中国は有能な幹部がおそろしいほど不足していた。したがって、攻撃を浴びた人々の大多数を再登用すべきだったろう。工場の操業を再開させねばならず、学校施設をいつまでも閉鎖しておくわけにはいかなかった。そういうわけで、一月末以降、毛派指導者は一個二重の選択に直面していたわけである。つまり、「三結合」——造反派と旧幹部と人民解放軍との同盟——の原理に基づく、新たな権力構造として革命委員会（CR）を推進すると同時に、もし必要なら、毛沢東の武装したもう一本の片腕であり、六カ月前から音無しの構えをとらせていた人民解放軍を使って、やんわりと紅衛兵を退場に追いやる（というよりは、教室に戻らせる）ことであった。

つまり造反派にとっては、中央の近くに位置するからといって、彼らの保護に役立つことには少しもならなかったのだ……。それにもかかわらず、文化大革命は思いもかけぬ出来事の連続だった。四月以降、秩序への回帰はあらゆる期待を越えて順調に進んだので、毛沢東自身が不安を感ずるほどであった。すなわち、守旧派と、彼等の背後にいる一月に転覆された者たちとが、いたるところで再び頭をもたげており、武漢のように造反派が敗走した地では、人民解放軍の駐屯部隊と危険な共同戦線を結ぶことすらあったのである。この動きにたいしては、特に中央文化革命小組の密使が武漢の軍人によって二日間も逮捕された後、七月になって新たな左への方向転換がはっきり目につく形で行われた。

しかし、毛沢東主義者の紅衛兵が追い風を受けていると感じるたびごとに、無政府状態に向かう暴力と分派闘争の嵐が荒れ狂うようになった。——しかも、革命委員会は依然として組織されるにいたらなかった。そこで九月になると、武器を使ってもよいという許可が人民解放軍に発せられ（それまで軍は、武器庫が略奪されても手をつかねて見ていなければならなかった）、造反派を見放す二度目の措置となった。一九六八年は、部分的には一九六七年の繰り返しだったといってよい。つまり、三月に毛沢東は新たな不安におびえ、左派を激励――一年前よりはもっと控えめに――したが、衝突はさらに拡大し、そのたびにより多くの人命が失われ、ついに七月には造反派に、今度こそ決定的に、死刑の宣告がくだされたのである。

このように事態の進展を主として左右したのは、左翼的な混沌と、右翼的な秩序のどちらをとるかという、逃れようのない残酷なジレンマの前に置かれた毛沢東の優柔不断な振る舞いであった。役者たちは皆、いわば宙づり状態に置かれ、それが自分にとって有利なものとなるように願いながら、演出者の最後の指示を待っていた。何とも不思議な状況ではある。不倶戴天の敵たち全員が、同じ生き神の無条件の信者だったのだから。たとえば、武漢における強力な保守派連合「百万雄師」は、一九六七年七月に自分たちが否認されたことを知って、次のように宣言した。「われわれは納得しようとしまいと、留保なしに、中央の決定に従い、それを実行しなければならない」。そしてすぐさま解散してしまった(1)。しかしながら、資格のあるはずの注解者――党の諸委員会がそれに当たるのだろうが――はむしろ信用を失っていたので、絶対に正しい解釈というものはなかったのだ。したがって、そんなに躊躇していいようなどとは露ほども信じたくない中央の、真の意図をめぐって果てしない混乱が支配することになった。それにシーソーゲームがいつまでも続く以上、しかも一時の勝者が決して寛大な施策を実行しないことも手伝って、やがて誰もがいつの日かとげるべき血まみれの復讐を心にいだくようになったのである。

暴力を激化させるこれら外的原因に加わるものとして、組織に、特に造反派組織に内在する要因が二つあった。民主的に仲裁されることが決してない、小グループの利益と個人的な野心がそれで、結果は絶えず新たな分裂を生み出すことになった。その間に、シニカルな「政治屋」は、新しい地域権力と一体化する形で、特に、人民解放軍の地方参謀部との関係を育てることによって、自己の影響力を強化しようとしていた。彼らの多くは結局四人組と結びつくことになり、省レベルの小暴君へと変質した。分派闘争は少しずつその政治的性格を失い、権力の座にある者と、それに取って代わりたい者のあいだの対決に帰着するようになっていった(1)。

最後に、労改の項でも見たように、共産主義中国では、告発する者が常に正しい。なぜなら告発者は、一指も触れることができぬ毛語録の引用文とスローガンとで身を固めているからだ。その結果、被告発者は、自己弁護をすればするほど、ほとんど一方的に立場を悪くするばかりである。そういうわけで、ただ一つ有効な反論があるとすれば、より高いレベルからの逆告発だけだ。大事なのは、逆告発が政治的に正しい言葉で表現されることであって、それに根拠があるかどうかはとるに足らないことである。それゆえに、討論の論理のおもむくところ、攻撃の範囲と攻撃される者の数とが絶えず拡大の一途をたどるわけだ[1]。結局のところ、すべては政治的なのだから、最も些細な偶発事でも、最悪の犯罪的意図の証拠として、好きなだけ誇大に解釈されることになってしまう。その果てに待ち受けているのは、肉体的抹殺による判定である……。

これらの出来事を形容するには、隠微な形か公然たる形かを問わず、「内戦」という言葉のほうが、「殺戮」という言葉より多くの場合ふさわしいであろう。たしかに内戦はほぼ自動的に殺戮を招くものだとはいえようが。いずれにせよ事態は、万人の万人にたいする戦争の様相をますます呈しつつあった。

たとえば武漢では、一九六六年十二月の末以降、造反派は三一〇〇人の守旧派ないし幹部を投獄した[2]。造反派と「百万雄師」の衝突で最初の死者が出たのは一九六七年五月二十七日のことだった。双方は当時、武装するとともに戦略的地点を占領しようと企てていたのだ。六月十七日には、労働者造反派の司令部が占領されて二五人が殺され、六月三十日には、彼らの陣営の死者は合計一五八人にのぼった。七月末の守旧派の惨敗後の報復は身の毛もよだつほどのものだった。守旧派の戦列で殺された者は六〇〇人、迫害された者は六万六〇〇〇人だが、その多くが負傷していた。一九六八年三月の左への方針転換の際に、人間狩りが再開された。すなわち、数万人が競技場に監禁され、民兵部隊にはますます多くのやくざや街のギャングがもぐり込んで、あたりに恐怖をまき散らすようになった。様々な武器が近隣の省から流れ込んできた。五月、造反派の分派間の衝突はまるで内戦のような雰囲気を現出していた。五月二十七日、八万挺の武器が軍隊から盗まれ（一日あたりの中国記録だ……）、かくて、文字通りの武器のブラックマーケットが出現し、国中から買い付けに来るほどになった。工場が再転換されて、諸分派を顧客とする戦車や爆薬の製造所に生まれ変わり始めた。七月中旬までには、すでに五七人が流れ弾で殺されていた。商店や銀行が略奪され、住民はこの町から逃げ出し始めた。

そうこうしているうちに、デウス・エクス・マキナ〔ラテン語で、むりやり決着をつける知らせの意〕が北京から届くことになる。つまり、否認の一言で、造反派を解体させてしまう措置である。入れ替わるように、七月二十二日には人民解放軍が無血で介入し、九月にすべての分派が自己解体を余儀なくされた(1)。ほとんど工業化されていない福建省のように、守旧派と造反派のあいだの亀裂が長期にわたって構造化されなかったところでは、支配的なのは偏狭な愛郷心だった。あるいは、都市対農村の敵対心といったらいいだろうか。厦門の紅衛兵が省都、福州に到着した時のことだ。彼らを攻撃したのは次のような叫び声だった。「福州は福州の住民のものだ（…）、そして、福州の住民たちよ、祖先のことを忘れるな！　われわれはいつまでも厦門の奴らの不倶戴天の敵であるはずだ(2)」

上海の場合はもっと複雑で、江蘇省北部の出身者と南部の出身者のあいだの対立から、ある種の衝突が説明されよう。(1)張荘村(前出)のようなごく小さなレベルでも、革命的分派間の闘争は、村の北部を支配するルー一族と、南部で支配権をふるうシェン一族の昔からの争いの再開であることは隠しがたかった。文化大革命の終末期は、日本による占領まで、あるいは一九四六年の土地改革初期の血塗られた時代にまで溯る、古い確執を清算する時でもあったのだ。(2)圧倒的に農村社会である広西省では、桂林を追われた保守派が、農民からなる民兵軍で徐々に桂林の町を包囲し、ついに勝利をおさめた。(3)一九六七年七月から八月にかけての広東では、紅旗派と東風派のあいだの会戦によって九〇〇人の死者を出した。(4)時には大砲の撃ち合いさえあった。

この時代の厳しさについては、当時十四歳だった紅衛兵の次の証言がよく物語っている。「われわれは若かった。われわれは狂信的だった。われわれは、毛主席が偉大で、真理を保持しており、彼こそ真理だと信じていた。私は毛主席が言うすべてのことを信じていた。また私は、文化大革命には正当な理由があると信じていた。われわれは自ら革命家だと思い、われわれが毛主席に従う革命家でいるかぎりにおいて、どんな問題であれ、社会のすべての問題を解決できるだろうと思っていた」(5)。残忍な行為は、前の年よりもさらに大規模に、さらに「伝統的な」様相を呈するようになった。たとえば、甘粛省の蘭州付近ではこんな場面に立ち会うことができたものだ。「車が五〇台はあったにちがいない……。それぞれのトラックのラジエーターに、それと交差するように、人間が一人ずつしばりつけられていた。二人結わえられているトラックも数台あった。全員が斜めに転がされ、針金とロープで身動きできなくされていた……。群衆は一人の男を取り囲んでは、彼が血を噴き出すゆがんだ形の塊になって倒れるまで、投げ槍と田舎風の剣を男の身体に突き刺していた(1)」

一九六八年の後半を特徴づけたのは、軍隊による全般的な指導権の奪回であり、紅衛兵の解散であり、秋になると数百万人(一九七〇年までに合計五四〇万人(2))の「知識青年」を農村奥地へ送り込んだことであった。彼らはすぐに戻って来る望みもなかった(多くの者はそこに十年かそれ以上も留まったのである)。一二〇〇万―二〇〇〇万の青年が、毛沢東の死の前に、強制的に下放させられたが(3)、そのうち一〇〇万人は上海からだった――これは同市の人口の一八%にあたり、記録的な数である(4)。三〇〇万人の左遷幹部が、しばしば何年にもわたって、五・七幹部学校(5)という名の半刑務所的な思想改造センターに入れられた。

この年はまたおそらく、党の労働者グループや兵士のグループが学校のキャンパスに侵入したとき、とりわけ南部のいくつかの都市を軍が奪回したときに、最大規模の虐殺が起こった年でもあった。たとえば、広西の梧州は重砲とナパームで破壊された。桂林は文字通りの陣地戦の後、八月十九日に三万人の兵士と武装した農民民兵によって奪回された(こういうわけで、文化大革命にたいする農村部の無関心は、時としてあからさまな敵意に変わることもあったように思われる。もちろん、政治・軍事機関によって操作され美化された敵対心であるが）。六日のあいだ、造反派は大量に処刑された。もう戦闘は終わっていたのに、恐怖《テロル》は一月にわたって周辺の農村にまで拡大した。今回のテロルは、永遠のスケープゴートにほかならぬ黒類と元国民党員に向けられた。その範囲たるや非常に広く、ある地区などは、「黒五類の全メンバーが取り除かれた(1)」と宣言を出すことができるほどだった。共産党の次の主席、華国鋒は、出身省の公安部を担当していたが、彼が「湖南の屠殺屋」の異名を手に入れたのはこのときのことである。国の南部では被害が最も大きかった。広西省だけでもおそらく一〇万人、広東省で四万人、雲南省で三万人の死者が出たほどだったからだ(2)。紅衛兵はたしかに残忍だった。しかしながら、正真正銘の虐殺はといえば、紅衛兵の死刑を執行した者、つまり党の指令下にあった軍人と民兵の責に帰せられるべきである。

〈桂林：紅衛兵にたいし投入された軍隊〉

夜明けとともに、民兵たちは家々の捜索と逮捕を始めた。それと同時に、軍人がラウドスピーカーで指示を触れまわり始めた。彼等は一〇種類の犯罪リストを作成しており、そのなかには次のようなものが含まれていた。刑務所を奪取した犯罪、銀行を占拠した犯罪、軍機関を攻撃した犯罪、公安部の事務所に不法侵入した犯罪、列車を略奪した犯罪、武装闘争に参加した犯罪などである。逮捕され、「プロレタリアートの独裁に従って」裁かれるためには、これらの犯罪のうち、どの一つでも犯したことがありさえすればよかった。急いで計算してみると、私はこの告訴項目のなかの六つに該当することに気づいた。しかし、そのどれにせよ、私が「革命の必要のために」犯さなかったものがあるだろうか？　こうした活動のどれ一つとして、私に個人的利益をもたらしたものなどない。もし私が「革命をする」ことを望まなかったとしたら、私はこれらの犯罪行為に一つとして身を任せることはなかったろう。今日になって、彼らは私にその全責任を負わせようとしているのだが、これは不当なことに思えた、と同時に、私は恐怖心でいっぱいになった（…）。

後になってから、民兵がわれわれの「戦闘英雄」のうちのある者を殺したことを知った。ついで彼らが、点滴中の病人に血液や酸素を送り込む管を切断して、新たな犠牲者を出したことも。まだ歩ける人々は薬を残らず取りあげられ、仮設の牢獄に連行されたのだった。

連行の際、逃げた負傷者が一人でもいると、民兵はその地区全体を包囲し、全住宅に新たな捜索を行った。地区の住民名簿に名前が登録されていない人々は逮捕された。私の身に起こったのはまさにこのことだった。（…）

（刑務所に転用された桂林第七学校の）同じ階で、私は機械工学校のときの友人に再会した。彼は私に、学校の戦闘英雄が一人、民兵に殺されたことを教えてくれた。その学生は三日三晩丘の上で頑張りぬき、民兵の襲撃に抵抗した。造反派司令部は彼の勇気を称え、「たった一人の勇気ある英雄」という呼び名を贈った。学校に侵入し、大勢の生徒を逮捕した民兵は彼に向かって、列から前へ出るように求めた。それから彼らは、まるで「胆嚢」(1)に似た姿になるように、彼を亜麻布の袋に閉じ込めて、木に吊るした。ついで、集まった全生徒の前で、民兵は袋をかわるがわる銃床で叩き、ついに彼を死にいたらしめたのだった。

牢獄内は身の毛もよだつ話に満ちみちており、私はそれ以上耳を傾けないようにした。その二日間というもの、処刑が町じゅうで相次ぎ、それが会話の主な話題を占めていた。すると突然、こうした殺戮がほとんど当たり前のことのように見え始めた。これほどの虐殺に手を染めたのに、連中はその行為をほとんど意に介せず、語る側も冷淡で無感覚になっていった。私自身、こうした物語を現実とは無関係なものであるかのように聞いていた。

牢獄で最も恐ろしかったのは、当局と協力することを承知した囚人が、われわれのうちのある者を名指ししにやって来る時だった。監視人が突然、われわれを怒鳴りつけた。「全員、そのみっともない面をあげろ!」。すると、覆面をした数人の者が教室に入ってきて、長いことわれわれの顔をじろじろと見つめた。彼らがもし知っている顔を見つけたら、民兵はその不幸な人物に銃口を突きつけ、外に出るよう命令するのだった。たいていの場合、これらの造反派は即座に射殺された(1)。

このようにして一九六八年には、国家が本来の壮大さと活動とともに、舞台の前面に復帰した。国家は合法的暴力の独占権を取り戻し、当然のように暴力を行使した。公開処刑の数が増加するとともに、文化大革命前の本質的な警察的形態に立ち戻ったのである。上海では、江青の子分の元労働者で、まもなく党副主席になる王洪文《おうこうぶん》が「無政府状態にたいする勝利」を宣言した。四月二十七日、何人もの造反派指導者が死刑を宣告され、即刻、大群衆の前で殺された(2)。王と並ぶ「四人組」の一人、張春橋《ちょうしゅんきょう》は七月にこう宣言した。「もし数人の者が誤って告訴されたとしても(…)、問題はそれほど深刻なわけではない。しかし、万一本物の敵を取り逃がすようなことでもあれば、重大であろう(3)」。実際のところ、不気味な陰謀が渦巻く暗い時代に入ったわけで、これにより、現実の大量逮捕と、社会の沈黙への回帰が続くことになる。唯一、一九七一年の林彪の死だけが、五〇年代以来中国が経験したうちで最悪のこのテロル・キャンペーンを終わらせはしないまでも、和らげる効果を及ぼすことになるであろう。

最初の事件は、いわゆる内モンゴル人民党の事件だが、この党は実際には一九四七年に解散し中国共産党と合体していたので、非公然のうちに再建されたものであろう。一九六八年二月から五月のあいだに三四万六〇〇〇人が訴追されたが、うち四分の三はモンゴル人であった（少数民族にたいする排外主義の表れだったことは疑いを容れない）。その結果、処刑や拷問や自殺により一万六〇〇〇人が命を落とし、八万七〇〇〇人が身体障害者になった(1)。これと同様の告発によって、多くの少数民族をかかえるもう一つの省、雲南では、一万四〇〇〇人が処刑された(2)。

しかし、特に謎に包まれた事件は「五・一六兵団」の「陰謀」であった。ウルトラ左派に属する北京のこの紅衛兵組織は、おそらくごく小さく、きわめて一時的なものにすぎなかったろうが（この種の組織は何千となくあった）、一九六七年七月の周恩来にたいする敵意に満ちたいくつかの掲示以外には何の痕跡もとどめていない。なお一層不分明な理由から、毛沢東主義中央はこの組織のことを、反革命的でかつ「黒い悪党」（黒帮）の巨大なネットワークとして描き出す道を選んだ。その後、「五・一六兵団」にたいするキャンペーンは一九七〇―一九七一年になって再びもち出され、一九七六年に――結論もなく、裁判もないまま――やっと終結したのだった。この間に、数多くの「闘争」会や自白や拷問が国中で組織された。たとえば外務省の二〇〇〇人の職員のうち、六〇〇人が訴追を受けた。毛沢東の個人的護衛である八三四一部隊は北京大学で一七八人の「敵」を発見し、拷問の結果、うち一〇人の死者を出すという活動によって、名声をとどろかせた。一九六八年末、山西省のある工場では、五四七人の「スパイ」と一二〇〇人の共犯者からなる巨大組織が発見された。オペラ女優の厳鳳英《げんほうえい》〔安徽省の地方劇、黄海戯の俳優〕はといえば、十三項目におよぶ告訴を受けて、一九六八年四月に自殺した。その後、体内に隠されたラジオ発信機を探すという理由で、遺体が解剖に付された。三人の最も偉大な卓球選手もまた自ら生命を絶った。(1)

にもかかわらず、最も暗黒な夜のなかでも、それほど悲劇的でない未来が孕まれつつあった。すべての証言が確認しているとおり、一九六九年とそれに続く数年間の中国は、暴力とキャンペーンとスローガンの洪水だった。文化大革命の明らかな失敗の結果、ついに都市住民の多数と、特に青年の多数が体制から離反するにいたった。青年の場合は、革命さなかの期待が大きかっただけに、裏切られた感じは一層強かった。彼らはしばしば下放を拒否したため、半非合法状態で暮らす都市住民からなる浮動層が出現するきっかけとなった。冷笑的な態度、犯罪、殻に閉じこもる生活態度がいたるところで目立つようになった。

一九七一年に、毛沢東自身が後継者として指名していた林彪が、説明できない理由で突然除かれた事実は多くの人の目を開かせた。偉大な舵取りはもう絶対に誤りを犯さない存在ではないことがはっきりした。(2)中国人は疲れおびえていたが、それももっともなことだった。労改に拘留されていた者の数は、一九六六年と一九七六年のあいだに労改を出所した人数を考慮しても、たぶん二〇〇万人にのぼる増加を示したと思われる。(3)人々は主席への忠誠心を演じ続けていたけれども、地下では市民社会の目覚めが進行しており、それは一九七六年から一九七九年にかけて爆発することになろう。市民社会のこの目覚めは、文化大革命よりはるかに実り豊かな運動となるはずだが、この運動は金言として、一九六六年八月に毛沢東が「良い」学生に与えたとされる表現、「私が反抗するのは服従を通じてである」(1)をもち続けることになるかもしれない。

〈一九六九年における劇場化されたテロル：「闘争」会〉

聴衆は小さな赤表紙本を振りかざしながらスローガンを叫んでいた。「我らが偉大な指導者、毛主席万歳」の後に「我らが林副最高司令官に健康を！ いつまでも健康を！」が続いた。このことは、第九回党大会後の林彪の地位の昇進を反映していただけでなく、この集会を組織したのが、個人崇拝の維持をねがう林彪の信奉者たちだという事実をも反映していた。彼らは私の事件の予審も引き受けていたのだろうか？

二本の脚が私の視野に入ってきた。そして、一人の男が私の前で話し始めた。彼は私の家庭的出自と個人生活を要約して、聴衆への私の紹介とした。前から気づいていたことだが、彼ら革命家が私の生活史を語るたびごとに、私はより金持ちにされ、私の生き方はより退廃的でより贅沢なものとされていくのだった。その茶番劇ぶりたるや、この時信じられないほどのレベルにまで達した。私は返事をせず黙り続けることに決めていたので、一九六六年の最初の闘争会の時よりずっとリラックスしていた。とはいえ、演説者が私のことを帝国主義の手先だと言った時、聴衆は立ちあがり、多くの男たちが私の周りに詰め寄って、私に怒りと憤激の叫び声を浴びせるのだった。

その侮辱の言葉があまりにひどくて我慢できず、私は思わず答えようとして頭をあげていた。すると、女たちが、手錠をかけられた私の両手をいきなり乱暴にもちあげたので、痛みをやわらげようと、私は体を二つに折らなければならなかった。彼女たちは、演説者の告発が終わるまで、私をその姿勢のままに放っておいた。聴衆がスローガンを再び叫び出した時に、やっと彼女たちは放してくれ、私は腕をおろすことができた。後で知ったのだが、これと似たようなケースのために革命家たちが考案した「ジェット機乗りの姿勢」を、私はとらされていたのだった。(…)

会合に参加していた人々はほとんどヒステリックな状態になっていた。彼らの叫び声で演説者の声も掻き消されるほどだった。誰かが私を後ろから強く押した。私がよろけた拍子にマイクを床に落とさせてしまった。一人の女がそれを拾おうとして身をかがめ、今度はコードにひっかかって転び、つられて私も転んだ。私は両腕を背中のうしろで手錠にかけられていたので、顔を床に押しつける無様《ぶざま》な格好で倒れこんだ。混乱のあまり、大勢の者が私のうえに倒れてきた。皆が叫んでおり、私を起こしてくれるまでに何分もかかった。

すっかり参ってしまった私は、この集会が早く終わることだけを願っていた。しかし演説は次から次へひっきりなしに続き、まるで壇上のすべての名士がこの集会で演説したいと望んでいるかのようだった。今や彼らは私への攻撃をやめており、だれもが豊かな中国語表現に可能なかぎりオーバーな褒め言葉を駆使して、林彪への賛辞をより大声で唱える舌戦を始めていた。

突然私の後ろでドアが開かれ、男の声で、誰かが出発したという叫び声が耳に入った。彼の言葉は即席の効果をあげた。演説者は文章の途中なのに話を止めた。私はその時確信した、誰か重要な人物が別の部屋から耳を傾けていたのだが、その人物が立ち去ったために、ほかならぬその人のために演出されていたこの催しをこれ以上続けることが無意味になったのだろう、と。なかにはもう席を立つ者もいたし、袋や上着を掻き集めている者もいた。演説者は大慌てでスローガンを皆に合唱させようとしたが、ほとんどまったく無視されてしまった。わずか数人の声が聞こえただけで、部屋はがらがらになった。今ではもう誰も私にたいして怒っていないように見えた。微笑みをかけるまではしてくれないものの、私を見る目は冷淡だった。私は、彼らの闘争会を活気づけるために選ばれた無数の犠牲者の一人でしかなかった。彼らは期待されていたとおりのことを実行したのだが、今やすべては終わったのだ。一人の男が私を押しのけた時には、誰かが救いの手を差し伸べて支えてくれたほどだった。みんなはまるで映画を見終わった観客のように、雨や良い天気のことをしゃべりながら立ち去って行った[1]。

鄧小平時代：恐怖政治《テロル》の崩壊（一九七六年以後）

毛沢東がついに息を引き取ったのは一九七六年九月だったが、実際には彼はそのしばらく前から死んでいた――もちろん、政治的に、の意味でである。彼の死の発表にたいする人民の自然な反応にそれほど熱情が感じられなかった事実は、後継問題を解決できなかった彼自身の無能力を示すとともに、政治的な死が彼に早めに訪れたことをもよく示していた。イデオロギー的に彼が近かった「四人組」は、彼らのゴッドファーザーの死後、一月もたたないうちに投獄された。継続性を保障するはずだった華国鋒は、早くも一九七八年十二月にはその権力の大半を放棄せざるをえなくなった。それに代わって登場したのは、毛沢東主義者の嫌悪の的だったにもかかわらず、不沈空母のように溺れることを知らぬ鄧小平である。

しかしながら、大きな転換点は毛沢東の死に先立つ一九七六年四月五日、中国の死者の祭りの日〔清明節〕にすでに訪れていたといえるかもしれない。この日、北京の人民は、一月に死去した周恩来首相を追悼するため、大挙して、しかもこの場合は自然発生的に集まったのであった。権力側は、前代未聞のこの動員力に慌てふためいたが、それももっともなことだった。というのも、動員は分派の論理も、党の統制も超えたところから始まり、花環とともに供えられた詩のなかには、年老いた「偉大な舵取り」への攻撃をほとんど隠さぬ内容のものまであったからである。そこで群衆は鎮圧され（しかし、一九八九年の時以上には、天安門広場での発砲はなかった）、八人が死亡、二〇〇人が負傷し、全国で（省レベルでも北京と同じ服喪の表現があったので）数千人が投獄された。処刑された者は少なくとも五〇〇人だが、そのうち約一〇〇人は逮捕されたデモ参加者だった。捜査は十月まで続けられて、その対象は数万人に及んだ。(1) いつもと同じやり口じゃないか、って？　いや、そうではない。政治過程が後退し、中央が単独で動員を管理する能力を失ったことにより、ポスト毛沢東主義の時代が始まっていたのだ。「一九六六年の天安門広場に、自分たちから自由を奪った人物を目に涙を浮かべて見つめる、満足しきった人民がいたとすれば、一九七六年にこの同じ場所にいたのは、勇気を取り戻し、その同じ人物に立ち向かった人民であった(2)」

「民主の壁」（一九七八年冬―一九七九年春）は、その限界性を明らかに示しながらも、この新たな状況を象徴しようとしていた。一群のすぐれた元紅衛兵が、鄧小平の同意を得て、毛沢東主義に育てられた者にとっては度肝をぬくような意見を民主の壁に掲示したのだ。これらの思想家のなかで最も明晰な発言をしたのは魏京生である。というのも彼は、「第五の現代化：民主主義(3)」と題する自分の大字報（大きな文字で書かれた掲示）のなかで、次のように断言している。まず、人民は、権力の座にある「封建的社会主義」の指導階級によって搾取されていること。次に、民主主義は継続的発展の条件であり、したがって、鄧小平が提案する経済と技術の「四つの現代化」の条件であること。さらに、全体主義の源泉であるマルクス主義を投げ捨て、社会主義の民主的潮流に取って代えなければならないこと、がその主張だった。一九七九年三月になると、権力を確実に握った鄧小平は魏と他の数名を逮捕させた。魏京生は情報を外国人に流したかどで（これは「反革命犯罪」にあたる）、十五年の刑を宣告されることになる。一度も「自白」することなく一九九三年に釈放された魏は、あまりに率直に意見を表明したため、八カ月後にまたまた逮捕され、「政府転覆をめざす行動計画」(1)を作成したという罪で、一九九五年に十四年の刑を宣告される。権力にとって批判を受け入れることは常に難しいことではある……。

しかしながら鄧小平の治下では、人は批判的であって、しかも生き延びることができるようになった。これは、一言多かったばかりに、あるいは落書きしただけで銃殺された毛沢東時代と比べ、進歩といえる。たしかにポスト毛沢東主義の諸改革は経済を優先したが、政治過程も忘れられたわけではなかった。すべては——経済変革に始まり——社会の解放と、権力の恣意の制限という方向に進みつつあった。たとえば八〇年代以降、貧農下層中農協会が廃止されたため、中国共産党の組織的な勢力範囲にとどまったのは、農民階級のわずか十分の一にすぎず、その多くが今では家族的な経営形態に戻っている(2)。都市部では私企業、個人企業の部門が急成長をとげ、労働力の大きな部分がいかなる直接的な政治統制も免れるにいたっている。国家の諸構造は形式化され、限定されるというより正常化されていったが、その結果、個人は自己を守る手段を取り戻すことになった。一九七八年以降、釈放（約一〇万人の）と名誉回復（しばしば死後の）が大量に、特に芸術・文学界で実現した。たとえば、一九五七—一九五八年の整風運動の犠牲者、丁玲は一九七九年に農場への追放から解放され、同時に延安時代にまで遡る長かった一連の迫害に終止符が打たれた。それはいわゆる「傷痕文学」の始まりであり、まだ遠慮がちではあるが、創造の自由への復帰の第一歩でもあった。文化大革命で下放された者の三分の二は都市に戻ることを許された。新憲法は裁判において弁護側と検察側が有する最低限度の権利を回復させた。一九七九年に中華人民共和国史上初の刑法（毛沢東は自己の行動の自由を保持したかったので、刑法の公布を妨げていた）により、死刑を「おぞましい刑事犯罪」のみにかぎること、控訴権を回復すること（以後控訴しても、その結果、刑が加重されることはなくなった）、司法機関から党委員会を引き離すことが決められた。

一九八二年にはさらに一層大規模な名誉回復の波が見られた。その数はたとえば四川省だけで二四万二〇〇〇件にのぼった。広東省では、反革命分子のレッテルを貼られた人の七八%が不名誉な罪を除かれ、刑務所で過ごした年数に応じ少額の賠償金を受け取った。新たに刑を宣告された者のうち、政治犯は〇・五%にまで減少した。一九八三年に公安部の権限は大幅に縮小され、労改の管理を司法部に譲ることになった。検察機関はある種の逮捕を取り消したり、警察にたいする告発を予審に付したり、拷問を行った看守を告訴したり（その上公開で刑を言い渡したり）、収容所を視察したりし始めた。裁判において、以後原則的には、階級的出自は考慮されないことになった。一九八四年、受刑後の社会復帰は容易になり、刑務所では職業訓練がイデオロギー学習に取って代わるようになった。また、刑の短縮、条件つき釈放、外出許可などの概念も導入された。受刑者が家族との絆を維持することも奨励されるようになった。(1) 一九八六年以降、刑務所の収容人員は五〇〇万人前後にまで減った（その後はほとんど変わらない）。この数字は一九七六年当時の半分であり、全人口の〇・五％にあたる点では米国と同程度で、ソ連の最後の数年よりも少ない。(2) 膨大な努力にもかかわらず、国内総生産のなかで労改が占める比率はほぼ同じ水準を維持している。つまり五〇年代末と比べればその三分の一になったのである。(3)

このような歩みは「第二の天安門」事件のショックの後も継続した。一九九〇年以降、市民は行政機関を訴え出ることができるようになった。一九九六年以後は、裁判によらない行政的拘留は厳密に規制され、一カ月までに短縮された。労教の最高刑は既に三年に減少していた。弁護士の役割と自律性は強化され、一九九〇年と一九九六年のあいだに、その数は二倍以上に増えた。一九九五年以降、司法職は競争試験によって公募されるようになっている（以前はたいてい元軍人ないし警察官がつとめていたものだ）。(4)

とはいえ、中国が法治国家になるまでの道のりは、まだはるかに遠い。推定無罪の原則は相も変わらず認められていないし、反革命犯罪はといえば、たとえ慎重に適用されるようになったにしても、刑法から削除されていない。一九九四年十二月に「労改」という言葉が、より平凡な「刑務所」に置き換えられたけれども、『法制日報』はわざわざ次のように明記していた。「われわれの監獄行政の機能、性格および任務は変わらないものとする」[1]。裁判のほとんどは公衆の傍聴なしに進行し、判決は相変わらずたいていの場合手早く(予審はほとんど常に三カ月未満で、時には一週間未満のことすらあった)、しかも正当な根拠なく行われている。幹部の汚職が大量に横行しているのに、一九九三年から一九九五年のあいだに、この罪で告訴された者のうち、幹部は三%未満でしかなかった[2]。総体的に見ると、共産党員(人口の四%)は、八〇年代には被疑者の三〇%に相当したにしても、処刑された者となると、そのわずか三%だったにすぎない[3]。このことは、政治機関と司法機関のあいだの関係を支配し続けている緊密な影響関係と連帯の絆を遺憾なく示している。北京の市機関で働く一部のメンバーが公金横領のかどで逮捕された事件は、九〇年代の半ばには一つの衝撃ではあったが、どちらかというと孤立した事実のままに終わった。その後ますますビジネスに参入しつつある共産党の特権階級《ノメンクラトゥーラ》は今も変わらず事実上不死身なのだ。

　最後に、死刑というこの極限の暴力は、中国ではごく普通に実施され続けている。死刑が宣告される件数は数百にのぼるが、そのなかには密輸の「重大なケース」、美術品の不法な輸出、あるいは「国家機密の漏洩」（その定義はおそろしく広いのだが）などが含まれる。一九八二年から始まると予定されていた主席による恩赦は今もって実行されていない。中国では毎年数千件の死刑が執行されており、この国だけで地球全体の処刑数の半分以上に責任があることになる。さらにこの数字は、中華帝国の最後の数世紀に比べても、七〇年代の終わりに比べても、むしろ増加の傾向を示している。(1) この忌まわしい現実を、キャンペーンや危機の際、肉体的抹殺に向かって逸脱していったあの容易さと相関させて考えることが適切であろう。一九八三年には犯罪数が増加したため、おそらく一〇〇万件の逮捕があり、そしておそらくは少なくとも一万件の死刑が執行された。処刑の多くは公開で、「教育的なもの」だったが、これは原則として刑法で禁じられているにもかかわらず、五〇年代流の「大衆キャンペーン」の雰囲気のなかで行われたものである。当時と同じく、すべての厄介者を等《ひと》し並みに罰しようとする試みだった。それに引き続いて展開された精神汚染批判キャンペーンのなかでは、多くの知識人や司祭や外国人が嫌がらせを受けた。(2)

一九八九年春に一月続いた天安門広場の占拠についていえば、その鎮圧の激しさは鄧小平グループの恐怖の大きさに見合ったものであった。一九七六年の毛沢東主義指導者たちはそれを拒否したのに、鄧小平は発砲を命じたのだ。北京では一〇〇〇人あまりの死者と約一万人の負傷者を出し、地方では数百人が処刑されたが、処刑はしばしば秘密のうちに、あるいは一般刑法犯のように偽装されて実行された。さらに北京ではおよそ一万人が、中国全土では三万人が逮捕された。懲役刑の判決は数千件を数え、悔い改めない運動指導者たちは十三年までの拘留を言い渡された。そういう慣行はすでに打ち捨てられたと思われていたのに、家族にたいする圧力や報復が大規模に復活した。同じように、公開の場でむりやり頭を下げさせられたり、乱暴な扱いを受けたり、被告の後悔の深さや密告の多少によって判決に手心を加えられたりする傾向もまた息を吹き返した。政治犯はもはや受刑者全体のうちでほんの少数派でしかないにせよ、それでもなお一九九一年には約一〇万人が数えられたろうし、うち一〇〇〇人ばかりは最近の反体制分子であった(1)。二十世紀末の共産主義中国は、毛沢東時代よりははるかに繁栄しており、あのときほど暴力的でなくなっている。また現代中国が、ユートピアへの誘惑をしりぞけ、純化をめざす内戦への誘惑を放棄してから久しい。しかし、この国はその創立者を明確には一度も否認したことがないために、深刻な困難に出会った時には、かの不吉きわまる方法のいくつかを再び使用する用意が常にあるといわねばなるまい。

チベット：世界の屋根でのジェノサイドか？

鄧小平時代の漂流ぶりが、チベット以上に破滅的だった所はほかにはない。「偉大な舵取り」から「小さな舵取り」〔鄧小平〕への継続性が、チベット以上に強く感じられた所はほかにない。統一国家でありながらも、中国は少数民族に特別の権利を与え、相当重要な少数民族にたいしてはある程度の行政的自治権を与えている。しかし、この状態に甘んじるつもりのないことを事実において示した約四〇〇万から六〇〇万のチベット民族は、彼らが自分たちの国で事実上主人《あるじ》だった時代、つまり彼らの歴史的領土がチベット自治区（本来の領土の半分ほどにしか当たらない）と、中国のいくつもの省とに分けられていなかった時代への郷愁をもち続けている。後者を詳しく述べれば、青海省はチベット民族の下位集団の一つ、アムド・グループを犠牲にした形で五〇年代に設けられた。また、四川、甘粛、雲南の各省では、チベット系少数民族の小集団は無きに等しい権利しか享受していない。彼らはおそらくチベット自治区においてよりも、さらに容赦ない扱いを受け、そのために特に好戦的な遊牧民、安多《アムド》（北部チベット）の格魯《ゴーロ》派の激しい反乱を招いた(1)。

一九五〇―一九五一年の人民解放軍の到着以来、チベット人が悲劇のうちに生活してきたことには異論の余地がない。しかしその悲劇は、地方によって不可避的に差はあるものの、たいていの場合、高原のこの「遅れた野蛮人」にたいする中国人の、言い換えれば、人民中国の住民総体の軽蔑によって、一層深刻になったといえるのではなかろうか。たとえば、反体制派によれば、七万人のチベット人が一九五九年と一九六二―一九六三年のあいだに飢えで死んだといわれる（他の孤立した地域におけると同じように、ひどい飢餓地帯はそうでない地帯より長期間にわたって続いたから(2)）。七万人といえば人口の二―三％にあたり、国全体がこうむった損失より、人口比でいうと、むしろ少ない損失であった。とはいえ、ベッカーの最近の研究はこれよりずっと高い数字をあげており、青海省のダライ・ラマが生まれた地区では、死者は住民の五〇％にまでのぼるという。(1)

一九六五年と一九七〇年のあいだに——他の地域と同様だが、時期は少し遅れて——全家族は、軍隊的な組織をもつ人民公社へと強制的に編成された。中国本土と同じ「偉大な」穀類を何としてでも生産すべきだという意志から、まったく馬鹿げた次のような処置がとられ、飢饉を引き起こしたのである。すなわち、お粗末な構想による灌漑工事や土木工事、痩せて肥沃でない土地には欠かせない休耕地の廃止、寒さと乾燥に耐える丈夫な大麦をより脆弱な麦へ組織的に植え替えること、ヤクの放牧の制限などの施策だ。おかげで多数のヤクが倒れ、チベット人は乳製品（バターは彼らの食料の基本的要素である）も、冬にテントを覆うための新しい革ももはや手に入らなくなり——なかには凍え死ぬ者もあった。その上、他の地域と同様に、過度の義務的供出が課せられたように思われる。

チベットに唯一特有だった困難といえば、一九五三年以降、東チベット（四川省）に数万人の中国人入植者が定住し、そこで集団化された土地の一部を利用したことである。またチベット自治区内には、大半が漢族である約三〇万人の中国人が住みつくようになり、うち二〇万は軍人だったが、これらすべての人口を養わなければならなかったのだ。そのため、一九六二年以降、劉少奇が他の地域で推進した農村自由化政策の実施は、チベットでは一九六五年まで延期されねばならず、その政策は「一つの自留地に一匹のヤクを」[1]というスローガンに象徴されたにすぎない。

チベットは、文化大革命でも無傷ではすまなかった。一九六六年七月以降、紅衛兵は（そのなかにはチベット人も含まれていた[2]。これは、ダライ・ラマの信徒たちが保持し続けるチベット民族の一体性という神話を打ち壊すものである）、私的な住居を家宅捜索し、仏壇の仏陀を毛沢東の写真に置き換えた。僧侶は度重なる「闘争会」で吊るし上げられ、そこから生きて帰れない者も出るほどだった。とりわけ紅衛兵は、最も有名なものまで含め、諸寺院を攻撃した。周恩来はラサのポタラ宮殿（「活仏の元居宅」）までも、軍隊に防衛させなければならなかった。ラサのジョカン寺の僧院の略奪は無数に繰り返された。目撃した僧侶によれば、「何百という礼拝所があったが、無傷だったのはただ二つだけである。ほかの礼拝所はすべて略奪され、けがされた。すべての仏像、聖典、祭具は破壊されるか、もち去られた……。ジョカン寺の入り口にある釈迦牟尼の像だけは、紅衛兵による破壊を免れた。というのは（…）それが、中国とチベットのあいだの絆を象徴するものだったからだ。破壊は一週間近くも続いた。その後、ジョカン寺は中国兵の仮兵舎に造り替えられ、もう一つの部分は（…）動物の屠殺場に変えられた[3]」。チベット社会における宗教の重みを考えれば、この時期特有のこれらの暴虐な振る舞いが、他の場所におけるよりも、ずっと深刻に感じられたことは明らかであった。また、現地住民とそれほど関係のない軍隊は、少なくとも紅衛兵が抵抗を受けたときには、他の場所におけるより大きな力を紅衛兵に貸したように思われる。

しかしながら、ここチベットでもまた、最大の虐殺は一九六八年に、すなわち――毛沢東主義者グループ間の戦闘の際（一月にはラサで数百人が死んだ）であれ、あるいは特に夏のあいだ、軍隊が自ら指導する革命委員会の結成を押しつけた時であれ――いずれにせよ、この運動の終末期に起こったのである。このように文化大革命期についていえば、合計すると、おそらくチベット人より中国人のほうが多く殺されたといえるだろう。(1)

しかし、チベットにとって、これよりはるかに最悪だった年月は、中国軍の到着とともに始まり、一九五九年の強制的な集団化（国の他の部分より三年遅かった）によって頂点を迎えた時期であった。その結果として蜂起が起こり、野蛮な弾圧がそれを壊滅させると、ダライ・ラマ（精神的であり世俗的でもある君主）がインドに亡命し、この国の教養あるわずかなエリートの大部分を含む一〇万人が彼に従った。中国本土でも五〇年代はバラ色の点が全然なかったにせよ、権力がこの高原においてふるった暴力たるや極端なものだったというほかない。その目的は、半遊牧民（人口の約四〇％）であれ、多少とも僧院に隷属する住民であれ、頑固なまでに誇り高い独立心をもつチベットの人民に、共産主義と中国の支配とを同時に押しつけることにあった。この十年間の中頃、集団化政策の強制とともに、状況はますます緊迫の度を加えた。そして、カム（東チベット）のゲリラ戦士の蜂起にたいし、軍隊は蜂起の規模とはおよそ釣り合いのとれぬ残虐行為をもって応えたのである。しかし、これを溯る一九五六年、チベットの新年の祝祭の際にも、巴塘《バタン》にある大僧院、チョーデ・ガーデン・フェンデリングが空爆によって破壊され、少なくとも二〇〇〇人の僧侶と巡礼者が殺されていたのだった。(1)

このように延々と繰り返された残虐行為は忌まわしいものであるだけでなく、しばしば確認不可能でもある。しかし、数々の証言が正確に一致していることから、この時期にかんしダライ・ラマが次のように言明したのは理由のないことではない。「(チベット人は)銃殺されただけでなく、殴り殺され、はりつけにされ、焼き殺され、溺死させられ、手足を切断され、飢え死にさせられ、扼殺され、吊るされ、熱湯責めにされ、生き埋めにされ、四つ裂きの刑を受け、あるいは首をはねられた(2)」

しかし、最も暗黒な瞬間は疑いもなく一九五九年であった。すなわちカムの大蜂起の年であり、その蜂起はついにラサにまで及んだのだ。人民公社と大躍進にたいするチベット人の反応。何年かにわたった暴虐に反対する住民の自然発生的な動員。さらには、前もってグアムとコロラドの基地でゲリラ訓練を受けたうえで、CIAの手によりカムの戦士が国内に大量に送り込まれた事実(3)――この蜂起が実現をみるうえで、この三つの要因がどのようにからみあっていたのか、判断をくだすことはできない。いずれにせよ一般住民は、蜂起した戦士に共感し、彼らが自分たちと合流することを受け入れたように見えるが、その結果、戦士たちとともに中国軍の大規模空爆をこうむることになった。負傷者は手当てもされず、時には生き埋めにされ、あるいは野良犬に食われて死んだ――このことからも、敗者の側にかなりの数の自殺者が出た事実が説明されよう。

多くの場合、火縄銃と剣だけで武装した二万人のチベット人の砦と化したラサ自体も、二〇〇〇人から一万人にのぼる死者を出したうえで、三月二十二日に奪い返された。標的とされたラモック寺院とポタラ宮殿までも甚大な被害を受け、チベット人の指導者、ダライ・ラマと約一〇万の同国人がインドへ向かったのである。(1)一九六九年にラサでは、少なくとももう一度、大きな反乱が起こり、それも流血をもって弾圧された。そのとき、カムのゲリラもまた再燃し、一九七二年まで続いたのだ。

一九八七年十月以降も、少なくともラサでは、蜂起―暴力的弾圧―新たな蜂起というサイクルが再発し、一九八九年三月には戒厳令が布告されたほどであった。チベットの首都は、それまでの三日間にわたり、中国人狩りの兆候までともないつつ、公然と独立を掲げた蜂起の嵐が荒れ狂っていたのだった。ツァン・シャオソン将軍によれば、このときの暴力行為により、軍側に十八カ月間で六〇〇人を超える犠牲者が出たという。(2)逮捕された尼僧への暴行などの許しがたい失態にもかかわらず、それでも中国の方法が変化したことは明らかである。もはやチベット人の殺戮を語ることはできなくなったのだ。しかし結局のところ、チベット人の家庭で、語り尽くせぬ内面的悲劇を最低一つはかかえていないような世帯はあるまい[1]。

現代チベットの最大の悲劇は、五〇年代と六〇年代における数十万にのぼる被拘禁者――合計してチベット人一〇人に一人にあたるだろう――の悲劇である。調査された一六六カ所の収容所の大部分はチベットと近隣諸省にあるが、そこから生きて出られた人はごくわずか（二%という数字があげられることがある）[2]しかいないように思われる。一九八四年にダライ・ラマの亡命政府側は、拘留中の死者の数を一七万三〇〇〇人と発表した。多くの僧院共同体がまるごと炭鉱に送られた。寒さ、飢餓、酷暑など、拘留条件は全体として恐るべきものだったように思われる。チベット独立の思想を放棄することを拒否した被拘禁者の処刑については、大躍進期の飢餓の折の囚人同士の人肉食のケースと同じように今も語りぐさになっている[3]。

成人男性の四分の一がラマ僧であるチベット人は、そのことごとくが被疑者であるかのように、事態は進行したのだった。中国での二〇人に一人という数字にたいし、チベットではおよそ六人に一人の成人が右派分子に分類された。毛沢東が長征の時に補給を受けることができた四川省のチベット草原地域では、五〇年代には三人に二人の男性が逮捕された。彼らが釈放されたのは、ようやく一九六四年か一九七七年になってからのことである。チベット仏教で二番目に地位の高いパンチェン・ラマは、一九六二年の報告書のなかで、同国人を殺害し続ける飢餓と弾圧について勇敢にも毛沢東に抗議した。それにたいする答えとして、彼は投獄され、ついで、一九七七年まで自宅監禁された。彼を有罪とした「評決」は一九八八年になってようやく取り消された(1)。

中国人がチベット民族の物理的ジェノサイドを計画していたと考えるには説得力ある根拠がないとしても、彼らが文化的ジェノサイドを試みていたことには疑問の余地がない。前にも述べたように、寺院は中国人の犠牲となるのにうってつけだった。文化大革命の後、チベット仏教の礼拝場所だった六二五九カ所の寺院のうち、どうにか機能していたのはわずか一三カ所だけになった。その他のうちでも最もましな扱いを受けた寺院は、仮兵舎や倉庫や拘禁センターに造り替えられたものだ。おびただしい略奪にもかかわらず、これらの寺院は生き延びることができ、今ではいくつかが再開されている。しかし、多くの寺院は完全に破壊され、その宝物類――年代物の手稿、壁画、絵画《タンカ》、彫像など――は破壊され、あるいは、特に貴金属を含む場合は盗み去られた。ある北京の鋳造工場は一九七三年までに、六〇〇トンものチベット彫刻を回収した。一九八三年にラサから中国の首都を訪れた視察団は、そこで、一万三五三七個の仏像と小仏像を含むチベットの聖遺物を三二トンも発見することができた(2)。

仏教根絶の企図とともに、チベットの新生児に強制的に中国名をつける試み、さらに、一九七九年までは、子どもを北京官話《マンダリン》で教育する試みが企てられた。一九一一年の反満〔反清〕革命の遅ればせの――そして場違いでもある――思い出であろうか、紅衛兵は男女を問わずチベット人のお下げ髪を強制的に切り落とし、また当時漢族のあいだで流行していた服装の規範をも押しつけようとしたものである。

非業の死をとげたチベット人の数は、比率からみればおそらく、中国全体の他のどこよりも多い。しかしながら、一九八四年にチベット亡命政府が発表した数字を鵜呑みにすることは難しい。一二〇万人の犠牲者という数字であるが、言い換えれば、チベット人約四人に一人となる。戦死者四三万二〇〇〇人という発表も、とりわけありそうもない数字に思われる。しかし、死者の数から言っても、民間人や囚人がほとんど無視されている事実から言っても、残虐行為が規則的に繰り返されたことから言っても、ここで起こっているのはジェノサイド的殺戮だと言ってよいだろう。公式の数字によれば、チベット自治区の人口は、一九五三年には二八〇万人だった住民が、一九六四年には二五〇万人に減少した。亡命者や出生率（これ自体不確かだが）を考慮すると、八〇万人にのぼる「過剰な死者」を出したことになるだろうが、この人口損失率はクメール・ルージュのカンボジアを思わせるものがある。(1)

このような状況のもとでは、チベット女性がほんの短期間でも入院するにあたって、強制的な堕胎ないし不妊手術をされるのではないかとの恐怖にしばしばつきまとわれるという事実は、過酷なまでに人口増加抑制をめざす実践（少数民族が長いあいだ免除されていた産児制限政策は、最近チベットでは、多数派の漢民族で行われている実践に準ずるものになった）

の結果であるとともに、彼女らが極度の不安感をいだいている現実を補足する兆候でもある。中国共産党の総書記、胡耀邦《こようほう》は、一九八〇年ラサを訪れたとき、あまりの貧困、漢族とチベット族のあいだのあまりの差別とあまりにひどい隔離を前にして、恥ずかしさのあまり涙を流し、これこそ「純粋形態における植民地主義」[1]だと語ったといわれる。雪と神々の国にあって長いあいだ忘れられていたチベット民族は、アジアの中心部という、すぐれて戦略的な地域に生活している点で不幸だ。彼らが物理的に消滅する事態はさいわい避けられそうだが、彼らの魂の消滅という代償をも支払わずにすむように！　と願わずにいられない。

第2章　北朝鮮・ベトナム・ラオス——竜《ドラゴン》を産み落としたもの

I　北朝鮮における犯罪、テロル、秘密

ピエール・リグロ

朝鮮民主主義人民共和国（RPDC）は、一九四八年九月九日、朝鮮のうち北緯三八度線の北にひろがる部分に建国された。一九四五年八月に米軍とのあいだで調印された協定により、合衆国が同じ三八度線以南の南朝鮮を管理するあいだ、ソ連がこの地帯を「暫定的に」管理することを引き受けていたのである。

じきに北朝鮮は、世界で最も閉鎖的な共産主義国家であることが明らかになった。実際、まもなくソビエト当局は、国際社会のいかなる代表者も北に入るのを禁止したのだった。つづいてこの鎖国状況は、朝鮮民主主義人民共和国創建後の最初の二年間に強化された。最後に、一九五〇年六月二十五日に北が起こし、今なお形式的には終了していない朝鮮戦争——なぜなら一九五三年七月二十七日、国連軍とのあいだで休戦協定が調印されただけであるから——によって、国家機密におおわれた分野が拡大するとともに、うそと情報の歪曲とプロパガンダの重圧がのしかかることになったのであった。

とはいえ、朝鮮戦争だけにこれらすべての原因を帰すわけにはいかない。共産主義世界

の内部においてまで、頑なに自己に閉じこもってしまう内在的性格が、もともと北朝鮮の共産主義体制にあった（中ソ紛争の際には、両者のあいだでどちらの陣営にも長期にわたって決定的に味方せずに、ジグザグの道を選ぶことになろう）。そのうえ、いくらかアルバニアやカンボジアの共産主義者流に、外の世界の影響が「人民と党のイデオロギー的一体性」を損なうのではないかという怖れも手伝って、北朝鮮国家は、別名として時に呼ばれる「隠者の王国」に完全にふさわしい存在であることが説明されよう。この自己閉鎖性は、いわゆる「主体《チュチェ》」思想《イデオロギー》、すなわち自己抑制と独立とさらには自給自足のイデオロギーの形に理論化されさえして、一九七〇年十一月の朝鮮労働党第五回大会で正式に党規約のなかに採択されたのだった。

こうした状況下においては、北朝鮮における抑圧の現実について包括的で詳細な情報を提供できるなどと期待してはならない。まして、ソビエトや東欧諸国のように、情報を収集・伝達できるかもしれぬ積極的な反対派が、国内にも国外にも形成されなかっただけに、他のどの国の場合よりもこのことを期待してはならないわけだ。われわれとしては、繰り返される公式発表を解釈し解読するにとどめ、また、これまで長いあいだほとんどいなかったが、ここ数年増加しつつある北朝鮮からの脱国者の証言や、近隣諸国、とくに韓国の諜報機関が集めたデータに満足するほかない。いずれも慎重に扱わなければならないデータであることはもちろんだが。

共産主義国家の成立まで

北朝鮮の住民が幼少時代から頭に詰め込まれる聖人伝とはちがって、朝鮮の共産主義は金日成《キム・イルソン》によって創設されたものではない。その誕生はもっと古い。なぜなら一九一九年にはすでに、ボリシェヴィズムを標榜する二つのグループが存在していたからである。モスクワはそのどちらの分派をもすぐに承認しなかったため、両者間の闘いは容赦ない形態をとった。そういうわけで、朝鮮共産主義の最初の犠牲者はほかならぬ共産主義者自身だったことになる。「イルクーツク派」と呼ばれた「全露高麗共産党」〔一九一九年、金哲勲を中心に組織〕の抗日ゲリラ戦士は、「上海派高麗共産党」〔韓人社会党を母体に李東輝が組織〕を結成していたグループに属する他のゲリラ戦士と、一九二一年六月に武器をとって敵対した。この事件で数百人の死者が出たため、コミンテルンも静観の態度をすて、朝鮮共産主義運動の統一を押しつけようと試みざるをえなくなった。

朝鮮の共産主義者はしばしば日本軍にたいする闘いの前哨に位置し(一九一〇年以来、日本が朝鮮を植民地にしていた事実を想起してほしい)、残忍な植民地主義的抑圧のため、共産主義者の隊列のなかには多数の犠牲者が生まれていた。しかしながら、壊滅に追い込まれた責任の一端が朝鮮共産主義者自身にあったことを否定するのは難しい。たとえば、海外で訓練された幹部が自国の状況について正確な知識を欠いていた実情や、メーデーのような象徴的な日にデモをするというような、英雄的かもしれないが、破滅的結果をもたらした意志などが批判の対象にされるべきであろう。

次に、日本の敗戦につづいて、国が南北二つの地帯に分断された時点での分派闘争で倒れることになった共産主義者もいる。ソ連は、国内で長いあいだ闘ってきた共産主義者を犠牲にして、満州国境付近の抗日ゲリラ部隊の指揮官にすぎなかった金日成を権力の座に就けた。一九四五年九月以降平壌《ピョンヤン》では、玄俊赫《ヒョン・ジュンヒョク》のように金日成に反対するかなりの数の共産党幹部が暗殺された。数十人か？ あるいは数百人にのぼるのか？ それはいまだに定かではない。

一九四五―一九四六年冬にはまだピョンヤンで市民権をもっていた民族主義者もまた、追放され逮捕された。というのも彼らは、リーダーの曺晩植《チョ・マンシク》〔一九四五年十月に組織された朝鮮民主党の党首〕とともに、一九四五年十二月にモスクワで開かれた米英ソ三国外相会議の決定、つまり、少なくとも五年間、朝鮮を信託統治下に置くという決定を弾劾していたからである。チョは一九四六年一月五日に逮捕され、それから四年以上経った一九五〇年十月、国連軍部隊の前進を前に北朝鮮軍が平壌《ピョンヤン》から撤退する際に処刑された。彼に近い政治的友人の多数が同じ運命をたどったことは言うまでもない……。

抑圧は全住民の上にもふりかかった。ソ連は国の北部に、ほとんど一から十までみずからの姿に似せた国家をつくりあげようとした。すなわち、集団化への道をひらく農地改革、単一政党制、大衆団体における住民のイデオロギー的組織化などの政策が追求されたわけである。当然、すべての政治的反対者、すべての地主、農地改革へのすべての反対者、日本と協力した疑いのあるすべての市民が取り調べの対象となった。しかしながら、粛清の犠牲者をすべて共産主義のせいにするのは困難である。というのも、民族主義的指導者による粛清もまた、おそらく同じくらい過酷だったろうからである。それに、この体制の確立にともなって、少なくとも初期の段階では、流血の事態よりはむしろ、今列挙した社会階層にとどまらず、もっと広く自己の生命と財産を心配の種とするすべての人々が、数十万の規模で南部地帯へ逃亡したのだった。国際的な機関、あるいは南部地帯に由来する公式機関にたいし、北はただちに鎖国を実施したが、北から南への移動は一九四八年までは比較的容易であった。

武装闘争の犠牲者

北の権力が存在し始めたけれども、まだ国家として確立はしていなかった最初の三年間こそ、この逃亡は可能だったが、だからといって、共産党指導者は朝鮮半島の住民の全般的な「共産化」を諦めていたわけではなかった。というのも、彼らは自分たちに有利な形での朝鮮統一が近いうちに実現するものと考えていたのである。モスクワで最近公開された公文書は、金日成が当時すでに米国の「傀儡」と呼んでいた連中を倒そうと躍起になっていたことを示している。問題の傀儡たちはといえば、北の軍隊よりずっと弱い軍隊しかかかえていなかったし（合衆国は傀儡自身が北での冒険に乗り出すのではないかと恐れていた）、彼らの専制的な権力観は、国内各地で共産主義者に指導されたストライキや、はてはテロやゲリラなどの形で正当性を脅かされていた。「南の住民は私と私の軍隊を信頼している」(1)——金日成はそう考えていたし、いずれにせよ、そう語ったのは事実だ。そういうわけで金日成はスターリンに懇願し、スターリンはついに一九四九年から一九五〇年にかけての冬の終わりに、ゴーサインを出した。一九五〇年六月二十五日、計画的な侵入作戦が実行され、北朝鮮軍部隊は奇襲的に南を侵略した。これが恐るべき戦争の始まりだった。この戦争で、朝鮮の全住民のうちに五〇万人を超える死者を出すことになる。マッカーサー将軍率いる国連軍部隊によって北朝鮮軍が全面敗北の危機に瀕した時、彼らを援助にやって来た中国人兵士のなかで、約四〇万人の死者と、それをやや超える負傷者が出た。北朝鮮軍兵士の死者は少なくとも二〇万人、韓国軍兵士の死者は五万人に達し、アメリカ軍の死者は五万人を超え、さらに数百万人の住民が家を失った。国連軍のフランス軍大隊は約三〇〇人の死者と八〇〇人の負傷者を数えた。

みずからの影響圏を——人民の幸福のためとはいえ——拡大しようとする共産主義者の意図と、これほど明白にその発端が結びついた戦争は稀である……。当時、多数のフランス左翼知識人——たとえばジャン＝ポール・サルトル——は、韓国を平和愛好国にたいする侵略者であるとする共産主義者の立場を支持した。しかし今日、とりわけアクセス可能になった史料研究のおかげで、この点につき疑惑をいだくことはもはや許されない。前に列挙した死傷者の苦しみだけでなく、たとえば戦争捕虜がこうむった苦しみ（六〇〇〇人のアメリカ人兵士と、それとほぼ同数の、大部分は韓国人兵士からなる、米国以外の国の兵士とが拘留中に死んだ）も、現地のソウルにとどまり、北朝鮮軍部隊により逮捕され、ついで収容所に送られたフランスやイギリスの外交官スタッフや、同様に収容所送りとなった、韓国で働いていた宣教師の長い苦難の道のりもまた、共産主義の責に帰すべきものである。(1)

三年間の戦いの後、一九五三年七月に休戦協定が調印され、両朝鮮のあいだに、ほぼスタートライン、つまり北緯三八度線に沿って非武装地帯が設けられたことは知られているとおりだ。しかし、それは休戦協定であって、平和条約ではない。その後も南にたいする北朝鮮の度重なる侵入や攻撃が続き、多くの犠牲者が出ている。軍人にたいしてだけでなく、民間人にたいするものも含め、北が行った攻撃のいくつかを列挙してみれば、一九六八年、三一人の決死隊による韓国の大統領宮殿の襲撃（襲撃者で生き残ったのは一人だけだった）、一九八三年十月九日、ソウル政府の閣僚を狙ったビルマのラングーンでのテロ――一六人の死者を出したが、うち四人は韓国の大臣だった――、あるいは、一九八七年十一月二十九日、一一五人を乗せた大韓航空機の空中爆発がある。

北朝鮮は単に嫌疑をかけられているだけではなく、実際に有罪なのである。最後の事件で任務を遂行中に逮捕された一人の女性テロリストの説明によれば、この作戦においてピヨンヤンが狙っていたのは、韓国が、数カ月後に予定されていたソウル・オリンピックの安全を保障する能力をもっていないことを示して、その威信を低下させることにあったという……。(1)

さらに、これは資本主義世界総体にたいする戦争の一環といえようが、六〇年代から七〇年代にかけ、北朝鮮が様々なテロリストグループ、とくにイスラエルでのテロ行為で名をはせた日本赤軍〔日本赤軍と、日航機をハイジャックした赤軍派とは同一ではない〕、パレスチナのゲリラグループ、フィリピンのゲリラ戦士などに避難場所を提供してきたことをつけ加えたい。

北朝鮮の党-国家の犠牲になった共産主義者

フルシチョフ報告が何よりもまず共産主義者にたいするスターリンの犯罪の告発だったことは記憶に新しい。北朝鮮においても、労働党内部における粛清の犠牲者名簿は長いものになるだろう。手始めに、北朝鮮の最初の政府の二二人の閣僚のうち、一七人が暗殺されるか、処刑されるか、または粛清されたと計算されている!(2)

板門店《パンムンジョム》の休戦協定が調印されるやいなや、北朝鮮党の内部でかなりの数の高級幹部が粛清されたことが判明した。一九五三年八月三日の「大裁判」は、アメリカ人のためのスパイ活動と政権を転覆させようとする企図のかどで裁かれた、「国内派の」共産党員を一掃するための機会となった。ハンガリー人の作家でジャーナリストのメライ・ティボールはこの裁判を傍聴した。彼は被告の一人、薛貞植《ソル・ジョンシク》と旧知の仲だったからである。ソルは、一九五一年七—八月の開城《ケソン》での交渉〔休戦交渉は一九五一年七月十日、ケソンで開始され、その後板門店に場所を移した〕における北朝鮮代表団の通訳補佐であり、詩人であるとともにシェークスピアの朝鮮語への翻訳者でもあった。

〈被告14号〉

囚人たちの上着の背中にはそれぞれ大きな番号が縫いつけてあった。最も重要な被告は1で、あと重要度にしたがって14まで番号をつけられていた。

被告14号はソル・ジョンシクだった。

私にはほとんど彼が見分けられなかった。かつての情熱的で美しかったその顔は暗く、疲労と諦めをただよわせていた。その暗鬱でやや切れ長の目からは輝きがすっかり消えていた。彼の動作はロボットのようだった。何年も後になって教えられたことだが、被告は試練と拷問をくぐりぬけたあとで、外観がましになるように、公判出廷までの数週間、非常によい食事を与えられたとのことである。裁判が公開で行われるのであれば、当局は当然傍聴者に、とくに西洋のジャーナリストに、囚人は健康で、よい食事を与えられ、肉体的にも精神的にも元気であるとの印象を与えようとするものだ。しかし朝鮮には、西洋からの通信員はおらず、いたのはただソビエト・ジャーナリズムと他の共産党新聞の代表者だけだった。裁判の目的ははっきりしていた。それは、かつては多少とも重要な人物だったが、今は被告となっているこれらの人々の罪を立証し、彼らを辱めることだった。

それを別にすると、裁判自体は、ハンガリーやチェコスロヴァキアやブルガリアのもろもろの政治裁判に非常によく似ていた。私はソルのそのような様子を見てすっかり動揺し、しかも通訳があまりに簡略だったので、起訴の正確な内容をほとんど思い出せないほどだった。(私はただ、ソルが私を見てくれないようにとだけ期待しており、実際法廷はかなり満員だったので、彼には私が見えなかったと思う)。私の記憶するかぎりでは、問題にされていたのは、国民の最愛の指導者、金日成の暗殺計画をともなう、朝鮮の人民民主主義にたいする陰謀であった。被告たちは、古い封建的秩序の復活を望んでおり……、また、北朝鮮を李承晩《イ・スンマン》〔韓国の初代大統領。一八七五―一九六五〕の手に渡したがっていて……そして何よりも、アメリカ帝国主義者と彼らが報酬を支払っている手先のためにスパイをしていた、というのだった(1)……。

被告のなかには、高位の役人が少なからずいた――とりわけ、共産党中央委員会の書記の一人、李承燁《リ・スンヨプ》、内務部の白亨福《ペク・ヒョンボク》、文化・宣伝副相の趙一明《チョ・イルミン》である。ソルはこのグループのなかではむしろざこだった。彼らの多くは朝鮮南部の出身だった。

ずっと以前から国内で闘ってきた共産主義者で、外務大臣の朴憲永《パク・ホニヨン》自身も一九五五年十二月十五日に死刑の判決を受け、その三日後「アメリカの秘密工作員」として処刑された。他の人々のケースがこれにつづいた。たとえば一九五六年、いわゆる「延安」グループの代表であり、中国の八路軍の元将軍であり、北朝鮮砲兵隊の司令官、ついで、南と国連軍にたいする戦争のあいだは中朝連合軍総司令部の参謀長をつとめた武亭《ム・ジョン》の粛清である。次の粛清が襲ったのは一九五八年三月で、許可而《ホ・ガイ》のように、ソ連とつながりのある幹部たちと、金科奉《キム・ドゥボン》のように、再びいわゆる延安派の、つまり中国とつながりのある幹部たちであった。フルシチョフの改革を歓迎した幹部たちも同時期に粛清された。

一九六〇年、一九六七年（党書記局の書記、金光俠《キム・グアンヒョプ》が収容所に送られた）、一九六九年（最も有名な犠牲者は、対南秘密工作担当の許鳳学《ホ・ボンハク》だが、ピョンヤンの外国語革命学院の学生が八〇人も行方不明になったことも記しておかなければなるまい）、一九七二年（元副首相で、政治局員の朴金喆《パク・クムチョル》（別の説によれば、彼が粛清されたのは六七年五―七月で、当時、序列四位、組織担当副委員長だったという）が収容所に送られた）、一九七七年（元政治局員、李勇武《リ・ヨンム》もまた収容所に送られたが、ここでもまた、法廷に引き出された幹部たちの息子に当たる、相当数の学生が行方不明になった）、一九七八年、一九八〇年などにも、相次いで粛清の波が押し寄せて、幹部たちの姿を消し去った。

実のところ、これらの粛清は構造的なものであって、偶発的ないし状況的に存在しているのではない。もっと最近の一九九七年にも、姜成山《カン・ソンサン》首相〔正式に首相を辞任したのは一九九八年〕を筆頭とする、改革志向の党幹部と軍将校にたいし、年の初めに粛清が行われた可能性がある。外国亡命者の証言によれば、住民に押しつけられる新たな物質的困難とからんで緊張状態が生まれるたびに、権力が少しでも責任を問われることのないよう、共産党幹部たちがスケープゴートに選ばれ、投獄されるか、収容所に送られるか、処刑されるのだという。

処刑

処刑がどのくらいの数にのぼるのかは分からないが、北朝鮮の刑法から参考になる指標が引き出せるかもしれない——死刑をもって罰せられる犯罪は四七をくだらないが、それは以下のように分類できる。

—国家の主権にたいする犯罪
—国家行政にたいする犯罪、国家財産にたいする犯罪
—個人にたいする犯罪
—市民の財産にたいする犯罪

――軍事犯罪

六〇年代と七〇年代における北朝鮮の法体系についての最良の専門家である姜求真《カン・グジン》〔故人、元ソウル大学法学部教授〕が、一九五八―一九六〇年の非常に残忍な抑圧期に党内部で行われた粛清にかぎって試みた概算がある。彼によれば、約九〇〇〇人が党を追放され、裁かれ、死刑を宣告されただろうという！　知られている大量粛清の数（約十回）を考慮して、この手堅い概数を一般化すれば、合計九万件の処刑という相当高い数字にたどりつくことになろう。もう一度言うが、これはあくまでもおおざっぱな見積もりにすぎない。おそらく将来、ピョンヤンの公文書が公開されたあかつきに、真実は明らかになるだろう。「民間の」住民を対象とし、「売春」・「裏切り」・殺人・強姦・「反乱」……などの理由で行われた公開処刑については、国外亡命者からも若干の情報を収集することができた。処刑の際、群衆は協力的な態度をとるように勧められ、その結果、叫び声や侮辱の言葉を発して判決言い渡しを迎え、投石することさえあるという。時には文字通りのリンチまでが奨励され、群衆がスローガンを叫ぶなかで、死刑囚は死ぬまで殴られる。どの階層に属しているかが、この場合大きな役割を演ずる。アジア・ウオッチの調査員に二人の目撃者が断言したところによれば、「最も低い階層」に属する市民の場合にだけ、レイプは死刑をもって罰せられるという。

党の言いつけどおりに動く――そもそもの最初から、マルクス－レーニン主義の法理論に厳密にしたがった行動をとるよう求められている――裁判官、もっと手軽で簡略な手続きが可能なせいで、拘禁や処刑の決定のうち、ごく一部しか取り扱わない裁判、党の言いつけどおりに動くだけの弁護士。これらすべてのことから、北朝鮮の司法システムの性格についておよその見当をつけることができよう。

刑務所と収容所

リ・スンオク夫人は労働党員で、幹部専用の必需品供給センターの責任者だった。定期的に行われる粛清の犠牲者として、彼女は他の同志たちとともに逮捕された。長時間、水責めと電気による拷問を受け、殴られ、睡眠を奪われ、ついに要求されるまま、とりわけ国家の財産を横領したと自白し、十三年の懲役刑を宣告された。公式には刑務所という言葉は使われていないが、それはまさしく刑務所であった。二〇〇〇人の女性を含む六〇〇〇人の囚人は、この懲罰用複合施設のなかで、朝五時半から真夜中まで獣のように働き、スリッパ、ピストルのケース、バッグ、ベルト、爆薬用の雷管、造花などをつくらされた。妊娠した受刑者は手荒な堕胎を強制された。刑務所内で生まれた子どもはみな、有無を言わさず窒息死させられる、あるいは喉を掻き切られたものだ(1)。

これより古い他の証言からも、すでに刑務所内の生活条件の過酷さは知られていた。六〇年代から七〇年代の北朝鮮の刑務所内で何が起こっていたかについて、なかなか入手困難な報告が、ベネズエラの共産主義詩人、アリ・ラメダによってもたらされている。彼はこの体制に好意を寄せ、公式プロパガンダの文章の翻訳者としてピョンヤンに働きに来た。そのプロパガンダの有効性についてわずかばかりの疑いを漏らしたため、ラメダは一九六七年に逮捕された。拘留された一年のあいだ、彼自身は拷問を受けなかったものの、拷問されている囚人たちのうめき声を聞いたことがあると断言している。拘留中に彼の体重は約二〇キロ減り、身体はできものと傷だらけになってしまった。

　アムネスティ・インターナショナルが発行したパンフレットのなかで彼は、茶番劇のような裁判に触れているが、その裁判の結果、彼は「破壊工作、スパイ行為、外国の手先の北朝鮮への潜入を試みた」かどで、二十年の強制労働の刑を宣告されたのだった。また彼はみずから嘗《な》めた拘留条件[1]と、ベネズエラ当局の再三にわたる介入によってようやく六年後に実現した釈放についても語っている。

　その他にも、囚人の抵抗を打ち破るうえでの武器として飢餓が使われることを物語る証言がある。食料は量が不十分なだけにとどまらない。そのわずかな配給分さえ有害なものにするため、あらゆる手段が使われていた。囚人はしばしば病気になったものだ。下痢、皮膚病、肺炎、肝炎、壊血病は珍しいことではなかった。

刑務所と収容所は、抑圧を組織している膨大な機構総体の一部であった。それらは以下のように分類できる。

―「救護所」：中継刑務所のようなもので、軽い政治犯罪、非政治的犯罪について裁かれるのを待つ場所。

―労働による「更生センター」：社会的不適応者、無為の者、さらには怠け者と判断された人間を一〇〇人から二〇〇人収容する。ほとんどすべての町にある。しばしば裁判も、はっきりした告訴もなしに、三カ月から一年間収容されつづける。

―強制労働収容所：国内に一二カ所あまり存在し、それぞれが五〇〇人から二五〇〇人を収容する。拘留されているのは、盗み、殺人未遂、強姦で告訴された一般刑事犯だが、政治犯の子どもや、国外脱出に失敗して逮捕された者も収容されている。

―流刑地帯《ゾーン》：信頼できないと見なされた分子（南へ逃れた者の家族構成員、元地主の家族など）が送られる。この居住地指定の措置は遠隔の地で行われており、おそらくは数万人が収容されている。

―特別独裁地帯《ゾーン》：文字通りの強制収容所で、政治犯が収容される。一二カ所ほどあり、被収容者はあわせて一五万人から二〇万人に達する。この数字は総人口のほとんど一％に相当するが、この数字は五〇年代初頭のソビエトのグラーグより明らかに少ないレベルである。しかしこのような「実績」をあげられたのは、もちろん特別な寛容政策の結果ではなく、住民の管理と監視が異常に高い水準にあることの反映と解されるべきであろう。

これら特別独裁地帯《ゾーン》は、とりわけ国の北部の、しばしば近づくことさえ難しい山岳地域にある。なかで最大のものが耀徳《ヨドク》地帯で、ここには五万人が収容されているといわれる。このゾーンには、孤絶状態にある龍平《ヨンピョン》と平全《ピョンジョン》の収容所が含まれ、両収容所でこのゾーンの囚人の約三分の二を集結させている。旧邑《クウプ》、立石《イプソク》、大宿《テスク》の三収容所も同じヨドク地帯に含まれ、元在日居留民の家族と独身者とをそれぞれ別々に収容している。その他の特別独裁地帯《ゾーン》は价川《ケチョン》、化成《ファソン》、会寧《フェリョン》、清津《チョンジン》にある。

これらの収容所は、五〇年代の終わりに、「政治犯」と党内の金日成反対派……を閉じ込めるために造られた。被収容者の数がとくに増えたのは一九八〇年で、労働党の第六回大会の際、王朝共産主義の制度化にたいする反対派が敗北したのにつづく、大きな「粛清」の後のことだった。ヨドク地帯の第一五収容所のように、収容所のなかには、いつの日か外の世界に戻ることを期待できる囚人が拘禁されている「革命化区域」と、誰一人二度と出られない「高度安全区域」とに分けられているものがある。

とりわけ革命化区域には、政治的エリートの受刑者や、北朝鮮に好意的な日本の団体指導者たちと個人的関係をもつ日本からの帰国者とが入っている。

めったにいないそこからの脱走者による収容所の描写には、まことに恐ろしいものがある。高く張り巡らされた有刺鉄線、獰猛なドイツ・シェパード、武装した看守、周囲にひろがる地雷原。食料は不十分きわまり、外界からの孤立は完璧で、労働(毎日約十二時間に及ぶ鉱山や採石場での作業、灌漑水路の開削、木材伐採と、その後に加わる二時間の「政治教育」)は過酷だ。しかし、ここでは飢えこそが最悪の責め苦であるから、受刑者はどんなことをしてでも、蛙やネズミやミミズを捕まえて食べるのである。

残酷な点では結局のところ古典的な、こうした図柄を補足するものとして、ぜひとも言及しなければならないのは、囚人の肉体的な衰弱が徐々に進行していくのはもちろん、秘密トンネルの掘削のような「特別な」工事のため、あるいは核関係のサイトでの危険な工事のために、さらには、監視兵の射撃練習用の生きた標的としてさえ、受刑者が使われることである。加えて、拷問や性的暴力なども、北朝鮮における受刑者の生活のなかで最も衝撃的な側面のうちに数えられるものといえよう。

さらにつけ加えられるべきは、責任は家族全体に及ぶものだという、体制の断定であろう。家族のうちたった一人が有罪判決を受けただけで、その全構成員が、それも多数にのぼる一家が、現に収容所に入れられている。一九五八年の金日成反対派の大粛清の際には、罰がしばしば三世代に及んだことにくらべれば、今日この制度はむしろ軽減される傾向にあるが、とはいえ、比較的最近の証言は相変わらずこの奇妙な法概念を実証している。国を脱出した青年、姜哲煥《カン・チョルファン》は、九歳の時に収容所に入った。一九七七年のことだ。彼は父と兄弟のうちの一人と、そして祖父母のうちの二人とともに拘禁されていた。なぜなら、京都の在日朝鮮人団体の元責任者だった祖父が、資本主義国での生活に甘すぎる言辞を吐いたとして、一九七七年に逮捕されたからであった。

十五歳になるまで、カン・チョルファンは収容所内で子ども用の規則にしたがって生活を送った。朝は学校で、特に民族の天才、金日成の生涯を教えられ、午後は仕事（雑草とりや石拾いなど）というのが日課だった。(1)

戦争初期の一九五〇年七月、北朝鮮軍の捕虜になったフランス人外交官の証言や、一九六八年に朝鮮沖で臨検された〔正しくは「拿捕された」〕米軍のスパイ艦、プエブロ号の乗員の証言に準拠すると、どちらも異常な状況ではあったが、いずれの物語も、尋問の乱暴さ、人命への無関心、劣悪で型にはまった拘留条件を例証するものとなっている。(2)

一九九二年に二人の脱国者が、北朝鮮最大の収容所、ヨドク収容所での生活について最新の情報をもたらした。二人の話では、拘留条件があまりに過酷なため、電流の通った鉄線や、一キロごとに設けられた監視塔にもかかわらず、失敗した場合は裁判と公開処刑がまちがいなく待っているにもかかわらず、毎年一五人ほどが脱走を試みるということだ。これら脱走希望者は共産主義の犠牲となった人命の総数を確実に増大させつつある。なぜなら、二人によれば、脱走に成功した例はいまだかつてないからだ。

フェリョン地帯のある収容所の元監視兵によって最近もたらされた、例外的な証言の方をむしろとりあげることにしたい。一九九四年に中国に脱出し、後にソウルにたどり着いたこの男性は、朝鮮の収容所世界にかんするわれわれの知識をいちじるしく前進させてくれた。(1) 安明哲《アン・ミヨンチョル》という名のこの証言者によれば、「素行の悪い者」として処刑するために選び出されるのは、次のような人々だった。すなわち「不服従者、反乱の責任者、殺人者、妊娠した女性（いっさいの性的関係は囚人には絶対禁止である）、家畜を殺した者、生産に使用される道具をこわした者である。独房で彼らはひざを折り曲げた脚と尻のあいだに太い木片を結わえつけられ、このようにしてひざまずいたまま放置される。血の循環が悪くなるため、ついには全般的な衰弱が引き起こされ、かりに釈放されたとしても、彼らはもう歩くことができず、数カ月後には死にいたるであろう」。

この収容所では処刑はもはや公開ではなくなった。以前はそれが当たり前だったが、殺戮があまりに日常的な出来事になったため、ついには恐怖を植えつけるより、反乱の気持ちを掻き立てるようになってしまったからだ。重武装した看守が処刑の場所を守らなければならなくなり、そして、一九八四年以降は、処刑は秘密裏に行われるようになったのである。

〈シャベルで殴って〉

処刑を執行するのはだれか？　その選択は公安係官の裁量にまかされていた。彼らは手を汚したくない時は銃殺し、断末魔の苦しみを見たい時はゆっくりと時間をかけて殺した。こうして私は、棒による殴打や投石で、あるいはシャベルを使ってでも殺すことができることを知った。時には、ゲームのように、目の玉を狙う射撃競争をして囚人を殺すこともあった。処刑される者同士を戦わせて、殺し合いをさせたこともあった。（…）私はこの目で、むごたらしい殺され方をした死体を何度も見たことがある。なかでも女性が穏やかに死ぬことはめったにない。ナイフで切り裂かれた乳房、シャベルの柄をつっこまれた生殖器、金槌でへし折られた首（…）。収容所では、死は月並みきわまることだった。そして、「政治犯」は生き延びようとして必死で闘っていた。彼らは少しでも多くのトウモロコシや、豚の脂肪を手に入れるためなら、どんなことでもした。とはいえ収容所では、こうした闘いにもかかわらず、毎日平均四人から五人が死んでいった。飢えや事故から、あるいは……処刑されて。

収容所から逃げ出すなんて、まず考えられなかった。逃亡者を捕まえた看守は党への入党と、さらに大学への進学まで期待できたのである。なかには、囚人をむりやり有刺鉄線に登らせる者もいた。そうしておいて発砲し、脱走者を捕まえたふりをするのだった。

看守以外に、犬も政治犯を監視していた。非常によく訓練されたこの恐るべき動物は、殺人機械として使われていたのだ。一九八八年七月、第一三収容所で二人の囚人が犬に襲われたとき、あとに残ったのは囚人たちの骨だけだった。一九九一年にも、十五歳の少年二人がこれらの犬に貪り食われたことがある。

アンは、看守長と第一三収容所の他の二人の基幹要員のあいだの会話を耳にしたと断言している。ナチスの絶滅収容所だけのことと思われていたやり口が話題になっていたのだ。そのうちの一人である副分隊長が言った。「同志、私は昨日、第三局[1]の煙突から煙が出ているのを見ました。死体を圧縮して脂肪を搾り出しているというのはほんとうですか？」

看守長は、丘の近くの第三局のトンネルに一度行ったことがあると答えた。

「そこは血の臭いがして、壁には髪の毛が貼りついていた……。その夜は眠れなかったよ。お前が見た煙は、犯罪者の骨を焼却している煙だ。けれど、誰にも言うなよ。でないと後悔することになるぞ。お前だって、いつ頭に黒いマメ（銃弾のこと）をくらうかわかったものじゃないからな」

他の看守のなかには、収容所で行われている実験、たとえば、囚人の肉体的抵抗力を研究するため、飢え死にするまで放っておくような実験のことをアンに話してくれた者もいた。アンによると、

「こういった処刑や実験の担当者は人を殺す前に酒を飲んだものさ。しかし、今では彼らも本物のエキスパートになっている。囚人の頭の後ろを金槌で殴ってみる。すると、不幸な連中は記憶を失ってしまう。この半死人を射撃練習の生きた標的にするのだ。第三局が実験材料に不足すると、〝カラス〟というあだ名の黒いトラックが新しい材料を探しにやってきて、囚人のあいだに恐怖をまき散らす。カラスは月に一度は収容所に来て、四〇人から五〇人を連れ去るのだが、行き先はわからない……」

いずれの場合にしても、逮捕は親や隣人でさえ何も知らないように、法的手続きもなしにそっと行われる。周囲の者が誰かの行方不明に気づいても、自分自身も同じ目に遭うのを恐れて、質問するような愚は避けるのである。

これまで述べてきた類の残虐行為の後では、一九六七年以降シベリアにあった北朝鮮のきこり用収容所の存在などかすんでしまうほどである。たしかにこの収容所にも、北朝鮮の規範でいう規律違反を犯したような人間のための過酷な労働条件、食料不足、武装した看守による監視、独房などが存在したのではあるが。

ソ連が崩壊した時、脱走した多数のきこりの証言と、ボリス・エリツィンのもとで人権委員会の責任者をつとめていたセルゲイ・コヴァリョーフの努力のおかげで、この特殊な種類の移民労働者の条件は改善され、今では北朝鮮当局だけの管理下に属するものではなくなった。

ここでいったん列挙を中断し、党内の粛清についてと同じように、ごくおおまかな見積もりだけをしておきたい。第二二収容所に収容されているのは一万人であり、証言者の推定によると、毎日五人が死んでいるわけだし、これに北朝鮮の強制収容所の被拘禁者の総数が二〇万人前後(1)であることを考慮に入れれば、死者の合計数は一日で一〇〇人、一年で三万六五〇〇人に達することになる。この数字に四十五年間(一九五三—一九九八年の時期)をかけて得られる合計約一五〇万人の死者について、朝鮮共産主義は直接責任があるわけだ。

住民にたいする統制

収容所は恐怖が凝縮したところだとはいえ、収容所の外に自由が存在しているわけではない。北朝鮮とは、個人的選択や個人の自立性を否定する場である。「社会全体が堅く組織されて、最高指導者の指導のもと、唯一の思想、唯一の意志をもって呼吸し前進する、そういう統一した政治勢力とならなければならない」と一九八六年一月三日にラジオ放送された論説は主張していた。そして、北朝鮮でよく聞かれるスローガンの一つは次のように命じている。「金日成、金正日《キム・ジョンイル》……のように考え、語り、行動せよ」と。

社会階層の上から下までにわたって、国家、党、その大衆団体、あるいは国家の警察が、「統一を実現するための党の十大原則」と呼ばれるものの名において、全市民を統制している。北朝鮮人の日常生活を今日もなお支配しているのは、憲法ではなく、この文書なのである。その精神をつかんでもらうために、ここではその第三条を引用するだけにとどめる。曰く、「われわれはわが指導者の権威を絶対のものとして強制しよう」。

早くも一九四五年から出現していたのは社会安全部（この表現は、社会面での住民の統制を担当する部局だと理解されたい〔社会安全省をへて、現在の人民保安省。「警察」に相当〕）であり、一九七五年には国家検閲委員会〔九八年以後、国家検閲省〕（検閲自体がずっと前から存在していたのは明らかだが）が、一九七七年には社会主義的生活法律委員会〔法務生活指導委員会とも〕が組織された[1]。

政治警察についていえば、一九七三年に「国家政治保護省」を設置したが、これは今日では「国家安全保衛部」〔国防委員会に直属〕と名を変え、いくつかの部局に分かれている（第二局は外国人担当、第三局は国境保衛を、第七局は収容所をそれぞれ担当、など）。

週に一度、各人は教化講座に「招かれ」、同じく週に一度、各人は北朝鮮で「生活の総括」と呼ばれる、批判と自己批判の集会に招待される。そこでは、だれもが自分の政治的な誤りを少なくとも一つはみずから告発しなければならず、また周囲の人物について少なくとも二つの非難を提出しなければならないことになっている。

北朝鮮の幹部は、物質面や食料面で特権をもっているのはたしかだが、彼らを対象とする統制もまた、それ以上に厳しい。彼らは特別の地区に集められており、電話による、あるいはその他の会話を盗聴され、所有しているオーディオやビデオのカセットは、「修理」や「ガス洩れにたいする処置」に見せかけてチェックされている。しかし、これはすべての北朝鮮人にとっても同様だが、ラジオまたはテレビの受信機は、スイッチ固定装置によって、国営放送局にしか接続することはない。移動するには、地元当局と労働単位の許可が必要である。首都であり北朝鮮社会主義のショーウインドウであるピョンヤンに住所を定めることは、他の多くの共産主義国家と同じく、厳しく統制されている。

知的なジェノサイドの企てか?

抑圧と恐怖《テロル》は、肉体にたいする侵害・束縛であるだけでなく、精神への侵害ないし束縛をも意味する。監禁は精神的なものでもありうるが、それが人間の受ける最小限の破壊というわけではない。私はこの論文の冒頭で、方法論上の要点としてこの国の閉鎖性に言及した。すなわち、この国にかんしては、われわれが望むような正確で信頼できる総合的情報を入手することは不可能だ、と述べたが、外的世界への鎖国状況が、他に類をみないほど激しく、かつやむことのないイデオロギー的攻撃に裏打ちされている形こそ、まぎれもなく、北朝鮮共産主義の犯罪の一部なのである。網の目をくぐりぬけることに成功した国外亡命者は、たしかに人間存在の驚くべき抵抗能力をも証明している。こういう脱国者を実例として、全体主義概念に反対する人々は、全体主義といっても常に「すき間」があり、人間には抵抗力があるがゆえに、「ビッグブラザー」がめざした「全体性」が実現されることは決してないと主張するのだ。

北朝鮮にかんするかぎり、プロパガンダの発信は二つの軸に沿って行われている。一つは古典的なマルクス－レーニン主義の軸であって、つまり、革命的社会主義国家は十分に満ち足りた市民に可能なかぎり最良の生活を提供するというものだ。しかしながら、帝国主義者の敵にたいする警戒心は持続的でなければならない（国外の大勢の「同志」が降伏した今日ではなおのことだ。今日ではそうつけ加えることもできよう）。

もう一つの軸は民族的で古風なタイプの性格を帯びている。弁証法的唯物論からはほど遠く、北朝鮮の権力は金《キム》王朝の臣民に、天も地も彼らの主人と示し合わせていると信じ込ませようとする。たとえば北朝鮮の公式通信社が保証したところによれば、一九九六年十一月二十四日（これは無数の例のなかのほんの一つにすぎない）、金正日が板門店[1]の北朝鮮軍部隊を視察した時、あたりは思いがけず濃い霧で覆われた。そういうわけで、北のナンバーワンは、相手から少しも自分の位置をさとられることなく、様々な場所を行ったり来たりして「敵軍陣地」を納得いくまで調べあげることができた。不思議なことに、彼が兵士の集団と写真を撮ってもらうためにポーズをとったまさにその瞬間、霧が消え去り、空は晴れあがった……。

似たような現象が黄海の島でも観察されたことがある。前線の偵察哨に着くと、彼は作戦地図を検討しようとした。するとその時、雨と風が止み、雲は遠ざかり、太陽が輝き始めた……。同じ通信社の至急報のなかで、次のような出来事が報じられたこともある。「偉大な首領〔金日成〕の没後三周年が近づくにつれ、朝鮮全土で一連の不思議な現象がおこった(…)。金川《クムチョン》郡では曇っていた空が突然明るくなり、赤い雲の群れが三つピョンヤンをめざして行った……。七月四日の二〇時一〇分頃、朝から降り始めていた雨が止み、二重の虹が首領の像の上にかかり(…)、ついで、像の上空には燦然たる星が光り輝いた」など。(1)

厳格な階級制度

社会主義を名乗るこの国家では、住民は単に指導され、統制されているだけではない。彼らは、社会的・地理的出身(南の家族出身か、それとも北のか?)、政治的前歴、体制への忠誠度の最近の評価などにかんする基準に応じてカード化されてもいる。全体を細分する「手の込んだ」分類法は、このようにして五〇年代に確立された。官僚主義も手伝って、五一ものカテゴリーが設けられ、以後はこのカテゴリーが、市民の物質的・社会的・政治的将来を大きく決定することになったわけである。しかし、たぶんあまりに複雑で処理困難だったためか、このシステムは八〇年代に単純化され、五一の社会カテゴリーから三つの「階級」へと整理された。たしかにこの「カードシステム」は依然として複雑である。

なぜなら、この三「階級」に加えて、秘密警察はとくに、どれか一つの階級に含まれるいくつかの「カテゴリー」を、なかでも居住者か、訪問者かにかかわらず、外国からやって来た人々のカテゴリーを監視しているからである。

三つの階級とは、社会の「中核」である「核心」層、「動揺」層、そして北朝鮮の人口の約四分の一にあたる「敵対」層である。北朝鮮の共産主義制度はこうした区別によって一種の隔離政策《アパルトヘイト》を正当化している。「出身のよい」、たとえば元抗日ゲリラ戦士をかかえる家族の出である青年は、「出身の悪い」、たとえば南の家族の出身である娘とは結婚できないであろう。八〇年代にザイールで北朝鮮大使館の一等書記官をつとめた元外交官の高英煥《コ・ヨンファン》はこう断言した。「北朝鮮にはカースト制度よりもっと過酷な制度がある[1]」

仮に出身によるこの差別がマルクス－レーニン主義理論の観点からして何ほどか意味をもつとしても、同じ観点から生物学的差別を正当化することはなお一層困難である。とはいえ、そのような事実は厳然と存在するのだ。北朝鮮の身体障害者は厳しい追放措置の犠牲となっている。そういうわけで、彼らが首都のピョンヤンに留まることなど問題外である。近年までは、彼らは、家族のなかの健常者が会いに行けるように、近郊の特定地区に移住させられただけだった。しかし現在では、彼らは山のなかや黄海の島といった僻遠の土地に追放される。流刑の地としては二カ所が確認されており、それは中国国境から遠からぬ北部の普天《ポチョン》と義州《ウィジュ》である。身体障害者にたいするこの差別は最近ではさらに強化され、その排除政策はピョンヤン以外の大都市、南浦《ナムポ》、開城《ケソン》、清津《チョンジン》にも適用されるようになった。身体障害者と並行して、小人症患者も系統的に狩り出され、逮捕され、収容所に送られている。所内で彼らは孤立しているだけでなく、子どもをもつことも禁じられている。「小人症人種は消滅しなければならない」と金正日自身が命じたのであった[1]……。

逃亡

国境警備隊の監視にもかかわらず、わずかな数の北朝鮮人は逃亡に成功した。朝鮮戦争以来、約七〇〇人が南に逃げ込んだが、ほかに数千人が中国国境を越えたと考えられている。国外で起こっていることをまったく知らず、厳しく統制されているので、非合法に国境を越える北朝鮮人はまだきわめて少数である。一九九七年のあいだに南へ渡った脱国者は一〇〇人近くだと見積もられており、この数字は九〇年代の平均に比べても、とりわけその前の数十年の平均に比べ、はっきり増加傾向を示している。年あたりの越境件数は一九九三年以降五倍になり、さらに増える傾向にある。

一般に、非合法に越境を試みる者は、処罰の脅威から逃れようとする人々か、海外に旅行する機会のあった人々である。脱国者のあいだに、相当数の外交官ないし公務員高官が数えられるのはこのためである。一九九七年二月、党のイデオローグ、黄長燁《ファン・ジャンヨプ》は、北京の韓国大使館に亡命し、ついでソウルにたどりついた。一九九七年八月末に合衆国に入国した駐エジプト大使は、自分の政治的将来を危惧する理由があった。なぜならその前年、彼の息子が「行方不明」になっていたからだ。すでに名前をあげた在ザイール北朝鮮大使館の外交官、コ・ヨンファンも逮捕を恐れていた。彼は、チャウシェスク夫妻の裁判のテレビ放映を見ながら、不用意にも「自分の国にこのようなことが何も起きなければいいが」と漏らしてしまったからである。——指導部への信頼の不足を示す明白な証拠だった。彼は数日後、大使館に国家保衛部の係官が到着したことを知って逃亡した。彼によれば、いかなる亡命の企図でも実行前に発覚した場合、その張本人は逮捕され、収容所送りになるという。もっと悪いことに、彼がヨルダンのアンマンで確認しえたように、外交官の逃亡計画は通常、全身をギプスで固められて「無力化」され、即時ピョンヤンに送還されることで決着がつくのだ。空港では、クルマか何かの事故だと思わせておけばよいだけの話である。

逃亡の試みに失敗した普通の人々も、外交官より運がよいわけではない。ごく最近、フランスの雑誌が報告したように[1]、逃亡者はとりわけ屈辱的な拷問に遭う前に、おそらく処刑されてしまう。「大河（鴨緑江）沿いで収集された証言はすべて一致している。警察官は脱走者を捕まえると、生意気にも母国を捨てた民族の裏切り者の頬や鼻に針金をさしこむのだ。戻るやいなや、彼らは処刑され、その家族は労働収容所に送られる」

国外での活動

いっさいの逃亡の試みを乱暴に阻止するだけでは満足せず、北朝鮮指導部は体制の敵を攻撃するため、工作員を海外に送っている。たとえば、一九九六年九月にはウラジオストクに駐在する韓国の文化アタッシェが暗殺された。日本もまた、北朝鮮が約二〇人の日本人女性を拉致したとの嫌疑をかけている。彼女らはその後、スパイやテロリストの養成のため働くよう強制されている。日本と北朝鮮のあいだにはもう一つ係争中の問題があるが、それは、一九五九年以降、朝鮮人の夫とともに北朝鮮に移り住んだ数百の日本人女性の件である。当時の北朝鮮政府の約束にもかかわらず、彼女らの誰一人として、たとえ一時的であっても、生まれ故郷を再訪問できた者はいない〔厚生労働省のホームページによれば、一九九七年に一五名、九八年に一二名、二〇〇〇年に一六名が再訪問を果たしている〕。収容所を経験した数少ない脱国者の証言から、これらの女性の相当数が拘留されていること、彼女らの死亡率は非常に高いことが知られている。七〇年代終わりにヨドク地帯《ゾーン》の収容所に入れられた一四人の日本女性のうち、十五年後にもなお生きていたのは二人だけであった。北朝鮮政府は日本からの食糧援助と交換に出国させると約束することで、これらの女性を利用しているのだ。北朝鮮指導部の目からすると、一人の日本女性の解放が何キロの米の値打ちがあるかは、どの通信社の至急報も語っていない。国際機関、なかでもアムネスティ・インターナショナルと国際人権協会はこのケースを憂慮している。

韓国人漁師の拉致も行われている。一九五五年から一九九五年にかけても紛争事件は後を絶たなかった。韓国政府は四〇〇人を超える漁師が相変わらず行方不明になっていると主張している。一九六九年にハイジャックされた飛行機の、いまだに韓国政府に送還されていない一部の旅客と乗員、一九七九年四月にノルウェーで拉致された韓国の外交官、中国で拉致され、一九九五年七月に北朝鮮に連行された牧師の安承運《アン・スンウン》師――これらもまた、外国領内における北朝鮮の暴力行為の犠牲となった韓国市民にほかならない。

飢饉と欠乏

最近になって、北朝鮮の体制を非難すべき深刻な理由がもう一つ明らかになってきた。北朝鮮住民の食糧事情である。これはずっと前からかんばしくはなかったが、ここ数年でさらに悪化し、北朝鮮当局は、その神聖不可侵の自給自足原理にもかかわらず、つい先頃国際協力への呼びかけを発するまでになった。一九九六年の穀物収穫高は三七〇万トンで、これは九〇年代初めの生産高より三〇〇万トンも減っている。一九九七年の収穫高もきっとほとんどこれと変わりあるまい。北朝鮮は、とくに国連の世界食糧計画や、それだけでなく合衆国、ヨーロッパ共同体にたいしても、様々な自然災害（一九九四年と一九九五年の洪水、一九九七年の旱魃と津波）を引き合いに出して援助を要請している。この食糧不足の原因は、実際には、計画化と集中化という、すべての社会主義農業に固有の構造的欠陥と結びついたものである。党のトップの命令で、多くの丘を覆う森林をまるごと伐採したり、必ずしも有能といえぬ集団に大急ぎで段々畑を作らせたりというような由々しい政策の誤りもまた、洪水による被害を増大させた原因であった。そのうえ、ソビエト共産主義の崩壊と、中国に起こりつつある新たな流れとにより、この両国から北朝鮮への援助は激減するにいたった。最後に、そのロシアと中国も、今では国際市場の法則にしたがって交易することを求めている。したがって、大変な苦労を重ねて農業機械や肥料や燃料を入手している北朝鮮政府の上に、強い外貨の不足が重くのしかかることになったのである。

しかし、その食糧事情の深刻さはいったいどの程度のものなのだろうか？ たとえばワールド・ヴィジョン――犠牲者が二〇〇万にのぼる可能性について語っている――や、ドイツ赤十字――こちらは、月に一万人の児童の死について語っている(1)――のような人道組織の最悪に近い断定にもかかわらず、われわれはその答えを知らないのである。深刻な困難を物語る明瞭な情報も多々存在する。たしかに、国連の専門家の報告は、中国との国境地帯の住民のあいだに流れる噂を事実として確認している。つまり、欠乏は正真正銘存在するし、いくつかの場所では飢饉の域に達しているのだ。しかし、もし援助活動が進展しないと、近い将来まちがいなく生ずるという「数百万人の死者」について迷わず語る善意の人士の旅行を利用したり、虚弱児童の写真や、食料として雑草を料理するよう住民に勧めるテレビ放送のビデオテープを海外で流布させたりする北朝鮮のやり口を見ると、これらは、食糧事情の悪さを訴えるよりはむしろ、いずれにせよほとんど明るい点がない北朝鮮社会の姿を一層暗黒に見せようとする非常に組織的・陰謀的な企てを示しているのではないかと考えたくなる。下院議長だったエリオ〔フランスの政治家。一八七二―一九五七〕は、一九三三年に飢饉のさなかにあるウクライナを訪れたとき、実情を見ないまま、この国はうまくいっていると語ったが、今日なら逆に、同じエリオに、北朝鮮は恐るべき飢饉に直面しているのだから、援助をちょっとでも中止すれば、朝鮮半島の安定と極東の平和にとって危険で分別に欠ける行動を引き起こしかねないと言わせるつもりなのだろうか。そのあいだにも、北朝鮮の巨大な軍隊は、十分に栄養をとり、ますます精度の高いミサイルを製造しているのだ。

この食糧不足の犠牲者にかんし、われわれには、数値化されたデータは事実上まったくない。入手できるのは、北朝鮮自身によって発表された、栄養失調の兆候を示す児童が無視できないパーセンテージに達しているという情報だけである。たとえば世界食糧計画の栄養学者は、北朝鮮の政府が単独で選んだ四二〇〇人の児童をサンプルとした調査を実施することができた。すると、一七%が栄養失調で苦しんでいるという結果が出た(1)。この結果は、国内に全般的な欠乏状態が存在することと、局地的あるいは地域的な飢餓地帯が存在する可能性が非常に高いこととを確証しようとするものだ。

しかしながら、北朝鮮体制の政治的選択ときわめて深い関連をもつこの欠乏、この飢饉は、何百万トンとなく穀類を引き渡している「帝国主義」世界の努力のおかげで、かろうじて抑止され限定化されているのだ。というのも、ただ共産主義体制の政策にだけ任せておけば、北朝鮮の住民は、深刻な結果をともなう本物の飢饉に見舞われているだろうからである。犠牲者の数となって表れる欠乏の影響はきわめて現実的なものではあるが、同時にそれはとりわけ間接的であり、特に、肉体の虚弱化により、病気への抵抗力がなくなる傾向の増大となって表れることを明記しておかなければならない。

結論として、食糧不足による直接、間接の犠牲者は数十万人に達するということができる。ただし、一九二一年七月にブルジョワ世界の善意の援助を呼びかけるため「飢えた民衆への支援委員会」を組織したソ連にならい、あらゆる手段で状況を「暗黒に彩ろ」うとする北朝鮮政府の努力があることに留意しなければなるまい。

最終的な明細書

共産主義の不幸というものは、ほかのどの場所よりも北朝鮮において、数字に置き換えて表現することが難しい。不十分な統計データ、現場での調査が不可能なこと、公文書が入手できないことがその理由である。また鎖国状況に起因する理由もある。あれほど馬鹿馬鹿しいと同時に、常につづけられるプロパガンダの洪水をどのように計数化することができるだろうか？　自由（結社の、表現の、移動などの）の不在をどのように数値化することができるだろうか？　祖父が有罪判決を受けたというだけの理由で、収容所に入れられた子どもの、また、拘禁されたばかりに、むごい条件下で堕胎をさせられた女性の、台無しになった人生をどのように計測することができるだろうか？　食料、暖房、快適でエレガントな衣服などがないという強迫観念にとりつかれた生活のレベルを、どのように統計で表すことができるだろうか？　もちろん不完全ではあるが南の民主主義と、北朝鮮の組織的な悪夢とのどちらにも軍配をあげないためには、今述べてきた北のすべてと並べてみたとき、ウルトラ・リベラリズムを軽蔑する者たちが依拠する韓国社会の「アメリカ化」はどれほどの重みをもつのだろうか？

北朝鮮の共産主義は、クメール・ルージュの共産主義がそうだったように、共産主義のカリカチュアであると反論されるかもしれない。あるいは、古きスターリン主義の例外であるとも。なるほどそうかもしれないが、共産主義のこの博物館、アジアのこのマダム・タッソー蠟人形館は展示物でなく、今なおお生きて呼吸している現実存在なのだ……。

以上の留保をつけた上で、労働党内部の粛清の死者一〇万人に、強制収容所への拘禁を理由とする死者一五〇万人と、共産主義者が望み、組織し、開始した戦争に由来する死者一三〇万人を加えることができる。まだ終わっていないこの戦争は、局地的ではあるが多くの死者を出す作戦（すなわち、南にたいする北朝鮮決死隊《コマンド》の攻撃、テロ行為など）によって、犠牲者の合計数を定期的に増加させてきた。

右の貸借対照表に、栄養失調による直接の、とりわけ間接の犠牲者を加えなければならないだろう。この部分こそ、今日最もデータが不足している点なのである。しかも、この部分こそ、状況が深刻になれば、犠牲者の数字がごく近い将来、劇的に増大する可能性のある点でもあるのだ。一九五三年以降、肉体が虚弱になり病気にかかりやすくなった間接的な結果として、あるいは食糧不足の直接の結果（もちろん検証不可能ではあるけれども、人肉食の噂が現に飛んでいる！）として、失われた生命を五〇万という数字の範囲にとどめるとしても、約五十年間共産主義体制下にあった人口二三〇〇万人のこの国は、三〇〇万人を超える犠牲者を生み出したという総括的結論にたどりつくのである。

II ベトナム——戦時共産主義の袋小路

ジャン＝ルイ・マルゴラン

「われわれは刑務所を学校に変えようとしている！」

ベトナム共産党総書記、レ・ズアン(1)

フランス植民地主義の悪業やアメリカ帝国主義の悪業、その他もろもろの悪業にたいする闘争に身を投じ、客観的にはベトナム共産党（ＰＣＶ）と同じ陣営に身を置いたことのある多くの西洋人にとって、ベトナム共産主義の悪業を認めるのは今日でもなおむずかしいことであろう。そのような反植民地主義・反帝国主義の共同実践から、ベトナム共産党が人民の熱望を表現した存在であり、博愛・平等の社会の建設をめざしていると考えるにいたるまでには、ほんの一歩の距離しかなかったからである。党の創立者であり、一九六九年まで指導者でもあったホー・チ・ミンの親しみのもてる風采、戦士たちの並はずれたねばり強さ、そして、平和主義的で民主主義的な対外宣伝の巧みさが簡単にその一歩を踏み切らせたものだ。金日成《キム・イルソン》とその鉄筋コンクリートづくりの体制に共感をいだくのが難しかったのとちょうど同じ程度に、サイゴンのグエン・ヴァン・チュー政権（一九六五―一九七五）の腐敗より、ハノイの赤い高官たちのにこやかな耐乏生活を選ぶほうがたやすいように思われたのだろう。ベトナム共産党はスターリン主義政党ではないと人々は信じたのだ。まず、そして何にもまして民族主義的だったベトナム共産党は、ただただ中国とソ連の援助を得るためにのみ共産主義のレッテルを利用していたと考えられたのであろう。ベトナム人共産主義者が発揮した愛国主義の誠実さに疑問をさしはさむことは論外である。彼らは半世紀ものあいだ、フランス、日本、アメリカ、そして中国を相手に、比類ない毅然さをもって戦ったからだ。たしかに「裏切り」あるいは「対敵協力」という弾劾は、ベトナムでは、中国における「反革命」という弾劾としばしば同じ役割を演じた。しかしながら、どこにおいても、共産主義は、ナショナリズムあるいは外国人嫌いと両立できない存在ではなかった。アジアでは、他の場所よりなお一層そういえる。ところで、好感のもてるベトナム人の民族的一体性の陰に隠されていたとはいえ、少しでも現実を直視しさえすれば、その原型《プロトタイプ》にきわめて忠実なスターリン主義的毛沢東主義がすぐに探しあてられるはずであった。

まだ若かったインドシナ共産党（ＰＣＩ）(1)は出発に際して少なからずつまずきを犯した。

一九三〇年に創立されるとすぐに党は、センセーショナルな公判の形で、何人かのサイゴンの活動家のひどい悪習の結果に直面しなければならなかった。すでに一九二八年から運動に参加していたその連中は、秘密結社や民族主義的テロリズムの伝統に影響されて、彼らの同志の一人を然るべく査問したうえ処刑し、ついで、その遺体を焼いたのだった。だが、この場合の被害者の罪とは女性活動家を誘惑したことだけだった。(1) 一九三一年にインドシナ共産党は、性急にもゲティン省で農村「ソビエト」の創設に乗り出し（中国の江西省をモデルにしてだが、ベトナムは中国のような広大な面積をもっているわけではなかった……）、すぐさま地主を何百人となく抹殺しようと企てた。住民の一部が逃亡したため、かえって植民地軍部隊がすぐ大挙して戻ってくる結果を招いた。

ベトナム独立同盟、すなわちベトミンという「統一戦線」の陰に隠れたインドシナ共産党が、一九四五年春、ついに大規模な武装闘争に踏み切ったとき、装備のよりよい日本占領軍にたいしてより、「裏切り者」や「反動分子」（そのなかには役人全体が含まれさえした）にたいし攻撃の矢を向けた。党の責任者の一人は「運動の発展を促進する」(2) ために暗殺キャンペーンを提案した。地主や農村の有力者もまた格好の標的だった。彼らを断罪し、その財産を没収するために、「人民裁判所」が設置された。(3) せいぜい五〇〇〇人の党員しかいない弱小なインドシナ共産党にとっての政治的な敵にたいしても、テロルは向けられた。できるだけ早く空隙をつくりだし、それに代わって自分だけが民族運動の頂点に立たなければならないというわけだった。日本軍と同盟関係にある民族主義的な政党、ダイベトは乱暴な迫害をこうむった。ソンタイのベトミンはハノイに、「裏切り者」を大量に拷問するため、発電機と専門家を送るよう要請した(1)。

日本の降伏(一九四五年八月十五日)により、ホー・チ・ミンを思いがけず権力の座に導いた八月革命が起こると、インドシナ共産党は新しい国家の中心的な要素になった。党は、連合軍部隊(南にフランスとイギリス軍、北に中国軍)が到着するまでの数週間を利用し、競争相手を抹殺しようと熱情を傾けた。右翼の大知識人兼政治家だったファム・クインと同様に、穏健な立憲主義者(象徴的存在だったブイ・クアン・チェウ)も、政治・宗教的セクトのホアハオ(教派の創立者であるとともに、彼自身暗殺に金を出していたフイン・フー・ソーを含む)も、党のこの競争者排除の動きから忘れられることはなかった。

しかし、文字通り絶滅の対象となったのは、数は少ないとはいえ、サイゴン地域で依然として活発に動いていたトロツキストたちだった。彼らの主な指導者タ・トゥー・タウは、粛清の嵐がとりわけ荒れ狂ったクアンガイ省で九月に逮捕され殺された(2)。サイゴンの共産党指導者で、モスクワ帰りのチャン・ヴァン・ザウは、後にこれらの暗殺についていかなる責任もなかったとみずからを弁護することになるのだが、にもかかわらず当時はこれらの暗殺を支持していたのだった。九月二日に彼はこう宣言している。「若干数の祖国への裏切り者が、敵に奉仕するためその隊列の強化をはかりつつある(…)ベトナム民主共和国（RDV）のなかに混乱をつくりだし、敵にわが国を侵略する機会を与えようとする徒党を罰しなければならない」(1)。八月二十九日付のハノイのベトミン新聞の記事は、街区ごと村ごとに、「裏切り者一掃委員会」(2)を創設するよう呼びかけた。数十人、おそらく数百人にのぼるトロツキストが追及され、撃ち倒された。十月に仏英軍の攻撃からサイゴンを守る戦いに参加していた他のトロツキストは、弾薬と補給を絶たれ、そのほとんどが殺されるにいたった(3)。

八月二十五日以降、ソビエトをモデルにした国家公安局がサイゴンで組織され、空になったばかりの刑務所が再びいっぱいになった。ベトミンは「突撃暗殺委員会」を配下に入れ、街路を行進させた。いかがわしい犯罪者仲間から多くのメンバーを徴募したこの委員会は、九月二十五日の反フランス人暴動の先頭に立ち、彼らが去った後には数十人の犠牲者の死体が、しばしば四肢を切断された姿で残されていた(4)。フランス人と結婚したベトナム人の妻たちは、「偽ベトミン」の仕業とはされたが、時には計画的に撃ち殺された。八月と九月のあいだだけで、ベトミンの手に帰せられる暗殺事件は千単位、監禁事件は万単位で数えられたものだ。それを発議したのは多くは地方レベルだったにしても、中央機関が後押ししていたことは疑いを容れない。この時もっと「敵」を消しておくべきだったと、インドシナ共産党は後になって公式に遺憾の意を表したほどだ(5)。

北部は、一九四六年十二月のインドシナ戦争勃発までインドシナ共産党が支配していた唯一の部分だったが、ここでは当時すでに拘留収容所も政治警察も確立しており、ベトナム民主共和国は事実上の単独政党下にあったといえよう。たとえばベトナム国民党（VNQDD＝一九二七年に創立されたベトナムの民族的政党）の急進的なナショナリストは、ベトミンとのあいだで暗殺行為をまじえた熾烈な闘争を展開していたが、七月以降は物理的に抹殺されてしまった。とはいえこの党も、とくに一九三〇年にイエンバイの暴動を組織した後は、植民地権力によって、インドシナ共産党と同じくらい過酷に弾圧されていたのであるが。

共産党の抑圧的暴力はこの後長期間にわたり、フランスにたいする武装抵抗の形をとって新たに発揮されることになる。フランス遠征軍兵士が入れられた捕虜収容所に注意を向けた証言はきわめて多い(1)。収容所では大勢の捕虜が苦しみ、大勢の捕虜が死んでいった。ジュネーヴ協定（一九五四年七月）によって釈放された時には、二万人の捕虜のうち、わずかに九〇〇〇人が生き残っていただけだった(2)。ベトミンの要員の手で医薬品による保護や衛生状態をうばわれ、しばしば意図的に食料不足の状態におかれたままの捕虜たちを、インドシナ山岳地帯の恐るべき風土病が死に追いやったのである。

暴行や、時には本物の拷問も行われたが、それでもフランス軍兵士には役に立つところがあった。「戦争犯罪人」と見なされていた彼らを悔い改めさせ、ついで、彼らの看守の価値観に共鳴させる、という必要があったからだ。その目標は、プロパガンダ目的で、彼らにみずからの陣営にたいし寝返らせることにあったのである。この中国流の「再教育」（一九五〇年以降、毛沢東が送った顧問が流れ込んでいた）は、プロパガンダ用の集会の場へ「生徒たち」に積極的参加を求め、捕虜を「反動派」と「進歩派」に意図的に分断し、さらには様々な約束（釈放の約束まで含め）をふりまいて行われたために、捕虜が肉体的・精神的に消耗していたことによるとはいえ、いくつかのめざましい成功を収めたものだ。これにはまた、後のベトナム民主共和国における現地人の捕虜ほど、フランス人捕虜がひどい扱いを受けなかったという理由もある。

解放区で農地改革が開始されたのは、一九五三年十二月、勝利が目前に迫ったように思われた時のことだった。一九五四年末までに、改革はジュネーヴ協定でベトナム民主共和国に与えられた北緯一七度線以北に位置する領土全体に広がっていた。その改革の目標もリズムも、一九四六―一九五二年の中国の土地改革（前出）と同じだった。すなわち、党――一九五一年に正式に再び姿を現した――と貧・中農との絆の再強化、国家管理の拡大による経済発展の準備、共産主義にたいし潜在的抵抗を示す拠点地域の一掃などが試みられた。そうはいっても、農村部の伝統的エリートは熱狂的な民族意識から、中国におけるよりはるかに広汎な規模でベトミンを支持していた。しかし、残酷で、ことさら多くの犠牲者を出すベトミンの方法もまた、北の巨大な隣人のもとで練りあげられた方法と同一だった。村ごとに、活動家が――しばしば困難をともなって――貧農・中農に分類された農民を「あおり立て」（時には演劇集団の助けも借りて）、ついで、たいていの場合恣意的に選ばれた贖罪を行うべき犠牲者にたいし「苦い裁判」が開かれたものだ（その選択にあたっては、住民の四％から五％という割り当て比率を守らなければならなかった——毛沢東主義の場合、その比率は常に変わることなく五％だった）[1]。そして、犠牲者に選ばれた人々の死、あるいは少なくとも投獄と財産の没収とがこれにつづいた。

汚名は中国におけると同じように、家族全体にまで及んだ。その際当人たちの政治的「功績」が考慮されなかった事実は、当時のベトナム共産党を突き動かしていた社会の容赦なき教条主義を示すとともに、またその社会を全体主義的に分割支配しようとする意志をも示すものだった。地主で金持ちの商人だが、初期からの二人のベトミン兵士の母であって、彼女自身「革命の恩人」という肩書をもらってもよかったある女性は、このようにして二度も「闘争」の対象になったが、農民の反応は煮え切らないままだった。そこで、「中国で実地訓練をつんだグループが現場に派遣され、集会参加者の態度を一変させるのに成功した。（…）今や人々は、マダム・ロンが一九四五年以前に三人の分益小作農を殺したこと、フランス人居留者と寝たこと、フランス軍にへつらい、そのためにスパイをしたことを告発したのだ。拘禁のため消耗しきった彼女は、とうとうすべてを自白し、死刑を宣告された。中国にいた彼女の息子は、ベトナムに連れ戻され、階級を奪われ、勲章を剝ぎ取られ、二十年の拘禁刑を宣告された」[2]。北京におけると同様に、告発された以上、その人間は有罪なわけで、党が誤りを犯すことはありえないのだった。だから、党が期待している役割を堅持することが悪としては最も小さいことになる。「結局のところ、何も悪いことをせず何も言わないよりは、父と母を殺して、それを自白するほうがましだったのである(1)」

めくるめくまでにすさまじく、暴力が荒れ狂った。敵――階級敵であれ、外部の敵であれ――にたいする憎しみのテーマが、オーケストラでのように、絶えず強く連打された。後にヘンリー・キッシンジャーとともにノーベル平和賞を受賞したレー・ドゥク・トによれば、「もしも農民に武器をとる気を起こさせたければ、まず初めに彼らの心中に敵にたいする憎悪の火を燃えたたせなければならない(2)」のだった。一九五六年一月に共産党の公式機関紙『ニャンザン』(人民)はこう書いた。「地主階級は抹殺されないかぎり、決しておとなしく手をつかねていることはないだろう(3)」。国境の北でと同じように、スローガンは次のようだった。「ただ一人の敵を生き延びさせるよりは、むしろ無実の者を十人殺したほうがました(4)」。拷問はごく普通に実行され、一九五四年末にはホー・チ・ミンがその事態に不安をおぼえて次のように言ったほどだ。「幹部のなかには今もなお(ママ)拷問を使うという間違いを犯した者がいる。これは大衆を抑圧し、革命を抑圧するために帝国主義者、資本家、封建支配者が使う野蛮な方法ではないか(…)現段階のあいだは(再びママ)拷問に訴えることを厳禁する(5)」

明白な中国モデルとくらべてベトナムに独自性があったのは、農地改革という社会の「整風運動」に付属して、党の「整風運動」（中国ではもっと遅かった）が行われたことである。特権階層出身のメンバーが党内で大きな重みを占めていたことから、おそらくこの同時性は説明されるだろう。ここでもまた、中国の国民党と同一視された政党、ベトナム国民党から浸透してきた分子が五％はいるとされた。江西省での粛清の遠い記憶（前出）がよみがえったのだろうか、幻の「反革命的AB（＝アンチ・ボリシェヴィキ）分子」狩りが始まった。はなはだしい妄想のあまり、いっさいの限界が打ち砕かれ、いかなることも可能になった。インドシナ戦争の英雄たちは暗殺されるか、収容所送りになった。彼らの受けた心的外傷《トラウマ》には深いものがあり、ベトナム共産主義者の用語法のなかでは、（チンファン（中国語の整風を起源とするが、ベトナム語では「整訓」という）が年の初めに猛威をふるった）「一九五六年」という年は、今日でもなお恐怖の絶頂期を想起させるものとなっている。たとえば、「共産党の書記の一人が処刑隊の銃弾を受け、〝インドシナ共産党万歳！〟と叫びながら倒れた、という話が残っている。いうまでもないことながら、自分の身に何が起こっているのか理解できなかった彼は、ファシストに撃ち倒されたと確信して死んでいったのだ[1]」。

死者の総数を数字として明示することは難しいが、いずれにせよ壊滅的なレベルのものだった。おそらく五万人前後が農村で（戦闘とはいっさい無関係に）処刑されたが、これは全人口のおよそ〇・三％から〇・四％にあたった（中国の土地改革についてとりあげられる犠牲者の平均率にかなり近い）[1]。投獄された者は五万人から一〇万人にのぼるであろうし、党の農村細胞で粛清された者は八六％を数え、反仏レジスタンスの幹部のあいだでは、時には九五％までが除名の対象となった。一九五六年七月に「間違い」を認めた粛清の責任者によると、「（整風運動の）指導部は党組織について一方的に偏向した判断をくだすにいたった。指導部の考えでは、新たに解放された地域の農村細胞をはじめとして、農村細胞はすべて例外なしに、敵の手中にあるか、敵に浸透されていた、地区や省の指導組織もまた地主階級や反革命分子の支配下にあった」[2]。ここには、クメール・ルージュがのちに行う「新しい人民」への包括的な死刑判決（後述）がすでに先取りされていたといえよう。

もっと早い一九五一年に、抑圧的という以上にイデオロギー的な整風運動をその戦列内で最初に組織したのは軍隊だった[3]。一九五二年から一九五六年にかけ、軍隊内の整風運動はほとんど恒常的に行われていたといえよう。緊張はいくつかの「研修会《セミナー》」では極度に高かったので、兵士から剃刀やナイフを取りあげ、自殺を予防しようとして、夜も灯りをつけっ放しにしておかなければならないほどだった[4]。とはいえ、粛清が終わりを告げたのも軍隊からだった。あまりに過酷な迫害に耐えられなくなった幹部要員たちがますます脱走と南ベトナムへの逃亡という手段に訴え始めたのに手を焼き[5]、国の再統一こそが軍隊の本来の任務であるはずなのに、隊内で弱体化が進行することを軍自体が恐れたからである。

中国にくらべ軍事的必要の度合いがより高かったために、かえって軍はしばしば一種の現実主義をとらざるをえず、また、国土の面積が狭いことから、若干の不満分子が脱走することも容易であった。これらすべての条件は、恣意的な暴力をある程度和らげる方向に働いたといえよう。北のカトリック教徒（一五〇万人。全人口の一〇％にあたった）の運命もまた、同じことを証明している。いきなり迫害を受けたけれども、強い組織力をもった彼らは、最後のフランス軍部隊の保護のもと、大量出国という逃げ道を利用することができた。少なくとも六〇万人が南にたどり着いたのであった。

ソ連共産党第二十回大会（二月）の影響もまた感じられ始め、ベトナムは一九五六年四月からおずおずとだが、「百花斉放」を経験することになった。九月には、知識人の自由への渇望を象徴する雑誌『ニャンヴァン』（人文＝ヒューマニズム）が発刊された。作家たちは大胆にも、次の詩の作者である公式検閲官、トー・フウの散文をからかったものである。

プロレタリアートの灯台、
ホー・チ・ミン万歳！
その木陰で平和を守る
永遠の大木！

スターリン万歳！
殺せ、もっと殺せ、一分も手を休めることのないように、
田と土地が米を豊かに生み出すように、
税金が早く徴収できるように。
党が生きつづけるように、一つ心でともに進もう。
毛主席を称えよう、
スターリンに永遠の崇拝を捧げよう。(1)

その結果は知識人の不幸に終わった。一九五六年十二月以降、批判的な文芸雑誌は禁止され、中国における胡風と創造の自由にたいし加えられたのと類似したキャンペーン（前出）が、ホー・チ・ミン個人の支持を得て少しずつ広がっていった。(2) 党員か党に近く、しばしば元ゲリラ戦士でもあるハノイの知識人を服従させようというのがその目的だった。一九五八年初頭、四七六人の「イデオロギー戦線の破壊工作者」が自己批判を強いられ、労働収容所、すなわち中国の労教のベトナム版に送られた。(3) つまり、中華人民共和国におけると同様、フルシチョフ的な誘惑はすぐにしりぞけられ、全体主義的な締め付けが進行したのであった。

北の隣人の悪習とくらべた場合、この社会的締め付けを維持すると同時に、制限するこ

とにもなったのは、合衆国に支持されたゴー・ディン・ジエム政権の残忍な反共弾圧にたいし、一九五七年から再び燃えあがっていた南での戦争であった。ベトナム共産党は一九五九年五月にひそかに戦争の全面化を決めており、北ベトナム住民に莫大な努力を払わせて、武器と兵員の派遣により徹底的に戦争を支援していた。

しかしそれにもかかわらず、一九五八年十月のホー・チ・ミン自身が書いた一連の熱狂的な記事につづいて、一九五九年二月には、農業分野で一種の「大躍進」が発動されたのだった。(1) 巨大な灌漑工事現場と深刻な旱魃とが同時に出現したために、北方の中国におけると同様、生産高が落ち込み、大飢饉が発生したが、その犠牲者の数は今もって確定されていない。(2) また、一方での戦争努力にもかかわらず、一九六三年から一九六五年にかけ、ついで一九六七年に、数百人の「親ソビエト派」党幹部の粛清が行われた。そのなかには「ホーおじさん」の元個人秘書も含まれていた。当時ベトナム共産党は、中国共産党と「反修正主義」を共有していたのだ。粛清された者のなかには、裁判もなしに十年も収容所で過ごした者もいた。(3)

合衆国軍撤退の合図となったパリ協定（一九七三年一月）によってやっと終わりを告げたというべきか、あるいはむしろ南ベトナム政権の崩壊（一九七五年四月三十日）によって終わりを告げたといったほうがよいかもしれぬ「アメリカの戦争」は、多くの人が恐れていた「血の海」のような大虐殺をともなうものではなかった。代わりに「血の海」は隣国のカンボジアを襲ったのである。しかし、共産軍に囚われていたベトナム人捕虜は――自軍の陣列内の「裏切り者」も含めて――身の毛もよだつような虐待を受け、しばしば移動の最中に抹殺された。[1] また、「解放闘争」であるのと少なくとも同程度に「内戦」でもあったあの戦争が、どちらの側においても、大量の残虐行為と暴虐行為――どちらか一方の陣営を支持する「反抗的な」民間人にたいする行為も含めて――をともなったことは確かだ。しかしながら、それを数字をあげて示すことも、どちら側がテロリスト的方法を用いる上で相手を凌駕していたかを知ることもきわめて難しい。

共産主義者は少なくとも一度は大規模な虐殺行為を犯した。テト攻勢（一九六八年二月）の枠内で、「ベトコン」[2] が旧帝国の首都、フエを支配した数週間のうちに、彼らは少なくとも三〇〇〇人（アメリカ軍がふるった最悪の暴虐行為の場合よりもずっと多く）を虐殺したのだった。なかにはベトナム人司祭や、フランス人修道士、ドイツ人医師、大物小物を問わず、隠れ家から捜し出されたすべての役人が含まれていた。生き埋めにされた者もあれば、「学習会」に招集されたまま、二度と戻ることのなかった者もいた。[3] 後のクメール・ルージュの政策をみごとに予告しているにしても、実行者が決して認めようとしないこれらの犯罪を理解することは困難だ。もし共産主義者がもっと早く一九六八年にサイゴンを占領したとしたら、彼らはそこでも同様の行為をとったであろうか。

いずれにせよ、一九七五年には彼らはそういう振る舞いはしなかった。ほんの数週間の短いあいだ、一〇〇万人を超えるサイゴン政権の旧役人や軍人は、あれほど誇らしげに語られていた「ホー・チ・ミン大統領の寛大な政策」が無意味な言葉であるはずがないとまで信じていた。だからこそ彼らは、新当局のもとに登録することを少しも恐れなかったのである。やがて六月初めになり、彼らは再教育のために召喚された。ただの兵士は「三日間」、士官や高級官僚は「ひと月」の予定だった。(1) しかし実際には、三日間は三年に、ひと月は七、八年に相当した。最後まで生き延びた「被再教育者」が戻ってきたのは、実に一九八六年になってからのことである。(2) 当時の首相、ファム・ヴァン・ドンは一九八〇年に、南で二〇万人が再教育を受けたことを認めている。確実な数字は、五〇万人と一〇〇万人のあいだに位置するだろう（約二〇〇〇万の人口のうち）が、そのなかにはきわめて多数の学生、知識人、宗教家（特に仏教徒、時にはカトリック）、そして南ベトナム解放民族戦線に共感していた多くの政治活動家（共産主義者を含む）が数えられたのである。

すでにこの頃には、南ベトナム解放民族戦線は、北出身の共産主義者の独占支配のための単なる衝立組織に堕していることが明らかだった。北の共産主義者は、南の独自性を尊重するというすべての約束をほとんど瞬時に破っていたからである。一九五四―一九五六年におけるように、昨日までの同伴者や同志は、今日の「整風運動の対象者」になった。特別な機構に何年間も拘禁された囚人に、正確な数字は不明だが相当数の、数週間だけ職場や教育の場に閉じ込められた「軽い」被再教育者を加えなければなるまい。南ベトナム

政権の最悪の時期には、二〇万人が拘禁されていると左翼反対派が告発していたことも記しておくべきだろう……。(1)

拘禁の条件は一様ではなかった。都会に近い多くの収容所には有刺鉄線はなかったが、そこでの規則は耐えがたさの限度を超えて拘束的でさえあった。「難しいケース」の囚人については、これとは逆に、辺鄙で不健康な、北の高地地域へ送られた。これらの収容所のなかには、おそらくフランス人戦争捕虜用に設けられた所もあったようだ。完全に隔離され、医療は無きに等しく、生き延びられるかどうかはしばしば、家族が大金を使って送ってくれる食料小包にかかっていた。食料不足は、捜査の対象となっている者にたいする「予防監獄」としてしばしば用いられた刑務所（小石だらけの赤っぽい米が一日に二〇〇グラム）におけると同じくらいに悲劇的だった。

ドアン・ヴァン・トアイはこの世界について心に迫る描写を残している。それによると、中国の拘禁センターの数々の特徴をきわめて正確に想起させるものだが、すし詰め状態、衛生条件、時に死にいたる懲罰（特に鞭打ち刑）の激しさ、予審に時間のかかることといったら、中国よりひどかったのである。二〇人用の房に、七〇人から八〇人の被拘禁者が詰め込まれていたし、中庭に新しい獄舎を大急ぎで建築するため、散歩はいっさい禁止だった。それに比べれば植民地時代に建てられた独房は快適な隠れ家といえたろう。収容所では、熱帯気候と、風通しのないつくりによって、呼吸が苦しくなることさえあった（囚人は一日中争うようにしてたった一つしかないごく小さな開口部の前に行ったものだ〕。臭気は耐え難く、皮膚病は日常茶飯事だった。給水も厳しく管理されていた。しかし、最も耐えがたかったのは、時には何年間にもわたり、家族と何らの連絡もなしに、独房に入れられていたことだろう。拷問は隠されていたが、現に存在していたことは、処刑の場合とまったく同様明らかだった。だが、規則にほんの少しでも違反すれば懲罰房行きだ。そこではあまりに食事量が少なく、数週間先に待ち受けていたのは死だけだった[1]。

異様なというほかない「解放」のこの図につけ加えるべきものがあるとすれば、抑圧と悲惨を逃れたものの、しばしば洋上で溺れ死に、あるいは海賊に殺された。何十万にものぼるボートピープルの苦難であろう。相対的な緊張緩和《デタント》がやっと出現し始めたのは、一九八六年〔ベトナム共産党第六回大会がドイモイ＝刷新＝路線を採択した年〕になってからのことだ。その時共産党の新しい総書記、グエン・ヴァン・リンは政治犯の大部分を釈放させ、一九八八年には高地地域に残っていた最後の死の収容所を閉鎖させた。最初の刑法がついに発布されようとしていた。しかしながら、自由化政策はおずおずとして矛盾にみちており、現在の十年間は、保守派と改革派のあいだの一種不安定な均衡という特徴をもっている。逮捕は以前より的をしぼったものになり、相対的には小規模になったとはいえ、抑えがたい抑圧への衝動が働いては多くの希望をくじいてきた。多数の知識人や宗教家が迫害され、あるいは投獄された。北の農村住民の不満は暴動を引き起こしたが、それらは激しく弾圧されて終わった。

デタントの最良の機会はおそらく、時期が来れば訪れるにちがいない、私有経済のほとんど必然的な登場のなかにあるはずだ。それとともに、中国においてと同じように、ますます多くの人民が国家と党の支配から逃れていくだろう。しかしそれと並行して、党は利権屋的な堕落したマフィアに変質していく傾向があり、そのことにより、中国より今なお貧しいベトナム人民の上に、新しい形態の、もっとありふれた抑圧を加えることになるかもしれない。

ベトナムの愛国的囚人の遺言（抜粋）

われわれ、ベトナムの様々な刑務所に現に囚われている、
—労働者、農民、プロレタリア、
—愛国的な宗教者、芸術家、作家、知識人は、
なによりもまず、
—全世界のすべての進歩的運動に、
—労働者と知識人のすべての闘争運動に、
—そして、過去十年のあいだ、ベトナムにおける人権の尊重と、抑圧され、搾取されて

いるベトナム人の民主主義と自由のための闘争運動を支えてくれたすべての人々に、われわれの最も熱い感謝の意を表したい。(…)

旧体制の監獄制度(それ自体、国際社会の厳しい断罪と激しい抗議の対象であった)は、より巧妙に構想され計画化された残虐・残酷行為の制度に取って代わられた。囚人とその家族のあいだの連絡はいっさい、手紙によるものさえ、絶対に禁止されている。そういうわけで、被拘留者の家族は、彼の運命を全く知らされないため、耐えがたい苦悩の淵に沈んでいる。そしてこの屈辱的な差別措置を前にして、人質にとられている囚人が家族の知らないあいだにいつ何時殺されるかしれないという心配から、沈黙を守るほかないのだ。(…)

絶対に想像不可能な拘留条件を強調しなければならない。サイゴンの公式刑務所であるチーホア刑務所だけでも、旧体制下では八〇〇〇人近くが収容され、この事実が厳しく弾劾されていた。しかし今日、その同じ刑務所には四万人近くが詰め込まれているのだ。囚人はしばしば飢えと空気の不足と拷問のために死に、あるいは自殺する。(…)

ベトナムには二種類の刑務所がある。公式刑務所と強制収容所である。後者は密林に隠され、そこの囚人は終身強制労働の刑を宣告されている。彼らは決して裁判されることもなければ、いかなる弁護士によって弁護してもらうこともできない。(…)

もしも今日の人類が共産主義の発展ぶりを見て、とりわけ「全能のアメリカ帝国主義を破っ」たベトナム共産主義者のいわゆる「無敵ぶり」を見て、不安にかられ後ずさりしているというのが真実なら、われわれベトナムの囚人は、国際赤十字に、世界の人道組織に、善意の人々に要求する。われわれがこの苦痛とこの恥辱を止めることができるように、大至急、われわれ一人一人に青酸カリの錠剤を一錠ずつ送っていただきたい。われわれは今すぐ死にたいのだ！　我々がこの行為を実現するのを助けてほしい！　すぐに死ぬのを助けてほしい！　そうすればわれわれはあなた方に深い深い感謝の念をいだきつづけるだろう。

一九七五年八月から一九七七年十月まで、
ベトナムにて作成。(1)

III　ラオス――逃亡する住民の群れ

ジャン＝ルイ・マルゴラン

ベトナムのボートピープルの悲劇は誰もが耳にしたことがある。しかし、一九七五年に南ベトナムの後を追って共産主義国になったラオスでは、割合から言えば、ベトナムよりさらに大量に国外脱出が見られた。たしかに、タイに行くにはメコン河を渡るだけでよいし、ラオス人の大部分がこの大河の流域地帯か、その近辺で生活しているというのも本当だ。メコン河の流れが長い上に、権力の抑圧手段もかなり限定されていたので、脱出はむしろ容易だったろう。それにもかかわらず、山岳地域の重要な少数民族であるモン族の三〇％（およそ一〇万人）と、知識人、技術者と、全役人のおそらく九〇％を含む、約三〇万人（総人口の一〇％にあたる）が国を逃れたというのは大変なことであり、おそらく疑念を呼び起こす値打ちがあろう。共産主義アジアのなかで、これを上回る脱出の比率を経験したのは、おそらく朝鮮戦争時の北朝鮮だけであろう。

一九四五年以降、ラオスの運命は常に、ベトナムの運命に従属していた。右翼勢力に握られていたこの国の君主政権力を、軍事面も含めて支えたのは、フランス、ついで米国だった。これにたいし、ベトナムの共産主義者は、現地の少数の共産主義者（多くの場合、ベトナムと個人的につながりをもっていた）に支配された小さなパテト・ラオ（反仏闘争の伝統をもつ「自由ラオス戦線」が一九五六年に改称した「ラオス愛国戦線」に包含される左派勢力）を強化した。パテト・ラオは軍事的には常に完全にベトナムに依存していた。国の東部は、人口はきわめて少なかったが、ベトナム紛争が米国介入の段階になると、そのなかに直接呑み込まれることになった。ベトナム側の死命を制するホー・チ・ミン・ルートがそこを通っていたからである。当然アメリカ空軍の爆撃は止むことがなく、ＣＩＡはモン族住民の少なからぬ部分のなかに、強力な反共武装運動を組織することに成功した。全体としてそれほど激しくなく、間欠的につづいたこの紛争において、顕著な残虐行為は報告されていない。一九七五年には、共産主義者がこの国の東部にあたる四分の三の国土を支配していたけれども、その統治下にあったのは人口の三分の一にすぎなかった。残りは、約六〇万人の国内難民（ラオス人の五人に一人）を含めて、西部のメコン河の近くにいたからである。

インドシナの新たな力関係のなかで、権力の掌握は平和的に行われた。いわば、「プラハの一撃」（一九八九年のチェコのいわゆるビロード革命を指す）のアジア版だった。（中立派だった）元首相、スワンナ・プーマが、失脚した国王と縁続きのスパヌヴォン王子に代表される新政権の特別顧問（その意見は大いに傾聴された）になった。しかしながら、新しいラオス人民民主共和国はベトナムの前例を追っていくことになった。旧体制の役人のほぼ全員（約三万人）が「セミナー」に――あるいは、もっと正確にいえば再教育キャンプに――送られたのである。これらの施設は、辺鄙で不健康で、ベトナムに近い北部と東部の省にあることが多かった。被収容者は平均して五年間そこにとどまった。最も頑固な「犯罪者」（軍や警察の士官など）は、約三〇〇〇人にのぼるが、厳しい管理規則下にあるナム・グム島の収容所に閉じ込められた。旧王族も一九七七年に逮捕され、最後の王太子は拘禁中に死んだ。これらの事実はすべて、時には悲劇のもとともなった多くの国外脱出がなぜ行われたかを説明するものであろう。逃亡者は銃撃されることもあった。

しかしながら、ベトナムのモデルとくらべた場合のラオスの主要な独自性は、その大部分がモン族の数千人の戦士からなる反共産主義ゲリラが頑強に残存した点に起因している。ビエンチャン革命権力は、一九七七年前後に、直接空爆しなければならないほど、ゲリラに悩まされた。この時、「黄色い雨」が降って、化学兵器ないし細菌兵器の使用があったのではないかとしきりにいわれたけれども、事実は今日にいたるまで確認されていない。逆にたしかなのは、戦時中におけるモン族の動員を引き継ぐこのゲリラが、その後に来る大量の国外脱出の起源となったことである。一九七五年以来、モン族の民間人からなる長い列がタイへと向かっていったが、その過程で少なくとも一度、共産軍とのあいだできわめて深刻な事件が起きた。そして、これらの移動を通じて、難民が口にするのは、合計四万五〇〇〇人までの犠牲者が(殺されるか、栄養失調で死んで)出たということだ。しかしこの数字もまた確認不可能である。いずれにせよ一九九一年には、五万五〇〇〇人のラオス人が、うち四万五〇〇〇人は山岳民族(大部分はモン族)だが、最終的な受け入れ国の決定を待ちながら、依然としてタイの収容所にいたのである(なかにはフランス領ギアナに亡命先を見つけた者もある……)。

一九七九年、中国との決裂が生じた時に、また一九九〇年、ある人々が東ヨーロッパの変化に似た道を進もうという気持ちを起こした時にも、いくつもの粛清(ただし流血をともなわない)が国家と党の頂点を襲った。一九八八年の約五万人のベトナム人兵士の出国、それに次ぐ本格的な経済の自由化と、タイ国境の再開とは、緊張していたラオスの空気を緩和した。今では政治犯はほとんどいなくなり、共産党のプロパガンダも控えめになった。しかし、「百万頭の象」の国に最終的に戻ってきた難民は、わずか数千人にしかすぎない。極端に貧しく遅れたこの国が、有能で、時には豊かでもある離散《ディアスポラ》した人々との絆を結びなおすことは、国の将来に必要不可欠な課題であろう(1)。

第3章　カンボジア——目をおおうばかりの犯罪の国で

ジャン゠ルイ・マルゴラン

「われわれは党の歴史について、純粋で完全なイメージを与えるべきである。」

ポル・ポト(1)

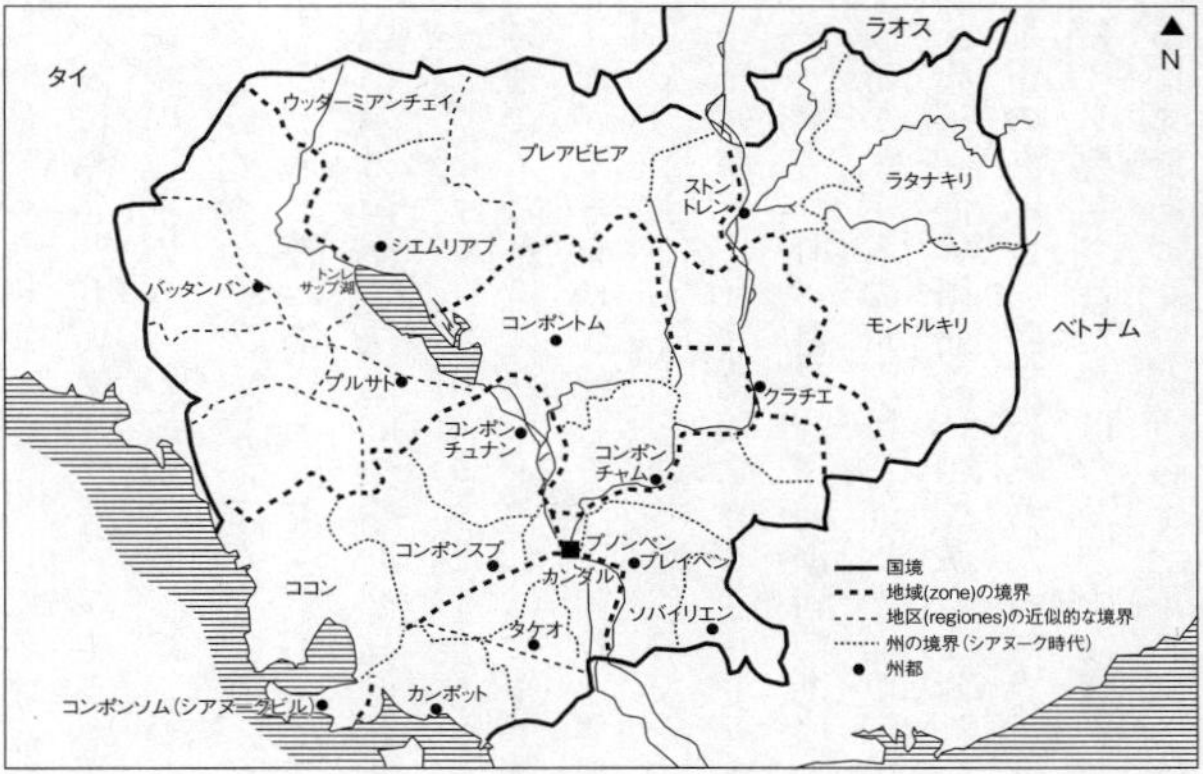

ラオス
N
タイ
ウッダーミアンチェイ
プレアビヒア
ストン
トレン
ラタナキリ
シエムリアプ
トンレ
サップ湖
バッタンバン
コンポントム
モンドルキリ
ベトナム
プルサト
クラチエ
コンポン
チュナン
コンポン
チャム
プノンペン
コンポンスプ
プレイベン
カンダル
ココン
ソバイリエン
タケオ
コンポンソム(シアヌークビル)
カンポット
国境
地域(zone)の境界
地区(regiones)の近似的な境界
州の境界(シアヌーク時代)
州都

民主カンプチア

毛沢東からポル・ポトへいたる系譜は明瞭だ。しかし、まさにこの点で、死のるつぼと呼ぶにふさわしいクメール・ルージュの革命の分析と、いわんやその理解とを困難にする幾多の逆説のうちの最初のものにぶつかるのである。ほとんど疑いの余地なく凡庸な存在でしかなかったカンボジアの暴君は、気まぐれだが教養ある北京の専制君主と並べるとき、その出来の悪いコピーにすぎなかった。結局のところ毛沢東は、地球上で最も人口の多い国に、外国から決定的な援助を受けることもなく、一つの新たな体制を打ちたてる能力をもっていた。しかもその体制の発展可能性は今なお尽きるところを知らない。他方これとは逆に、長い過渡期――これはマルクス＝レーニン主義の正統理論に組み込まれているはずだが――を飛び越して、完結した共産主義を今ただちに適用しようとしたポル・ポトの企ては、おそらくあらゆる時代のなかで最もラジカルな社会変革の企図であったにはちがいないが、これと比較するとき、毛沢東の指導した文化大革命も大躍進も、取るに足らない予習であり、乱暴な予行演習であったように見えるほどだ。

ポル・ポトの企図は、通貨の廃止、二年未満での完全な集団化の完成、所有者階層・知識階層・商人階層総体の壊滅による社会的分化の廃止、都市を一週間で消滅させて農村と都市のあいだの数世紀にわたる対立を解決することにまで及んでいた。これらを実現するのに必要とされたのはただ強固な意志だけであり、それさえあれば天国は地上に降りてくるはずであった。おそらくポル・ポトは、こうすることによって自分が、光栄ある先駆者たち――マルクス、レーニン、スターリン、毛沢東――よりもさらに高い位置まで上れるものと信じ、ちょうど、二十世紀の革命がロシア語を、ついで中国語をしゃべったように、二十一世紀の革命はクメール語をしゃべるようになるだろうと考えていたのである。

しかし、クメール・ルージュ(1)が歴史に残すであろう痕跡は何から何まで血にまみれている。この極限的経験が露わにする豊富な文献を読みさえすれば、そのことに疑問の余地はない。生存者の証言であれ、研究者の分析であれ、そこで問題にされているのは事実上抑圧だけだ。唯一提出する価値があると思われる問いは、なぜ、いかにして、このような恐ろしいことが起こりえたのか、というものだろう。たしかにこの意味で、カンボジアの(2)共産主義が他のすべての共産主義を凌駕し、またそれらと相違していることは間違いない。凌駕と相違、そのどちらを強調するかによって、カンボジア共産主義が、極端で、周辺的で、常軌を逸した一つのケースである――権力の行使期間の短さ(三年八ヵ月)もこの受け取り方に味方する――と考える者もいるだろうし、さもなければ、共産主義現象のいくつかの基本的特徴をグロテスクな形で明示してくれるカリカチュアだと考える者もいるだろう。発言や文書を公にしないクメール・ルージュの指導者についてわれわれはほとんど知るところがないし、また相次いで彼らの助言役をつとめた者――ベトナム人と中国人――の公文書が未公開であるという理由だけからしても、この論争にはまだ決着がついていないのである。

しかしながら参考資料は豊富にある。遅ればせに共産主義を打ちたてたカンボジアは、同時に少なくともラジカルな形態としての共産主義と絶縁した（一九七九年）最初の国でもあった。そして、ベトナムによる軍事占領がつづいたその後十年間、異様な「人民民主主義国」〔公式には、人民共和政〕は、そのほとんど唯一無二といってもよいイデオロギー的基礎を（前の時代のトラウマのため社会主義があまりにも信用を失い、社会主義の名を使えなくなったので）「ポル・ポト＝イエン・サリ一味のジェノサイド」[1]の断罪にのみ求めたのであった。この時期、犠牲者（一部は外国に逃れていた）は口を開くように奨励され（実際彼らは、少しでも求められれば簡単に口を開いた）、国内の研究者も、ある程度は、仕事をするように奨励されていた。

一九九二年以降、国連の保護下で複数政党制[2]が確立し、つづいて、イェール大学が推進するカンボジア・ジェノサイド・プロジェクトのために、合衆国議会が膨大な調査基金の支出に同意すると、研究をめぐる物質的条件は改善をみた。ところがそれとは逆に、カンボジア人同士の「和解」の意志は、クメール・ルージュの生き残りたちを政治の舞台に復帰させようというところまで進んでしまい、そのため、この国のエリートのあいだに憂慮すべき記憶喪失症を招く傾向が出てきている。ジェノサイドの真実を知ろうとするどころか、カンボジアではジェノサイド博物館（元の中央刑務所）の閉館や、掘り出した死体の山を埋め返すことがしきりと語られるようになったのである。

このような次第でわれわれは、一九七五年から一九七九年のあいだにカンボジア人が経験したことをおおよそは知っているのだが、もちろん数値化、地方による差異、こまかい年表づくり、カンプチア共産党（ＰＣＫ）内部での決定方式などの水準では、まだなすべきことが多く残されていることは確かだ。いずれにせよ、フランソワ・ポンショー(1)が早めに発した警告の叫びを、完全に正当化するのに十分な程度のことが今では知られている。彼の警告は、それに先立つシモン・レイスの警告と同じように、左翼の知的順応主義をあまりに強く掻き乱したために、その叫びは一時聞き入れられなかったほどだった(2)。部分的にはベトナム人共産主義者のおかげだが、徐々に真実であることが知られてくると、クメール・ルージュのテロルの「痛苦の物語」は、西側の共産主義とマルクス主義の危機において無視できない役割を演じることになった。ショアー〔ホロコーストの名で知られるナチスのユダヤ人迫害を総称し、フランスではヘブライ語を借用してこう呼ぶ〕とは何であったかを世界に知らせるため、ありとあらゆる力を結集したユダヤ人にとってと同じように、証言することは、すべての危険をものともせずに逃亡したカンボジア人にとって至高の目的であるとともに、いわば最後の手段でもあった。

いわば彼らの粘り強さこそが実を結んだのである。今こそ全人類が彼らから、たとえば一月《ひとつき》ものあいだ、飢えたまま一人でジャングルをさまよったプン・ヤッタイから、たいまつを受け継ぐべきときであろう。彼は言う。「カンボジアのジェノサイドを証言するために、われわれが受けた苦しみを述べるために、何百万人という男、老人、女、子どもの死がどのようにして冷酷にプログラム化されていたのかを語るために……、どのようにして国が根こそぎ破壊され、先史時代に投げ込まれてしまったのか、そして人々がどのように拷問されたのかを語るために……。私は、生き残った人々が絶滅の淵から逃れるのを助けてくれるよう世界に懇願するために、生きていたかったのです[1]」

恐怖のスパイラル

疑い深いナショナリズムにもかかわらず、明晰なカンボジア人は彼らの国が本質的に自分たち自身の犠牲者であることを知っている。もっといえば、悪の道に走った少数の観念論者と、悲劇的なほど無能な伝統的エリートとの犠牲者であることを、だ。しかし、これと同じような組み合わせは、アジアでもその他の地域でもそれほど例外的ではないが、それが革命にまでいたった例は稀といってよかろう。カンボジアが革命にまで行きついたのには、地理的な位置（ベトナム、ラオスと長い国境をもつ）と、歴史的な状況（一九六四年以降拡大を続ける一方だったベトナム戦争）との出会いがおそらく決定的な重要性をもったからといえるだろう。

内戦(1)（一九七〇―一九七五）

一八六三年以降フランスの保護領となっていたクメール王国（「カンボジア王国」が正しいようである）は、危ういところでインドシナ戦争（一九四六―一九五四年）に巻き込まれずにすんだ。一九五三年にベトミンとつながりをもつゲリラが広がり始めた時、シアヌーク国王は――パリとの良好な関係に助けられて――平和的手段による「独立のための十字軍」に乗り出す政策をとった。この試みは成功し、左翼反対派の芽を早めに摘み取ったのである。しかし、ベトナムの共産主義者とアメリカ合衆国との対決を前にして、カンボジアの中立性を保持しようと国王が試みた巧妙すぎるシーソーゲームは、国外では全関係国の不信感を少しずつ招き、国内では無理解の増大を呼び起こすことになった。

一九七〇年三月、シアヌーク自身の政府と国会による国王の転覆（シアヌークを解任したロン・ノルは大統領となり、米国・南ベトナムと手を結んだ）は、CIAの祝福を受けて（しかし、転覆を組織したのはCIAではなかったらしい）、国全体を戦争状態に投げ込むことになるが、それは少数民族のベトナム人にたいする恐るべき虐殺（ベトナム系住民は約四五万人を数えていたが、うち三分の二は南ベトナムに戻らなければならなかった）、共産党系の支配するベトナム大使館の焼き打ち、そして最後に「外国軍隊」に国外退去を命令する最後通牒（発しただけで、何の実効もともなわなかった）などの段階を経てはじめて、戦争化の道行きをたどったのだった。突然カンボジアにおいて、クメール・ルージュ以外に手持ちのカードがなくなったハノイは、(武器、軍事顧問、ベトナムでの軍事訓練など)あらゆる手段を使い、そしてカンボジアの大部分をクメール・ルージュの名で、あるいはむしろシアヌークの名で占領する日を待ちつつ、クメール・ルージュを支援する道を選ぶことになった。

シアヌークは、昨日までの最悪の敵――国内の共産主義者(一九六七年シアヌークにより、地下に追い込まれたクメール・ルージュのこと)と手を結ばざるをえないところまで、ロン・ノルの追い落とし工作から受けた屈辱に憤激していた(シアヌークはクメール・ルージュとカンプチア民族統一戦線を結成して、ロン・ノル軍との内戦に入った)。共産主義者は北京とハノイの忠告にしたがって、急いでシアヌークに赤いカーペットを敷いて歓迎の意を表しはしたが、国内における抵抗への実質的支配権の点では彼にほんの少しでも譲ろうとしなかった。このようにして、形式的には「王党派」になった共産主義者は、同じく形式的としか言いようのないクメール共和国(ロン・ノル政権の正式名称は「クメール共和国」だった)と戦うことになった。[1] クメール共和国は、北ベトナムにくらべ軍事的に劣っていたうえに、都市部の中流階層や知識人層のあいだでのシアヌークの大変な不人気を自己に有利に利用することもできず、すぐにアメリカの援助(爆撃、武装、軍事顧問など)を要請しなければならず、また南ベトナムの歩兵の形だけの介入を受け入れなければならなかった。

一九七二年初めのチェンラー2号作戦の惨澹たる結果で共和国の最良の軍隊がほぼ全滅

したのち、主要な都市部の包囲網はたえず狭まり、実際のところ戦争は長い死の苦悶にすぎなくなった。物資の補給や都市間の連絡はますます空路に頼るほかなくなっていった。しかし、この引き延ばし戦術は、それにもかかわらず大きなダメージと多くの死者を出し、とくに、ベトナム人とちがい、これまで一度もこうした体験をしたことのない住民にとっては大きな不安定化要因となった。

とりわけ、アメリカ軍の爆撃機は戦闘地域に五四万トンもの爆弾の雨を降らせたが、その半分は、米議会による爆撃の禁止(一九七三年八月)に先立つ六カ月間に集中して行われた。爆撃はクメール・ルージュの前進を遅らせはしたものの、米国にたいする憎しみにとらえられた多数の農村出身の新兵をクメール・ルージュの軍隊に結集させる結果になり、難民の都市への流入(おそらく八〇〇万のカンボジア人のうちの三分の一)[1]によって共和国をさらに一層不安定化し、ついでクメール・ルージュの勝利の際、都市住民の強制退去を容易にもしたのであった。最後に、クメール・ルージュのプロパガンダのなかで繰り返し論点として現れる次の大きなうそもまた、大量爆撃というこの事実の裏づけあってのことだった。「われわれは世界最大の強国に打ち勝った。だから、あらゆる抵抗にも、自然にも、ベトナム軍にも、その他にも打ち勝つだろう」[2]

したがって、一九七五年四月十七日のプノンペンの征服と、共和国最後の諸都市の征服は、負けた側自身がほとんど一〇〇%の安堵感をもって迎えたほど、待たれていたものだった。この残酷で無意味な戦争以上にひどいものはありえまい、と人々は思っていた。

だが、しかしながら……。クメール・ルージュは彼らの勝利を手をつかねて待っていたわけでなく、すでに目を覆わんばかりの暴力と極端な施策の傾向を示し始めていた。「解放」が進むにつれて、原則として最も手のつけようのない「犯罪者」専用のはずである「拘禁センター」とますます見分けがつけられなくなる「再教育センター」が国中にあふれるようになった。再教育センターはおそらく初めは、五〇年代のベトミンの捕虜収容所をモデルにつくられたもので、それと同じように、主としてロン・ノル軍の捕虜専用であったろう。ジュネーヴ捕虜条約を適用することなど問題外だった。共和国軍の兵士は、戦闘員である前に「裏切り者」だったからだ。それにもかかわらず、ベトナムでは、フランス人であろうと現地人の場合であろうと、拘留者の意図的な殺戮はなかった。これとは逆にカンボジアでは、最も厳しい獄内規則が全般化する傾向にあり、およそ拘留された者がたどる一番当たり前の運命が死であることが初めから決定していたように思われる。たとえば、アンリ・ロカール[1]が調査した一〇〇〇人を超える拘留者を収容していた大きな収容所の場合だが、一九七一年か一九七二年に設立されたこの収容所には、敵兵だけでなく、子どもを含めその家族（本当の家族も、家族とみなされた者も）がぶち込まれた。さらに、仏教僧、「疑わしい」旅行者等々も入れられた。劣悪な待遇と飢餓的な食事と様々な病気によって、拘留者の過半数と子どもたち全員がたちまち命を落とした。処刑も同様に数多

く、一晩につき三〇人にも及んだ。(1)

他の情報源からは、次のような事実も垣間見られる。まず、一九七四年、かつての王都、ウドン占領の際における約一万人の虐殺である。(2)また、非戦闘員の大量移住は早くも一九七三年から始められた。約四万人がタケオ州からベトナム国境地帯へ移されたが、プノンペン方面に逃げた者も多かった。コンポンチャム市占領の企図が挫折した時には、数千人の市民が撤退するクメール・ルージュにつき従うよう強制された。(3)ある程度重要な都市のなかで最初に征服された町となったクラチエからは、住民が一掃されて、まったく無人になった。

一九七三年はまた、北ベトナムからの解放という道筋における決定的な瞬間だったことを示した。交渉によるアメリカ軍の撤退プロセス(一九七三年一月のパリ協定による)に加わることをカンプチア共産党が拒否したことに腹をたてて、北ベトナムは援助を大幅に減らした。ベトナムがカンボジアに加えうる圧力手段はそれだけ弱くなったので、ポル・ポトの一党(4)はそれを利用して、カンボジアに戻っていた「クメール・ベトミン」の生存者、つまり、ジュネーヴ協定(一九五四)後にハノイへ向かって出発した元反仏抵抗者(約一〇〇〇人)を物理的に一掃し始めた。(5)これらカンボジア人元闘士たちは、その経験からも、ベトナム共産党との関係からいっても、当時の指導者に代わりうる存在だったからである。

当時の指導者たちはといえば、主としてインドシナ戦争後に、そして／あるいは留学先のフランスで共産主義に行きついた人々で、しばしばフランス共産党内で活動家としての生活を開始したのだった。(1) この瞬間から、彼らは歴史を書き直して、カンプチア共産党は、その実際の歴史どおり、一九五一年にホー・チ・ミンによって創立されたベトナム中心のインドシナ共産党（ＰＣＩ）から出発したのではなく、一九六〇年に創立されたのだという教説を押しつけるようになった。このやり方により、今ではベトナムの地へ追い払われてしまった「五一年世代」からいっさいの歴史的正当性を奪いとり、ベトナム共産党（ＰＣＶ）との関係性をまったく人工的につくりあげることになった。この動きとバランスをとるかのように、運悪くゲリラ地区に迷い込んだ少数のシアヌーク派もまた、一掃されたのであった。ベトナム軍部隊とクメール・ルージュのあいだの最初の深刻な衝突もまた一九七三年に溯《さかのぼ》ると思われる。(2)

住民の強制移住と分割（一九七五―一九七九）

とはいえ、勝利直後のプノンペンの完全無人化(3)は、世界世論にとってと同様、当の住民にとっても予想だにせぬショックだった。プノンペンの住民がともかくも、新しい支配者の主張する口実を信用しようという気になっていたにしても、世界の人々は、カンボジアで異常な出来事が展開されていることに初めて気づいたのだった。新しい支配者の言い分とは、ひょっとするとあるかもしれぬアメリカ軍の爆撃から住民を保護し、物資の供給を確保するというものだった。この体制が実行した「証」としておそらく歴史上に残るにちがいないプノンペンからの撤収作戦には、目を見張らせるものがあったが、その時点では人命が過度に失われるものとも思われなかった。撤収の対象となった住民は、むしろ健康で栄養状態もよく、なにがしかのたくわえ（と、金《きん》や宝石や……ドルをはじめとする交換手段）をもっていくことができたからである。[1]

「見せしめ」に殺された頑強な抵抗者や、あるいは処刑された敗軍の兵士には事欠かなかったが、当時は住民たちが組織的な蛮行にさらされたりはしなかった。強制移住させられる者も概して財産を取りあげられることもなければ、身体検査をされることすらなかった。直接間接に強制撤収の犠牲となった死者は——病院から追い出された負傷者や手術直後の者、身寄りのない高齢者や病人、さらに時として家族全員が道連れになることもあった自殺者を含め——首都の人口二〇〇万—三〇〇万人のうち、約一万人だった。[2]その他の都市については、強制移住の犠牲者の数は数十万にのぼった（その結果、総人口の実に四六—五四%が街道に放り出されたのだった！）。[3]

このことは、生き延びた人の記憶に決して消えることのないトラウマとして残った。彼らは、「三日間だけだから」というお情けのうそにすがりついて、[4]二十四時間以内に家と財産を置いて出発しなければならなかったのだ。その結果は、身近な者とも、時には決定的に、離ればなれになってしまう人間の渦に巻き込まれていくことになった。決して笑みを浮かべない意志強固な兵士に引っ張られていったが、実際のところ、行き先となる地方は、出発する街区次第で決まっていた。この時にバラバラにされた家族こそ不運というほかない。彼らは死や絶望の場面に打ちのめされ、場合によっては数週間も続いた緩慢な脱出作戦のあいだ、クメール・ルージュから（食料や医療……といった）いささかの援助も受けることがないのが通例であった。

　この最初の追放の際にはまた、街道の分かれ道で旧都市住民の最初の選別が行われた。この選別は初歩的なものであり、概して申告に基づいていた。少なくとも警察的管理の観点からするとかなり不可解なことだが[1]、クメール・ルージュは一切の身分証明書の類の破棄を命じていた。その結果、無数の元役人や元軍人が新しい人格を捏造することができ、運さえよければ生き延びることもできたのである[2]。この選別は、首都における新政権に奉仕できるようにという口実のもとに、あるいは、一九七六年まで名目上の国家元首であったシアヌークをその地位にふさわしく迎えに行くという口実のもとに、できるだけ多くの中級・高級官僚を、そして何よりもまず軍の士官を選び出すことが狙いだった。実際には彼らの大部分はすぐさま虐殺されたし、あるいは間をおかずに刑務所で死んだのであった。

　膨大な都市住民の流出の完全管理は、まだクメール・ルージュの弱小な機関の手に負えることではなかった。クメール・ルージュは一九七五年当時、一二万人の活動家とシンパ

（その大部分は最近の加盟者だった）をかかえており、その半数が戦闘員だったと推定される。したがって、しばしば彼らは、村長の同意を得ることを条件に、都市からの退去者が望む（あるいは退去者に可能な）場所に定着させるにまかせたのである。カンボジアはあまり大きな国でもなければ、人口密度がそれほど高いわけでもなく、都市生活者のほとんどは農村に近親者がいた。近親者に合流できた人はかなりな数にのぼり、それによって彼らが生存できる確率は増大した。少なくとも、再度強制移住の憂き目に遭わないかぎりにおいての話だ（後述）。全体として、状況は困難すぎるというほどではなかった。村人が都市からの退去者を歓迎して牛を殺すこともあったし[1]、新入りが落ち着くのに手を貸してくれることもしばしばだった。さらに一般的にこの体制の崩壊までは、特に初期には、少なくとも敵対関係と同じほど頻繁に、相互扶助や交流関係があったことを多くの証言が明らかにしている。肉体的な嫌がらせはほとんどなかったし、自発的な殺害行為も明らかに見られなかった[2]。

クメール・ルー（僻地の少数民族[3]）との関係は特に友好的だったようだ。クメール・ルージュが最初の基地をもったのはクメール・ルーの土地の上でのことであり、少なくとも一九七七年までは彼らは政権から特別な厚遇をうけていた。この事実から、他の場所でしばしば見られた、新参者と農民のあいだで高まる緊張は、食料の極度の全般的欠乏に由来すると結論づけることができよう。口が一つ増えれば、その分もう一人が飢えにさいなまれるというような状況は、愛他主義に貢献するはずなど決してなかったであろう(1)……。

都市住民の殺到によって、農村生活は大混乱に陥り、資源と消費のバランスは大転換をきたした。第五地区（北西部地域）の稲作に向いた肥沃な平原地帯では、もともとの住民一七万人に二一万人の新入りが加わっていた(2)！　その上カンプチア共産党（ＰＣＫ）は、プロチアチョン・チャハ——古くからの人民、基幹人民。戦争の初めからおおむねクメール・ルージュの支配下にあったことから、時には「七〇年世代」と呼ばれることもある——と、プロチアチョン・トゥメイ——新人民、あるいは「七五年世代」とも、さらには「四月十七日世代」と呼ばれることもある——とのあいだに溝をつくるためにあらゆる策を講じた。カンプチア共産党は、「資本家—帝国主義者の召使い」にたいする「プロレタリア—愛国者」の「階級的憎悪」を刺激したのである。

両世代のあいだに差別的な法体系が確立されたともいえよう。もっと正確に言えば、全人口のかろうじて過半数を占める旧人民だけが、特に初期において、いくつかの権利をもっていたのだ。その権利とは、狭い個人の保有地での耕作権、ついで、強制食堂〔全員が有無をいわさず食事をとらされる集団食堂〕で他の者より先に、かつ少しはましなものを食べる権利であり、時に運がよければただ一人の候補者しかいない「選挙」に参加する権利などであった。隔離政策《アパルトヘイト》は住居のなかでまで完璧だった——原則として、二つの集団は、互いに話しあう権利もなく、もとより結婚する権利もなかった。それぞれのグループは村

の一定の地区から出ることを禁止されていた。(1)

かくて、住民の二大集団の内部でも、さらなる分化が進行していった。旧人民においては、「貧農」を、「地主」や「富農」や元商人に対立させるためにあらゆる策が講じられた（土地の集団化はすぐに全面的完成をみた）。新人民においては、役人でなかった者と学歴のない者は、国家に仕えたことのある者と知識人とからできるかぎり引き離された。この最後の二つのカテゴリーの運命は全体として不吉なものだった。その都度、位階秩序のなかの低い方へと少しずつおろされていった彼らは「粛清」され、最後には完全消滅にいたるのが常だった。一九七八年以降は女性や子どもも、たいていこのカテゴリーのなかに含まれるようになった。

しかしながら、カンボジア人口のほぼすべてを農村に送っただけでは、カンプチア共産党の指導者は満足しなかった。数カ月前にやっと定住したばかりの新人民のうち、非常に多くの割合の者は、新たな強制移住の地へと向かわなければならなかった。今度はいかなる発言権もなかった。たとえば、一九七五年九月の一月《ひとつき》だけで、数十万人が東部地域および南西部地域を離れ、北西部地域へ向かった。(2) 青年と、低年齢の子をもたない成人を配属したうえ、村から遠く離れ、時には何か月もぶっつづけで訓練した「労働隊」のことは別にしても、三回も四回もつづけて移住させられることは珍しくなかった。体制側の意図は四重だった。まず第一に、政治的にリスクのある、新人民と旧人民のあいだの、また新人民同士の、永続的な絆をいっさい絶つことであった[1]。第二に、新人民がなけなしの財産[2]をもっていくことや、種を播いた作物の収穫を妨げることで、彼らを常に一層「プロレタリア化」することであった。第三に、住民の移動を完全な管理下におき、それによって大工事の着手や、国の周辺部にある過疎の山地やジャングル地帯の農地化を可能にすることであった。最後に第四は、おそらく、「役立たずの口」を最大限に減らすことであった。度重なる強制移住（時には徒歩で、よくても荷車で、あるいは一週間待つことができた場合、スピードが遅く超満員の列車に乗っての）は、栄養も不足で、薬のたくわえも尽きつつある人々にとっては、もはや耐えがたいものだったのである。

「自由意志から出た」移動はやや特殊なケースであった。新人民はしばしば、「生まれ故郷の村に戻る」ことや、仕事がそれほどきつくなく、それほど不健全でもなく、食事もましな協同組合に働きに行くことを提案されたものだ。だが志願者（たいていの場合、多数だったが）は変わることなくだまされていて、なお一層過酷で、殺人的な環境に投げ込まれるのが常だった。彼自身犠牲者だったプン・ヤッタイによると、この秘密は次のように解読することができる。「それは実際には個人主義的傾向の持ち主を探り出すための調査だった。（…）これによって都市住民は、自分の厭うべき傾向を捨て去っていないことを証明したことになる。こうして彼は、生活条件の困難できびしい村で、もっと厳格なイデオロギー的処置を受けなければならないことを明らかにしたわけだ。われわれはみずから志願することによって、自分自身を告発していたわけだ。誤りのないこの方法によって、クメール・ルージュは、最も不安定で、自分の運命に最も満足していない移住者を探りあてていたのである(1)」

粛清と大殺戮の時代（一九七六―一九七九）

社会に押しつけられた、住民を分類し排除しなければやまない狂気が、少しずつ権力の頂点にまでのぼりつめていくかのように、すべては進行した。真正な「親ベトナム派」とフー・ユオンとが早々と抹殺されたことはすでに見たとおりである。「王国政府」の外交官は、全員が共産主義者というわけではなかったが、一九七五年十二月に召還され、二人を除く全員が拷問の上処刑された(2)。しかし、それぞれの地域の初期の自治権がかなり大幅だった（軍隊が統一されたのも、四月十七日のあと、かなりあとになってからだった）ことにより、第二に、経済の失敗が明らかになってきたことにより、第三に、一九七八年以降、国境地帯でベトナム軍がたやすく反撃を展開したことによって、それまで一度も正常な運営を経験したことがないように思われるカンプチア共産党のなかで、裏切りの疑惑が一層掻き立てられたのである。

カンプチア共産党の序列で「第六位」であったケオ・メアスが一九七六年九月に逮捕さ

れて以降ますます加速度的に、カンプチア共産党の指導部は、まるで内側から貪られ、四分五裂の様相を呈するようになった。裁判は決して行われず、明白な告発すらなく、投獄された者は全員、恐るべき拷問の果てに暗殺された。わずかに彼らの「自白」によってのみ、何を告発されたかを垣間見ることができるのだが、自白書を通じてポル・ポト路線との相違点が明瞭になったためしはない。それはただ、個人的に優秀だとか、精神の自立の印をわずかでももつとか、あるいはかつてベトナム共産党（ＰＣＶ）とつながりがあった（フー・ニムの場合のように、中国の「四人組」とのつながりが問題とされたことさえある）とか、将来ポル・ポトの絶対優位[1]を脅かす恐れのあるすべての人々を「壊滅させる」ためだったのであろう。この妄想は、スターリン主義の最悪の行き過ぎた事例をも、まるで戯画のように思わせるものだったといえよう。たとえば、粛清の開始直後の共産党幹部の研究会の際、党「中央」は結論として「階級敵にたいし、（…）とりわけわれわれの隊列のなかにいる敵にたいして、熾烈で容赦なき死闘を[2]」と述べている。党の月刊誌『トゥン・パデワット』（革命旗）〔この雑誌は理論誌の性格をもつ〕の一九七八年七月号はこう書いている。「われわれの隊列のなかのいたるところに、中央にも、参謀本部にも、地域にも、基本組織の村落にも、敵はいるのだ[3]」

しかしこの時すでに、一九七五年十月の時点での最高責任者一三人のうち五人と、地区レベル[4]の書記の大半が処刑されていたのだった。一九七八年の新指導部メンバー七人のうち二人も、一九七九年一月までに消されていた。そのなかには、ポル・ポトみずからが脚を一本折るまでに殴りつけたといわれる副首相のボン・ベトもいた。[1]

以後、粛清は自動的に継続された。「ＣＩＡのスパイ」だという密告が三件あれば、逮捕されるのに十分だったという。尋問者は執念をむき出しにして、これら「大物」に自白書につぐ自白書を（フー・ニムの場合は連続七回に及んだ）書かせたのだった。たとえどんな手段を用いようとも[2]……である。想像上の陰謀が絶えず広がっていき、もろもろの「ネットワーク」が交差しあうようになった。とりわけベトナムにたいする激しい憎しみは現実感覚をすべて失わせるほどだった。たとえば、一人の医者が「ベトナムＣＩＡ」のメンバーだとして告発されたことがある。彼は、旅行者に変装したアメリカ人スパイによって一九五六年にハノイで徴募されたという話だった。[3]さらに、一斉の粛清は協同組合のレベルまで下降していくようになった。だからといって、住民七万人をもつある一つの地区だけで、四万人までもが「ＣＩＡに協力する裏切り者」[4]だなどということがどのようにして推測されるものだろうか？

しかしながら、指導権の奪回が本来の意味でのジェノサイド的様相を呈したのは、ただ東部地域においてだけであった。敵対的なベトナムが近くにあり、軍と政治の指導者、ソー・ピムは、この東部地域において、地方的ではあるが、堅固な権力基盤を築いていた。ここでしか見られなかった現象だったが、地方幹部による中央への反乱が、一九七八年の五月から六月にかけて、短期の内戦に変質していった。早くも四月には、東部地域の幹部四〇九人がツールスレン監獄〔中央政治監獄であり、秘密尋問拘留センターでもあったが、政権崩壊後はジェノサイド博物館になった〕に監禁されていた。六月、望みのないことを知って、ソー・ピムは自殺した。彼の妻と子どもたちは、葬式をすませようとしていたところを虐殺された。地域の武装勢力の残党が反乱を試みたのち、ついでベトナムに移り、そこで、のちにハノイの軍隊とともに、プノンペンに進軍することになる救国民族統一戦線の萌芽を形成した。

中央部は勝利していたにもかかわらず、東部の住民にほかならぬ、これら「クメール民族の体内にいるベトナム人」を死刑に処したのである。一九七八年五月から十二月にかけて、一〇万人から二五万人（一七〇万の住民にたいして）が殺戮された。最初に殺されたのは若者と活動家だが、殺戮された者のなかにはたとえば、ソー・ピムの村の一二〇家族すべて（七〇〇人）が含まれていた。他のある村では、一五家族のうち難を逃れられたのは七人だけで、一二家族は完全に消されてしまった。(1) 七月以降、生き残りの人々はトラックや列車や船で他の地域に強制移住させられ（輸送中すでに、数千人が殺された）、移住先で徐々に皆殺しにされる運命にあった。その目的のために、ポル・ポト体制下の「制服」は黒のはずだったのに、これらの人々は青い服を（中国に注文し特別貨物船で送られた）着せられた。そして少しずつ、できるだけひっそりと、たいていは村人が見ていないところで、

「青服」は消えていった。

北西部地域のある協同組合では、ベトナム軍が到着した時まで生きていたのは、三〇〇〇人のうち約一〇〇人だけだった(1)。これらの残虐行為は、体制崩壊の前夜にあって三重の転換の跡を印している。その第一は、女性も子どもも老人も、成年男性とまったく同程度に殺戮されたこと、第二は、旧人民も新人民と同じように殺されたこと、第三は、この任務の大きさに手をつけられなくなったクメール・ルージュが、時として「七五年世代」を含めた住民にむりやり虐殺を手伝わせたことであった。革命はまさに狂気そのものになりつつあり、今やカンボジア人の最後の一人までをも呑み込もうとしていた。

クメール・ルージュ権力がカンボジア人の少なからぬ部分を絶望に追いやったことは、国外への脱出の規模の大きさが証明しているとおりだ。かなり少数だった一九七五年四月の入国者を別にすると、一九七六年十一月以降のタイへの難民は二万三〇〇〇人を数えた(2)。一九七七年十月には、約六万人のカンボジア人がベトナムへ逃げていた(3)。しかし、脱出には極度の危険がともない、つかまればかならず死刑に処せられ、しかも、数日間、いや数週間にもわたる恐ろしいジャングル内の彷徨を——すっかり消耗しきってしまうだけでなく——覚悟した上でなければ考えられなかったので、この企てを思いついた人の大部分は(4)たじろがざるをえなかった。それでも出発した人のごく一部だけが目的地に無事たどりついたにすぎない（たとえば、プン・ヤッタイのグループは周到な準備をしていたにもかかわらず、一二人のうち四人しか到着できなかった）。

二十カ月に及ぶ国境地帯での散発的な――はじめは密かな、ついで一九七八年一月以降は公然たる――衝突の後、ついに訪れた一九七九年一月のベトナム軍の到来は、大多数のカンボジア人には「解放」と感じられた（そしてこれが現在にいたるまで正式な呼び方でもある）。一九六七年の蜂起の「英雄」であるサムロート村の住民が、他の多くの人々と同じように、彼らの幹部だった逃げ遅れたクメール・ルージュを殺戮したことは象徴的である。[1]

彼らクメール・ルージュの幹部は最後の瞬間まで残虐行為を犯す機会を逃しはしなかった。ツールスレンを含む多数の刑務所には[2]、解放すべき人間は事実上一人も残っていなかったのである。多くのカンボジア人がその後ベトナム軍への幻想を捨てたにしても、またハノイの意図が初めから人道的ではなかったにしても、当時は異論を提起されたこともある次の事実は、いささかも否定することができない。すなわち、とくに一九七八年においてクメール・ルージュ体制によって推進された事態の展開ぶりを見れば、実に数え切れない多数の個人が、ベトナム機甲師団によって死から救われたという事実である。この国は非常にゆっくりとではあるが再生することができるようになった。住民は徐々に移動する自由を、自分の畑を耕す自由を、信じたり、学んだり、愛したり……する自由を取り戻すことができるようになったのである。

犠牲者数をめぐる変動幅

恐怖なるものが確定した事実となるには、数値として表現される必要はない。すでに述べてきたこと、そしてこれからもなお述べざるをえないことだけで、カンプチア共産党体制の性格を明らかにするにはおそらく十分だろう。それにもかかわらず、数量化することが理解を助けることも確かである。住民のなかのいかなるカテゴリーも虐殺を免れなかったとしても、そのなかで誰が最も標的とされたのか？　どこで、いつ、そのことは起こったのか？　二十世紀のすべての悲劇のなかで、そしてこの国自身の歴史のなかで、カンボジアの悲劇をどのように位置づけるべきか？　これらの問いに答えるためには、いくつかの方法（人口統計学、ミクロな数量的研究、当事者から直接聞いた報告や数量評価）を組み合わせることが必要であろう。そのどれ一つとして単独では十分ではなく、複数の方法を総合することによってのみ、真実に向かって近づくことができよう。

死者は二〇〇万人にのぼるか？

どうしても必要と思われる総括的な数字の算定から始めようとすれば、その「変動幅」が大きいこと、いや、あまりにも大きすぎるという事実をまず認めなければならない――

すでにこのこと自体、出来事が大規模だったことを示すものと見なすことができよう。殺戮の規模が大きければ大きいほど、そして理解しがたければしがたいほど、その明細を数えることは難しくなるからだ。その上、犯跡をくらますことに利益を感じる人々があまりにも多かった。クメール・ルージュはみずからの責任を否定するためであり、ベトナム人とそのカンボジア人同盟者はみずからを正当化するためというように、犯罪否認の方向はまったく正反対であったが。一九七九年十二月、ジャーナリストとの最後のインタヴューの際に、ポル・ポトは、「人民に豊かさをもたらすことを目的としたわれわれの政策遂行の過程で生じた誤りの結果、死んだかもしれないカンボジア人はわずか数千人にすぎない」[1]と断言した。キュー・サムファンは、一九八七年の公式パンフレットのなかで事態を詳細に述べている。曰く、「誤り」による犠牲者は三〇〇〇人、「ベトナムの手先」を処刑したケースは一万一〇〇〇人、「潜入したベトナムの手先」（ママ）によって殺害された者は三万人であった、と。しかしながら、この資料は、一九七九―一九八〇年にベトナム占領軍が「約一五〇万人」を殺したであろうとも明記している。この最後の数字は途方もなく誇張されているので、一九七五年に始まる時期の死者数を無意識に告白したものと解することができよう。いうまでもなく、この死亡者の大きな部分はクメール・ルージュに帰せられるべきものである[2]。内戦のあいだ、四月十七日より前の死者数の算定にかんしては、「死者数の利用操作」の跡はさらに一層明白である。一九七五年六月に、ポル・ポトはこの数字を、おそらくすでに誇張されていただろうが、六〇万人と引用した。一九七八年になると、同じはずの数字が「一四〇万を超える」[1]に変わっていた。クメール・ルージュが生み出した犠牲者については、元大統領のロン・ノルは二五〇万人という数字を好んで挙げた。また、一九七九年以降権力の座に就いたカンプチア革命人民党（PPRK）の元総書記、ペン・ソバンはこの数字を三一〇万人と定式化したが、それはRPK（カンプチア人民共和国。いわゆるヘン・サムリン政権）とベトナム側のプロパガンダによっても引き継がれている。

信憑性があると考えられる最初の二つの数量的研究——とはいえ、この研究もみずからの不確実性を認めているのだが——はおそらく、死者一五〇万人という結論に到達したベン・キアナンのもの[2]と、その半分の数字を挙げた（しかしこれは、たぶん明らかに過小に見積もられた出発時点の人口を基礎にしている）マイケル・ヴィッカリーのものであろう。スティーヴン・ヘダーはキアナンの算定をうけつぎ、それを旧人民と新人民とに半分ずつふりわけ（これは承認しがたいが）、同様に飢饉によるものと暗殺によるものとに半分ずつふりわけている[3]。だれもが認める専門家だが、分析的な算定には立ち入っていないデーヴィッド・チャンドラーは、八〇万人から一〇〇万人を最下限の数字としている[4]。近似的なデータに基づいたCIAのある調査は、一九七九年に生存していた約五二〇万人の人口にたいして、一九七〇年から一九七九年にかけて（したがって、一九七〇―一九七五年の戦争による損失が含まれている）の全体的な人口の不足分（困難な状況によってもたらされた人口率低下を含む）を三八〇万人と見積もっている。(1) 一九七〇年より前に耕作されていた稲作面積と一九八三年における稲作面積との比較に基づいて、ある算定は一二〇万人の犠牲者という結論に達している。(2)

マレク・スリヴィンスキは、人口統計学を基礎とした最近の革新的な研究（しかしながら、六〇年代終わりから一九九三年までの期間、いかなる人口調査もなかったことが弱点になっているが）のなかで、二〇〇万を少し超える死者を挙げているが、これは人口の二六％（七％と見積もられる自然死亡率は含まずに）に相当する。男性における三三・九％、女性における一五・七％にまで達した一九七五年から一九七九年までの高死亡率を、性と年齢に応じて分析しようと試みたのは彼だけである。男女の死亡率のあいだにこれほど大きな差があるということは、原因として殺害が多数を占めたという説を有力にするものであろう。死亡率はあらゆる年齢層を通じて恐るべきものだったが、とりわけ若年成人層（二十歳から三十歳までの男性の三四％、三十歳から四十歳までの四〇％）と、六十歳を超える両性の年齢層（五四％）において高かった。旧体制《アンシャン・レジーム》下の大飢饉や伝染病の時と同じように、出生率は、一九七〇年には三％、一九七八年には一・一％にまで激減した。(3) 確かな事実は、一九四五年以降、他のどの国も、出生率がこれほど落ち込んだことはないということだ。しかも一九九〇年になってもまだ、一九七〇年の住民数を取り戻すにはいたらなかった。

その人口構成は著しく均衡を欠き、男性一人にたいし女性一・三人であった。一九八九年の成人においては、寡夫が一〇％を占めるのにたいし、寡婦は何と三八％に達していた(1)。成人総人口のなかで六四％が女性であり、世帯主の三五％が母親である。大まかな傾向は米国に亡命したカンボジア人についてもこれと同じである(2)。

これほど高い水準の損失——少なく見積もっても住民七人につき一人は確実で、おそらくは四、五人に一人に相当するだろう——を見るとき、しばしば述べられてきた次のような意見(3)はすでに除外せざるをえまい、すなわち、クメール・ルージュの暴力は、どんなに受け入れがたいものであるにせよ、状況対応的だった面が大きいのではないか——アメリカの爆撃という「原罪」に直面して、苦痛と怒りに狂った人民の反動であったと考えられる、という意見だ。これについては、同じようにたっぷり爆撃を受けた他の人民(イギリス人、ドイツ人、日本人、ベトナム人……)が、だからといってこれに類する極端な欲望にとらえられた(時として逆の態度ではあっても)事実はないことをすぐさま指摘できよう。しかしながら、とりわけ強調すべきは、戦争の惨禍がいかに悲劇的であっても——カンプチア共産党最後の年とベトナムとの国境紛争の年は除外しての話だが——平和時においてカンプチア共産党がやってのけたことにはまったく肩を並べることができまいということだ。

内輪な数字を挙げる動機が全然なかったポル・ポト自身、前にも述べたように、犠牲者を六〇万人（この算定を正当化することなく）と見積もったが――この数字は、驚くべきことに見えるとしても、多くの専門家によってそのまま採用されている。たとえば、チャンドラーは同じように軽々しく「五〇万人」という犠牲者数を主張しており、米軍による爆撃については、いくつかの調査に基づいて、「殺された者、三万人から二五万人」[1]という数字を挙げている。スリヴィンスキは平均的な試算として二四万人の犠牲者という結論に達し、この数字に、大部分が一九七〇年の虐殺の犠牲者であるベトナムの民間人七万人を加えるべきであろうとしている。とくに彼は、爆撃で殺された人の数を約四万人（うち四分の一が戦闘員）に引き下げ、最も多く爆撃を受けた州はしばしば人口密度がきわめて低く、一九七〇年には一〇〇万を少し超えるだけの住民しかいなかった――その多くはすぐさま都市へ向かって逃げた――と指摘している。それにたいし、戦争期の「殺害」は、大部分がクメール・ルージュの手によるものだが、約七万五〇〇〇件であったろうとしている[2]。戦争が社会の抵抗力を弱め、エリートの一部を破壊し、あるいはその士気をくじいたこと、さらに戦争が、ハノイの戦略的選択とシアヌークの無責任なうぬぼれも手伝って、クメール・ルージュの力を驚異的に増大させたことは確かである。したがってこの意味で、一九七〇年三月のクーデターの実行者〔ロン・ノル〕とそのゴッドファーザー〔米国〕には大きな責任がある。しかし、だからといって、一九七五年以後のカンプチア共産党の責任はいささかも軽減されるものではない。すでに記したとおり、当時カンプチア共産党のふるった暴力には、自然発生的な点はほとんどなかったからである。

大量殺害の方法についても問題にしなければなるまい。いくつかのまじめな数量的研究は、内にかかえる矛盾にもかかわらず、それらの方法を認識させてくれている。都市住民の強制的な農村住民化（強制移住の過程や労働による極度の衰弱……を含め）は、最高で四〇万人の犠牲者を出したとされるが、実情はそれより明確に少なかったと思われる。処刑についてのデータは最も不確かであり、平均値は五〇万人前後である。しかし、アンリ・ロカールは拡大的推論によって、刑務所にかぎって、少なくとも四〇万人から六〇万人の犠牲者があったとする[1]——ということは、「現場での」即決処刑を含まないことになるが、これまた相当の数にのぼる。スリヴィンスキは合計一〇〇万件の殺害があったと述べている。病気と飢えはおそらく最も多くの人命を奪ったと思われ、たぶん少なくとも七〇万人の死者に達するであろう[2]。スリヴィンスキは強制的な農村住民化の直接の結果を含めて、九〇万人という数字を挙げている[3]。

標的と容疑者

地方的調査から出発して全体的なデータを引き出すのが難しいのは、恐怖が地域によってこの上なくかたよった分布を示していたためである。発表された証言のほとんど全部が新人民によって提供されたものだという事実に基づく評価の誤りにも注意をしなければならないが、明らかに「七五年世代」よりも「七〇年世代」の方が、とくに飢えから来る苦しみは小さかった。死亡率は旧都市住民において非常に高く、まったく被害を受けなかった家族を見つけるのが難しいくらいである。しかも彼らは、全人口の半分近くを占めていたのだ。たとえば、北部地域のある村に住みついた二〇〇家族のうち、一九七九年一月にまだ生きていたのは五〇家族だけで、祖父母「だけしか」失わなかったのはたった一家族だった。(1)

しかし、カテゴリーを一層限定していくと、いくつかのカテゴリーではずっと多くの人々が殺されたことが明らかとなる。たとえばロン・ノル政権の元役人——軍人を筆頭とする——狩りが行われたのはすでに見たとおりである。連続的な粛清は彼らの序列のなかでたえず下の者へと対象を向けていった。(2)おそらく鉄道従業員だけは、他人によって置き換えができず、一部はそのままのポストに留め置かれた——しかし、駅長のような役職の人間はもっと下のポストだったと申告したほうが賢明であった。(3)この仏教国で伝統的な指導勢力とでもいうべき僧侶は、クメール・ルージュにとって許しがたい競争勢力を構成していた。還俗《げんぞく》しなかった僧侶は徹底的に抹殺されたものである。たとえば、カンダル州のある村に強制移住させられた二八人の僧侶集団のうち、一九七九年まで生き延びたのはたった一人にすぎなかった。(4)全国的規模では、僧侶の数は六万人から約一〇〇〇人にまで減ったとされる。(5)報道カメラマンはほぼ全員が消え去った。(6)「知識人」(7)の運命はもっと多様だった。彼らは時には知識人であるという理由だけで追放されたが、たいていの場合は、専門性を押し出すことをいっさいやめ、象徴的な持ち物（本や眼鏡にいたるまで）を捨てるだけで、知識人と見なされずにすんだようだ。

旧人民に対する処遇は、とくに食料面では、もっとよかった。ある限度内では、彼らは果物や砂糖、少量の肉を食べることができたからだ。配給量も比較的には多かった。さらに、ポル・ポト体制下ではほとんど前代未聞の贅沢に属することだが、彼らはしばしば、多くの同国人たちには飢餓を意味するお決まりの薄い米のスープの代わりに、「歯ごたえのある」米を食べる権利に浴した。真っ先に米を食べたのは、粗食に甘んじることを誇りとしていたはずのクメールの軍人だった。「七〇年世代」は時には本物の無料診療所や中国製の本物の医薬品を利用することまでできた。しかし、これまで述べてきたような利点は相対的なものでしかなかった。村人は確かに移住こそ強制されなかったものの、頻繁に住居から遠く離れた場所での様々な労役に駆りだされた。その労働時間もまたへとへとになるほど長かった。軍の野営地のような雰囲気に一変したプノンペンに生活する少数の労働者階級も、厳しい規律に服していた。その上、一九七五年より前の労働者は徐々に、より忠実だと見なされた貧農に取って代わられたのである。[1]

一九七八年、新人民と旧人民のあいだの障壁が徐々に廃止されるのではないかと感じさせるいくつかの兆候がみられた。時には新人民が地方の責任ある地位に就くことすらあったからである。肯定的な解釈をすれば、これまで生き延びられた人々は、体制の要請に今や適応していると見なされたということになろう。より不吉な解釈をすれば、かつてドイツ軍を前にしたスターリンが一九四一年にした〔一九四一年六月、ドイツのソ連侵攻をさす〕のと同じように、ベトナムとの紛争に直面して国の統一を強化しようという狙いがあったし、また、全般化した粛清のために、機関内部に生まれた巨大な空洞を埋めることが必要になったからでもあったろう。いずれにせよ、体制の最後の年に抑圧が全面的に深刻化したので、空洞を下のほうから埋めていくことを考えざるをえなくなったと解釈できるかもしれない。「七〇年世代」の大部分が沈黙のうちにクメール・ルージュの反対派へと寝返ったのはおそらくこの時期だった、と推定することができよう。

一九七〇年には少なくとも国の人口の一五%を占めていた約二〇にのぼる少数民族の運命は、一様ではなかった。まず初めに区別しておかなければならないのは、主として都市部にいた少数民族（中国人、ベトナム人）と、農村部にいた少数民族（湖水・河川地方に住むイスラム教徒のチャム族と山岳・ジャングル地帯に住むクメール・ルー——そこに散在する多様なグループを概括した総称）のあいだの差であろう。

都市の少数民族は、いずれにせよ一九七七年までは、それ自体としては抑圧を受けたようには見えない。確かに、一九七五年の五月から九月末までのあいだに、ベトナム系住民約一五万人が、希望の有無に基づいて、本国に帰国を許された[1]。それによって、ベトナム人共同体は、主としてクメール人の配偶者からなる数万人の規模にまで縮小した。しかし、クメール・ルージュの監視から逃れることはすでに当時からきわめて魅力的な解決策だったので、多数のクメール人がベトナム人になりすまそうとつとめたのだった。つまりそのころは、ベトナム人と見られることは特に危険なこととは思われていなかったのである。それに、強制移住先の地では、都市からの少数民族と他の旧都市住民とのあいだに差別的な措置がとられていたと指摘することはできない。むしろ共通の試練に遭ったことから、新たな絆すら生まれたのだった。「都市から来たカンボジア人と、中国人、ベトナム人は、〝新人民〟という不名誉な呼び名のもとに、ごちゃまぜに集められた。われわれは皆兄弟だった。われわれは民族主義的なライバル意識も、古くからの怨恨も忘れた。(…)なかで最も気落ちしていたのはカンボジア人だったろう。彼らは、彼らの同国人であり、彼らの死刑執行人でもあるクメール・ルージュの不法なやり口に吐き気を催していた。(…)われわれは拷問者がわれわれと同じ国籍をもっていると考えるだけで反発をおぼえていた」(1)

それでは、これら少数民族のなかで高い割合の人々がクメール・ルージュ体制を生き延びられなかったことをどのように理解したらいいだろうか? 約四〇万人いた中国人にたいしては五〇%という死亡率が挙げられ(2)、一九七五年の後もカンボジアに残っていたベトナム人の場合はもっと高い数字が提出されているが、スリヴィンスキはベトナム人については三七・五%、中国人については三八・四%という死亡率をとりあげている。(1) 右の質問にたいする答えは、他の犠牲者グループとの比較のなかに求めることができよう。スリヴィンスキによれば、共和国軍〔ロン・ノル政権の軍隊〕の士官の八二・六%、高等教育の免状所持者の五一・五%、そして、とりわけプノンペン居住者の四一・九%が姿を消した。(2) この最後の数字は、上記二つの少数民族について得られた数字に非常に近いことに注目すべきである。すなわち、彼らはまず「超《ウルトラ》―都市住民」(一九六二年に、プノンペンは一八%の中国人、一四%のベトナム人を数えていた(3))として、そして第二に、「超《ウルトラ》―金もうけ主義者」として迫害されたのだった。彼らの多くは、元の社会的地位を上手に隠すすべを知らなかった。しばしばクメール人にまさる富を彼らがもっていた事実は、利点(もち出せる富があれば、ブラックマーケットのおかげで、生き延びる可能性が生まれた(4))だったと同時に、脅威の種でもあった。というのも、彼らはその豊かさゆえに、新しい支配者の目から見て「標的」になったからである。しかし、首尾一貫した共産主義者として、新しい支配者は、人種や民族の争いより階級闘争(あるいは階級闘争であると理解したもの)のほうを優先させていたのだった。

しかしこのことは、クメール・ルージュが民族主義や外国人嫌いを利用も悪用もしなかったということを意味するものではない。一九七八年にポル・ポトは、カンボジアはいかなるモデルにもしたがわない社会主義を建設しつつあると断言しているが、毛沢東を称えた彼の北京での演説（一九七七）がプノンペンで報じられることはなかった。〔ベトナムのクアンナム朝の別名、コーチシナ王国に併合された〕カンプチア・クロム〔カンボジア人は今もクメール語でこう呼んでいる。「カンボジア低地」の意味〕を十八世紀に「盗みとった」ベトナムにたいする憎悪が、徐々にクメール・ルージュのプロパガンダの中心的テーマになっていった──そしてそれは、今なお生き残るクメール・ルージュの事実上唯一の明確な存在理由でありつづけているのだ。

一九七六年の半ば以降、カンボジアに残っていたベトナム人たちは罠にかかったのである。国を出ることを禁止されたからだ。地方レベルでいくつかのベトナム人虐殺事件があったことが報じられた。ベトナム人全員──と、おまけに、ベトナム人の友人やベトナム語を話すクメール人までも──の逮捕と中央治安部隊への引き渡しを命令した一九七七年四月一日の中央の指令につづいて、虐殺は全般化した（以前より減少していた人口にたいする虐殺であることを想起してほしい）。対ベトナム紛争がすでに始まっていた国境地帯のクラチエ州では、先祖にベトナム人をもっているというだけで、人は有罪となり、当局はすべてのユオン〔ベトナム人を指す〕のことを「歴史的な敵」[1]と呼んでいた。こうした雰囲気のなかで、一九七八年に東部地域の住民全体のことを「クメールの体内にいるベトナム人」と非難することは、すなわち彼らに死を約束することにほかならなかった。

スリヴィンスキによれば、一握りのカンボジア人カトリック教徒は、民族的ないし宗教的集団としては最も被害の大きかったグループであり、その四八・六%が姿を消した(1)。たいていの場合都会出身者であった上に、民族としてはしばしばベトナム人に属し、さらに「植民地帝国主義」とのつながりもあった。どの点からいっても、彼らを迫害する理由になったわけだ……。プノンペンの大聖堂はこの都会で唯一完全に破壊された大建造物だった。

すべての少数民族は本来の個性を否定されることになった。ある政令によれば、「カンボジアには、唯一つの国民と唯一つの言語、すなわちクメール語があるだけである。今よりのち、その他様々な民族はカンボジアにはもはや存在しない(2)」。しかしながら、森林の小さな狩猟集団である「山岳民族」(クメール・ルー)は、当初はむしろ優遇されたものだ。カンプチア共産党が最初の基地を設けたのは彼らのもとにおいてだったからであり、最初の部隊のかなりの部分を徴募したのも彼らからだったからである。しかし、一九七六年の終わり以降は、稲の収穫高を増やさなければならないという強迫観念を満足させるために、高地の村はすべて破壊され、そこの住民は谷底に移り住むように強制された。このことによって、高地民の生活様式は一変し、悲劇が生み出されるようになった(3)。一九七七年二月には、少数民族のチャライ族からなるポル・ポトの衛兵隊が逮捕され、抹殺された。

一方、主要な土着の少数民族であるチャム族は、一九七〇年には二五万人を数え、農業、とりわけ漁業に従事していたが、とくにイスラムの宗教を信じていたため、きわめて特別な運命をたどることになった。彼らはすぐれた戦士との評判が高かったので、「解放戦争」初期にはクメール・ルージュのほうが彼らにへつらったものだ。彼らは商業活動にかかわり過ぎる（カンボジア人の多くの部分に魚を供給していた）と非難されてはいたものの、全体として旧人民に属していた。しかし、一九七四年以降ポル・ポトは、密集した彼らの村を分散させるよう密かな命令を発し、それは徐々に実現されていくことになる。一九七六年に、体制内のチャム族出身の幹部全員がその部署から追放された。一九七五年以降、クメール・ルージュのある文章によれば、チャム族はすべて、「名前を変え、クメール名に似た新しい名前をつけなければならない。チャム族独特の心性なるものは廃止される。この命令に従わない者はその責任を負うことになろう」(1)。北西部地域では、チャム語を話しただけで殺されることすらあった。女性は、サロン（マレー風の腰布）の着用と長髪を禁じられた。

しかし、最悪の悲劇を引き起こした原因は、イスラム根絶の企てであった。一九七三年以降、解放区では、モスクが破壊され、礼拝が禁止されるようになった。一九七五年五月からは、これらの措置は全国に広げられた。コーランは集められて燃やされたし、モスクは他の用途に転換されるか、根こそぎ破壊された。六月には、政治集会より祈りのほうを選んだか、あるいは宗教的結婚の権利を要求したなどの理由で、一三人の高位のイスラム教徒が処刑された。彼らは豚を飼って豚肉を食べるのを選ぶか、さもなければ死を選ぶかの二者択一を迫られた――皮肉なことに、多くのカンボジア人にとって、まる何年ものあいだ肉がメニューから完全に姿を消していたというのに、チャム族は時には月に二度までも豚肉を出されたのであった（なかには、後から無理に食事を吐き出す者もいた）。敬虔な信徒はとくに標的にされ、殺された。たとえば約一〇〇〇人いたハジのうち、生き残った者は三〇人ほどだけだった。他のカンボジア人とは違って、チャム族は頻繁に反乱を起こした。そのために報復として数々の殺戮を受ける目に遭った。[2] 一九七八年半ば以降、クメール・ルージュは多数のチャム族共同体を、女子ども含め、計画的に絶滅させ始めた――豚肉を食べることを受け入れた場合でも許されなかったのである。[3] チャム族の全体的な死亡率を、ベン・キアナンは五〇％とみており、スリヴィンスキは四〇・六％としている。[4]

[1]

死亡率の地理的、時間的な変動

死亡率はまた地方によって大きな変動を示している。まず犠牲者の出身地点から考えてみると、スリヴィンスキによれば、プノンペン住民の五八・一％は一九七九年にはまだこの世に生存していた（この数字は、全人口の半分の約一〇〇万人に相当する）。コンポンチャム（人口の多い別の州）では、この数字は住民の七一・二％であり、ほとんど砂漠のような北部のウッダーミアンチェイでは、住民の九〇・五％にのぼった――体制のあり方にともなう死亡率の増加は、ここではわずか二・六％まで低下するわけである。[1] 予測しうるとおり、最も遅く征服され、最も人口密度が高く、首都に最も近い地域（地方の小村からの強制立ち退きは明らかにそれほど悲劇的ではなかった）が最もひどい被害を受けたことになる。しかし、生き延びられる可能性は、民主カンプチア時代にどこにいたか（自分の意思によってであれ、強制移住させられてであれ）、というその場所によってとりわけ左右された。森林地帯や山岳地帯に送られること、ジュートのような工業作物を栽培する地方に送られることは（食料の地方間流通は事実上なかったにひとしいので）、ほとんど死刑判決をくだされるのと同じだった。[2] どこに配置されようとも、体制側が冷淡にも平均化しようとする意図ばかり強かったので、一般に最低限の援助も与えられず、しかも、課せられた生産ノルマはほぼ同一だった。開墾や粗末な小屋作りから始めなければならない時に、飢餓に等しい配給だけで働くのでは消耗しきってしまうし、そのうえ弱った身体に赤痢やマラリアが襲いかかってくるときては、その猛威たるや恐るべきものだったというほかない。プン・ヤッタイは、一九七五年末のある森林収容所での死亡率を、四カ月間で三分の一だったと推定している。[3] ドーン・エイの開墾村では、飢饉状態は全員に及び、出産はたえてなくなり、死亡者は全体で八〇％にまで達したろう。[4]

これに反し、豊かな農業地方に行きついた場合、とりわけ新人民が多すぎて、現地のバランスを極端に崩すようなことさえなければ、生き延びられるチャンスがあった。他方、そういう地域では、管理がより厳しく、粛清にさらされる危険も少なからずあった。「次善の選択」というのは、すでに見たとおり、最も辺鄙な地域で、幹部がより寛大であって、クメール・ルー族の住民が歓待してくれる場所だったかもしれない。そこでは、最大の危険は病気だったといえるだろう。

村のなかでもなお一層狭いレベルでいえば、旧人民との関係までも大部分条件づけるだけに、地元幹部の行動こそ決定的だったといえる。というのも、クメール・ルージュの官僚機構が弱く無能であったため、良きにつけ悪しきにつけ、地元指導部に大きな自立性が委ねられていたからである。(1) そこにはサディスティックな乱暴者（かなり多くの場合若い女性だった）(2) もいれば、出世主義者も、あるいは抑圧と労働ノルマを増大させることで自分を目立たせようとする無能な人間もいた。逆に、人々の平均余命を延ばした幹部には二つのタイプがあった。まず、より人間的な幹部たちで、たとえばある村長は一九七五年に、難民に日に四時間の労働しか課さなかった。(3) 次に、あれこれの危機的な瞬間にぶつかった生存者のうち、たとえば病人や消耗しきった人々に休むことを許したり、夫を妻に会いに行かせたり、あるいは原則禁止だが、不可欠な「自主的な食事摂取」に目をつぶったりしたすべての幹部たちがあげられる。

しかし、同じように貴重だったのは最も腐敗した幹部だった。彼らときたら、オメガの時計や金貨一枚の魅力に負けて、住居や労働グループの変更に同意の署名をしたり、厳格な規律を無視した生活を一定期間送ることさえ認めたりしたものである。(1) しかし、体制の中央集権化が強化されるにともない、初期には見られた寛容が物をいう余地はますます狭められ、粛清をともなう地獄さながらの体制の論理が貫徹され、人間的な――弱さをもつと疑われた、あるいは実際に腐敗した――幹部は徐々に、非常に若く、むしろ純粋であり、とりわけおそろしく過酷な新しい責任者に取って代わられるようになった。

最後に死亡率は時期に応じても変動した。クメール・ルージュ政権の存続期間の短さと地理的な多様性のために、はっきり区別された時期に分割することは不可能である。さらに、恐怖《テロル》と飢餓は常に存在し、しかもほぼ全国に広がっていた。差があったのはその密度だけであり、生き延びられるチャンスはほかならぬその密度に大きく依存していた。しかしながら、数々の証言のおかげで、犠牲者数の変動年表の作成に近づくことができるかもしれない。

体制のごく初期の数カ月は、社会的に的をしぼった大量殺戮が特徴だったが、これを可能にしたのは「七五年世代」の当初の無邪気さだった。逆に、いずれにしろ秋までは、食料不足はそれほどひどすぎることはなかった。さらに、集団食堂はあったけれども、まだ家族の食事を禁じてはいなかった。(2) 五月末から十一月まで、中央は何度も虐殺の停止を命じた。これは、より穏健な指導者がその段階で保持していた影響力の名残であったかもしれないし、そうでなければおそらく、あまりに自立的な傾向を示す地域の参謀部にたいし、中央の優位を確立しようとする意志の表れだったかもしれない。その後も殺害はつづけられたが、そのリズムはもっと緩やかになった。北部地域に逃げた銀行家のカンポットによれば、「人々は一人また一人と殺されていった——が、大規模な虐殺はなかった。最初は、〝新人民〟が一二人ばかりとか、兵士やその類だったと疑われた人々が殺された。最初の二年間に、新人民のたぶん十分の一が、一人ずつ、その子どもと一緒に殺されていった。全部で何人になるか知らないが(1)」。

一九七六年は明らかに恐ろしい飢饉の年だった。大工事熱が最高潮に達し、いちばん労働できる人々を疲弊させ、農業を阻害したからである。とはいえ、一九七六年の収穫自体はそれほど悪かったわけではない。上半期には（主な収穫は十二月から一月に行われる）、一時的に状況は回復した。しかし、収穫高は六〇年代の平均のやっと半分にも達しないほどであった(2)。

ある種の証言によれば、一九七七年には恐怖は極点に達した。飢饉が荒れ狂っただけでなく、粛清も復活したからだ(3)。粛清は一九七五年とはちがった様相を呈した。まず、より政治的になり（粛清はしばしば体制内部でますます激しさを増す闘争の結果であった）、一層民族的要素を内包し、前述のように新しいカテゴリーの人々に被害をもたらすようになった。とくに、「基幹人民」のなかの富農、あるいは中農までが対象になり、教師は前よりももっと徹底的に粛清された。[1] 粛清にはまた新たな残虐の刻印が押されるにいたった。一九七五年の指示ですでに共和国時代の将校の妻子の処刑が命じられていたが、以前に（ずっと前の場合もあった）処刑された兵士の妻自身も逮捕され、殺されるようになったのは一九七七年になってからのことだった。家族全員が、あるいは村全体が抹殺されることも、もはや例外的な事態ではなくなった。たとえば、一九七七年四月十七日、元大統領、ロン・ノルの出身村では、「解放」を祝う楽しい記念日にあたって、三五〇家族が抹殺されたのだった。[2]

一九七八年はさらに議論の分かれる年であった。スリヴィンスキによれば、おそらくよりよい収穫と、とりわけ管理がより柔軟になったために、飢饉はかなり顕著に和らげられたであろうという。一方、トゥイニングの説は、むしろすべての証言によって裏づけられているのだが、旱魃と戦争が結合されたために、逆にかつてない食料の欠乏を招いたという。[3] 確かなことは、殺戮がますます全般化し（とくに東部地域では旧人民のあいだにおいても）、異常なレベルにまで達したことである。

ポル・ポト時代の日常的な死

「民主カンプチアには、刑務所もなければ、裁判所も、大学も、高校も、貨幣も、郵便局も、本も、スポーツも、気晴らしもなかった……。一日二十四時間のうち、無為の時間は少しも許されなかった。毎日の生活は次のように分けられていた。肉体労働が十二時間、食事が二時間、休息と教育が三時間、睡眠七時間。われわれは巨大な強制収容所にいた。そこにはもはや正義はなかった。われわれの生活のすべての行為を決定するのはオンカー[1]だった。(…)クメール・ルージュは彼らのたがいに矛盾する行為や命令を正当化するためにしばしばたとえ話を使ったものだ。たとえば人間を牛にたとえてこう言っていた。〝犂を引いているこの牛を見ろ。牛はここで食えと命じられた所で食う。もしこの畑で草を食わせておけば、牛は食っている。もしたっぷり草がない畑に連れていっても、ともかくそこで草を食う。牛は自分で移動することはできない。牛は監視されている。そして、犂を引けと言われれば犂を引く。牛は決して妻や子どものことなど考えない[2]……〟」

　生き延びたすべての人々に民主カンプチアは、あらゆる基準と価値観が失われた社会という異様な印象を残している。鏡の裏側の世界とでも言おうか、民主カンプチアで生き延びるチャンスにしがみつこうとすれば、大急ぎで新しいゲームの規則を学びとらなければならなかった。その第一条は人命にたいする根底的な軽蔑だった。すなわち、「お前が死んでも損失ではない。お前を生かしておいても何の役にも立たない」というのだ――すべての証言がこの恐るべき決まり文句を報告している。[3] ある人々にとっては早くも一九七三年からになるが、すべてのカンボジア人が体験したのはまぎれもなく地獄への転落であった。南西部地域の「解放」区では、「解放」の瞬間から仏教が廃止され、青年は家族から引き離され、制服にかんする規則が強要され、生産協同組合への編入が実施された。今こそ語らなければならないのは、民主カンプチア治下の人々を囲んでいた死にいたる無数の機会のことである。

輝く未来、奴隷制度、飢餓

まず第一に、少なくとも「七五年世代」の人々にとっては、荷役用の家畜と戦争奴隷(1)(これまたアンコール時代からの伝統に属するものだった……)との中間にあたる新しい生活条件を受け入れる必要があった。身体が丈夫に見え、あまり多数の無駄飯食いを連れていなければ、それだけ簡単に、旧人民の村に受け入れられた(2)。それからだんだんに所有物をむしりとられていった。都会から撤退させられる時には、クメール・ルージュの兵士により、農村では幹部と旧人民の幹部により、また闇市を通じても、奪われたのである――極端な物資不足の時期には、米一缶(二五〇グラム)に一〇〇ドルという途方もない値段がつくことすらあった(3)。

いっさいの教育、移動の自由、合法的な商売、その名に値する医療、宗教、文字などがすべて消え去った状態に慣れなければならなかったし、同じように服装や行動にかかわる厳格な規準の押しつけにも(衣服については、色は黒、長袖で、首までボタンのついた服であり)、行動の押しつけにも(愛情表現もだめ、喧嘩や悪口もだめ、愚痴や涙もご法度だった)慣れなければならなかった。あらゆる指示に盲目的にしたがい、果てしない集会に(聞いているふりをしながら)出席し、命令どおりに叫んだり、喝采し、他人を批判したり、自己批判したり……しなければならなかった。民主カンプチアの一九七六年憲法は、おあつらえむきにも、市民の第一の権利は働くことだと規定していた。当然ながら新人民は他にも権利があることなど決して知らなかった。体制の初期に自殺が疫病のように流行したことはきわめて納得がいく。なかでも自殺者が多かったのは、家族の重荷になると感じた高齢者たち、身内と別れていた高齢者たち、あるいは最も裕福な階層に属していた人たちだった。

「七五年世代」の適応は、「受け入れ」(という言葉を使えればの話だが)条件がまったくできていないために、なお一層困難になることがしばしばだった。彼らの多くの部分は、特に一九七五年秋に、気候風土のよくない地方に送られた。与えられたのはただ原始的な道具と常に不足する食料配給だけで、それ以上期待できるものは何もなかった。技術的な援助や実地の指導など一度もなく、しかも理由はどうあれ、窮地を切り抜けられない人々には最悪の制裁が待っていた。明らかな身体障害があっても、「さぼり屋」や無能者にたいする制裁——つまり死——が容赦されることはなかった。それに、家族の絆がよほど強い場合を別にすると、今の落ち着き先が最終的なものだということは決してなかった。たとえば、生産隊の変更や新たな強制移住が命ぜられると、権力の完全な恣意のままだという感覚が心に刻み込まれていく。

このような背景から、しばしば最も健康な人々のあいだに、最低限の合理性と予測可能性と、つまりは最低限の人間性がまだ支配している別の世界へ逃亡しようという誘惑が生まれた。しかし、ほとんどの場合、逃亡は引き延ばされた自殺に等しかった。たいていの場合、磁石も地図もなしに決行され(1)、それも追跡されにくく発見されにくいよう雨期のことが多かったが、食料のたくわえも不十分なうえ、食料不足で身体も弱っていたので、逃亡者の大半は、皆殺しにするよう命令されていたクメールのパトロール隊の手にかかるより前に死んだものと推測できよう。それにもかかわらず、兵士や幹部の数が少なかったことから比較的ゆるやかだった監視体制に刺激されて、逃亡を試みる者は多かった(2)。

新しい居住地に落ち着いたとき困難な適応の問題が起こる場合があるが、そのときでも、当時のシステムのもとでは、新参者が身体を休め、健康を回復する可能性など少しの配慮もされるようなことはなかった。それどころか、システムの責任者は「輝く未来」がすぐ手の届く所にあると確信しているらしかった。輝く未来はおそらく、一九七六年八月にポル・ポトが発表した四カ年計画(一九七七―一九八〇年)の終了時に来るはずになっていたのだ。四カ年計画は、資本の原始的蓄積を実現できるように、この国唯一の明白な資源である農産物の生産と輸出とを大量に発展させることを意図していた。このようにして、農業の工業化を、多様な軽工業の発展を、その後には、強力な重工業の発展を保証するつもりであったのだろう(1)。

奇妙なことに、この近代主義的色彩の強い狂信的とさえいえる信念は、アンコールへの幻想ともいうべき懐古趣味的な妄想を拠り所にしていた。一九七七年九月二十七日、オンカーとは実はカンプチア共産党のことにほかならないと公式に発表した長大な演説のなかで、ポル・ポトはこう断言している。「わが人民はアンコール寺院を建設することができたのだから、われわれにはすべてが可能である」と(2)。クメール・ルージュの主意主義を正当化するいま一つの根拠は「栄光の四月十七日」だった。この日、カンボジアの貧農は帝国主義第一の強国にたいする優越性を証明したことになるからである。

「一ヘクタールあたり(籾米を)三トン(3)」の目標に到達するよう住民に努力を求めても、このような背景のもとでは、どだい無理な話だった——一九七〇年頃の段階で、一トンをかろうじて超える程度しか生産していなかったのであるから。豊かな北西部地域にたいして発案された稲作面積の三倍化もまた、無茶な計画だった。この計画は、具体的には、新たな土地の開墾と大規模な灌漑の発展(4)、この双方を意味していた。つまり、籾米の年一期作から二期作へ素早く移り、ついで二期作から三期作へといずれは移行しなければならないのだった。籾米とは逆に、他のすべての作物の栽培は二の次に置かれた。そして、新人民が引き受けることになった稲作のためのこの「労働軍」に要求された努力などは算定の対象にすらならなかった(1)。

ところで、この生産努力によって、全住民のなかで最も能動的な労働力の持ち主さえも、憔悴の果てに、しばしば死という重大な結果にまで追い込まれた。つまり、いちばん先に死んだのは、最も頑健な人々であり、最も多く働くよう要求された人々だった(2)。一日の労働は十一時間にも及ぶのが普通だった。しかし時として、村同士の競争が行われる機会などには(幹部にとっては最大の名誉になるわけだが)、朝の四時から起き出し、二十二時か二十三時まで現場にとどまることを強いられた(3)。休日(完全に廃止された場合もあった)についていえば、十日に一度というのが一般的だった(4)が、それも延々とつづく政治集会に費やされるのが常だった。労働のリズムそのものは、正常の時であれば、カンボジア農民の通常の労働のリズムを必ずしも超えるものではなかった。ただ大きな違いはといえば、労働時間内で、とりわけ慢性的な栄養失調状態のなかで、くつろげる瞬間がまず皆無であり、休息時間が不十分な点にあった(5)。

未来はもしかすると輝いていたのかもしれないが、現在は破滅的だった。すでに一九七六年十一月には、バンコクのアメリカ大使館は、難民の話をもとに、前年の一九七五年度にくらべ耕地面積が五〇％減少したと推計した(6)。当時この国を旅行した人々は、工事現場や開墾地帯への人口の大量移動の結果、半ば人けのなくなった農村や見捨てられたままになっている畑のことを描写している。ロランス・ピックの証言の与える印象は強烈である

（以下参照）。

〈農村の崩壊〉

街道の両側に、見渡す限り荒れた田んぼが広がっていた。田植え作業の跡を探したが、無駄だった。何もなく、ただ一〇キロほど先に、数人の娘からなる労働グループがいただけだった。

ラジオが毎日語っている移動労働隊の何百人もの若者はいったいどこにいるのだろうか？

所々に、男や女のグループが肩にふろしき包みをしょって、うつろな様子で、ぶらぶら歩いていた。彼らが身につけている、かつては鮮やかな色だったに違いないボロ着や、細いズボン、破れたスカートから、彼らが新人民、つまり都市から追放されてきた旧都市住民であることが推測できた。

この年の半ばに、「裏切り者一味」の不条理な政策によって引き起こされた生産の不均衡をとりつくろうために、住民の新たな移動が組織されたことを私は知った。

彼ら都市住民は、まず初めに南西部地域の恵まれない地区に送られ、そこで完全な窮乏に直面し、「新しい世界観」をつくりあげなければならなかったのだ。ところで、その間、肥沃な地方は労働力を投入されず放りっぱなしになっていた。国中で人が飢えで死んでいるのに、種を播いた土地のたった五分の一しか利用されなかったことになるわけだ！

では、これらの土地でそれまで働いていた労働力はいったいどこに行ったのだろうか？　答えのないまま残される疑問は数多い。

一方、労働における積極性を大いに喧伝されていた移動労働隊についていえば、彼らが生活していた過酷な条件ときたら！　食事は畑に運んで来られるが、何本かの蔓《つる》を浮かした水のようなスープに、プノンペンで食べていた量の半分ぐらいの少々の米粒だけだった。こんな割当量では、力いっぱい働くことなど不可能だし、その結果、どんなものであろうと生産することは無理な話だった。（…）

私は驚愕のあまり、目を見開くばかりだった。恐ろしい光景だったというほかない。筆舌に尽くし難い人間の悲惨、たとえようもなくひどい荒廃、痛ましい浪費のかぎりだった……。

車がスピードを上げて走っていた時、一人の老人が両手を大きく振りながらかけよってきた。道路脇には若い女性が横たわっていた。病気だったのだろう。運転手は急ハンドルを切った。老人は両腕を天にさしあげたまま、街道の真ん中に取り残された。[1]

カンプチア共産党の経済計画はそれ自体耐えがたいほどの緊張をはらんでいた。しかもその緊張は、計画の実行を担当する幹部たちの傲慢な無能力によってなお一層深刻になった。灌漑は四カ年計画の要石であり、ある意味では未来のために現在を犠牲にして、莫大な努力をふりむけたものだ。ところが、立案された工事の構想や施工が杜撰なために、この犠牲は大半が無駄になってしまった。きちんと設計され、今日にいたるまで変わらず使用されている堤防や運河やダムが数えるほどしかないそのかたわらで、どれだけ多くの治水工事が最初の増水期が来ただけで（ことによると、数百人の建設労働者や村人を呑み込み）押し流されてしまったことか。あるいは水を逆流させ、たった数カ年でダムが泥に埋まってしまったことか……。

時には労働者のなかに水利技師がいることもあったが、彼らは激怒しながらも沈黙を守るほかなかった。批判などしたりすれば、オンカーにたいする敵対行為ということになり、その結果はお定まりの道をたどったろう……。「ダムを建設するのにお前たちに必要なのは政治教育だけだ」という断言を奴隷たちは申し渡されていた[1]。彼らのリーダーはしばしば文盲の農民だったが、彼らにとっては、土木作業員と労働時間と、盛り土用の土を最大限に集積することだけが、唯一、技術的原理の役割を果たしていたのだ。

技術と技術者へのこの無視にともなっていたのは、村人の初歩的な良識さえも受け付けぬやり方だった。工事現場や村で監督していたのはおそらく手にタコのできた哀れな男たちだったろうが、彼ら自身の先生は、形式的合理性と画一性に飢え、みずからの全知を確信していた都市の知識人だった。そのようなわけで、上から押しつけられていた田の広さの単位はどこでも一ヘクタールだったので、彼らは稲田を区切る畦の大部分をつぶしてしまえと命令していた(1)。農作業のカレンダーは、地元の環境条件におかまいなく、一つの地方全体について、中央部で同じように決められていた(2)。

稲作が唯一の成功基準であると布告されていたので、幹部のなかには、耕作地域の立木を、果樹にいたるまで、残らず切り倒した方がよいと信じた者もいたほどだ。稲を荒らすスズメの隠れ家をなくそうとして、飢えていた住民の栄養源の一つを絶滅させてしまったこともある(3)。このように自然が根こそぎ試練にさいなまれていた一方で、労働力のほうもまた、不条理なまでに細分化され、専門化されていた。各年齢集団は(七歳から十四歳まで、十四歳から結婚するまで、年寄り、といったように分けられ)それぞれ別々に「動員され(4)」たのだった。ある特定の任務に作業チームをふりわけて専念させるやり方がますます広がった。そのかたわらで、冷ややかに、かつ全権にあぐらをかいて後光を発しながら、幹部は部下とともに働くことはまずなく、ほんのわずかな討論さえも許さずに、ひたすら命令をくだしていたのである。

何百万人のカンボジア人を何年にもわたってうちのめした飢えは、また、彼らをたやすく隷属させる道具としても意識的に利用されたのだった。たとえば、衰弱した人々は余分の食料をたくわえられないままに、逃げようという気持ちも失ってしまった。食料のことで常に頭がいっぱいの彼らのなかでは、自立的な思考や異議申し立てや性行動への意欲すらもうち砕かれていた。状況に応じて彼らの食事量を調節する勝手放題な政策のために、強制移住に訴えることも、集団食堂制を進んで受け入れさせることも、思いのままになっていった（数回でも満足な食事が与えられると、皆がオンカーを好きになり始めたものだ）。また、親子関係も含め、個人間の連帯を破壊するのもたやすいことだった。どんなに血にまみれた手であろうと、自分を養ってくれるのであれば、その手にキスすることを誰も厭いはしなかったであろうから(1)。

悲しい皮肉だが、稲作への盲信のために他のすべてを犠牲にしようとした（ちょうど、ソ連に鉄鋼への盲信があり、キューバに砂糖への盲信があったように）体制は、米というこの食料をますます神秘的なものにしたのだった。カンボジアは、一九二〇年代以来、住民の大半を恥ずかしくない程度に養いつつ、年間数十万トンの米を規則的に輸出してきた。ところが、一九七六年初めに集団食堂が一般化してからというもの、カンボジア人の大部分はせいぜい薄い米のスープ（一人あたりコーヒースプーンに四杯ほどの米粒しか入っていない(2)）しか与えられなくなった。しかも収穫はときたら、すでに見たように、悲惨な状態と破滅的状態のあいだを行き来するだけだった。その結果、毎日の割当量は異常な割合で減っていった。一九七五年までは、バッタンバン地区の成人は一人一日四〇〇グラムの米——正常な活動をするのに最低限必要な量にあたる——を消費していたと推定される。ところが、すべての証言が一致するところでは、クメール・ルージュ体制下では、一人につき米を一缶（二五〇グラム）もらうことができれば、もうご馳走の部類だった。割当量が様々に変化するにつれ、五人、六人、いや時には八人が一缶の米を分けあって満足しなければならないことも、決して珍しくなかった。(1)

したがって、ブラックマーケットは米を手に入れるうえでどうしてもなければならない存在になった。そこで流通する米はとくに、届け出をしていない多数の死者への割当分を幹部が横流ししたものだ。闇市とともに、必要不可欠になってきたのは、自前で食料を探し調達する行為である。いうまでもなくこの行為は全体禁止が原則だった――オンカーは人民のために働いており、したがって、その配給で十分であるはずだった……――が、時には公式また非公式に黙認されることもあった(2)（もちろん「盗み」となると、話は別である）。飢えた人々の猛烈な空腹感は何ものも見逃すことはなかった。

原則として集団的な財産（たとえば、収穫直前や収穫中の籾米、また、時をえらばず果物）も、わずかばかりの個人の所有物（たとえば旧人民が飼っていた家禽や家畜）も、稲田に群がる蟹、蛙、カタツムリ、トカゲ、蛇も、生のまま食われる赤蟻や大蜘蛛も、手当たり次第に狙われた。森のなかの若芽やキノコや根っこなども、選択をあやまり、あるいはよく熱を加えずに食べでもすれば、(3)多数の人が死ぬ原因になった。飼いおけの餌を豚と奪いあい、(4)野ネズミを腹のたしにするという(5)ような、貧しい国にとってさえ思いもよらない極限状態にまで達したものである。食料を個人的に調達しようとする試みは、常に制裁の主要な口実の一つであり、訓戒にはじまって、収穫物のあまりに大量な略奪があった場合は、見せしめのため処刑が行われることさえあった(1)。

慢性的な食料不足のせいで、全身が衰弱状態になったため、あらゆる病気（とくに赤痢）を発症し、かつ重篤になった。「飢餓から来る病気」にもいろいろあったが、なかで最も普通で最も重いのは全身にひろがる浮腫であり――歴史上、似たような状況で記述されているとおり――これは毎日の粥のなかの塩分の大量摂取によって促進された。比較的安らかなこの死に方（衰弱した後、意識を失う）は、人により、とくに老人から、羨ましいと見なされるようになったほどである(2)。

最も控えめに言っても、罹病率の悲劇的な高さ――時にはある共同体の大半が病気で寝たきりになっていた(3)――にもかかわらず、クメール・ルージュの責任者が心を動かされることはほとんどなかった。たとえば、労働事故に遭った者は犯罪者だった。なぜなら「オンカーの労働力を失わ(4)」せたからである。病人は常に怠け者の疑いをかけられ、一般に医務室か病院に行く時以外は働くのをやめることはできなかったが、病院では食料配給は半分に減らされ、しかも感染症にかかる危険はきわめて高かった。アンリ・ロカールが次のように書いたのには、おそらく正当な根拠があったであろう。「病院は、人民を治癒させるより、むしろ抹殺する場所であった(5)」。プン・ヤッタイは数週間で、親族のうちの四人を病院で失った。水疱瘡にかかった一五人の若者からなる集団は、まったく何の容赦もされなかった。労働はこれまでどおりで、手当てはされず、腫れ物がはじけて傷になっているにもかかわらず、じかに地べたに寝かされた。その結果、生き残ったのはたった一人だけだった。

あらゆる基準の破壊から動物化まで

飢えが人を非人間的にすることは知られているとおりだ。飢えた人は自分のことだけでいっぱいで、自分自身の生存に無縁なことは何でも考慮の外に置く。でなければ、時として人肉食《カニバリズム》という手段に訴えることになるのをどう説明できるだろうか？　しかしながら人肉食は、カンボジアでは、大躍進時代の中国ほど広がらなかったし、死者を食べることにかぎられていたように見える。

プン・ヤッタイが正確な実例としてあげているものに二つの例がある。一つは、元女性教師が妹の身体の一部を食べた例であり、もう一つは病院で死んだ青年を同室の患者が分けあった例である。どちらの場合も、この「人食い鬼」（クメールの伝承では特別に悪魔的な精霊）にたいする制裁は死刑であり、元女性教師の場合は、村中の人（と妹）の目の前での撲殺だった。[1] 中国と同じように、復讐のための人肉食もあった。リー・ヘンによれば、[2] クメール・ルージュのある脱走兵は、処刑される前に、自分の耳を食べさせられたという。

人の肝臓を食べた例は、クメール・ルージュにかぎったこととは言えず、引用例が多い。一九七〇年から一九七五年のあいだに、共和国軍の兵士が時として敵兵にそれを強いたものだ。[1] 同様の習慣は東南アジアのいたるところでも見られる。ハイン・ニュルの報告によれば、[2] ある刑務所で、妊娠していた女性が殺害されたあと、死体から胎児と肝臓と乳房を摘出したという。胎児は投げ捨てられ（牢屋の屋根の縁にはいくつかの胎児がすでに吊され、干からびていた）、残りについては、「これで今晩の肉は十分だ！」という言葉とともに持ち去られた。[3] カエン・クンは、ある協同組合長が、人間の胆嚢から目の薬を調合しながら（しかもそれを気前よく組合員たちに配り）、人間の肝臓が美味であることを褒めちぎっていた、[4] と語っている。

人肉食という手段に訴えるこの行為のなかに、もっとずっと一般的な現象――つまり、価値観や道徳的・文化的基準の、何よりもまず、仏教における基本的な徳である憐憫の情の衰弱という現象――の極限例を見ることができるのではなかろうか？　これこそクメール・ルージュ体制の逆説といえようが、平等・正義・友愛・自己犠牲の社会をうちたてたいと公言しながら、他の共産主義権力と同じように、その体制が引き起こしたのは、エゴイズム・自分さえよければという態度・権力における不平等・恣意性が前代未聞の規模で荒れ狂う、嵐のような世界だった。生き延びようと思えば、何よりもまず、うそをつき、だまし、盗み、しかも無関心でいることができなければならなかったのである。

手本は、もし手本という語を使えるとしての話だが、上から来ていたのだ。ポル・ポトは一九六三年以降、レジスタンスのためジャングルのなかに消え、一九七五年四月十七日の後でさえ、家族との接触を回復するために何ひとつしなかった。そういうわけで、彼の二人の兄弟と義理の姉は、他の人々とともに強制移住させられ、そのうちの一人は早々と死んだ。生き残った二人は晩年になってから、公式写真のおかげでこの独裁者が誰であるかをわかったが、彼との関係をだれにも知らせない方がよいと信じたのだった（おそらくこの判断は間違っていなかった）(1)。

この体制は、家族の絆を緩め、あるいは破壊するため全力を尽くした。なぜなら、オンカーへの各人の全面的隷属という全体主義的な計画にとって、家族の絆が自然発生的な抵抗の基盤になることを認識していたからである。労働単位はそれぞれ、村から遠くない所に、自分たちの「場所」（単なるござやハンモックからなるありあわせの）をもっていた。労働単位を離れる許可をもらうことは非常に難しかった。したがって、夫は何週間もつづけて、あるいはもっと長いあいだ、妻から引き離され、子どもは年老いた親たちから引き裂かれていた。青少年は家族と会うこともなく、その消息もなしに六カ月も過ごすことがあったが(2)、時にはやっと家に帰ってみて、全員が死んでいるのに気づくということすらあった(3)。ここでもまた、その手本は上部から来ていた。指導者夫婦自身もほとんど離れて生活していることが多かったからだ(4)。たとえ子どもが小さくても、母親が面倒を見すぎることは白い目で見られたものである。

夫の妻にたいする権力も、両親の子どもにたいする権力も、取りあげられてしまった。妻をひっぱたいたかどで、処刑されることもあったし、子どもを叩いたかどで、子どもから告発されることも、侮辱したり口論したりしたため、自己批判を強いられることもあった(1)。人間主義的とはとてもいえないこの種の状況のなかにこそ、自分の支配を免れているすべての権威関係を解体させて、合法的な暴力の独占体制をむりやりわが物にしようという権力の意志があったことを見なければなるまい。

家族的な感情には最大の軽蔑が投げかけられることになった。同じトラックに乗せてもらえなかったというだけの理由で、二台の荷車が同じ車列のなかを続いて走っていたのに、同一の強制移住先への道を行かないよう命令されたというだけの理由で、家族は別々になり、二度と会えないこともしばしばだった。そういう場合、老人や子どもがたがいにばらばらになったとしても、幹部にはどうでもいいことだった。「心配することはない。オンカーが（彼らの）面倒を見るんだから。それともオンカーを信用できないとでもいうのか？」というのが、もう一度家族と一緒にさせて、と懇願する人々への典型的な返答だった(2)。

死者を火葬せずに埋葬することは、家族の連帯の絆をさらに傷つけることになった（必死に懇願してやっと例外的に火葬が許されることもあったが、それには人間的な幹部がいてくれなければならなかった）。クメール人にとって、葬儀もせずに近親者を冷たいまま泥の中に打ち捨てること（こんな場合については何の規定もなかった）は、とりもなおさず死者への基本的な敬意を欠いていることを意味し、また、死者の再生（文字通りには「死後、魂が他の肉体に宿る」意味）を危険にさらし、もしかすると死者に幽霊としてしか生きられないよう強いることにもつながった。

反対に、少しでも遺灰をもっていることは、移動が頻繁に行われたこの時期には特に価値があることとされた。というのも、クメール・ルージュのやり方は、仏教的なものであろうと、あるいは仏教以前のものであろうと（クメール・ルーの「原始的な」儀式は、アンコール帝国に由来する儀典と同様に、よく保存されてはいなかったが）、民衆的であろうと（愛の歌、冗談）、あるいは複雑なものであろうと（宮廷舞踊、寺院の絵画、彫刻……）、カンボジアの豊かな伝統文化にたいする組織的な攻撃を支える一環だったからである。一九七六年の四カ年計画は、おそらく中国の文化大革命を猿真似したもので、革命的な歌と詩以外に、いかなる芸術的な表現形式も認めていなかった(1)。

しかし、それを超え、死者の地位を貶めることは、生者の人間性の否定と対をなしている。「私は人間ではありません。私は動物です」と、指導者の一人であり、大臣でもあったフー・ニム（情報宣伝相をつとめたが、一九七七年に粛清された）は、彼の自白書のなかで結論づけた(2)。人間は動物と同じ価値しかないのだろうか？　一頭の牛を見失ってしまっただけで、命を失うこともあったし、牛を叩いたからといって、死ぬまで拷問されることもあった。[1] 犂につながれた人間は、彼らが補佐している牛と同じ能力を発揮しなかったという理由で、容赦なく鞭で打たれたものだ。[2] 人間の命にはかくも低い値段しかつけられていなかった……。

「お前には個人主義の傾向がある。(…) お前は (…) 自分の感情から解放されなければならない」。怪我をした息子をそばに置いておきたいと言い張るプン・ヤッタイに、クメール・ルージュの兵士はこう言い返した。数日後、死んだ息子に会いに行こうとして、プン・ヤッタイは、自分は病気ですから「オンカーのものである体力を浪費するわけではありません」と正当化して、どうにか息子の死体を見に行く許可を得ることができたのだった。後の話だが、「オンカーが面倒を見ているから」という口実をつけられて、彼は病院に妻を見舞いに行く権利を得られなかった。隣の重病の女性とその小さな二人の子どもを助けに行ったとき、彼はクメール・ルージュからこういう注意をうけた。「助けるのはあなたの義務ではない。逆にそれは、あなたがまだ同情心だとか、友情という感情をもっている証拠だ。そういう感情は捨てて、個人主義的傾向をあなたの精神から根絶やしにしなければならない。早く自分のところに帰りなさい」[3]

　こうした一貫した人間性の否定には、国の主人である支配者の視点に立った場合、コインの裏ともいうべきもう一つの面がつきまとっていた。警備員やスパイが後ろを向くが早いか、彼らに監視されている者の頭から、うそをつくこと、さぼること、とりわけ盗むことについていっさいのやましさが消え失せてしまう、という反面だ。オンカーから与えられた配給割当量を考えれば、これこそ生きるか死ぬかの問題だった。子どもから年寄りにいたるまで、誰もが盗んでいた。このことは、何もかもが国家に属する以上、野生の果実をいくつか採集したことを意味したにすぎないのだが。それはともかく、死ぬか、盗むか、だますか、というあいだの選択しか与えてくれない社会とは、まことに地獄のような罠にほかならなかった。とくに若い世代におけるこの脱教育化作用は、カンボジアの発展の機会を阻害する冷笑的《シニシズム》な態度とエゴイズムを今日にいたるまで存続させるにまかせてきたといえよう。

凶暴さの勝利

この体制には、もう一つ乗り越えることのできない矛盾があった。人々の生活と思想についてはは絶対的な透明性を要求しながら、権力の座にある集団がみずからについてはとりわけ隠蔽された性格を固持していたことである。すべての共産主義体制の国のなかで、ほかには見られぬ独特な現象だったが、カンプチア共産党の存在が正式に宣言されたのは、一九七七年九月二十七日になってのことであり、実に四月十七日から三十カ月を経た時だった。

ポル・ポトの人格そのものが、とりわけ徹底して守られている秘密だった。彼が最初に姿を現したのは一九七六年三月の「選挙」の折で、その肩書は「パラゴム園の労働者」というものだった。実際には彼は一度もゴム園でも、一九七七年十月の北朝鮮訪問の際に発表された伝記が主張していたように、「両親の農場で」も、働いたことはなかったのだ。情報をつき合わせた結果、ポル・ポトと、サロト・サル——一九六三年にプノンペンから逃げ、カンプチア共産党の何人かの幹部が「ジャングルで死んだ」と宣言していた共産主義活動家——とが同一人物であることを発見したのは、西洋の諜報機関だった。

全能の権力をよりよく行使するため影のなかに留まっていたいという意志はきわめて強く、そのため、ポル・ポトには、伝記も、胸像も、公式の肖像画さえもなかった。彼の写真はごく稀にしか公にされることはなく、彼の選文集も存在していない。そういうわけで、彼をめぐる個人崇拝を思わせるようなものは何ひとつなかった——多くのカンボジア人は、一九七九年一月の後になって初めて、誰が首相であったかを知ったのである(1)。結局、ポル・ポトはオンカーと取り違えられていたし、オンカーはポル・ポトと取り違えられていたのだ。名を明かさないこの組織の、名を明かさない最高指導者として、ポル・ポトは、どんな小さな村の最も些細な権威しかもたない者の背後にも見えないまま、しかも現存しているかのように、すべては進行していた。まことにこうした無知こそ恐怖《テロル》政治の母である。何も知りえないとき、誰一人、いついかなる時も安全な場所にいると感じることはできないのだから。

不透明さと透明さのこうした結合のために、この体制の奴隷たちは、どんなにわずかでも、もはや自分の思いどおりにふるまうことができなかった。休息を与えないように作られた時間割と、食料についての強迫観念と、どんなに些細な失敗をおかしても問題になってしまうような頻繁な批判—自己批判集会とによって、奴隷たちの現在は完全に牛耳られていた。奴隷たちの過去は、彼らの申告内容の真実性がほんの少しでも疑われれば、綿密な詮索の対象となり[1]、その結果、多数の人が逮捕され、つづいて、本人が隠そうとしていたかもしれないことを白状させることを狙いとした拷問が行われるのだった。その際、密告でもあれば、しかもその内容どおりに、昔の同僚や隣人や学生と偶然に出会ったりでもすれば、その言い分どおりに自白させられることになった。それでは、奴隷たちの未来はといえば、権力の座にあるモレク（昔カナンで恐れられていた異教の神、子どもをいけにえに捧げたという）のちょっとした気まぐれに左右される、吹けば飛ぶような心もとないものだった。

当時流行のスローガンを借りて言えば、「パイナップルと同じくらい多くの目をもつ」権力の視線からは、何一つ逃れられるはずがなかったのだ。いっさいは政治的意味をもつと考えられていたので、確立した規則をちょっとでも破れば、それは反対行為の、とりもなおさず「反革命的犯罪」の価値を帯びることになりかねなかった。たとえ無意識にせよ、ちょっとした過ちはどんな些細なものでも避けなければならなかった。クメール・ルージュが周囲に広めていた妄想的な論理にしたがえば、（われわれは巧みに姿をひそめた、しかも、陰険きわまる敵に囲まれているのだから）偶発的出来事とか偶然とか不手際などというものはなく、あるのはただ「裏切り」ばかりだというのだ。

そういうわけで、コップを割ったり、水牛をうまく使えず、曲がった畝を作ったりすれば、裁判所をもって任ずる協同組合メンバー——両親や友人もまじえた——の前に連行されることになったのである。その場合、告発者に事欠かなかったのはもちろんのことだ。死者のことは決して口にしてはならなかった。彼らは正当にも罰せられた裏切り者であるか、でなければオンカーから自分たちの労働力を取り去った卑怯者であるかのどちらかだ。「死者」という言葉自体がタブーになっており、バッ、ト・クル、オ、ン、（姿を消した肉体）と言わなければならなかった。

しかしながら、仮に上部の指図のままに動く組織であれ、司法機関というものがまったく存在しなかったこと（裁判は一度も行われたことがない）、とりわけ、その名に値する警察機関というものがまったく存在しなかったことは、この体制の弱点だった——その役割を引き受ける用意がほとんどできていなかったのに、国内治安を担当していたのは軍隊であった。抑圧機関がこのように粗雑だったことから、闇の取引をする、個人的には結構自由な会話をする、盗みをはたらく……などの行為が、結局のところかなり容易に行われた事実が説明される。

同じ事情から、子どもや青少年が何の歯止めもなく警察の助手として使われた事実もまた説明されよう。クメール・ルージュの機関にすでに組み込まれ、チロープと呼ばれた若者の場合は、ほとんどがスパイ役であって、たとえば、家々の床下にひそんで、弾劾の対象となる会話を盗み聞きしたり、あるいは禁じられている食料の個人的備蓄を捜しあてたりするのを任務とした。しばしばもっと若い、別の連中の任務は、両親や兄弟・姉妹のそれまでの政治遍歴を追跡し、そこに「異端的」思想の跡を見つけた場合は、「彼らのためを思って」密告することであった。

すべてのカンボジア人にとって、はっきりした言葉で許可されていなかったものはことごとく、禁止されていたものであった（し、あるいはそう見なされていた）。刑務所が実際には死への待合室であったのだから、再犯性のない、付随的な違反行為は相当に軽い自発的な自己批判の対象となるだけで、許されることもあれば、時には配置換え（たとえば中国流に、豚小屋への）か、普通は集会の最後にふるわれる多少の殴打を受ける程度の罰で済んだ。実際、処罰のための口実ときたら、いくらでもあった。たとえば、家族の構成員同士にとって、互いの労働チームがほんの数キロしか離れていないのに、数カ月ものあいだ会わないでいるのを我慢できたはずがあるまい。経験不足や、注意力を散漫にする体力の衰えや、あるいは使い古しの道具などが原因でしばしば起こる労働の場での些細な失敗を、避けることができたはずがあるまい。また、食料収集や、バナナ一本を取るというだけの「盗み」の誘惑に抵抗することができたはずがあるまい。

これらの「犯罪」のどの一つでも、投獄か、死罪へと通じかねなかった。(1) 文字通りすべての人が罪を犯していたのである。それにもかかわらず、より控えめな制裁がくだされることが最も多かった。というのも、すべては相対的だったからである。鞭打ちの刑は、とりわけ若者にはありきたりの罰であり、成人はむしろめった打ちにされることが多かったようである——その結果、死に至ることもあったが。拷問を行うのは、クメール・ルージュの兵士の場合もあった。

しかし、最も普通だったのは、自分の仕事の同僚である「七五年世代」から殴りつけられることだった。この連中はしばしば、自分自身が常に危険な立場におかれていることを知っていたので、それだけ罰を加える熱心さを競いあったものである。この場合、いつもと同じように、完全に服従しているように見せることが必要だった。不平を言おうと思ったり、もっと悪いのは、抗議の意思を表そうとしたりなどすれば、刑罰にたいし、とりもなおさず体制にたいする反対を示す印と解釈されたであろう。罰すると同時に、恐怖をおぼえさせることこそが肝要だったのだ。そのため、見せかけの処刑すら実行された。(2)

統治方法としての殺害

「われわれが建設中の国のためには、よい革命家が一〇〇万人いれば足りる。その他の住民は必要ないのだ。われわれは敵を一人生かしておくくらいなら、むしろ一〇人の友人を倒すほうを選ぶ」。というのが、協同組合の集会でよく聞かれたクメール・ルージュの演説だった。(1) 彼らはこうしたジェノサイドの論理を実行した。ポル・ポトの治下では、非業の死こそ日常茶飯事だったのだ。当時は、病気や老齢で死ぬよりも、殺されて死ぬほうの頻度が多かった。他の国では「最高刑」と呼ばれる極刑が、あまりの頻繁さと、実行の際につけられる理由が無意味なために、月並みきわまるものになってしまっていた。奇妙な倒錯ではあるが、最も重い罪と見なされた場合にのみ、刑務所に入れられて(もっとも通常、そこでは死期が引き延ばされるだけの話だった)、陰謀や共犯者を自白させられるのだ。

抑圧体系の現実は注意深く隠されていたけれども――秘密であればあるほど、なお一層恐ろしく思われたものだ――、移住を強制された者のなかには、その大筋を次のように理解しえた人たちもいた。「おそらく並行する二つの抑圧システムが存在していたのだろう。一つは、自分の存在を正当化するため、みずからを食っては肥大していく官僚制の不可欠な部分としての牢獄制度であり、もう一つは、協同組合長に復讐する権利を与えた、もっと非公式な体系だった。結局のところ、囚人にとって行きつく結果は同じだった」(2)。アンリ・ロカールはこの仮説を確認している。(3)

さらに、この体制の最後の年に有力になる傾向をみせた三番目の殺し方として、「軍隊による粛清」——一七九三年から一七九五年にかけてのヴァンデ戦争〔フランス革命期、国民公会の政策にたいしヴァンデ地方で起こった反革命的反乱〕における「地獄の縦隊」〔この戦争の際、反乱抑圧に残虐のかぎりを尽くした共和国軍の「青の分遣隊」を指して、反乱軍が用いた呼称〕を思わせるものがある——を加えるのが適当だろう。これは、「中央」につながる部隊が、東部地域におけるように、失脚した地方幹部の集団、疑わしい村々の全村民、さらには住民全体を、現場で大量に虐殺したことを指す。どの場合にしても、一度として明確な告発もなされなかったし、みずからを弁護する可能性もなかったし、犠牲者の運命を親族や仕事の同僚に伝えることも行われなかった。「オンカーは殺すが、決してその理由を説明しない」というのが、当時の住民の新しい諺になった(1)。

死刑をもって罰せられる犯罪のリストを明確につくりあげることは困難である。材料がないからではなく、逆に、死刑になることがありえないような変則的な行為を挙げることがおそらく不可能だからである。クメール・ルージュの幹部にとっては、どんな小さな逸脱行為についても、可能なかぎり妄想たくましい解釈をほどこすことは簡単だったし、しかも政治的英知をもっている証拠として奨励されてもいたのだ。したがって、死刑の主たる理由を、最も頻繁なものから始めて、要約するにとどめざるをえない。間違いなく筆頭に挙げられるのは食料「泥棒」である。食料における米の重要性と、体制が米を重要だと規定したことを考えれば、いわば自然発生的に行われた落穂拾いや、穀物倉庫や台所でのコソ泥の場合にも、大量に死刑が適用されたことは明らかであろう。田圃を荒らした者はしばしば、そのまま田圃で、ただちに鶴嘴の柄で打ち殺され――見せしめとして、そこに放っておかれた(1)。

果物や野菜の盗みの場合は、殴られるだけですむチャンスがもっと多かった。それにもかかわらず、授乳期の赤ん坊を抱えたある飢えた母親は、バナナを何本か盗んだだけで死刑になってしまった(2)。果樹園で盗みを働いた少年たちは、仲間に「裁かれ」(仲間のほうも裁くことを拒否する選択の余地はほとんどなかった)、死刑を宣告され、その場で即座に頭を撃ち抜かれた。「ぼくらは震えていた。お前たちのための教訓だからなと言われたものだ(3)」。もぐりの屠殺行為はもっと稀な出来事だった。家禽や家畜は急速に姿を消したが、そうでもしなければ厳重な監視下におかれたからである。それに雑居状態で暮らしていたため、大きな家畜を横領することはきわめて難しくなっていた。それにもかかわらず、一頭の子牛を分けあったという理由で、一家全員が殺されることもあった(4)。

家族を密かに訪ねることは、短期間であっても、脱走と同一視され、これまた非常に危険であった。特に再犯の場合には生命の危険があったように思われる――仕事をおろそかにするという重大な過失を犯さなかったとしても。自分の家族を愛しすぎることがよく思われたためしはない。また、家族の者と、あるいは他の誰かとであれ、口論することも、生命にかかわるおそれがあった(これまた通常は、一回目は除いて)。極端な厳格主義《ピューリタニズム》の雰囲気のなかでは――男性が女性と話をする時、その女性が近親者でなければ、少なくとも三メートルは離れていることが望ましかった――結婚以外の性的関係は無条件に死刑とされたものである。いい迷惑だったのは若い恋人たちだが、好色な幹部も同じだった。このようにして「死にいたった」者は数多い(1)。アルコール飲料（だいたいは椰子の果汁を発酵させたもの）の摂取(2)もまた死罪の一つだった。しかしこれは、とりわけ幹部と「旧人民」に該当する例だった。「新人民」は食料探しだけで十分生命の危険に遭ったからだ。

　非常に悪いと考えられていた宗教的実践についていえば、純粋に個人のレベルで目立たぬようにしていれば（仏教なら可能なことだが、イスラムではきわめて難しかった）、必ずしも有罪になるとはかぎらなかった。逆に、憑依《トランス》の儀式は死刑で罰せられる可能性があった(3)。いっさいの不服従行為が致命的だったことはいうまでもない。これは特に最初の時期にみられたことだが、集会の席では与えられていた、いわゆる批判の自由を利用して、食料や衣類の不足に思い切って言及したごく稀な人々は、一九七五年十一月、飢餓的な配給量にたいする抗議のデモ（これも抑圧されなかったが）を組織した勇気ある強制移住組の教師たちと同様に、すばやく「姿を消してしまった(4)」。体制の消滅（あるいは、一九七八年に多くのカンボジア人が心の底で考えていたベトナム軍の勝利）を願うといった言葉、さらに、ただ単に空腹状態にあるのを認めるだけの「敗北主義的な」言葉を吐けば、最悪の事態にさらされることになった。チロープはこれら体制非難の言辞を記録し、時にはわざと引き出す役を担っていた。

理由のいかんを問わず、与えられた任務を達成できないこともまた、きわめて危ういことだった。些細な間違いや事故でも、常に潜在的には命にかかわることがあったが、これらのミスから免れられる者は誰一人いなかった。しかし、多くの身体障害者や廃疾者や精神病患者が殺害されたのも、これと同じ結果責任の名においてだった。無能であり、客観的には作業の妨害者でもある彼らは、新人民の大半よりなお一層役立たずだったからだ。もちろん共和国軍の傷痍軍人は、消滅させられるのに最適な存在だった。とくにとばっちりを受けやすかったのは、命令や禁止事項の理解や実行ができない人々だった。キャッサバ〔根茎から食用でんぷんのタピオカを採取する作物〕の若芽を摘んだり、支離滅裂な言葉で不満を言う狂人は、殺されるのが普通だった。(1) このようにして、クメールの共産主義者は事実上の優生学を実行していたのである。

民主カンプチアにおける暴力の全体的水準は恐るべきものだった。しかし、大部分のカンボジア人を恐怖に陥れたのは、死の光景そのものよりも、絶えず人が消え去ることをめぐる謎と、その予見不可能性とだった。死はほとんど常に、目立たぬように隠されていた。この処刑のひそやかさを、カンプチア共産党の活動家や幹部の常に変わらぬ礼儀正しさと関連づけてみることもできよう。「彼らの言葉遣いは、最悪の瞬間でも心がこもっていて、とても優しかった。彼らはこの丁寧さを捨てることなしに、殺人まで行ったのだった。彼らは愛想のよい言葉を用いて死を投与した。（…）彼らは、われわれの疑念を眠り込ませるために、われわれが聞きたいと望むどんな約束でもすることができた。私は、彼らの優しい言葉が犯罪にともなうか、あるいはそれに先行することを知っていた。クメール・ルージュはどんな場合にも、たとえわれわれを家畜のように屠殺する前であっても、礼儀正しかったのである」[1]

この関連性を解説しうる最初の説明は、これが戦術的なものだということである。ヤッタイが示唆するように、意外性を保持し、拒否や反抗をされるのを避けようという考慮だろう。第二の説明は文化的なものだ。自制心は仏教で高い価値をもっていた。感情に流される人は面子を失うのである。第三の説明は政治的なものだ。中国共産主義のよき時代（文化大革命の前の）におけるように、党の行動の仮借ないまでの合理性——一時的な情熱や個人的な欲動の入り込む余地のみじんもない——と、どんな場合でも指導できる全面的な能力を証明できる点にあった。

処刑をめぐってこうした秘密を維持する態度を見るだけでも、処刑が多くは「中央」で調整されていたことが十分証明されるであろう。原始的で自然発生的な暴力、たとえば反ユダヤ人暴動《ポグロム》のような暴力は、何の躊躇もなしに自己をあからさまに露出する。それにたいしカンボジアでは、ある午後遅く、あるいはある夜、兵士が「尋問」のために、「学習する」ために、あるいはお定まりの「森での当番」といった理由で、ある人を連れに来たものである。外に出るや、しばしば腕をうしろに回させてしばりあげると、それで一巻の終わりだった。

その後、埋めないままの死体が森でみつかることもあった――おそらくより深い恐怖心をいだかせるためだったのだろう――が、必ずしもその身元が確認できるとはかぎらなかった。今日では、非常に多くの死体投棄穴が――その数は、徹底的に調査された州の各々に一〇〇〇カ所以上あり、そうした州は合計二〇州にのぼる――カンボジアの農村地帯に散在していることが知られている。(1) 時とすると、「田圃のための肥料」(2) になってしまうぞ、というクメール・ルージュがたえず繰り返していた不吉な脅しが実行に移されたこともあった。「男も女もこやしにするため絶えず殺されていた。その死体は、耕作用の畑、主としてキャッサバ畑のいたるところにあった、死体のための共同溝に埋められた。キャッサバの根茎を引き抜くと、しばしば、人の前頭骨が掘り出されたものだ。その眼窩のところを通って、この食用植物の根が張っていた」(3)。この国の支配者は、農業には人間の死体ほどいい肥料はないと時には信じていたように思われる。(4) しかしここに、(幹部における)人肉食と同等な意味で、「階級敵」の人間性の否定の終着点を認めることも許されるであろう。

このシステムの野蛮さは、最後の瞬間、つまり処刑の時に再び現れるのだった。弾薬を節約するためもあったろうが、それだけでなくおそらく執行人の抑えがたいサディズムを満足させるために[1]、銃殺が最も普通だったというわけではなかった。スリヴィンスキの調査によれば、犠牲者の二九％が銃殺によるものだった[2]。逆に、頭蓋骨を潰された（鉄の棒で、鶴嘴の柄で、時には鍬で）者は五三％、吊されて窒息死させられた（プラスチックの袋で）者が六％、喉を掻き切られた者、及び撲殺された者が五％を数えたといわれる。すべての証言が一致して確認しているのは、公開で行われた処刑はわずか二％だったろうということである。そのなかには、かなりな数の失脚幹部の「見せしめの」処刑が含まれており、特別に野蛮なやり方が用いられた。その際、火（浄化の意味でだろうか）が大きな役割を演じていたようだ。熾火《おきび》をいっぱいに満たした穴のなかに胸まで埋めるとか[3]、頭に石油をかけて焼くとかいうように[4]。

刑務所群島

民主カンプチアは原則として刑務所なるものを知らなかった。ポル・ポト自身、一九七八年八月にこう述べている。「われわれは刑務所をもたないし、〝刑務所〟という言葉すら使わない。悪質分子は生産的な任務に配置されるのだ」[5]。クメール・ルージュはこのことを誇りにし、政治的過去と宗教的伝統からの二重の断絶を強調していた。後者についていえば、拘置という形で罰が引き延ばされると、この世の罪の清算は来世においてしか行われないという仏教の業《カルマ》の考え方と混同されることになるからである。そういうわけで、以後、懲罰はただちにくだされることになったのだ……[1]。しかしながら、「再教育センター」(モンティー・オプロム)なるものは存在しており、これは時に「地区警察センター」と呼ばれることもあった。植民地時代からの監獄に入れられていた者は、その他の都市住民と同じように立ち退かされ、監獄は再び住人を迎えることはなかった。ただし、地方のいくつかの小さな町では別で、そこでは、数人の囚人用に造られた監房に三〇人ほどの留置人が詰め込まれていた。施設としてしばしば使われたのは、不用になった元学校であり、時には寺院がそれに取って代わった[2]。

それらが、厳格な管理規則をもったものを含め、古典的な刑務所からほど遠かったことは事実だ。最も控えめに言っても、そこでは、囚人の生活を楽にするどころか、いや彼らをただ生存させるだけのためにも、何の措置もとられていなかった。飢餓線上の食料の配給(時には四〇人に一缶の米しかあてがわれなかった[3])、医療がほどこされることはなく、驚くべき過密状態、恒常的な鎖による拘束――女性囚と「軽罪の」ある種の男性囚は片方の足首を、一般に男性囚の場合は両方の足首を、さらに時には両腕を背中でしばられたまま、床に固定された鉄の棒、クノホ(「手錠」に近い装置)に並んでつながれていた――便所に行くこともできず、身体を洗う可能性もなかった……。このような状況では、新入りの囚人の平均余命が三カ月と見積もられ、それを超えて生き延びる者が珍しかったのも不思議ではない[4]。

生存者の一人は、自分が入れられていた西部地域の拘留場所について、好意的にこう語っている。「そこでは囚人の約半分しか殺されなかった。おそらくもっと少数しか[1]」。彼は一九七五年の末に収監されたことが「幸運」だったのであろう。この時期は、四月十七日より前の時期と同様に、まだ釈放が考えられないことはない時代だったのである。一九七六年までは囚人のたぶん二〇%から三〇%が釈放されたようだ。当時は、中国・ベトナム型の刑務所モデルの核心である再教育（主に消耗の多い重労働を通じての）の機能がなおまじめに受け取られていたからである。旧体制の役人や兵士でも、態度がよく、よく働きさえすれば、釈放される可能性がいくらかあったのであり、強制移住の初期にもなおそれは真実だった[2]。

その後も古い用語法は保持された（たとえば、収監はしばしば「学習会」への召喚を装って行われた――「学習会」を表す「クメール語の」用語も、中国語のシュエ、シィ（漢字で「学習」をそっくり真似てつくられた）が、その意味は全く骨抜きにされていた。刑務所の教育的役割がまったく消滅したことは（おそらくは外国から帰国したカンボジア人――その大半が学生だった――のための施設であり、イ・ファンダラが描写したバン・トロバエク収容所の場合を除いて）、たとえば、その年齢いかんにかかわらず、子どもを母親と一緒に収監するように命令した地元指導部のメモが証明しているとおりである。それはほかでもない、「一度に全員を厄介払いできるように[3]」するためだった。ここに見られるのは、「一本の草を引き抜く時には、すべての根を残らず抜き去らなければならない」(1)というスローガンの具体化で、このスローガン自体、極端な毛沢東主義者にとって親しい「階級の遺伝性」をラジカルに表現したものだった。こうして縛られずに放っておかれたが、誰からも面倒をみてもらえないこれら子どもの運命には、とりわけ胸をえぐるものがあった。それにもまして酷かったのは、最低年齢の条件なしに収監されたきわめて年若い「非行者」の運命だった。

〈地区刑務所のなかの子どもたち〉

われわれの心を最も掻き乱していたのは、二〇人の幼い子ども、とりわけ、一九七五年四月十七日の後に強制移住させられた人々の子どもの運命だった。この子たちは、あまりに空腹だったので、盗みを働いたのだ。彼らは逮捕されたが、それは罰せられるためでなく、野蛮きわまるやり方で殺されるためだった。

——刑務所の看守は彼らが死ぬまで叩き、蹴っていた。

——看守は子どもを生きたおもちゃにして、足をしばり、屋根からぶら下げ、揺らしておいて、また蹴って動きを止めるのだった。

——刑務所の近くに沼があった。死刑執行人は幼い囚人をそこに投げ入れ、足をつかって沈めた。哀れにも子どもが痙攣をおこすと、彼らは子どもの頭だけを水面に浮かばせ、それからまたすぐに水中に押し込み始めたものだ。

われわれ囚人は、そして私自身も、かくも残酷なやり口でこの世を去っていったこの子たちの運命についてひそかに涙を流した。刑務所には八人の看守兼死刑執行人がいた。リーダーのブンとローン（私が名前を覚えているのはこの二人だけだ）は一番野蛮だったが、全員がこの汚らわしい仕事に貢献し、同国人を苦しめさせるために残酷さを競いあっていた。(1)

囚人を二つの集団に分ける太い線は、あえて言うなら、じわじわと殺される運命にある者と、直ちに処刑される者とのあいだに引かれていた。そのどちらに属することになるかは、禁止事項の違反、不純な社会的出身、体制にたいする明らかな離反、「陰謀」加担の嫌疑など、いかなる罪状で収監されたか、とりわけその理由によってきまった。最後の三つの理由の場合は、普通、被疑者は尋問を受け、以前の「やばい」かかわりあいを白状させられるか、あるいは有罪を認めて、共犯者の名を明かさざるをえなくなった。ほんの少しでも言い落としやためらいがあれば、他のいかなる共産主義体制の国よりもずっと多く、拷問が使われることになった。クメール・ルージュの尋問者は、この件にかんし、病的でサディスティックな想像力を豊かにもっていることを遺憾なく示した。(2) 最も普通に使われた方法の一つは、頭にプラスチックの袋をかぶせてほとんど窒息状態にすることだったようだ。多くの囚人はすでに衰弱しており、その場を生き延びることはなかった——なかでも最悪の蛮行の被害者だった女性は真っ先に死んだ。

死刑執行人は、真実追求のための拷問のいわゆる有効性の名のもとに、これらの行為を正当化した。ある尋問報告書には次のように書かれていた。囚人は「穏やかに質問され、叩かれることはなかった。それゆえにわれわれは、彼が真実を言っているかどうかを確実には知ることができない」(1)。最も重大な場合、あるいは、「自白」が将来の告発のためにとりわけ役立つと思われるときには、囚人は刑務所群島の一段上のレベルへ送致されることになった。つまり、このようにして彼は、地元の監獄から地区の監獄へ、さらには地域の監獄へと移され、そして最後にはツールスレン中央刑務所へ行き着くのだった。行き着いたレベルがどこであろうと、結論は同一のものになるのが常だった。囚人は、彼がもうこれ以上「情報」を提供できないことが確定するや、尋問者にとことん絞られたのち（それは何週間も、いや何カ月もかかることがあった）、「捨てられる」順番となった。処刑は、トラムコックでのように、鉄棒で首を潰すというような地方的特徴のある場合もあったが、銃剣によることが最も多かった。断末魔の叫びを覆い隠すため、騒々しい革命音楽が拡声器から流された。

拘留理由のなかには、協同組合でトラブルを起こすようなカテゴリーのものもあれば、組合で殺害の対象となるカテゴリーのものもあったが、しかしその比率は同じではなかった。単純な泥棒がたくさん刑務所にはいたが、彼らは普通、大きな徒党を組んでいたか、共犯者がいたにちがいない。逆に、結婚外の性的関係のケースもかなり頻繁だったが、それ以上に多いのが「反体制的」な意思表示のケースだった。すなわち、食事の扱いの不公平や、生活水準の低下や、カンボジアの中国への服従ぶりについて文句を言ったり、あるいは、たえず軍事攻勢にたとえられる農作業にうんざりしたと公言したり、革命歌について冗談を言ったり、反共ゲリラにかんする噂を流したり、さらには、今は無神論が支配しているものの、いずれ消滅するはずとする諸行無常の世界を説く仏教の予言に言及するなどの行為である。ある女性（「七〇年世代」だったが）は、食堂でスプーンを壊してしまった。飢饉のためにすでに四人の子どもを失い、最後の一人が病院で死にかけているのに、そばにいてやる許可を得られないことに激怒したからだった。

これらの「政治的犯罪」とならんで、「社会的犯罪」にもかなり大きな広がりがあった。昔の職業を隠していた者や、これまでの経歴のなかで、たとえば西洋に長く滞在していたというような、おそろしく危険な意味をもつエピソードを隠していた者などである。刑務所収容者の最後の特殊性は、無視できない数の（とはいえ少数派ではあるが）旧人民や、クメール・ルージュの兵士や役人までも含められていたことで、トラムコック刑務所の場合、抽出されたサンプルの一〇％（四七七人のファイルのうち四六）に達していた。彼らもまたもうたくさんだという気持ちを表明したか、あるいは、近親者に会いにいくため「脱走」したのだった。中・上級の幹部についていえば、「中央」と中央が管轄するツールスレン刑務所の管理下に直接送還される場合がほとんどだった。

〈恐怖を生き延びる〉

英語をしゃべるという犯罪のかどで、私はクメール・ルージュに逮捕され、首に縄をかけられ、よろよろとびっこをひきながら、バッタンバンの近くのカイ・ロテへ刑務所に連行された。それはほんの序の口でしかなかった。私は、他のすべての囚人といっしょに、肌を削るような鉄の鎖につながれた。くるぶしには今でもその跡が残っている。私は何カ月ものあいだ、繰り返し拷問を受けた。私にとって唯一の救いは気を失っていたときだけである。

毎夜、看守が突然入ってきて、一人か二人、あるいは三人の囚人の名前を呼んだ。彼らは連れていかれたきり、その姿が二度と見られることはなかった――いうまでもなく、クメール・ルージュの命令で殺害されたのだった。私の知るかぎりで、私は文字通りの拷問と絶滅の収容所、カイ・ロテへで生き残ったきわめて稀な囚人の一人である。イソップ物語やクメールに伝わる動物説話をわれわれの看守だった若者や子どもに話して聞かせる才能のおかげで、私は生き残ることができたのだ(1)。

カンプチア共産党の組織図のなかでS－21というコード名で知られたこの元高校を訪ね

ると、文字通り恐怖の底に触れる思いがする。とはいえ、このツールスレン刑務所は、何百とあった拘禁センターの一つでしかなく、およそ二万人の犠牲者を出したとはいえ、必ずしも最大の数を記録したわけでもない。拘留条件はたしかに恐るべきものだったが、他の場所と同じ程度の恐ろしさだった。ということは、殺された者のわずか約二％、全収監者のおそらく五％がツールスレンを通過できたにすぎないという意味である。したがって、ナチの強制収容所体系のなかでアウシュヴィッツが占めていた絶滅センターという中心的位置とは無縁であった。ここでしか見られない独自な拷問方法があったわけでもなく、あったとしてもしばしば電気を使ったくらいである。

ツールスレンの特殊性を二つ挙げるとすれば、「中央委員会刑務所」であり、そのためとりわけ失脚した幹部や指導者がここに入れられたことと、そのうちわずか六、七人だけが死を免れた、まるで「ブラックホール」のような存在だったことにある。最後の特異性は次のような情報に基づくものだ。一九七五年から一九七八年半ばの入所者の完全な登録簿（一万四〇〇〇人の名前）と、とくに数千にのぼる詳細な自白書と尋問報告書とが存在し、そのいくつかは体制の大物にかかわるものだった(1)。

とくに中国系の労働者や技術者が一九七八年にそこに送られたし、また運悪く体制の手に落ちた外国人（たいていは船員）もまったく同様の運命をたどったが、囚人の約五分の四はクメール・ルージュ自身だった(2)。ここではたえず一〇〇〇人から一五〇〇人の収監者を数えていたが、常に増大する入所者数（その年の犠牲者の数とほぼ同数）が証明するとおり、その回転率たるや想像を絶するほどであった。入所者数をあげれば、一九七五年にはわずか二〇〇人だったのが、一九七六年には二二五〇人、一九七七年には六三三〇人、一九七八年の前半六カ月だけで五七六五人となる。尋問者は残酷なジレンマに陥っていた。「われわれは拷問を絶対に必要だと見なしている」と彼らの手帳の一つには記されていたが、他方で拷問を急ぐため、収容者が十分に「自白」しきらないうちに、彼らをあまりに早く殺してしまう結果になった。結局はこれこそ「党にとっての敗北」となるのだ。そのため、全員が死を約束されている場所であるのに、場違いながら、最低限の医療活動を存在させざるをえなかった(1)。

囚人のなかには、それほど複雑でないケースの人々もいた。すなわち、囚人（すでに処刑ずみのことが多かったが）の妻子は、期日を定めて速やかに厄介払いされた。たとえば一九七七年七月一日には、一一四人の女性（うち九〇人は処刑された者の配偶者だった）が殺害され、翌日は、四人の息子三一人と娘四三人の番だった。うち一五人は前もって子ども用収容センターから連行されてきていた。一日あたりの処刑数はカンプチア共産党の存在が宣言された直後に最高に達した。すなわち、一九七七年十月十五日の四一八人であった(2)。S-21で殺害された子どもは約一二〇〇人にのぼると推定されている(3)。

狂気の理由

カンボジアにおける行き過ぎた残虐さを考えるとき、今世紀の他の大量犯罪についてと同じように、特定の人間の精神錯乱の側にか、それとも人民総体が呆然とするほどまでに陥った幻惑状態の側にか、そのどちらかに究極理由を求めざるをえない誘惑にかられる。もちろんポル・ポト個人の責任を軽減することなど論外だが、カンボジアの民族史も、国際共産主義も、いくつかの国々（中国をはじめとする）の影響も、この問題と無関係なものとして葬り去るわけにはいかないだろう。これらの競合が生み出した最悪の本質というほかないクメール・ルージュの独裁は、明確な地理的・時間的な文脈に規定されていたと同時に、以上三つの次元の合流点にこそあったのだから。

クメールなるものの例外か？

「クメール革命には前例がない。われわれがしようとしていることは、過去の歴史で一度も成就されたことがない」(1)。クメール・ルージュ自身、保護者だったベトナム人から解放されるやいなや、たえず自分たちの経験の唯一無二性を強調するようになった。公式の演説で外国が引き合いに出されることはまずなく、あっても否定的に語られるだけだった。

マルクス－レーニン主義の創始者や毛沢東の名前すら、引用されたことは事実上なかったといってよい。彼らのナショナリズムは、彼らの前任者であるシアヌークやロン・ノルが発展させたのと同じナショナリズムの異様な体臭をかなり強烈に発散させていた。そのナショナリズムでは、極端な苦痛礼賛と、身の程知らずの自負とがないまぜになっていた。ベトナムを筆頭とする、陰険で残酷で、まるでそこに自国の存続がかかっているかのように、カンボジアの破滅を執拗に画策する隣国によって、たえず抑圧されてきた犠牲者としての国のイメージが強調されるかと思えば、それと並んで、輝かしい過去と比類のない民をもち、ひょっとすると……この惑星の前衛に加わる天命をもっているかもしれない、神々に祝福された楽園の国というイメージが力説された(1)。

このような自信過剰な態度はとどまるところを知らなかった。「われわれは唯一無二の革命を成就しつつある。われわれのように、市場と貨幣をあえて廃止した国を一つでも知っているだろうか？　われわれは中国人をはるかに乗り越え、彼らはわれわれを賞賛している。彼らはわれわれを模倣しようとしているが、まだそれに成功していない。われわれは全世界にとってよいモデルとなるであろう」というのが国外に滞在したことのある知識人幹部の演説だった(2)。権力から排除された後ですら、ポル・ポトは、「一八七一年のパリ・コミューンを例外として(3)」一九七五年四月十七日が歴史上最大の革命的事件だったと見なしつづけた。

ところが現実は悲しいほどに散文的だった。あまりにも長いあいだ自分の殻のなかに閉じこもってきた小国、フランスの保護領制度によって興味深い伝統の優雅な博物館の地位を守らされてきた国というのがカンボジアの実情であった。この国では、権力をめざしてほとんど絶えることなく抗争を繰り返してきた氏族集団は、みずからの利益になるようなら、外国の介入を呼びかけるのを一度としてためらうことはなかったし、また誰ひとり経済発展について真剣に問題提起をした者もなかったように思われる。そういうわけで、企業といえるほどのものも、中産階級も、技術者もほとんどなく、ただ生きていけさえすればよいだけの農業が圧倒的優位を保ってきた。要するに、東南アジアのなかですぐれて「病人」だった国なのだ(1)。

ところで、極端な非現実主義はしばしば極端な解決策を助長するものだ。他人へのいささか妄想的な不信の念と、みずからの能力についての誇大妄想的な過信とが組み合わさって、主意主義と孤立主義とが掻き立てられた。経済が弱く大部分の住民が貧しいがゆえに、可能かもしれない進歩の先駆者として姿を現した人々への熱狂はとどまるところを知らなかった。したがって、カンボジアは、もともと政治的にはもちろん、経済的にも「弱い環」だったのだ。それに国際的な環境、とりわけベトナム戦争が加わって、カンボジアの原型が形成されることになった。クメール・ルージュの残虐ぶりについていえば、ふくれあがった野望とのしかかる制約の重みとのあいだの矛盾を、責任をもって引き受けられない態度のなかに、その起源を見ることができよう。

少なからぬ著者たちはまた、カンボジア民族のある種の特徴がクメール・ルージュによる殺害行動を助長したかもしれないと考えている。たとえば、結局のところ曖昧な役割を担っていた仏教がその例だ。社会的なコントラストにたいする仏教の無関心や、この世の功罪の報いが来世に引き延ばされるという信仰は、革命的なヴィジョンを支えるには向かなかった。しかし、仏教の反個人主義がクメール・ルージュによる「自我」の抹殺にぴったり一致したことは間違いない。輪廻（魂の再生）のさなかにある生活には限定的価値しかないという考え方と、その帰結として、避けがたい運命に直面したときの宿命論とは、体制の暴虐にたいする仏教徒の抵抗を弱めたのであった(1)。

刑務所を出るとき病気だったハイン・ニュルに、一人の老婆が、誰でも心の底で考えていることを口に出して、大きな声で話しかけた。

「ソムナーン、きっとあなたは前世でとても悪いことをしたのでしょう。たぶんそのために罰を受けているんですよ」

「ああ、きっとそうにちがいありません。私のカマ(2)はとても良いとはいえませんからね！」(3)

仏教はたしかに激しく弾圧されたが、とにかく、チャム族にとってのイスラムのようには、クメール・ルージュへの抵抗のための防波堤にならなかったのだ。

現在の時点に立つとき、しばしば過去の見直しを迫られる。言ってみれば「北朝鮮流に」、既成事実を変えるためにではなく、過去の事実の序列と解釈を変えるための見直しである。インドシナに荒れ狂った戦争の渦中で長いあいだ中立を守った小島として、シアヌーク時代の表面は平和だったカンボジアは、「クメールの微笑」を強調する助けとなったものだ。たとえば、アンコールの浮き彫りに描かれたアプサラス〔インド神話の天女〕の微笑であり、温厚な君主の微笑であり、桁はずれの努力をせずとも、田圃から籾米を、湖から魚を、椰子から砂糖をとりいれる小地主農民の微笑だった。だが、最近三十年にわたる激動狂乱を体験した結果、もっと暗い側面へと注意を向けざるをえなくなった。アンコールは議論の余地なく壮麗な建築物だ[1]。しかし、その数キロメートルにわたる浅浮き彫りは、大半が戦闘場面を表現していることを忘れてはなるまい[2]。あの巨大な建造物群、あのさらに一層巨大な貯水池（バライ）群が、人民の大量な強制移住と、同じく大量の奴隷化を必要としたことは明らかである。

　アンコール時代（八―十四世紀）に関する文献はほとんど残っていないが、東南アジア半島部のヒンドゥー＝仏教王朝はすべて（タイ、ラオス、ビルマ……）、アンコール王朝をモデルとして構成された。それらの王朝の暴力に満ちあふれた歴史はカンボジアの歴史に似ている。いたるところで、捨てられた妾を象に踏み殺させ、新しい王の治世は彼自身の家族の虐殺をもって始まり、戦いに敗れた住民は荒地へと大量に追放された。絶対主義がこれらの社会に深く根づいており、いっさいの異議申し立ては冒瀆行為の様相を呈したが、啓蒙専制君主はそれにつけ込むことはなかった。行政構造が非常に弱体だったので、いずれにせよ状況はすぐに行き詰まってしまったのだ。しかしながら、人民の受忍能力はきわめて高かった。中国世界とは違って、救済はむしろ他の国家（決して遠すぎる距離ではなかった）やもっと僻遠の地への逃亡という形のなかに求められたので、反王権的反乱は稀だったのである。(1)

シアヌークの治世（一九四一年以降、しかし一九五三年までフランス保護領制度はつづいた）は、一九七〇年三月の彼の転覆につづいて起こった出来事とくらべれば、ほとんど牧歌的な思い出を残しているだけのように思われるかもしれない。しかしながらシアヌーク殿下は、とくに左翼反対派にたいしては、暴力を広汎に使用することをためらわなかった。一九五九―一九六〇年以後、権力の腐敗を批判する親共産主義左翼の人気が高まるのを不安に思った殿下は、日刊紙『プロテアチョン』（「人民」）の編集長を暗殺させたか、あるいは彼の暗殺を黙認した。ついで、週二回刊のフランス語新聞、『ロプセルヴァトゥール』（国内で最大の発行部数を誇るものの一つ）の責任者――彼こそ後のクメール・ルージュの指導者、キュー・サムファンであった――を道路の真ん中でめった打ちにさせた。一九六〇年八月、投獄が一八件数えられ、左派の主要機関紙は発行禁止となった。一九六二年に、今なお謎の多い状況下でだが、非公然のカンプチア共産党の書記長、トゥー・サモットを暗殺したのは、ほぼ間違いなく秘密警察の仕業だったろう――これがきっかけで、サロト・サル〔ポル・ポトの本名〕の指導権獲得が容易に実現したのだ。一九六七年、サムロート蜂起が起こったうえに、いくつかの中国人学校における文化大革命の影響も手伝って、これまでになく厳しい弾圧が発動され、大勢の人の死の原因となった。公然と活動していた最後の共産主義者と一〇〇人ばかりの知識人シンパが都市を離れ、クメール・ルージュの最初期のジャングル活動に合流したのもこの折だった。(1)

だからといって、「ポル・ポト派の暴力はシアヌーク派の弾圧の凶暴さから生まれた(2)」と書いたアンリ・ロカールの説にしたがうべきだろうか？　年代順から言えば、そのとおりである。殿下でもある独裁者、ついで、一九七〇年以降は狂信的な元帥〔ロン・ノル大統領〕が、彼らの愚劣な体制の批判者たちを身動きのとれない状態に追い込んだのは確かだ。こうすることで、彼らはただ一つカンプチア共産党だけを、信頼できる反対派として存続させる結果になったからである。しかし、系譜の面から言うと、実情は違う。クメール・ルージュの行動のイデオロギー的基礎と最終目的とは、状況対応的ではなく、レーニン主義に発し、スターリン、毛沢東、ホー・チ・ミンの相次ぐふるいをくぐり抜けた「偉大な伝統」をきわめて正確に踏襲したものだったからである。独立後のカンボジアの破滅的な変化と、ついでカンボジアが戦争に呑み込まれた事実によって、カンプチア共産党の過激派による権力奪取が容易になり、彼らが前代未聞の暴力に訴えることが正当化されたことは間違いない。しかしながら、いかなる外的な状況も、彼らのラジカリズム自体を説明することはできないのだ。

一九七五年：ラジカルな破断

カンボジア革命にとっては、みずから提案するものを述べるよりも、みずからが拒否するものを言明する方がやさしかった。カンボジア革命はたしかに復讐しようとするある意志に対応していたし、そしておそらくその点にこそみずからの社会的基盤の大半を見出したのであろう。その基盤は、ついで行われたラジカルな集団化によって破壊されてしまったのではあるが。まず、都市住民にたいする村民の復讐があった。たとえば、ブラックマーケットの取引を通じてであれ、あるいは単に荷物から盗むことを通じてであれ、旧人民はすばやく新人民から財産を巻き上げたのだった[1]。村の内部では、地元の「資本家」（ここでいう資本家とは、商品化すべき物をもっていたり、わずかでも労働力を雇い入れている者のことと理解してほしい）にたいする最貧農民の復讐があった。しかし、復讐はまた、おそらくとくに個人相互のあいだにも存在し、職業上、家族上などの古い階層序列を転覆させることでもあった。たとえば村のはみ出し者やアルコール依存症患者を、地元の責任ある地位に昇進させるというような、驚くべき実例を強調する証言は多い。「オンカーによって権利を回復されたこれらの連中は、指揮する任務を与えられて、良心の呵責もためらいもなしに殺すことができた」[1]。ハイン・ニュルはこの現象のなかに、彼がクメール人の魂のなかで最も卑しい部分と見なすものの政治的な聖化を見ている。この部分はクムという名の、人を殺さずにはやまない怨恨であり、その恨みはどれだけ時間が経とうと消え去ることがないものである。彼が最も哀れと思わざるをえなかった人々のなかに、たとえば彼の叔母がいた。彼女は以前であれば、当然都市部の親族に援助を頼んだはずだったのに、家族のいる村に残っていた。また、彼が病院医をしていた時に出会った看護師もいた。その看護師は新人民であったにもかかわらず、ハイン・ニュルに死刑を宣告させようとつとめ、みずからは作業班のリーダーに出世し、このようにしてかつては自分が耐え忍ばねばならなかった階層秩序を根底から転倒させたのだった[2]。こうして爆発したのは、カンボジア社会のすべての緊張関係だったといえようが、厳密な意味で「社会的」と呼びうる緊張は、そのうちほんのいくつかだけであろう。

　あらゆる価値の転倒についていえば、かつては軽蔑されていた職業、たとえば、料理人（さらには食堂の掃除人）や漁師が、以後は最も求められる職業になった。というのも、彼らは食料の簡単な横流しを許可できたからである。逆に、あらゆる免状はもはや「役に立たない無用な書類」以外の何物でもなく、相変わらずそれを自慢しようとする人々は警戒の対象となった。謙虚さが基本的な美徳となっていた。国に戻ってきた幹部のあいだで、「最も求められた仕事は不思議なことに便所掃除だった。（…）嫌悪感を乗り越えることがイデオロギー的変革をとげた証しだったからである」(1)。

オンカーは、家族的な愛情の絆をわがものとし、独占しようとした。公の席でオンカーに呼びかけるには、「父・母たち」という集合名詞を使ったものだ(こうした用語法によって、アジア的共産主義のただでさえ特徴的現象だった、党=国家と成人住民総体とのあいだの混同はさらに強く維持されることになった)。また、一九七五年後の革命期は、サマイ・ポック・マエ(父・母たちの時代)という言葉で呼ばれたし、軍隊のリーダーは「おじいさん」(2)と呼ばれた。都市に対する恐怖と憎悪は極端なものであり、とりわけ、国際色豊かで、消費と歓楽の中心地であるプノンペンときたら、クメール・ルージュにとって「メコンの偉大な娼婦」(3)にほかならなかった。首都からの全面撤退を正当化する根拠の一つは、「解放」後、「アメリカ・CIAとロン・ノル政権の政治・軍事的秘密計画」が、「女と酒と金でわが戦士たちを堕落させ、その戦闘精神を鈍らせ」(4)ようとしているからというものだった。

カンボジアの革命家は「白いページの上にこそ最も美しい詩が書ける」(5)という毛沢東の金言を、中国人自身よりもまともに受け取っていた。およそ貧農の家にあるはず以上の物はすべてを捨てるべきだとされていたのだ。だから、外国からこの国に帰ってきたカンボジア人の場合は、本を含め、荷物のほとんど全部を放棄せざるをえなかったわけである。「帝国主義の文字」――フランス語や英語――で書かれた本も、クメール語で書かれた本(「封建文化の遺物」(6)にほかならない)も、破棄される運命にあった。ハイン・ニュルは、十歳ばかりのクメール・ルージュ兵士がこう言うのを耳にした。「資本家の本はもういらない！　外国の本はこの国を裏切った旧体制の道具だ。なんでお前は本をもっているんだ？　お前はCIAか？　オンカーの下では外国の本はもういらないはずだ」(1)。同様に、身分証明書や免状類も、写真アルバムさえも燃やすべきだとされた(2)。

所詮革命とは、ゼロからの再出発にほかならない。ここから十分論理的に出てくることだが、過去のない者こそが優遇される立場にいたわけだ。事実「汚れていないのはただ新生児だけ」と、あるスローガンは断定していた(3)。教育は、その最も単純な表現にまで切り捨てられた。すなわち、学校はまったくなくなったか、あっても、多くの場合、五歳から九歳までのあいだ、せいぜい日に一時間程度の読み書きと革命歌の授業があるだけだった。教師自身にしてからが、せいぜい字が読める程度で十分であることが多かった。大事なのはただ実際的な知識だけだった。役に立たない書物のうえの教養からはほど遠く、「農村地域に住むわれわれの子どもたちは、常にきわめて有用な知識を身につけている。彼らはおとなしい牛と神経質な牛を見分けることができる。彼らは水牛の背で前向きにも後ろ向きにも身体を保っていける。彼らは群れを導くあるじだ。彼らは事実上自然の主人になったと言ってもよかろう。彼らは米の種類も熟知している。（…）彼らはなんでも実によく知っており、理解している。（…）こういうタイプの知識こそ、わが国の現実にぴったり適合したものだ(4)」。

当時権力の座にあったのはポル・ポトなのか、それとも子どもだったのだろうか……。

いずれにせよすべての証言は、クメール・ルージュ兵士の大部分が極端に若かったことを確認している。彼らは十二歳になると、時にはそれ以下でも軍に加わっていた――シアヌークの衛兵のなかにもローティーンの子どもがいて、猫をいじめて遊んでいたという[1]。リー・ヘンは、ベトナム軍が到来する直前の、対象を新人民にまで拡大した最後の徴募キャンペーンのことを語っている。彼らは十三歳から十八歳までの、少年だけでなく少女にも対象をひろげていた。

しかし、志願制に基づくこの呼びかけがほとんど成功しなかったので、青年移動隊は労働現場に働く子どもをまるごと軍隊に移さざるをえなかった[2]。徴募された若者は自分の家族、一般に自分の村との接触をいっさい失った。彼らは、彼らのことを恐れ遠ざけていた住民から相対的に切り離された野営地で暮らしていたが、権力からはちやほやされたので、みずからが全能の存在であると知っていた。事実、幹部より粛清に遭う恐れはずっと少なかった。革命的な無駄口を超えたところで、脱走兵の告白自体を借りて、多数の少年兵の本音の動機を言うなら、「働かなくてもいいことと、人を殺せること[3]」に帰する。とりわけ十五歳未満の兵士が普通最も恐ろしかった。なぜかというと、「非常に若くして採用され、教えられたのは規律だけだった。ひたすら命令に従うべきであって、いかなる正当化も必要なかった。(…)彼らは宗教も伝統も信ぜず、ただクメール・ルージュの命令だけを信じた。だからこそ、彼らは赤ん坊まで含めてわが同胞を、蚊でもつぶすように殺したのであった[1]」。

一九七八年までは兵士はもっぱら「七〇年世代」だった。「七五年世代」の子どもたちは、八、九歳の頃からしきりにスパイとして使われたが、体制側に与《くみ》する度合いはきわめて弱く、スパイする相手とのあいだにしばしば一種暗黙の共犯関係が生まれ、それとなくこちらの正体を相手に知らせることさえあったほどだ[2]。それよりほんの少し年上だと、地元幹部の大量粛清のあと、彼らは時には、補助的な「子ども民兵」や新たな協同組合長所属の補充兵になり、食料自給の罪を犯した者を突きとめ、逮捕し、めった打ちにする任を与えられた[3]。ロランス・ピックの経験によれば、中央では、「子どもの独裁」が、時を経るにしたがって、民間人の組織・統率の領域にまで拡大されていくよう保障されていたという。彼女は農村部における子ども部隊の加速度的な「編成」を描写して次のように述べている。

「幹部の第一世代は裏切ったし、第二世代もそれより劣ることはあっても優ることはなかった。そういうわけで、君たちこそ急いでその後を継ぐよう求められているのだ。(…)この新しい世代のなかから、子ども医者が出現した。九歳から十三歳までの六人の少女だ。やっと字が読める程度だったが、党はその一人一人に一箱の注射器を預けていた。彼女らは注射をする任務を帯びていたのである。

――わが子ども医者は農民出身だ（こう言われているのを耳にしたことがある）。彼らは自分たちの階級に奉仕する覚悟ができている。彼らは驚くほど頭がよい。赤い箱にビタミン剤が入っていると言いさえすれば、彼らはそれをいつまでも覚えているだろう！　注射器をどう消毒するかを見せれば、彼らはそのとおりすることができるだろう！

少女たちが純粋だったことは疑いもない。がしかし、注射を扱えるというノウハウがもたらす陶酔感は勘定に入っていなかった！　子ども医者はたちまちのうちに、前例のないほどの傲慢無礼さを見せるようになった(1)」

こうした断絶状態はまた宗教の廃絶にも、日常生活のあらゆる領域に押しつけられた極度の道徳主義にも起因していた（前出）。すでに述べたとおり、慢性病患者、狂人、身体障害者など、あらゆる種類の「異常者」が生きる場はもはやなくなっていたのである。しかしこうしたシステムは、ついには、強力で人口の多い国民をつくろうという公式の計画と矛盾せざるをえなくなってしまった。性行動と結婚に押しつけられた制約、さらには恒常的な栄養失調のために、性欲まで圧殺され(2)、出生率は、一九七〇年の一〇〇〇人あたり三〇人から一九七八年の一〇〇〇人あたり（おそらく）一一人にまで落ち込む結果になった(3)。

カンプチア共産党の意志に、意識的にせよ無意識的にせよ、逆らう可能性のあるものはいっさい存在してはならなかった。どんな些細な党の決定にも、無謬性のドグマが結びついていた。逮捕された者は、身動きもとれぬ制約のもとにおかれた。中国におけると同様、逮捕されたこと自体が、彼に罪があることの「証拠」なのであり、後から自白が行われるとしたら、それは、オンカーが決定した逮捕という行動をさらに一層正当化する役割をもつばかりだった。たとえば、一九七二年に投獄された者について、こんなことがあった。二年間にわたる尋問の後、彼は共和国の軍人であったという告発について無実が証明されるにいたった。当然彼は釈放されることになったが、それは「ロン・ノルの将校だったにもかかわらず」、彼の正直さと誠実さを考慮したオンカーの寛大さを自賛したプロパガンダ集会が開かれたのちに初めて実現した。(1) この出来事はまだしも、四月十七日以降の後戻りのきかない抑圧的傾向が激化するより前のことであった……。以後は完璧に恣意が支配するようになる。

〈新しい世界〉

「民主カンプチアにおいて、輝かしいオンカー体制の下、われわれは未来を考えなければならない。過去は葬られた。〝新人民〟はコニャックや、高価な服装や流行の髪形を忘れなければならない。(…) われわれは資本家のテクノロジーを全然必要としない。新しい体制のなかでは、もはや子どもを学校にやる必要はない。農村こそ、われわれの学校なのだ。大地はわれわれの紙であり、犂はわれわれの万年筆だ。耕すことによって、われわれは書くのだ！　証明書や試験は不要だ。耕すこと、農水路を掘ることを学べ！　これこそ君たちの新しい免状なのだ。そして医者、これもまたわれわれには必要なくなった！　もし誰かの腸を取り除く必要がある時は、私自身がそれを引き受けよう！」

彼はそこで、その真意がわれわれに理解されなかったのを恐れるように、ナイフで誰かの腹を切り裂くしぐさをして見せた。

「簡単なことさ、分かるよね。そのために学校に行く必要などない！　技師や教授といった資本家の職業ももう必要ないのだ！　われわれに何をすべきか教え込む学校の教師は必要ない。彼らは皆腐りきっている。われわれに必要なのは、ただ畑で一生懸命働こうとする人々だけだ！　しかしながら、同志諸君……。労働と犠牲を拒否する連中がいる……。良き革命家の心性をもたない扇動者たちがいる……。やつらは、同志諸君、われわれの敵だ！　その幾人かは今晩、ここにもいる！」

参加者は一様に気まずい思いにとらわれ、その思いは様々な動作となって表れた。そのクメール・ルージュは自分の前に並ぶ顔を一つ一つ眺めながらつづけた。

「その連中は資本家の古い思考方法にしがみついている！　われわれにはやつらを見分けることができる。われわれのなかに、今でも眼鏡をかけている者がそうだ！　彼らはなぜ眼鏡をかけているのか？　私が彼らに平手打ちを見舞ったら、彼らは私が見えなくなるのだろうか？」

彼は手をあげ、突然われわれのほうに進んできた。

「あ！　彼らは頭を引っ込めた。とすれば、私が見えるわけだ。とすれば、眼鏡は必要ないわけだ！　彼らが眼鏡をかけるのは、資本家の流行に従うためであり、眼鏡をかければ美しく見えると思っているからだ！　われわれには眼鏡など必要ない！　美しくなりたいと望む者たちは怠け者であり、人民のエネルギーを吸う蛭《ひる》なのだ！」

演説と踊りは何時間も何時間もつづいた。最後に、幹部全員が一列に並んで、声を一つに叫んだ。「血」という言葉を発する時、彼らは拳で胸を叩いた。「復讐」を叫ぶ時、彼らは腕を上げ拳を突きだして、敬礼した。「血で―血に―復讐を！」。「血で―血に―復讐を！　血で―血に―復讐を！」

野蛮な決意に凝り固まった顔で、胸を叩くリズムに合わせて、彼らはスローガンを叫び続け、この恐ろしいデモンストレーションの最後を、響きわたる叫びでしめくくった、「カンボジア革命万歳！」と。(1)

党は政治的選択についても、幹部の選抜についても、人事ならびに路線の変更についても、少しも正当化する必要などなかった。ベトナム人が敵だということ、あるいは誰それという運動の歴史的指導者が実はＣＩＡの工作員だということを、早めに理解できなかった人こそ不幸だった！　ポル・ポトとその一味が、ますます明らかになる体制の失敗（経済的、ついで軍事的な）を分析したのは、ほかならぬ裏切りのせいであり、すなわち旧搾取階級とその同盟者による破壊工作のせいだという観点を導入してのことであった。だからしてテロリスト・キャンペーンがひっきりなしに横行したのだ(1)。

好戦的な起源にいつまでも囚われていたこの体制、表現行為にも、具体的成果にも乏しかったこの体制のなかで、憎悪は文字通り信仰の対象となっていたし、それは病的なまでの血の強迫観念の形をとって表現されていた。

国歌『四月十七日の赫々たる勝利』の第一節はこの観点から代表的な例であるといえよう。

祖国カンプチアの町と村を浸し溢れる真紅の血よ、
輝かしい労働者－農民の血よ、
革命的な男女戦士の血よ、
四月十七日、革命の旗のもと
その血は恐ろしい怒り、激しい闘いへと変わった、
隷属から解放してくれた血よ、
四月十七日の赫々たる勝利、万々歳！
アンコール時代より意義深い、壮大な勝利よ！(2)

そして、ポル・ポトはこうコメントした。

「ご存じのとおり、われわれの国歌は詩人が作ったものではない。その真髄は、わが全人民の血であり、過去の世紀に倒れたすべての者の血である。この血の訴えは、国歌のなかに具現されているのだ[1]」

「階級的復讐をお前は決して忘れてはならない[2]」という一句で終わる子守唄さえあった。

発作性のマルクス-レーニン主義

クメール・ルージュの経験が例外的なほど多くの人間を殺した事実を見ると、ショアーについてと同様に、その現象の唯一無二性を強調したい誘惑に駆りたてられる。他の共産主義体制とその擁護者の大部分は、ほぼこの説に追随している。つまり、ポル・ポト派の専制は、極左主義的な逸脱であったか、あるいはむしろ単に共産主義を装った「赤いファシズム」であったか、というわけだ。とはいえ、時間をおいて見れば、権力の座にあったカンプチア共産党が、共産主義という「大家族」の一員だったことは明らかである。カンボジアのケースの独自性はたしかに大きいが、アルバニアもまた、ポーランドではなかったのだ……。結局のところ、カンボジアの共産主義は、中国共産主義とソビエト共産主義のあいだの距離よりも、中国の共産主義により近かったといえよう。

クメール・ルージュが受けたであろういくつもの影響についてはすでに強調してきた。なかでも「フランスの残した痕跡」の検討は避けられないであろう。クメール・ルージュの指導者はほとんど全員がフランスで学生であったし、未来のポル・ポトを含め、大部分がそこでフランス共産党(PCF)に入党した。(1) 彼らが歴史的に準拠する対象のかなり多くのものが、このときの教育に由来している。イエン・サリの補佐役のスーン・シクーンは次のように断言している。「私はフランス革命から、とくにロベスピエールから非常に強い影響をうけた。そこから共産主義者になるまでには、ただ一歩の距離しかなかった。ロベスピエールは私の英雄だ。ロベスピエールとポル・ポト、この二人の男には、毅然さと廉潔さという同じ美点がある」(2)。しかしながら、この非妥協性の模範という点を超えると、カンプチア共産党の実践や言説のなかに、明らかにフランス、あるいはフランス共産主義に由来するものが大きいと認めることは難しい。クメール・ルージュの指導者たちは、理論家であるよりもはるかに実践家だったのだ。彼らが心から情熱を燃やしていたのは「現実の社会主義」の実験にほかならなかったのだから。

この情熱は一時、北ベトナムに向けられた。実際、北ベトナムは、フランス共産党とは比較の余地なく、カンボジア共産主義にいわば洗礼名を授け、一九七三年ごろにいたるまでその方向づけに内側から参加したのであった。カンプチア共産党は、出発時点では、インドシナ共産党(PCI)の一セクションにすぎなかったが、そのインドシナ共産党におけるベトナム人の覇権は完璧なものだった。一九五一年にインドシナ共産党は、ホー・チ・ミンの同志たちの意志だけで、三つの民族支部に分離した（が、だからといってインドシナ共産党が消滅したわけではなかった）。ベトナム戦争の初期まで、カンプチア共産党はベトナム共産党（PCV）にたいし、綱領面・戦略面であれ（カンボジア共産主義者が合法主義をとるか、軍事行動をとるかは、なによりもまず、ベトナム戦争の枠内でシアヌークに圧力を加える手段として決定された[1]）、戦術面であれ（軍備、戦術指導、兵站）、いささかでも自立性を発揮することはなかったように思われる。

クーデター〔ロン・ノルによる一九七〇年三月の〕の後でさえ、「解放地区」の革命機関とカンボジア人新兵を指導していたのはベトナム軍だった。両者のあいだの溝が深まり始めたのは、一九七三年一月のパリ協定締結後のことでしかなかった。ハノイの戦略はカンプチア共産党に圧力をかけて交渉のテーブルにつかせることだったが、もしそうすれば、シアヌークに名誉ある役割を与えることになるし、クメール・ルージュの組織的弱点を暴露する恐れがあったろう。そこで、クメール・ルージュはその時初めてベトナム軍の予備軍として使われるのを拒否したのだった。今では彼らは自説を通す手段をもちえていたからだ。

カンプチア共産党のうえにベトナム共産主義が残した特殊な刻印とは何だったろうか？この問いに答えるのは容易ではない。ベトナム共産党の方法の大部分が中国から来たものだからである。プノンペンから見た場合、北京から直接来たものと、ハノイを経由して来たものを、どのように区別できるだろうか？　しかしながら、クメール・ルージュの特徴のいくつかには、ベトナムの影響を強く想起させるものがある。

まず初めに、秘密と隠蔽についての強迫観念である。ホー・チ・ミンは初めて一九四五年に浮上して姿を現したが、阮愛国という名での、共産主義インターナショナル幹部としての豊かな過去について言及することはまったくなかった。彼のキャリアの主要部分は、ソビエトの公文書が公開されたあとになって初めて全面的に知られるようになった。(1) インドシナ共産党は一九四五年十一月、ベトミンに名を譲って自主解散を宣言したが、一九五一年にはベトナム労働者党の名のもとに再建され、一九七六年になって初めて共産党という名称を取り戻した。南ベトナムでは、革命人民党は解放民族戦線の一構成要素でしかなかった。とはいえ、これらの組織はいずれも、実は同一小集団からなる古参共産党員の厳しい鉄の手で指導されていたのであった。ポル・ポトの生涯の変遷（一九七九年の敗北後の「引退」、ついで「死」の発表を含め）を取りあげる際のオンカーとカンプチア共産党のあいだの微妙な使い分けや指導部の不透明さを見るとき、共産主義世界ではほかに類例がないが、ベトナムと似た現象を読み取ることができよう。

第二の共通の特徴は、実は第一の特徴を補足するものでしかないが、統一戦線という語の異常なほど広汎な使用法である。一九四五年には、元皇帝バオ・ダイ自身、一時ホー・

チ・ミンの顧問をつとめたことがある。ホー・チ・ミン自身も米国からの支援をとりつけることができたし、みずから独立宣言を起草するのに合衆国の独立宣言を下敷きにした。クメール・ルージュは、一九七〇年に王国民族連合政府の構成メンバーであったし、みずからが転覆された後も、この型の戦略を再び採用した。ベトミンも、オンカーも、マルクス-レーニン主義に準拠したことは一度もなく、ためらわずにナショナリズムを利用し、ついにはナショナリズム自体が自立的かつ中心的な次元で重きをなすにいたった。

最後に、武装紛争の状況でなければ繁栄できないように見えるこれらベトナムとカンボジアの戦時共産主義のなかに、強い軍国主義的な偏向を摘出できるだろう。この傾向のもとでは、軍隊は、体制の背骨としてその存在理由にまでなると同時に、特に経済分野では、民間人の動員のためのモデルともなった。

では北朝鮮の影響はどうだったか？　天駆ける馬（チョンリマ〔千里馬〕）という典型的な朝鮮のイメージは、カンボジアでも、経済の進歩を称揚するためにしばしば用いられた。ピョンヤンは、ポル・ポトが政府首長として訪れた二つの外国の首都のうちの一つだったし、かなり多数の北朝鮮の技術者がカンボジア工業の回復のために力をつくした。「金日成主義」からポル・ポトが採り入れたものは、恒常的な粛清、警察による支配、スパイ活動の全面化とともに、階級闘争を後景に退かせ、代わって全人民対一握りの裏切り者という弁証法を前面に押し出す言説であったろう。ありていにいえば、このような弁証法は、抑圧の標的となりうるのは社会総体であって、いかなる社会集団も抑圧のため党－国家に取って代わる資格をもちえない、ということを意味しているのだ。ここまで来ると、毛沢東主義からはかなり遠く、スターリン主義にきわめて近くなってくるのであるが。

一九七三年以後になると、カンプチア共産党は「兄貴分」を換えようとした。タイミング上の理由（国境沿いのベトナムに圧力を加えられる能力）からも、心情的な理由（明言されているラジカリズム）からも、選択の余地は毛沢東の中国以外にはなかった。一九七七年九月、カンボジアの独裁者の最初の公式外国訪問の際の中国の首都での歓迎ぶりには熱狂的なものがあり、両国間の友情は当時「不滅のもの」と形容され、カンボジアは中国にとってアルバニアと同列に並ぶ唯一の国となった(1)。一九七五年五月、最初の中国人技術者がプノンペンに流れ込み、その数は最低でも四〇〇〇人に達した（ベン・キアナンは一万五〇〇〇人としている）が、その間に中国は様々な援助の形で一挙に一〇億ドルにのぼる援助を約束していた(2)。

中国の経験が模範的と思われたのは、とくに農村集団化を基礎とする国の再編成のレベルにおいてだった。多様化した活動を展開し幅広い構造を有する人民公社は、可能なかぎり自給自足的であり、また人民の管理の枠組みであると同時に、労働力の動員の枠組みでもあって、間違いなくカンボジアの協同組合の原型となったのである。細かい点にいたるまで、一九五八年の〔人民公社にかんする〕中国の改革のいくつかがカンボジアにおいてもそのまま見られるほどである。すなわち、強制的な集団食堂、子どもの「共用化」、日用品そのものの集団化、莫大な労働力を吸収する大規模な水利工事現場、ほとんど独占的といえる一、二種類の生産物への集中（結局のところ、計画自体と矛盾する集中だが）、まったく非現実的な数値目標、実現の速度や、正確に動員される労働力には無限の可能性があるという強調など……であった。毛沢東は「穀物と鋼があれば、すべては可能となる」と言ったが、打てば響くように、クメール・ルージュは答えている、「米があれば、われわれはすべてをもつ」[1]と。カンボジア版には鉄鋼が欠けていることに気づかれるだろうが、いくら非現実主義的になろうとしても、カンボジアに存在しない鉄や石炭の鉱脈を発明するところまではいたらなかったわけだ。逆に、中国の大躍進がどのような結末をとげたかについては、誰一人ポル・ポトに教えるはずもなかった[2]——あるいはむしろ、そんなことはポル・ポトの問題ではなかったのだろう。大躍進の概念そのものは、常にクメール・ルージュの言説の中心主題だった。たとえば、カンボジア国歌は次のように結ばれていた。「大躍進をやり遂げられるようなわが祖国を建設しよう！　巨大な、栄光ある、驚異の大躍進を！」[3]

　民主カンプチアはいっさいの予想を超えるほど中国の大躍進に忠実だった。そして、大躍進とまったく同じように、民主カンプチアは主たる成果として膨大で多数の犠牲者を出した飢饉を手にしたのだった。

反対に、文化大革命はといえば、カンボジアへの直接の反響はほとんどなかったに等しい。他の共産主義権力と同様、プノンペン権力は、たとえ管理され、分割されていたとしても、「大衆」を党の特定の派閥にたいし動員することがいかに冒険的かをよく心得ていたからだ。それにもとより中国では、これは基本的に都会的な、教育機関に発した運動であり、したがって定義からしてカンボジアに移植不可能な運動だった。たしかにカンボジアには、一九六六年の反知識人主義が十倍も強い形で見出されたし、江青の「革命オペラ」（ポル・ポト治下で模倣されたようだ[1]）に象徴される文化の否定もまた、十倍も強い形で見出されてはいる。都市を空っぽにした住民の追放もまた、数百万人にのぼる元紅衛兵の農村への下放から思いついたものだったかもしれない。

あたかもクメール・ルージュが、中華人民共和国（ＲＰＣ）における現実の実践よりも、毛沢東主義の理論や、さらにはそのスローガンのほうにはるかに大きく触発されたかのように、すべては進行したといえようか。革命の根拠地だった中国の農村地帯は、たしかに、とくに文化大革命直後は、何百万人という都市知識人の流刑の地になった。体制は今日にいたるまで常に、農村からの人口流出を封じ込めるため手荒な方法を用いている。しかし、大都市は、一九四九年の前も後も、原動力の役を演じつづけており、特に恒常的な労働者は体制の秘蔵っ子のような存在だった。しかし中国共産党は、都市から住民全員を追放するとか、ある地方全体の住民を強制移住させるとか、貨幣やいっさいの学校制度を廃止するとか、知識人全員を追放するとかいうようなことを考えたことはただの一度もなかった。たしかに毛沢東は機会があるたびに知識人に軽蔑の態度を示すことを忘れはしなかったが、結局のところ、どうすれば彼らなしですませられるかが分からなかったのである。事実、紅衛兵はしばしばエリート大学の出身者だった。

キュー・サムファンは、一九七六年に体制への忠誠心を証明するためカンボジアに帰国した知識人を迎えた時、明確に毛沢東主義的なレトリックを用いて言った。「はっきり言っておくが、あなた方は必要ではない。必要なのは土地の耕し方を知っている人たちなのだ。それだけのことだ。(…) 政治意識をもち、体制をよく理解した者は、どんなことでもできる。技術は後からついて来るのだ(…)。米を栽培したり、トウモロコシを植えたり、豚を飼ったりするのに、技師である必要はない」[1]。しかし、中国では、あらゆる専門性のこうした否定が公認の政策となったことは一度もない……。さらに、「中庸の国」では、急旋回してユートピア的極論に向かおうとするたびに、また抑圧の波が起こるたびに、一種の地殻均衡作用のように、より「正常な」方法や原理への回帰が急速に具体化するのであり、しかもその転回の主導権は共産党内部自体から来るのだった。おそらくこれが、中国の体制の永続性を保証してきたのであろう。それにたいしカンプチア共産党のほうは、みずから進んでその実質をすっかり空っぽにしてしまったのである。

最後に、抑圧の方式についても同じような矛盾が見られる。総体的な影響は、疑いの余地なく、中国から（あるいは中国－ベトナムから）来たといえよう。すなわち、カンボジアにおいては、中国（あるいはベトナム）におけると同様に、自己批判と批判をともに義務とする、際限もなく延々とつづく集会が行われ、そのすべてが教育ないし再教育という漠然とした目標のなかに置かれていた。また、「機関」に捕らえられた直後から継続して書かされた経歴書と「自白書」の内容が繰り返しくどくどと吟味されるのだった。要するに、個人の「社会的分類区分」（生まれ、職業）が本人の「政治的分類区分」を決定し、その政治的区分が今度はその司法的分類区分を決定することになり、そしてついには、すべてがますます加速度的な遺伝化／家系化へといたるのだった。最後に、アジアの他の場所でもそうだが、要求される政治的な参加と加入の度合いがきわめて強いために、党－国家と市民社会との二分法は当然廃止の方向に向かい、明らかに全体主義的な方向性に包摂される。

それにもかかわらず、カンボジアの特殊性には相当顕著なものがあり、それらはことごとく、中国ないしベトナムの原型にくらべ、深刻化の方向に向かうのだ。主要な相違は、少なくとも六〇年代までは、(1) 中国とベトナムの共産主義者は再教育を真剣に受け止め、個々の囚人に彼らへの党の態度の正当さを納得させようと多くの努力を行い、その努力のなかで、虐待や拷問の事実上の廃止まで含意されていた。それにたいしカンボジアでは、虐待や拷問が組織的に行われていた点である。また、中国やベトナムでは、仮定の問題にせよ、囚人の「善行」があれば、釈放や名誉回復、あるいは少なくとももう少し軽い拘留条件への見通しが開けるはずだったのに、カンボジアの牢屋では釈放されることはまずなく、それどころか信じられないほど急速に死んでいくのだった。

中国やベトナムでは、大量弾圧は波状的に訪れたが、緊張緩和の時期によって中断を見るのが普通だった。「標的とされた集団」は、多少の広がりはあったけれども、狙いはしぼられており、網をかけられるのは、毎回、住民のごく小部分にすぎなかった――それにたいしカンボジアでは、容疑者とされたのは、最低でも「七五年世代」全員だったし、しかも彼らへの抑圧がやむことはなかった。最後に、方式の面、「抑圧の技術」の面でいえば、他のアジア共産主義は、とくに初期には、組織力や、有効性や、相対的な一貫性、ある程度の知性（たとえ倒錯的であろうと）の存在を感じさせるものがあったが、カンボジアでは、むき出しの凶暴性と気まぐれな恣意性とが、たとえその原理は上部から来ていたとしても、主として地元レベルの命令に従って実行された抑圧を貫徹していた。共産主義的アジアの他の場所では、土地改革期の中国においてある程度見られた現象（しかし、地主及びそれと同一視された者だけが犠牲となった）と、また文化大革命の絶頂期（しかし、時間的にも空間的にも、より局限されていた）とを除いて、カンボジアでのような即決処刑や虐殺を経験したことはなかった。要するに、メコンの両岸〔カンボジア〕の毛沢東主義者は、原始的な（あるいは、退行的なというべきか）スターリン主義的方法に訴えたのであった。

模範的な暴君

スターリンなり、毛沢東なりがふるった個人的な爪痕はあまりに顕著だったので、彼らの死は急速に、とくに抑圧にかんしては、根本的修正がもたらされるきっかけとなった。ポル・ポト主義についても同じように語ることは正当だろうか？　もとサロト・サルと呼ばれたポル・ポトは、カンボジア共産主義の歴史を初めから終わりまで生き抜いた。彼がいなかったとしたら、カンボジア共産主義がどのようなありようを呈したか想像することは困難である。ところで、彼の人格のなかには、血なまぐさい方向に傾かざるをえぬいくつかの特徴が見出されていた。

まず第一に、彼が否定しようと八方手をつくした、革命伝説にはほど遠いポル・ポト自身の遠い過去の経歴を、どう考えたらいいだろうか？　彼には妹と従妹がいたが、二人はモニヴォン王の踊り子であり愛妾であった。兄弟の一人は一九七五年まで王宮の役人だったし、彼自身も子ども時代の大半を、ほかならぬこの古風な王政の中心部で過ごしたのだった。これこそ彼が、古い世界をこれでもか、これでもかというように破壊することにより、自分の「無実を証明」したいと願った理由ではないだろうか？　ポル・ポトは、おそらく彼自身の歴史の否認を貫徹できなかったために、現実の否認へと常に一層深く傾斜し没入して行ったように思われる。

早くから野心的だった機関要員として、群衆の前よりは小さな委員会にいるほうが気楽に感じられた彼は、一九六三年以降は外の世界とは切り離されて――ジャングルでの野営とか、人けのなくなったプノンペンでの秘密の居宅（今でも知られていない）とかで――生活した。彼はそこで深い妄想を育んでいたように思われる。全能であった時期ですら、彼の話を聞きに来る者は念入りな身体検査を受けた。彼は頻繁に住居を変え、料理人が彼を毒殺しようとしているのではないかと疑い、停電を起こした「罪」で電気技師を処刑させた(1)。

一九七八年八月、スウェーデンのテレビ記者と交わされた、強烈な印象をあたえる次の対話は、妄想によるものという以外にどんな解釈が可能だろうか？

「閣下は、三年半このかた民主カンプチアがなしとげた最も重要な成果は何であると言われますか？」

「最も重要な成果は、（…）あらゆる種類の敵からの陰謀と内政干渉、破壊工作、クーデターの企てと侵略行為をことごとく敗北させたという事実です(2)」

無意識ではあるにせよ、これは体制にとって失敗の告白でなくて何であろう！

感じやすく、内気で、フランス詩を愛し、生徒からも慕われた教師、革命的信念を熱く魅了する調子で語る宣伝家、五〇年代から八〇年代にかけ、すべての人が描いていたこのようなポル・ポトの姿は、実は二面性をもった存在だった。権力の座にあって、彼は、自分のことを彼の個人的友人と信じていた最も古くからの革命の道連れの何人かを逮捕させ、彼らの嘆願書に答えもせず、彼らに「力ずくの」拷問を許可し、そして処刑させてしまった(1)。敗北後の一九八一年、幹部のためのセミナーでの彼の「後悔」は偽善の典型だったというほかない。

「国の多数の住民が自分を憎んでおり、自分を虐殺の責任者と見なしていることを知っていた」と彼は言った。多数の人々が殺されたことを自分は知っていた、と彼は言った。そう言いながら、彼はほとんど力つきて崩れ落ち、涙にかきくれた。路線が極左的になりすぎていたことの責任、にもかかわらず真の実情を十分詳細に把握していなかったことの責任は自分が負うべきだった、と彼は言った。自分は子どもたちがやっていることを知らずにいる一家の主人と同じで、人々を信じすぎたのだ、と彼は言った。(…)人々は彼に本当でないことを様々言っていた。すべてはうまくいっているが、誰それは裏切り者だ、と言った。結局のところ、本当の裏切り者はその連中だったのだ。主要な問題は、彼らがベトナム人に養成された幹部だったということだ(2)。

それでは、ポル・ポトのもう一人の非常に古い道連れで、もと義理の兄弟でもあったイエン・サリが、帰順したのち、ポル・ポトのことを誇大妄想狂と告発して、こう語ったのを信じるべきなのだろうか?「ポル・ポトは、軍事と経済の分野でも、保健衛生の面でも、歌の作曲でも(3)、音楽や踊りでも、料理術でも、ファッションでも(ママ)、うそをつく技術を含め、すべての点で、自分が比類なき天才だと考えている。ポル・ポトは自分を、地球上のあらゆる存在より傑出していると考えている。彼は地上の神なのだ」[1]。そこには、明らかにスターリンのある種の肖像にかなり近いものが見られる。これは偶然の符合なのだろうか？

現実の重み

民族史にかかわる不幸の意識、権力の座にあった共産主義諸国からの影響を超え、クメール・ルージュの暴力は、彼らの体制が置かれていた時間的・空間的状況の産物であった。自国の国境をはるかに越えて広がっていた戦争のほとんど偶然の所産であったカンボジアは、勝利が得られるやいなや、自分自身の国内なのに、か弱く孤立し、かつみずから恐怖心にさいなまれた。それ以外の仕事を仕上げてくれたのは、ベトナムの敵意と、息苦しいまでの中国の抱擁だった。

四月十七日は、あまりにも古い世界に、あまりにも遅く訪れた。クメール・ルージュの最初の、そしてたぶん最大の弱点は、歴史的な異常存在だったことであり、場所なき国《ユトピー》というより時なき国《ユクロニー》〔通常の語源説によれば、「ユートピア」はトマス・モアによって「場所（トポス）をもたぬ国」から造語されたという。それをもじって、ギリシア語のクロノス＝時間から著者がつくった語〕だったことである。別の言葉でいえば、世界がすでに別の物に転換しつつあるのに、遅れてきた古代について語るような意味で、「遅れてきた共産主義」といってもよかろう。

ポル・ポトが権力の座に就いたとき、スターリンは死んでいた（一九五三年）。ホー・チ・ミンも死んでいた（一九六九年）。そして毛沢東は健康状態がきわめて悪かった（彼は一九七六年九月に死ぬ）。残っていたのは金日成だが、北朝鮮は小さく、かつ遠かった。偉大な中国の見本は新しい独裁者、ポル・ポトの目の前でひび割れ始めていた。一九七五年に「四人組」が文化大革命を再スタートさせようと試みたが、何の反応もなかった。最後の悪あがきの末、偉大な舵取りの死がきっかけになって、四人組はトランプの城さながらあっさり一掃されてしまった。クメール・ルージュは、残っていた無条件的な毛沢東主義者にならって立ち直ろうとしたが、その残党たちは一九七七年の終わり以降、鄧小平とその改革派の抵抗し難い復帰に対する後衛戦を闘わざるをえなくなっていた。一年後、毛沢東主義は公式に終焉をとげ、ついで民主の壁の時代になるが、その間カンボジアでは虐殺が進行する真っ最中だったのである。大躍進は終わった、修正主義万歳！　の時代が来た。

アジアの他の部分もまた、プノンペンから見たとき、なお一層悪い状況だった。インドシナにおける革命勢力の勝利がもたらした束の間の刺激の後、タイ、マレーシア、ビルマの毛沢東主義ゲリラは活気づいたかと思う暇もなしに、衰退の道をたどり始めた。とりわけアジア大陸のなかで前進をつづける部分は以後、日本の側に立つ「小さな竜たち」（シンガポール、台湾、韓国、香港）と呼ばれた。小竜たちは政治的に反共産主義的であることにより、経済的にも繁栄をとげ、しかも西側の後見を受ける立場からますます離脱しつつあった。最後に、クメール・ルージュが西側のインテリゲンツィアについて知り得たことは、そこでもマルクス主義が最終的な衰退を始めたということであり、その認識はクメール・ルージュを当惑させるばかりであった。歴史の方向は逆転しつつあったのではなかろうか?

この緩慢な大変動については、クメール・ルージュには、二つの解答が可能だったろう。一つ目は、それについて行くことであり、したがって穏健化の道を歩むことであり、教条を修正することにより、自己のアイデンティティと存在理由を失う危険をともなっていた。二つ目は、現在の立場を硬直化すること、すなわち、行動の過激化と、超主意主義とへ向かって苦しまぎれの前進をつづける道だった——北朝鮮の主体思想によって「理論化」された道にほかならない。ヨーロッパでいうなら、当時、最盛期を迎えていたユーロ・コミュニズムを選ぶか、それとも赤い旅団(アルド・モロは一九七八年に赤い旅団によって暗殺された)を選ぶかだった。一方は血みどろの道だったし、他方は違ったけれども、両者とも歴史的な袋小路にしか行きつかなかったことは今日知られているとおりだ。ただし、カンボジアでは、五〇年代のフランス留学生たちが、みずからのユートピアを、何としても、即座に実現できない以上、実際に存在する現在との妥協という泥沼の道を選ばざるをえないのだ、ということを理解していなかった。少なくともそのように、すべては進行したのだった。彼らにとっては、いっさい休息を奪われていた住民に「零年《ゼロ》」の辛い生活を押しつけつづけるか、それとも、自分たちが一掃されて終わるかの選択しかなかった。

かつて中国の大躍進は所期の果実を結ばなかった。文化大革命も挫折したのではなかったか。その理由としてクメール・ルージュが思い込んだのは、中国人が政策を中途半端なままに押しとどめたこと、反革命のための抵抗の拠点をすべて壊滅させなかったことであった。このような抵抗のための防波堤なら数かぎりなくあった。たとえば、人心を堕落させるだけでなく、統制不可能な都市、みずからの知をひけらかし、自分の頭で考えると主張する知識人、資本主義復興の前触れにほかならぬ金銭や初歩的な商品関係、そして、「党の内部に浸透した裏切り者」たちだ。これらすべてを廃絶し、異なる社会を、新しい人間を、すぐにも実現しようというクメール・ルージュの意志は、カンボジア人の従順さにもかかわらず、あるいは従順さのゆえにこそ、現実なるものの、結局は乗り越えがたい抵抗力と衝突せざるをえなかった。諦めることをいさぎよしとしない体制は、権力の座にとどまるためにはそれ以外に道はないと信じて、血の海のなかでますます空回りと脱線をつづけたのである。カンプチア共産党がレーニンと毛沢東の輝かしい後継者になろうと望んだことは確かだ。しかしながら歴史的にみれば、むしろカンプチア共産党は、マルクス-レーニン主義をいかなる暴力も行使してよい許可証と読み替えたいくつかのグループ、たとえば、ペルーの「輝く道」やスリランカの「タミールの虎」、「クルド労働者党」(P

KK）などの先駆者として以上に名を残すことはないであろう。

クメール・ルージュの悲劇、それはおそらく彼らの弱さであった。たしかに弱さは、彼らの自信にみちた言説の陰に注意深く覆い隠されてはいた。しかし結局のところ、四月十七日を生み出したのには、きわめて重要な二つの理由があった。一つは、北ベトナムからの莫大な軍事的支援であり、もう一つは、ロン・ノル体制の無能さ（それは米国の政策が首尾一貫性を欠いたためさらに深刻な結果になった）である。レーニン、毛沢東、さらにより大きな程度で、ホー・チ・ミンが勝利を勝ち得たのは、事実上彼ら自身の努力にのみよるものであって、彼らの敵のすべてが無能というわけではなかった。彼らの党と、特に中国とベトナムの党に関しては、彼らの武装勢力は、辛抱強く、時間をかけて構築され、権力を握るずっと前からすでに大きな勢力に育っていたのである。カンボジアでは、事情はまったくこれとちがった。内戦の中頃まで、クメール・ルージュはハノイの軍隊に完全に依存しつづけていた。一九七五年においてさえ、クメール・ルージュの戦闘員として約六万人の数字があげられている（全住民の一％未満である）が、その彼らが、士気をなくした約二〇万人の共和国軍兵士を打ち負かしたのだった。

弱い軍隊に、弱い党……。本当に信頼できる情報源は一つもないが、一九七〇年には四〇〇〇人の党員、一九七五年には一万四〇〇〇人の党員という数字が挙げられている。(1) ふくれあがった小集団か、せいぜい小さな政党といった規模だ。これらの数字はまた、この体制の最後にいたるまで、経験豊かな幹部が非常に少なかったことを意味している――幹部を襲った粛清が一層悲劇的な結果をもたらしたことはいうまでもない。その帰結は、強制移住者の話のなかに見ることができる。有能な責任者一人にたいし、無能な党員がどれだけ多くいたことか。彼らは視野が狭いだけに、なお一層傲慢かつ残酷だった。「幹部に昇進した古参党員は無知だった。彼らは革命的原則をでたらめに適用して説明した。この無能ぶりによって、クメール・ルージュの狂気の沙汰は増幅された」(1)。口には出されなくても、体制の現実の弱点と、それが生み出す不安な感情とを埋め合わせようとすれば、暴力の増大によるしかないかのように、すべては進行したのだった。暴力が人心の離反を招くので、テロルはさらに一段と強化されなければならない、という繰り返しだった。このようにして、不安定と全般的不信と明日への不確かさの雰囲気が生み出され、それを生き延びた人々にも深いトラウマとなった。このような雰囲気は、党のトップ層でも感じられていた、「隠れた裏切り者」はいたるところにいるという(正当化された)孤立した印象を反映していた。

クメール・ルージュのあるスローガンは次のように断言していたほどだ。「誰かを逮捕する時に間違いを犯すのは常にありうることだ。しかし彼を釈放するという誤りは決して起こしてはならない」(2)と。これはやり放題の抑圧を奨励しているのと同じことであった。

プン・ヤッタイは地獄のようなこの悪循環がどう働いていたかを巧みに分析している。「クメール・ルージュは、実は、抑圧機構を軽減することによって、新人民の怒りが解き放たれることを恐れていた。ことによると反乱が起こるかもしれないという考えにとりつかれるあまり、逆に彼らは、われわれが平静でいるのを責め、それについてわれわれを罰しようと決心していた。絶えざる恐怖の支配だったといってよい。われわれは彼らの迫害を恐れていたし、彼らは人民の蜂起を恐れていた。彼らはまた、闘争上の同志による思想的・政治的策動をも恐れていた……」(1)。人民の蜂起へのこの恐れは正当化されえたのだろうか？　この型の運動の多くはもともとその痕跡をとどめなかった(2)。運動はことごとくあっさりと、素早く、そして……残忍なやり方で押し潰されたからである。しかし、たとえば地元の指導が粛清によって不安定になった時など、ちょっとでも好機がありさえすれば、新しい奴隷たちの怒りが割れ目から噴き出し、一段と強いテロルを荒れ狂わせたであろうことは明らかだ。

絶望に発する蜂起もあれば、単なる噂の流布から引き起こされた蜂起もあった。もっと控えめなレベルの抵抗としては、夜間、ダムの工事現場で、壁の上に立っているクメール・ルージュ兵士に向かって、下から掛けられた冷やかしの声といった類のものもありえたろう(3)。もっと概括的にいえば、多くの証言から残される印象としては、いっしょに働く新人民同士のあいだにはかなり自由に口をきく関係があったし、ちょろまかしや非公然の休憩の際には気安く共犯関係がつくられたし、さらには密告の数がかなり少なかったというようなこともあった。つまり、スパイ行為や密告は、明らかにあまり有効に機能していなかった。このことから、幹部と「七五年世代」のあいだに完全な亀裂があったことを確認できよう。幹部が見つけたと思い込んでいた解決策は、まず戦争の雰囲気を維持することであり、ついで、戦争そのものに訴えることだった——いうまでもなくこの方法は他の場所でも有効性が証明されていたものだ。この点で、次のようないくつかのスローガンほど雄弁なものはない。「片方の手は鍬をにぎり、もう一方の手は敵を打つ」[1]とか、「水があれば米を育てられる。米があれば戦争ができる」[2]。クメール・ルージュはそうとは知らずに的を射たことを言っていたことになる。なぜなら、米が十分にあったためしは決してなかったし、また彼らは戦争に敗れもしたからである。

ジェノサイドだったのか?

クメール・ルージュの犯罪をどう修飾するかを決定しなければなるまい。今世紀の他の大きな残虐行為とのかかわりのなかでカンボジアを位置づけ、共産主義の歴史のなかで、あるべき位置にカンボジアを組み込むこと、これは科学的な課題である。それはまた司法上必要な課題でもある。なぜなら、カンプチア共産党の責任者のかなり多くの部分がまだ存命しており、しかも活動しているからだ。彼らが自由に動き回っている事実を甘んじて認めるべきなのか？　それとも、どのような訴因のもとに彼らを裁くべきなのだろうか？(1)

ポル・ポトとその一味が戦争犯罪人であることは明白である。共和国軍の捕虜は組織的に虐待され、しばしば処刑されたからである。一九七五年四月に武器を置いた人々も、その後情け容赦もなく追及を受けた。戦争犯罪の適用が当然のことであって問題にならないのと同様、人道にたいする罪の適用にも、何の難点もない。複数の社会集団総体が、存在するに値しないとして標的にされ、多くが皆殺しにされたからである。事実、現実の相違であれ、仮定のうえの相違であれ、最も些細な政治的相違までが、死罪をもって罰せられねばならなかった。

真の難点が生じるのは、ジェノサイドの罪にかんしてである。定義を文字通りに解すれば、やや不条理な議論に陥るおそれがあろう。つまり、ジェノサイドという犯罪は、国民的・民族的・人種的・宗教的諸集団にたいしてしか適用されないのであるが、クメール人が総体として絶滅の標的にされたとは見なしがたいので、もしジェノサイド犯罪を適用しようとすれば、すべての関心は、諸少数民族と、場合によっては仏教僧侶に集中することになろう。ところで、この両者を全部あわせても、全犠牲者のうち比較的小さな部分にしか当たらなかったはずである。その上、すでに見てきたように、クメール・ルージュが特別に少数民族を抑圧してきたと断言することには無理がある。一九七七年以降のベトナム人はその例外で、この時点で残っていたベトナム人の数はかなり小さかったからである。チャム族自身がとくに標的とされたのも、イスラム信仰が抵抗の土台となっていたからにほかならない。

何人かの著者は、ポリティサイド[1]〔直訳すれば、「政治的集団殺戮」となろう〕という概念——おおまかに「政治的要素を基礎としたジェノサイド」と定義できよう〔同様にして、社会的要素を基礎としたジェノサイド＝ソシオサイドも使えるだろう〕——を導入して、この問題を解決しようとした。一歩退却二歩前進というような苦心の作ではあるが、この語をつかうことで、果たしてジェノサイドと同じレベルの深刻な事態の前に身を置くことができるのだろうか？　著者たちはそのように意図しているらしいが、この問いに「できる」と答えるのであれば、すでに確立されたジェノサイドという語を保持せずに、なぜ定義から現実にいたる道筋を混乱させるようなことをするのだろうか？

想起してほしいが、国連によるジェノサイド条約採択〔国連総会が採択したのは一九四八年十一月〕の事前討議の際、この犯罪の構成要件のなかに、政治的集団を含めることに反対したのはソ連だけだったし、その理由はあまりにも明白であろう。しかし、特に、人種的という語が〔ただし、この語は民族も国民も包含しないことに注意してほしい〕一つの解決法を提供すべきものであるかもしれない。人種とは、知識の進歩にともなって解体された幻想の産物にすぎず、それを限定したいと望む人間の目のなかにしか実在しない。実際のところ、ブルジョワ人種がいないのと同様に、ユダヤ人種もいないのである。

　ところで、クメール・ルージュにとっては、もとより中国の共産主義者にとってと同じように、いくつかの社会集団は総体として、しかも生まれつき、犯罪者なのである。その上、その「犯罪」は、一種の（社会的）獲得形質の遺伝化により、配偶者にも、子孫にも、伝えられるのだ。ここまで来ると、ルイセンコ学説も遠くない地点にいるといえよう。以上のようなわけで、これら社会集団の人種化について言及する権利が生ずるわけである。そうすれば、ジェノサイド犯罪は、カンボジアで極端にまで推し進められ、しかも万事事情を心得た上で運ばれた、これまで見てきた諸集団の物理的一掃に適用することができよう。イ・ファンダラは、「四月十七日の人々」についてクメール・ルージュの一労働者がこう言うのを聞いている。「これは、裏切り者ロン・ノルの体制を支えてきた都市住民の名前だ。（…）彼らのなかには裏切り者がたくさんいる。共産党は警戒心を発揮してそのかなりの部分を一掃した。今なお生きてる連中は農村で働いている。あいつらはもうわれわれに向かって立ち上がってくる力もない[1]」

　何百万にものぼる今日のカンボジア人にとって、「ポル・ポト時代」の断絶は癒えることのない火傷の跡を残している。一九七九年には、子どもの四二％に片親がなく、そのうち母親よりも父親がいないケースが三倍だった。七％は両親をともに失っていた。一九九二年には、孤立状況が最も悲劇的だったのは、青少年のもとにおいてだった。六四％が少なくとも片親を失っていたからである[1]。大量で、しばしば非常に暴力的な犯罪（火器はいたるところにある）、汚職の蔓延、尊敬と連帯感の欠如、あらゆるレベルで全体の利益を思いやる意識の完全な不在——いずれも、今日もなお、東アジアでは異常なレベルでカンボジア社会をむしばむ深刻きわまる社会悪の一部分であるといえよう。何十万人という海外亡命者・難民（うち米国だけで一五万人）は依然として過去の経験に苦しみつづけている。彼らは反復する悪夢や、インドシナ出身者中で最も高率の鬱病に悩み苦しんでいる。同世代の男性が多数殺された結果、男性よりずっと多数生き残り、単身で外国にやってきた女性には深い孤独が待ち受けている[2]。とはいえ、カンボジア社会の活力のバネは断たれたわけではない。一九八五年、農村における集団化の最後の残滓が放棄された時、生産は増加に転じ、ほとんどただちに食料不足が消滅するにいたったのだ[3]。

カンボジア人にとって何より重要な欲求は、普通の生活に戻ることであろう。しかし、共産主義の最も暗鬱な逸脱の実験室であったクメール・ルージュの独裁の責任者を前にするとき、カンボジア人の欲求を理解したうえで、彼らだけを、恐怖の過去の清算という重い課題と取り組んで苦しませるようなことがあってはならない。彼らの死刑執行人にたいししばしばあんなにも寛容な顔を向けてきた世界は、はなはだ遅ればせながら、この悲劇をもわがものとして分かちあうべきだろう。

第4章　結　論

アジアには権力の座にある共産主義が複数ある。それに、政権の座にある共産主義は事実上もはやこの地域にしかないとさえいえる。しかしながら、たとえば、かつて東欧共産主義が存在したのと同じ意味で、アジア共産主義というものが存在するだろうか？　ヨーロッパでは、ユーゴスラヴィアとアルバニアを除くと（それもいつまでのことか……）、共産主義には少なくとも同じ父親を有するという共通点があった。父親の具合が本当にもうどうしようもないほど悪くなり始めた時、東欧共産主義は事実上みな一緒に（ユーゴスラヴィアとアルバニアにおいてさえ）息絶え、父親もまた墓の中へとそのすぐ後を追って行った。アジアでは、これと似た関係は、ベトナムとラオスのあいだにしか見られず、両国の運命はいまなお有機的に結びついているように見える。別の点で関心をそそるのは、それぞれの共産主義における権力の獲得と強化の過程の特異性である。北朝鮮がスターリンの支配下で一種の人民民主主義国だった事実、ベトミンにとって、勝利への転機がトンキン地方の国境付近への中国人民解放軍の到着だったという事実は残るが。

アジアに共産主義「ブロック」はないし、またかつて一度もあったことはない。あったとしても、ただ北京の欲望のなかにおいてだけだろう。緊密な経済協力も、幹部の大規模な往来も、養成や訓練の共同関係も、そしてとりわけ、軍事・政治機関のあいだの密かな絆も欠いていたのである。この種の試みはあるにはあったが、かぎられた範囲のことでしかなく、長続きはしなかった（もう一度繰り返すことになるが、ラオスと、その「兄貴分」のベトナムのあいだを除いて）。たとえば、中国と北朝鮮のあいだでは、朝鮮戦争中とその後短い期間において、中国とベトナムのあいだでは五〇年代において、中国とポル・ポトのカンボジアのあいだ、さらには八〇年代のベトナムとカンボジアのあいだぐらいが親しい関係の実例であろう。たとえ中国からの（そして時にはソ連からの）援助が繰り返して必要不可欠だったということはあるにせよ、アジアには、民族共産主義以外にほとんど存在せず、どの共産主義もとりわけ自国の防衛の支配権を握っている（ラオスを除き）。

もとより、「一〇〇％共産主義者同士の」戦争が見られたのも、アジアだけのことであった。七〇年代末のベトナム対カンボジアの戦争、ついで、ベトナム対中国の戦争のことだ。教育やプロパガンダや歴史記述のレベルでは、アジアの共産主義以上に民族主義《ナショナリズム》的な、いや狭隘な排外主義《ショーヴィニズム》的とさえいえる体制を地球上で見つけることは困難である。アジアの共産主義はいずれも外国帝国主義との闘いのなかで自己を形成したからだ。このことは少なくとも一つの共通点である。厄介なのは、その民族主義《ナショナリズム》がしばしば隣国の共産主義に敵対的に向けられてきたことである。

他方で、政策（そしてとりわけ本書の関心の的である抑圧政策）の細部に踏み込むたびに、その類似性は強い印象を与えずにはおかないし、これまでの章で数多くの類似点を指摘してきたとおりである。その主な類似点を再度取りあげる前に、研究の対象としてきた諸体制の比較年代学について検討を加えてみたい。ヨーロッパでは、各国の歴史を大きく画す段階は、他国のそれと密接に関連している——アルバニアの場合と、より小さい程度でだが、ルーマニアとユーゴスラヴィアの場合を除く。アジアでは、まず初めに、出発点からして一九四五年から一九七五年までと、時間的に相隔たっていた。農地改革と集団化の時期も、ベトナムにおける北部と南部のあいだを含めて、同様に隔たっていた。しかし、他方、どの国においても、この二つの段階が連続して実施され、しかもそれは権力掌握後、ほとんど時をおかずに行われたことが見てとれる（中国の場合が最も長く、全過程で七年間を要した）。政治面では、共産党は政権獲得の段階で決して完全に顔をむき出しにして行動することはなかった。「統一戦線」の外観は、革命が勝利した後もしばらくの間維持された（中国では八年間）。一九七七年までのカンボジアのように、党の存在を明るみに出さないことだけを目的にした場合もある。

しかしながら、複数政党制民主主義の約束によって、多くの人々が以前にはだまされていた（しかもこのことは、とくにベトナムにおいて、共産主義の成功に貢献した）としても、以後たちまちにして、その仮面は剝げ落ちたのである。ベトナムでのことだが、南ベトナム軍兵士の捕虜収容所では、一九七五年四月三十日までは、一応ちゃんとした食料と衣服が与えられ、労働も強制されていなかったが、南の「解放」が実現するやいなや、食料配給量は乱暴に削減され、規律は厳しくなり、消耗させる労役が課せられたのだった。収容所長はこれらの措置を次のように正当化したものである。「これまでは、お前たちは戦争捕虜管理規定の恩恵に浴していた。（…）今や全土が解放されて、われわれは勝者になり、お前たちは敗者になった。お前たちはまだ生きているだけでも幸せと思わなければなるまい！一九一七年の革命後、ロシアでは、敗者は全員始末されたのだ」[1]。統一戦線の枠内で大事にされてきた社会階層（とくに知識人と「民族」資本家）は、党の独裁が確立すると、追放と抑圧の嵐をまともに浴びることになった。

もっと仔細に検討すれば、これらの年代学的類似性は変動するようになる。北朝鮮は、五〇年代の終わり以来、独自のリズムを守っている。このスターリン主義の博物館は久しい時間にわたって孤立を深めているようだ。中国の文化大革命は模倣者が出てこないままで今日にいたっている。ポル・ポトは江青がまさに失脚しようとする時に勝利を収め、すでに十四年前に打ち捨てられた大躍進の実現を夢見ていた。しかし、共産党がすでに権力の座にあった国ではどこでも、スターリンの時代は粛清と公安警察の発達という特徴を示していた。第二十回ソ連共産党大会の衝撃波はいたるところで政治的自由化の誘惑を呼び起こしたが、それはすぐさま拒否され、代わってそれぞれの体制の硬直化と、経済面では、主意主義的・ユートピア的な強い欲望とが登場することになった——中国の大躍進、その亜流であるベトナム版、朝鮮の千里馬《チョンリマ》が後者の例である。八〇年代と九〇年代を特徴づけるのは、朝鮮を除いたどこでも、経済の自由化であった。ラオスとベトナム南部では、自由化政策は、実際には決して完成することのなかった集団化の措置にきびすを接して行われたのだった。

経済の改革過程は困難で、矛盾にみち、不完全であったにしても、経済の改革主義は、しばしばいわれるよりもっと速い速度で、抑圧政策の正常化と緩和の道へ通じていたといえよう。その結果、ピョンヤンを除いて、意識の画一化も大衆的テロルも、もはや単に思い出でしかなくなっており、南米のありふれた独裁国以上に多数の政治囚も、今では存在しなくなっている。アムネスティ・インターナショナルの数字によれば、ラオスにおける政治囚は一九八五年に六〇〇〇人から七〇〇〇人だったのが、一九九一年三月には三三人に減っており、ベトナム、あるいは中国でもその数字は同じような割合で減少した。いろいろあったにしても、現代は時には良いニュースをもたらすものである。そしてこのことは、ついでにいえば、大量殺害による強制という事態にたいしては、ヨーロッパの共産主義国におけると同様、アジアの共産主義国でも抵抗しうるものであることを証明している。本書の中心的問題に戻れば、恐怖政治《テロル》は、しばしばあまりに長い期間つづいたとはいえ、(一九八〇年前後までに)その時期を終えたのだ。そしてテロルはたえず、そしていたるところで沈澱し、多かれ少なかれおぞましい一般犯罪へと姿を変えたのである。今日ではテロルは、単に主として選択的かつ抑止的な抑圧へ、それとともに、再教育への関心が後退したことにより、ますます陳腐な抑圧へとその位置を譲りつつある。

結局のところ年代学上の類似性のほうが相違性にまさっているようだが、この謎を解くカギは、一九五六年以降、モスクワよりずっと多く北京にあったのだ。そのきっかけをつくったのは第二十回共産党大会である。大会は衝撃を与え、モーリス・トレーズ〔フランス共産党の指導者、一九〇〇―一九六四〕にとってと同様、毛沢東やホー・チ・ミンや金日成にとっても、脅威と感じられた。これによって、対するフルシチョフがとったイニシアティヴの意味合いの深さが浮き彫りになるであろう。中国中央は、すでに指摘したとおりだが、少なくとも延安以降、全アジアの共産主義者の第二のメッカの役割を演じていた。しかし、スターリンのソ連の威信はあまりに大きく、加えてソ連の経済的・軍事的手段の重みが物を言って、世界共産主義体制におけるソ連の中心的位置は動かなかった。朝鮮への中国の介入、ついでベトミンへの中国の莫大な援助はすでに最初の震動を与えはしたが、一九五六年になると、毛沢東は、事実上「反修正主義」陣営のトップにかつぎ出され、以後、アジアの兄弟国がこの陣営に連なることになった。確かに文化大革命の紆余曲折ぶりは中国の権威を弱めた。また、軍事的必要から、ベトナムは、六〇年代半ば以降、好機をとらえてソ連との接近を進めることになるであろう。しかし年代学的アプローチが証明するところでは、アジアでの主導権は常に中国から来たのであり、しかもそれはしばしば熱心に模倣されたものである。世界のすべての共産主義体制のなかには、まぎれもない親近性を認めることができた。しかし、アジアの共産主義体制同士では、一歩を進めて、しばしばクローン化現象に通じるものがあったのだ――たとえば中国とベトナムの農地改革を考えてみるとよかろう。

フルシチョフにはおなじみの「グラッシュ・コミュニズム」〔ハンガリーの国民的料理であるグラッシュを不自由なく食べられるほどの社会体制。物質的刺激を重視した共産主義をいう〕が、少なくとも八〇年代初頭まで、アジアの共産主義国をほとんど惹きつけなかったのは、これらの国が依然として革命戦争の時代にあったからという理由もあるが、と同時に、稀に見る程度にまで観念支配の国だったことによるのである。「名を正す」という儒教の伝統にあっては（カンボジアを除き、アジアは儒教の伝統下にある）、言葉に合わせるべきなのは現実の方なのだ。刑事裁判においても、重要なのはある人がしたことではなく、それに加えられる評決であり、その人に貼り付けられるレッテルなのだ。ところで、評決やレッテルは、その人の行為とは無関係なあらゆる種類の考慮に対応する。人々の精神のなかに平和を確立するのは、良い行いであるよりはむしろ正しい言葉なのである。

過剰なまでのイデオロギー化と、主意主義という、アジア共産主義の一個二重の性格はこのようにして生まれた。超イデオロギー化は、儒教的な考え方と、全面的な社会の再編という革命観との結合に起源をもつ、分類と再編成への熱意に由来する。主意主義のほうは、世界の変革というさらに一層広い展望のなかで、まるでそれが梃子《てこ》ででもあるかのように、「正しい思想」による意識の完全な専有に依拠しようとする。相手が反論できないような毛沢東の引用文を相手方に叩きつければ勝てたという、例の口頭での決闘についてはすでに述べたとおりだ。大躍進もまた言葉の祭典だった。もちろんアジア人の非現実主義にも限度はある。現実があまりにも言説と矛盾する時には、アジア人もそのことを理解しないわけではない。そして、あまりに多くの言説の破綻と、それが招いた数え切れない大災害とを確認したのちに、彼らはついに、「白猫であれ、黒猫であれ、ネズミを捕る猫はいい猫だ」という鄧小平の徹底的に反イデオロギー的な言説しか聞こうとしなくなったのである。

しかし、アジア共産主義の真実の、偉大な独創性はおそらく、この過剰なまでのイデオロギー化とこの主意主義――これらと等価値をもつ現象はたとえばスターリンのソ連に見出せたかもしれないが――とを党から社会全体へ、と移すのに成功したことであろう。ここでもまた、アジア共産主義は、互いに組み合わさった二つの伝統を頼りにすることができた。中国化されたアジア（つまり、中国に加えてベトナムと朝鮮にかかわるわけだが）には、ずっと以前から、西洋で確認されるようなエリート文化と大衆文化のあいだの距離がなかった。とくに儒教は、支配階級から最も辺鄙な農村まで、それほど変容されることもなく行き渡ることができた。しかし中国においては、この千年紀の初めからつづいてきた女性の纏足《てんそく》のような非常識な制度についても同じことが言えるだろう。

他方、国家は、社会から分離して、また、複雑な法に基づく、首尾一貫した制度として形成されたことは一度もなかった。中国の影響を受けた王朝は、みずからについて与えようとしばしば試みてきたイメージとは逆に、ほとんど常に、西洋の諸王国が中世末にはすでに所有していた、断固とした介入手段の大部分を欠いたままであった(1)。中国の影響下にあった王朝は、その臣民の合意を通じてしか存続も統治もできなかった。臣民の合意が得られるのは、なんらかの民主的協議の形態を通じてではなく、対立しあう利害相互間の制度的調停によってでもなく、それ自体が家族的かつ個人間道徳に巧みに基礎を置いた、公民道徳の同一基準が社会にきわめて広く深く普及されたことによってだったのである。これこそ毛沢東がかなり正確に「大衆路線」と名づけたものにほかならない。このような道徳的（あるいはイデオロギー的）国家は、東アジアでは長く豊かな歴史をもっている。それは貧弱で脆弱な基盤に立つ国家であった。しかし、この国家が、各集団、各家族、各個人の意識を国家自身の基準と理想に賛同させることに成功すれば、その力は前代未聞の強さとなり、いかなる限界も知らなかったはずである——限界があったとすれば、大躍進の折における毛沢東の仮借なき敵だった自然の限界だけであろう。

したがって、アジアの共産主義は深く全体論的《ホーリスト》な社会を創りあげようと試みたし、一時ではあるがそれに成功したのだ（が、おそらくどこでもすでに終わりを告げている）。だからこそ、自分自身も囚人であるベトナムの監房長が、反抗的な囚人に向かってこう叫ぶ権利があると思ったのである。「お前は革命によって任命された監房長に反抗している。つまりお前は革命に反対しているのだ！(2)」。また、だからこそ、同じくベトナムで、囚人の最後の一人まで――陸軍士官学校《サン・シール》出身のフランス人将校捕虜の最後の一人までも――党のメッセージを伝え発信する者に仕立てあげようという、驚くべく忍耐強い、執拗な意志が発揮されたのである。

ロシア革命が、「彼ら」と「われわれ」のあいだに横たわる溝を破ることに成功しなかったまさにこの点において、文化大革命は、一瞬ではあれ、多くの人々に、国家と党とは彼ら自身でもあると信じさせることができたのだ。さらに言えば、いくつかの場合に、共産党員ではない紅衛兵は、党からの除名処分を決定する権利が自分にもあると考えたのだった。西洋の共産主義もまた、批判や自己批判、際限のない「討論」集会、規範的文書の押しつけを経験してきた。しかし一般にそれは党の領域にのみかぎられるものだった。アジアでは、同じ規準が党から万人にまで広げられていたのである。

抑圧が帯びる形式にかんするかぎり、上述のことから二つの主要な帰結が生じた。最も明らかな帰結は、われわれがしばしば確認してきたことだが、法と法律と正義へのいっさいの準拠が――形式的な準拠にせよ――完全に不在だったことである。すべては政治的であり、政治的でしかなかった。遅ればせの刑法の公布（中国では一九七九年、ベトナムでは一九八六年）は、実際のところ大規模な恐怖政治《テロル》の終焉の合図となったのである。

もう一つの帰結は、大きな抑圧の波が襲うとき、血なまぐさい性格が、なお一層全般化した規模に広がったことだ。抑圧の波は、社会の総体であれ、非常に広い社会階層（農民、都市住民、知識人など）であれ、それをまるごと呑み込んだ。鄧小平の政権は、文化大革命が一億人の中国人を「迫害した」と断定した——もとより検証不能な数字ではあるが、それにしてもおそらく、文化大革命の死者は一〇〇万人を超えるものではなかったろう。比率からいえば、スターリンの大粛清とはとうてい同じではなかった。残る疑問は、こんなにも効果的に恐怖におののかせることができたのに、なぜわざわざ人を殺す労をとらなければならなかったのだろうか、というものだろう。このことはおそらく、政治的死者総数のなかで自殺が大量に見られた事実をも説明するであろう。同僚、友人、隣人、家族によって引き継がれていったキャンペーンの激しさは、多くの個人にとって、文字通り耐えがたい緊張を生み出したはずである。自殺のほかに、彼らにとって退却する空間はもはやなかったのだ。

われわれの推論にはおのずから限界がある。その限界はカンボジア（また、ずっと軽い程度でだが、ラオス）という名で呼ばれる。カンボジアには一度も儒教が浸透したことがなかった。その政治的伝統は、中国的というよりずっとインド的である。広汎で血なまぐさい暴力があれほど猛威——それも、カンボジアだけが経験した猛威——をふるったという事実は、怯え狼狽した権力が、本来受け入れる素地のまったくなかったカンボジア住民に、中国・ベトナム式の処方箋を適用しようと試みたことを物語るのだろうか？　ここには掘りさげてみるべき手がかりがなお残されているが、幸いにもカンボジアだけの例として終わったこの経験をとりまく正確な諸条件を深く研究することこそ必要な課題であろう。アジア共産主義の（あるいは少なくとも中国化されたアジアの共産主義の）特殊性を強調することが、ここでの筆者の目的だった。本書全体を読まれた読者は、この共産主義を、他方で世界の共産主義システムとそのリーダーだったソ連につなぐきわめて強い関係を、ご自分の力でたやすく見抜かれるであろう。われわれの注意をひきとめた多くの現象（たとえば、「真っ白なページ」、絶対的な再出発への、白紙状態《タブラ・ラサ》への郷愁、青年への崇拝とその操作）は、アジア以外の地域においても簡単に発見できるかもしれない。いずれにせよ、今からすでに大きく分岐をとげつつあるヨーロッパとアジアにおける共産主義の運命を考えるとき、この地球的現象の変種同士のあいだに存在しうる構造的差異についての検討をさらに強いられるであろうことに変わりはあるまい。

参考文献選

注：ここでは、入手可能な著作、参考として役にたちうる著作を挙げるにとどめ、フランス語で書かれたか、フランス語に翻訳されたものを優先させた。

1　中国（チベットを含む）

Jasper Becker, *Hungry Ghosts : China's Secret Famine*（ジャスパー・ベッカー『飢えた幽霊たち：中国の隠された飢饉』）, Londres, John Murray, 1996.

Marie-Claire Bergère, *La République populaire de Chine de 1949 à nos jours*（マリ＝クレール・ベルジエール『一九四九年から今日までの中華人民共和国』）, Paris, Armand Colin, 1987.

Marie-Claire Bergère, Lucien Bianco, Jürgen Domes *(dir.)*, *La Chine au XX*^{e} *siècle* (*vol.1 : D'une révolution à l'autre 1895-1949 ; vol.2 : De 1949 à aujourd'hui*)（マリ＝クレール・ベルジエール『二十世紀の中国』（第一巻：革命から革命へ　一八九五―一九四九、第二巻：一九四九年から今日まで）, Paris, Fayard, 1989 et 1990.

Yves Chevrier, *Mao et la révolution chinoise*（イヴ・シェヴリエ『毛沢東と中国革命』）, Florence, Casterman/Giunti, 1993.

Jean-Luc Domenach, *Chine : l'archipel oubié*（ジャン＝リュック・ドムナック『中国：忘れられた群島』）,

Paris, Fayard, 1992.
Pierre-Antoine Donnet, *Tibet mort ou vif*（ピエール＝アントワーヌ・ドネ『生死を問わずチベット』）, Paris, Gallimard, 1990.
John K. Fairbank et Albert Feuerwerker (dir.), *The Cambridge History of China–vol. 13 : Républican China 1912–1949, Part 2*（ジョン・フェアバンクとアルベルト・フォイアヴェルカー編『ケンブリッジ中国史』（第十三巻：共和政中国　一九一二―一九四九、第二部）, Cambridge, Cambridge University Press 1986.
William Hinton, *Fanshen*（ウィリアム・ヒントン『翻身――ある中国農村の革命の記録〔加藤祐三訳、平凡社、一九七二〕）, Paris, Plon, 1971.
Hua Linshan, *Les Années rouges*（フア・リンシャン『赤い歳月』）, Paris, Seuil, 1987.
Ken Ling, Miriam London & Ta-ling Lee, *La Vengeance du ciel : un jeunne Chinois dans la Révolution culturelle*（ケン・リン、ミリアム・ロンドン、タ＝リン・リー『天の復讐：文化大革命下のある中国青年』）, Paris, Robert Laffont, 1981.（原書は英語 1972）
Roderick MacFarquhar & John K. Fairbank (dir.), *The Cambridge History of China – vol.14 : The People's Republic, Part 1 (1949–1965) ; vol.15, Part 2 : Revolutions within the Chinese Revolution, 1966–1982*（ロデリック・マクファーカー、ジョン・K・フェアバンク編『ケンブリッジ中国史』（第十四巻：人民共和国、第一部（一九四九―一九六五）。第十五巻：第二部　中国革命のなかのいくつかの革命（一九六六―一九八二））, Cambridge, Cambridge University Press, 1987 et 1991.
Nien Cheng, *Vie et mort à Shanghai*（鄭念『上海における生と死』〔『上海の長い夜』篠原成子・吉本晋一

郎訳、原書房、一九八八』), Paris, Albin Michel, 1987.（原語版は英語 1986）
Jean Pasqualini（avec Rudolph Chelminski）, *Prisonnier de Mao : sept ans dans un camp de travail en Chine*（ジャン・パスカリーニ（ルドルフ・ヘルミンスキとの共著）『毛沢東の囚人：中国労働収容所での七年間』), Paris, Gallimard, 1975.（原書は英語 1973）
Alain Roux, *La Chine populaire, tome 1 (1949-1966), tome 2 (1966-1984)*,（アラン・ルー『人民中国』第一巻（一九四九—一九六六）、第二巻（一九六六—一九八四）), Paris, Éditions sociales, 1983.
Wei Jingsheng, *La Cinquième Modernisation et autres écrits du «Printemps de Pékin»*（魏京生『第五の現代化、および《北京の春》からの他の文章』), Paris, Christian Bourgois Éditeur, 1997.
Harry Wu, *Laogai : le goulag chinois*（ハリー・ウー『労改：中国の収容所群島』), Paris, éd. Dagorno, 1996.（原書は英語 1992）
Yan Jiaqi & Gao Gao, *Turbulent Decade : A History of the Cultural Revolution*（ヤン・ジャーチとカオ・カオ『動乱の十年：文化大革命の歴史』), Honolulu, University of Hawaii Press, 1996.（原書は中国語 1986）

2 ベトナム

Georges Boudarel, *Cent fleurs écloses dans la nuit du Vietnam : communisme et dissidence 1954-56*（ジョルジュ・ブダレル『ベトナムの夜に開いた百花：共産主義と異端派　一九五四—一九五六』), Paris, Jacques Bertoin, 1991.
Collectif, *La bureaucratie au Vietnam—Vietnam-Asie-Débat n° 1*（編集委員会『ベトナムにおける官僚制——ベトナム・アジア・討論第１号』), Paris, L'Harmattan, 1983.

Jaques Dalloz, *La Guerre d'Indochine 1945-1954*（ジャック・ダローズ『インドシナ戦争　一九四五―一九五四』), Paris, Seuil, 1987.

Doan Van Toai, *Le Goulag vietnamien*（ドアン・ヴァン・トアイ『ベトナムのグラーグ』), Paris, Robert Laffont, 1979.

Daniel Hémery, *Révolutionnaires vietnamiens et pouvoir colonial en Indochine, 1932-37*（ダニエル・エムリ『ベトナムの革命たちとインドシナにおける植民地権力　一九三二―一九三七』), Paris, Maspero, 1975.

Stanley Karnow, *Vietnam : A History*（スタンリー・カーノウ『ベトナム：その歴史』), Paris, Presses de la Cité, 1984.

David G. Marr, *Vietnam 1945 : The Quest for Power*（デーヴィッド・G・マー『ベトナム一九四五年：権力の追求』), Berkeley, University of California Press, 1995.

Ngo Van, *Viêt-nam 1920-1945 : révolution et contre-révolution sous la domination coloniale*（ゴー・ヴァン『ベトナム　一九二〇―一九四五：植民地支配下の革命と反革命』), Paris, L'Insomniaque, 1995.

3　ラオス

Martin Stuart-Fox et Mary Koogman, *Historical Dictionary of Laos*（マーチン・スチュアート＝フォクスとメアリ・クーグマン『ラオス歴史事典』), Metuchen & Londres, Scarecrow Press, 1992.

4　カンボジア

Elizabeth Becker, *Les Larmes du Cambodge — l'histoire d'un auto-génocide*（エリザベス・ベッカー『カ

ンボジアの涙——自己殺戮の歴史』), Paris, Presses de la Cité, 1986.

David P. Chandler, *The Tragedy of Cambodian History : Politics, War and Revolution since 1945*（デーヴィッド・P・チャンドラー『カンボジア史の悲劇：一九四五年以後の政治・戦争・革命』), New Haven, Yale University Press, 1991.

David P. Chandler, *Pol Pot : Frère Numéro Un*（デーヴィッド・P・チャンドラー『ポル・ポト：ナンバーワンの長兄』), Paris, Plon, 1993.（原書は英語 1992).

Ben Kiernan, *The Pol Pot Regime : Race, Power, and Genocide in Cambodia under the Khmer Rouge, 1975–1979*（ベン・キアナン『ポル・ポト体制：一九七五—一九七九年のクメール・ルージュ支配下のカンボジアにおける人種・権力・ジェノサイド』), New Haven, Yale University Press, 1996.

Karl D. Jackson（éd.）*Cambodia 1975–1978 : Rendezvous with Death*（カール・ジャクソン『カンボジア　一九七五—一九七八：死とのランデヴー』), Princeton, Princeton University Press, 1989.

Marie-Alexandrine Martin, *Le Mal cambodgien : histoire d'une société traditionnelle face à ses leaders politiques 1946–1987*（マリ＝アレクサンドリーヌ・マルタン『カンボジア病：政治指導者たちに直面した伝統社会の歴史　一九四六—一九八七年』), Paris, Hachette, 1989.

Haing Ngor（écrit avec Roger Warner）, *Une odyssée cambodgienne*（ハイン・ニュル『カンボジアのオデュッセイア』), Paris, Fixot- Filipacchi, 1988.（原書は英語 1987）

Laurence Picq, *Au-delà du ciel : cinq ans chez les Khmers rouges*（ロランス・ピック『空の彼方に：クメール・ルージュのもとでの五年間』), Paris, Bernard Barrault, 1984.

Marek Sliwinski, *Le Génocide Khmer rouge : une analyse démographique*（マレク・スリヴィンスキ『ク

メール・ルージュによるジェノサイド：人口学的分析』), Paris, L'Harmattan, 1995.

Pin Yathay, *L'utopie merutriere : un rescapé du génocide cambodgien témoigne*（プン・ヤッタイ『殺戮のユートピア：カンボジアのジェノサイドの生存者は証言する』), Bruxelles, Complexe, 1989.

Henri Locard, *Le Petit Livre Rouge de Pol Pot*（アンリ・ロカール『ポル・ポトの赤い小冊子』〔ポル・ポト語録〕), Paris, L'Harmattan, 1996.

なぜだったのか?

ステファヌ・クルトワ

「革命の青い目は　必然の残酷さをもって輝いている。」

ルイ・アラゴン（『赤色戦線』）

盲目的な判断を超え、党派的な情念を超え、意図的な健忘症を超えて、本書は個人的暗殺から大量殺戮にいたるまで、共産主義世界で犯された犯罪事実の全体図を素描しようと試みてきた。二十世紀における共産主義現象について全般的な考察を深めていくうえで、これは転換期の一段階でしかないが、一九九一年のモスクワで体制の中心が崩壊し、それまで厳重に隠蔽されてきた豊かな資料類へのアクセスが可能になった。しかしながら、最もよく資料的に裏づけられ、最良の根拠に基づく知識が確立したとしても、もとよりそれは不可欠な手続きではあるが、われわれの知的好奇心をも、われわれの良心をも満たすものではありえない。というのも、「なぜだったのか?」という根本的な問いが残っているからである。なぜ一九一七年に出現した現代共産主義は、ほとんど瞬時に、血なまぐさい独裁制をうちたて、ついで犯罪的な体制に変貌することになったのだろうか。共産主義という目標は最も極端な暴力を通じてしか達成することができなかったのであろうか。この犯罪が共産主義権力によって、平凡で正常で当たり前の施策と認識され実践されてきた――それも数十年間にわたり――ことをどう説明できるのだろうか。

ソビエト・ロシアは共産主義体制を手にした最初の国だった。このロシアは、徐々に建設され、ついで一九四五年後にすさまじい拡大をとげた世界共産主義体制の核心であり、原動力であった。レーニンとスターリンのソ連は現代共産主義の母型であった。この母型が一気に犯罪的な次元を帯びるにいたった事実は、それが社会主義運動の進展に逆行したものであっただけに一層驚きに値する。

十九世紀を通じて、革命的暴力をめぐる考察は、フランス革命の始源的経験に支配されてきた。フランス革命は一七九三年から一七九四年にかけて、三つの主要形態を帯びた激しい暴力のエピソードを経過した。第一に、最も野蛮な暴力形態は「九月の殺戮」〔一七九二〕とともに現れた。パリで一〇〇〇人の人々が暴徒によって暗殺された事件であるが、これは政府の何らかの命令が、何らかの政党の何らかの指令が発せられたから起こったというわけではなかった。第二に、最もよく知られている暴力は、革命裁判所と、複数の監視〔密告〕委員会と、ギロチン、この三者の設置に基づいたものであり、パリで二六二五人、フランス全土で一万六六〇〇人を死刑に処した。第三に、長いこと隠蔽されていたのは共和国の「地獄の縦隊」が行ったテロルだった。この縦隊はヴァンデ地方の反乱を根こそぎ鎮圧する任務を帯び、武装解除された住民のあいだに数万の死者を生み出したのである。しかしながらこれら恐怖政治《テロル》の歳月は、民主共和国の創設――その憲法、選出された議会、政治的討論を含め――が象徴する、より長期の軌跡のなかに一つの時期として含み込まれた血なまぐさいエピソードにすぎなかった。国民公会〔初めて男子普通選挙により招集されたフランスの議会。一七九二年九月から九五年十月までつづき、フランス革命史の一時期を画す〕がいくばくかの勇気を取り戻すやいなや、ロベスピエールは打倒され、恐怖政治《テロル》は終わりを告げた。
それにもかかわらずフランソワ・フュレは、その時、極端な施策と不可分なものとしての革命という、ある種の観念がどのように出現したかを示している。「恐怖政治《テロル》は畏怖の政治なのに、ロベスピエールはそれを徳の政治として理論化した。貴族階級を絶滅するために生まれたのだが、恐怖政治《テロル》は悪人の数を減らし、犯罪を抑圧する手段へと形を変えた。以後、恐怖政治《テロル》は革命と重なりあう意味の広がりをもち、革命と不可分なものになった。ただ恐怖政治だけがいつの日か市民の共和国を生み出すことを可能にしたからである。(…)自由な市民の共和国が今なお可能になっていないのは、人間が過去の歴史によって堕落させられ、悪人になっているからにほかならない。革命というこの前代未聞の真新しい歴史は、恐怖政治《テロル》によってのみ新しい人間をつくりだすであろう[1]」

いくつかの側面——ジャコバン派による社会的緊張の操作、イデオロギー的・政治的狂信の昂進、農民階級の反乱派にたいする絶滅戦争の発動——において、恐怖政治はボリシェヴィキの歩みを先取りしていた。疑いもなくロベスピエールは、のちにレーニンをテロルへと導いた路線に最初の礎石を置いたのだった。草月《プレリアル》の諸法〔一七九四年六月、反革命の容疑者から一切の法的保障を剝奪したもので、大恐怖政治の幕を切って落とした〕の票決の際に、国民公会を前にして、ロベスピエールは次のように言明したのではなかっただろうか。「祖国の敵たちを罰するには、彼らの本性を明らかにしさえすれば十分である。しかし、

問題は彼らを罰することではなく、彼らを絶滅することなのだ」(1)

テロルのこの始源的経験は、十九世紀の主要な革命思想家にほとんど示唆を与えなかったように思われる。マルクス自身もこのことにほとんど注意を払うことはなかった。たしかにマルクスは「歴史における暴力の役割」を強調し、その正当性を認めてはいる。しかし彼はこの語を、人間にたいする暴力の系統的・意図的な行使をめざすわけではない、きわめて一般的な命題と見なしていた。もちろんこの命題にはある種の曖昧性がつきまとっており、社会紛争の解決法としてのテロリズムを主張する者がこれを利用したことは事実であるとしても、である。パリ・コミューンと、それにつづいた過酷きわまる弾圧――少なくとも二万人の死者を出した――との、労働運動にとって破滅的だった経験に立脚して、マルクスはこの型の行動を強い調子で批判した。第一インターナショナル内部においてマルクスとロシアのアナーキスト、ミハイル・バクーニンのあいだで開始された論争で、マルクスは明らかに勝利を収めたものと思われていた。一九一四年の戦争の前夜、暴力をめぐる労働運動・社会主義運動の内部論争はほとんど決着をみていたといえよう。

これと並行して、ヨーロッパと米国における議会制民主主義の急速な発展は、新しい根本的な要因であった。議会での実践が証明していたように、社会主義者は政治の分野で重きをなすようになっていた。一九一〇年の選挙の際、SFIO〔労働者インターナショナル・フランス支部。今日のフランス社会党の前身〕は七四の議席を獲得し、ほかに三〇人の独立社会主義者がいた。これら社会主義者のリーダーのミルランは、一八九九年以降「ブルジョワ」政府に入閣していた。ジャン・ジョレスは、昔ながらの言葉のうえの革命論議と、日常生活レベルでの改革的・民主的行動とを総合させようとする政治家だった。ドイツの社会主義者はヨーロッパ中で最もよく組織されており、最も強力だった。一九一四年の前夜、彼らは一〇〇万の党員、一一〇人の代議士、州議会《ラントターク》で二二〇人の代表者、一万二〇〇〇人の市町村議員、八九の日刊機関紙を数えていた。イギリスでは、労働党の運動もまた多数のメンバーを擁して組織的であり、強力な労働組合に強く依拠していた。スカンディナヴィアの社会民主主義はといえば、きわめて活発であり、改革主義に傾き、明確に議会主義の方向をめざしていた。社会主義者はそれほど遠くない日に、議会で絶対多数派を獲得し、かくて平和的に基本的な社会改革を始められるだろうと期待することができたのである。

このような発展を理論面でいわば保証していたのは、十九世紀終わりの主要なマルクス主義理論家の一人であり、（カール・カウツキーとともに）マルクスの遺言執行人でもあったエドゥアルト・ベルンシュタインである。資本主義がマルクスの予告していた崩壊の兆しを見せないことを考慮し、彼は労働者階級による民主主義と自由の習得を根拠にして、社会主義への漸次的・平和的移行を強く勧めていた。すでに一八七二年以降からマルクスは、米国、イギリス、オランダにおいて革命が平和的形態をとりうるだろうとの期待を表明していた。こうした方向性は、マルクスの友人にして弟子であるフリードリッヒ・エンゲルスによって一八九五年に刊行された、マルクスのテクスト『フランスにおける階級闘争』の第二版への序文のなかで深められていた。

とはいえ社会主義者は民主主義にたいし曖昧な態度をとりつづけた。世紀の曲がり角に起こったフランスでのドレフュス事件の際、彼らのとった立場はすでに矛盾を示していた。ジョレスがドレフュス擁護にコミットしたのにたいし、フランス・マルクス主義の中心的人物だったジュール・ゲードは、プロレタリアートはブルジョワ世界の内輪揉めに首をつっこむ必要がないと侮蔑的な口調で言明した。ヨーロッパの左翼は均質ではなかったし、その流れのいくつか――アナーキスト、サンディカリスト、ブランキ派――はなお、暴力的形態のものを含め、議会主義に突きつけられた根底的な疑問に惹きつけられていた。それにもかかわらず、一九一四年の戦争前夜に、公式にはマルクス主義を標榜する第二インターナショナルは、大衆の動員と普通選挙に依拠した平和的解決の方向に向かっていたのである。

今世紀の初め以来、インターナショナルの内部では過激派が台頭していたが、そのグループにはロシア社会主義者のなかの最も強硬な分派、レーニンが指導するボリシェヴィキが所属していた。マルクス主義のヨーロッパ的伝統に結びついてはいたが、ボリシェヴィキは同時にその根をロシア革命運動の腐植土のなかにも深くおろしていた。十九世紀を通じて、ロシアの革命運動は少数派による暴力と密接な関係を保持していた。この暴力の最初のラジカルな表現はかのセルゲイ・ネチャーエフによるものだった。ドストエーフスキーが高名な小説『悪霊』のなかで革命家の人物像、ピョートル・ヴェルホーヴェンスキイ〔表記は米川正夫訳による〕を描くのにヒントとなった当の男である。一八六九年にネチャーエフは『革命家の教理問答《カテキズム》』を執筆し、そのなかでみずからをこう定義している。「革命家とはあらかじめ失われた人間である。彼は固有の利害も、私的な事業も、感情も、個人的な係累も、財産ももたない。名前さえももたない。彼のなかのいっさいは、他のすべての利害を除きただ一つの利害に、ただ一つの思考に、一つの情熱に——すなわち革命に注がれている。自分の存在の根底からして、言葉においてだけでなく、行為においても、彼は公共の秩序と、文明世界総体と、この世のあらゆる法律・礼儀作法・社会的慣習・道徳的規範といっさいの絆を断ち切っている。革命家はこの世界の仮借なき敵であり、彼がこの世に生きつづけるのは、ただそれをより確実に破壊するためだけなのだ(1)」

それからネチャーエフは彼の目標を明確に述べる。「革命家が政治・社会の世界に、いわゆる教養ある世界に入り込み、そこで生活するのは、ただ一つその世界の最も完璧かつ最も迅速な破壊への信念をいだいているからにほかならない。この世界における何物かに憐れみをおぼえるとしたら、彼は革命家ではない(2)」。そしてすぐさま、彼は行動へと考察をめぐらす。「この汚らわしき全社会はいくつかのカテゴリーに分けられなければならない。第一のカテゴリーは一刻の猶予もなく死刑を宣告される人々を含んでいる。（…）第二のカテゴリーは、その極悪非道な行為によって、人民を避けがたい蜂起へと促すために、暫定的に生を与えられるあの連中を含むべきである」

ネチャーエフにはライバルたちがいた。一八八七年三月一日、ツァーリ・アレクサンドル三世にたいする暗殺事件が起こった。事件は未遂に終わったが、犯人たちは逮捕された。そのなかにレーニンの兄、アレクサンドル・イリッチ・ウリヤーノフがおり、彼は共犯の四名とともに絞首刑に処せられた。この体制への憎しみは深くレーニンの心に根をおろしていた。のちに一九一八年、政治局員も知らぬうちに、ロマノフ帝室一家の殺戮を決定し組織したのはもとよりレーニンその人だった。

マーチン・マリアにとって、インテリゲンツィアの一分派によるこの暴力行動は、「フランス革命への想像上の回帰であり、系統的な政治戦術としてのテロリズム（孤立した襲撃のテロリズムとははっきり異なる）の世界的舞台への到来を告げるものだった。このようにして、下（大衆）からの蜂起という人民主義者《ナロードニキ》の戦略が、上（大衆を指導するエリート）からのテロルと結合したとき、ロシアにおいて、一七八九年から一八七一年にいたる西ヨーロッパの革命運動のそもそもの正当化を超えるような、政治暴力の正当化へと行き着いたのであった[1]」

しかしながらこの政治暴力は、周辺的ではあるが、何世紀にもわたってロシアの生活を貫通してきた暴力、エレーヌ・カレール・ダンコースが『ロシアの不幸』にかんする著書のなかで次のように強調した暴力を糧としていたものだった。「この国は、くらべようのない不幸のなかにあって、その運命を注視する人々に一つの謎として立ち現れる。数世紀にわたるこの不幸の深い原動力を解き明かそうと試みる時、権力の獲得ないし維持と、個人的であれ集団的であれ、現実のものであれ象徴的なものであれ、政治的殺害の行使とを――常に悪い方へと――結びつける特別な絆があったように思われる。(…)この長い殺害の伝統こそが、安定した政治宇宙への期待など薬にもしたくないような集団的意識をつくりあげてきたことは疑いを容れない[1]」

「雷帝」と呼ばれるツァーリ・イヴァン四世は一五四三年に、彼の首相シュイスキー公爵を飼い犬たちにずたずたに食い殺させた時、まだ十三歳にもなっていなかった。一五六〇年には、妻を殺されたため復讐の憤怒に駆られた。彼は誰を見ても潜在的な裏切り者と疑い、実際の敵も空想上の敵も含め、敵という敵のすべての近親者をまるで同心円のように殺戮した。彼はオプリーチニナと呼ばれる直属の親衛隊を創設し、この隊は全権をにぎって、個人的・集団的テロルを実行した。一五七二年には、みずからの跡継ぎ息子を暗殺する前に、オプリーチニナの全メンバーを抹殺した。そして農奴制が確立したのも彼の治世でのことだった。ピョートル一世も、ロシアの公然たる敵にたいしても、貴族階級にたいしても、人民にたいしても、イヴァン雷帝にほとんど劣らず過酷だった。そして彼もまた、跡継ぎ息子を自分自身の手で暗殺した。

　イヴァンからピョートルまで、ロシアは絶対権力から発する進歩への意志を、人民とエリートの独裁的・テロリスト国家へのますます露骨となる隷属に結びつける特殊な体制装置を経験した。ワシーリー・グロスマンが一八六一年の農奴制廃止について書いたように、「この出来事は、次の世紀が示したとおり、大十月革命の実現よりも革命的であった。この事件は一〇〇〇年にわたるロシアの土台を、ピョートルもレーニンも触れることのなかった土台を揺るがした。すなわち農奴制への進歩の従属を震撼させたのだ[1]」。そして、例のとおりこの農奴制が数世紀にわたって維持されえたというのも、ただひたすら高レベルの永続的暴力によってであった。

　トマシュ・マサリクは深い教養をそなえた政治家であり、一九一八年におけるチェコスロヴァキア共和国の創立者だった。一九一七年から一九一九年にかけロシアに滞在したため、革命ロシアを知りぬいていた彼は、ツァーリズムの暴力とボリシェヴィキの暴力のあいだのつながりをただちに確認できた。一九二四年に彼はこう書いている。「ロシア人は、ボリシェヴィキ派であれ、他のだれであれ、ツァーリズムの息子である。彼らが何世紀にもわたって教育を受け養成されてきたのはツァーリズムの手によってだ。彼らはツァーリを廃止することはできたが、ツァーリズムを廃絶するにはいたらなかった。彼らは裏返しにではあるにせよ、相変わらずツァーリズムの制服を身にまとっている。（…）ボリシェヴィキ派は行政機関を変革する積極的な革命の準備ができていず、ただわずかに否定的《ネガティヴ》な革命の用意しかなかった。すなわち彼らは、教義のうえの狂信性と、精神の狭隘さと、教養の不足により、過剰な破壊を大量に犯したのである。とりわけ私は、彼らがツァーリをまねて、殺害に心から喜びを感じたことを非難する」(1)

この暴力文化は権力階層にのみ固有のものではなかった。農民大衆が反乱を起こしたときには、貴族の殺戮と野蛮なテロルもまた荒れ狂ったものだ。農民蜂起のうち二回はロシア人の記憶に強い刻印を残している。一六六七年から一六七〇年のあいだのステンカ・ラージンの乱と、とくにプガチョーフの乱である。プガチョーフは一七七三年から一七七五年のあいだに巨大な農民戦争を指導し、エカテリーナ大帝の帝位をゆるがし、ヴォルガ川流域一帯にいつまでもつづく血なまぐさい痕跡を残したのち、捕らえられて恐ろしい状況のもとで処刑された――八つ裂きにされ、犬に投げ与えられたのである。

一九一七年より前のロシアの悲惨についての証人であり解説者でもある作家、マクシム・ゴーリキーの発言を信ずるなら、この暴力は社会そのものから発したものであった。一九二二年、ボリシェヴィキの方法を非難していた時期にあたるが、彼は次のような長い予感的な文章を書いている。

「残忍さ——これこそ、終生私を啞然とさせ苦しめてきたものだ。人間の残忍さのルーツはどこにあり、何からできているのか? 私はこれについて長いこと考えたが、何ひとつ理解できなかったし、今なお理解できないでいる。(…)今、ヨーロッパ戦争という恐るべき狂気の沙汰と、革命の血なまぐさい出来事を経たのちにも、(…)私はロシア人の残忍さがついに変化をとげたようには見えないことを認めざるをえない。その形態は変わっていないと言ったらいいだろうか。十七世紀初期の年代記作者は、その時代に次のような拷問が行われていたと語っている。〝口のなかに火薬を注ぎ、それに火をつけたとか、他の連中には尻の穴から火薬を入れたとか。女性の乳房に穴をあけその傷に紐をとおして、身体を紐で宙につるしたなどと〟。一九一八年と一九一九年にドン地方とウラル地方でも同じようなことをしていた。尻から男の身体のなかにダイナマイト管を挿入し、男を爆破したのだ。私が思うに、ロシア人民にもっぱら固有なのは——ちょうどイギリス人にユーモアの感覚がもっぱら固有であるように——苦しみにたいする人間の抵抗力の限界を味わいたいというような、頑固さや生命の安定性をあくまで突きとめたいというような、沈着さのなかの残忍さ、そういう特殊な残忍さの感覚なのだ。ロシア的残忍さのなかには一種悪魔的な洗練が感じられる。そこには何かしら繊細で凝ったものがある。この特殊性を、精神異常《プシコーズ》とかサディズムなどの言葉で説明することはできまい。これらの語は結局のところ何一つ明らかにしないからだ。(…)もしこれらの残忍な行為が個人の倒錯した心理の表現にすぎないとすれば、それに言葉など費やす必要はないだろう。それは精神分析の領域に属しこそすれ、人間研究者《モラリスト》の領域に属するものではないだろうからだ。しかし私がここで問題にしているのはただ一つ、苦痛に基づいた集団的な気晴らしのことだけである。(…)最も残忍なのはだれか? 白軍か、赤軍か? 双方ともおそらく同じ程度に残忍であろう。というのは、両者ともロシア人だからだ。それに、残忍さの程度というこの問いにたいしては、歴史は非常に明確な答えを出している。すなわち、積極的な方が最も残忍である、と(1)」

しかしながら、十九世紀中葉以後、ロシアはより穏健で、より「西欧的で」、より「民主的な」流れを採用していたように思われた。一八六一年にツァーリ・アレクサンドル二世は農奴制を廃止し、農民を解放した。彼は地方の権力機関として地方自治会《ゼームストヴォ》を設置した。一八六四年には、法治国家を創出するため、独立した司法制度を設立した。大学と芸術と雑誌が花開いた。一九一四年には、農村部――全住民の八五%に相当していた――の文盲現象がかなりの部分解消されていた。社会は「文明化」の潮流に入り込んだようにみえ、その流れに沿って、社会はあらゆるレベルで暴力の軽減緩和へと向かっていた。一九〇五年の敗北した革命でさえ、社会全体の民主主義運動を活気づけた。ところが逆説的にも、まさに改革が暴力に、蒙昧主義に、懐古主義に打ち勝ちうると思われたその時に、戦争が勃発して、すべてのものを阻もうとするかのように、一九一四年八月一日〔第一次世界大戦勃発の日〕、最も激しい大衆的暴力がヨーロッパの舞台に突然乱入したのだった。

マーチン・マリアは書いている。「アイスキュロスの『オレステイア三部作』が証明しているのは、犯罪が犯罪を生み、暴力が暴力を生み、ついには人類の原罪というべき、連鎖のなかの最初の犯罪が、うずたかく積まれた苦悩のなかで償われるにいたることである。それと同じように、一九一四年八月の血は、ヨーロッパ家におけるアトレイデス〔ギリシャ神話で、アトレウスの子孫、とくにアガメムノンとメネラオスを指す〕の呪いさながら、全世紀を覆うにいたる国際的・社会的な暴力の連鎖を生み出したのだった。この第一次世界大戦の暴力と殺戮の規模たるや、両陣営のいずれもが期待したかもしれぬ利益とは比ぶべくもなかった。ロシア革命とボリシェヴィキ派による権力獲得を生んだのも、この戦争だった(1)」。この分析をレーニンでさえ否定はしないだろう。彼は一九一四年以降「帝国主義戦争を内戦へ」転化させるよう呼びかけ、資本主義国間の戦争から社会主義革命が生まれ出るだろうと予言していたからである。

この暴力は四年にわたり連続して荒れ狂い、途絶えることもなく出口もない殺戮の形をとって、八五〇〇万の戦闘員の死を引き起こした。この暴力は、ドイツの将軍ルーデンドルフにより「総力戦」と定義され、軍人だけでなく民間人をも死へと引きずり込む新しいタイプの戦争に見合ったものだった。とはいえこの暴力は、世界史上かつて例を見ない水準にまで達していたものの、一連の国際法と国際慣習によって歯止めをかけられてはいたのだが。

しかしながら、毒ガス、砲弾の爆風で生きながら埋められる兵士、最前線と最前線のあいだで長くつづく瀕死の苦しみなど、しばしば恐るべき状況のもとでの日常的な大殺戮は人々の意識のうえに重くのしかかり、その結果、自分自身の死も、隣にいる人の死も含め、およそ死なるものを前にしたときの人間の心理的な自己防衛メカニズムをいちじるしく弱める結果となった。ある種の感覚麻痺過程が、もっと言えば感受性を鈍らせるある種の過程が否応なしに進行することになった。ドイツ社会主義の指導者であり理論家であるカール・カウツキーは一九二〇年にこの問題に立ち返って、こう言っている。「この戦争にこそ、人間的な諸傾向を粗暴な傾向へと転化させた主要な原因を帰すべきである。(…)四年のあいだ、世界戦争は健康な男性人口のほとんどすべてを吸収しつくした。軍国主義の粗暴な諸傾向は感覚麻痺と野獣性の極点にまで達し、そのためプロレタリアート自身もその影響力から逃れることができなかった。プロレタリアートは極度にそれに汚染され、あらゆる観点からして野獣のように愚かな存在になってしまった。戦争の風俗にあまりにも慣れて帰還した人々は、平時になっても、彼らの要求や利害を同国人への血なまぐさい行為や暴力行為に訴えて擁護しようという気持ちになっていた。このことが内戦にその要素の一つを提供したのだった[1]」

逆説的なことだが、ボリシェヴィキのリーダーはだれ一人、亡命中だったレーニン、トロツキー、ジノヴィエフにせよ、シベリアの奥地に流刑されていたスターリン、カーメネフにせよ、戦争に参加しなかった。彼らは大部分が軍事の経験をもたない書斎人ないし集会での演説者にすぎず、それまでに現実の死者をともなう現実の戦闘に参加したことは一度もなかったのである。権力の獲得にいたるまで、彼らの戦争はとりわけ言葉のうえだけのものであり、イデオロギー的で政治的だった。彼らは死について、殺戮について、人間的破局について抽象的ヴィジョンをもっているにすぎなかった。

戦争の惨禍にかんするこの個人的な無知は、粗暴な傾向を推進するのに有利にはたらいたにちがいない。ボリシェヴィキは戦争なるものの深く民族的な、あるいは深く民族主義的でありさえする側面を無視して、もっぱら理論的な階級分析を展開していた。彼らは殺戮の責任を資本主義に負わせ、アプリオリに革命的暴力を正当化した。資本主義の支配を終わらせることによって、革命はこれらの殺戮に終止符を打つだろうというわけだ。たとえ責任者である「一握り」の資本家の全滅という結果を招くことになるとしても、である。悪をもって悪と闘わねばならないという、完璧に誤った仮説に基づいた不気味な思弁ではある。しかし、一九二〇年代においては、戦争にたいする公憤をバネとしたある種の平和主義が、共産主義への同調をかちとるうえでしばしば積極的な媒介となったのであった。

にもかかわらず、フランソワ・フュレが『幻想の過去』のなかで強調したように、次の事実に変わりはなかった。「戦争をさせられるのは軍隊に編入された民間人大衆であり、彼らはいつ終わるとも知れぬ期間のあいだ、自立した市民生活から軍隊的服従の規律へ引き込まれ、勝利するのはおろか、将来を予測したり敢えて選択することさえ許されず、ひたすら〝耐える〟ためだけに戦争の地獄に落とされた。市民社会の精神世界から引き離されるが早いか、戦場に投げ込まれたこれら数百万の兵士たちの目にとってほど、軍隊における隷属がひとかけらの品格もないものに見えたことはなかったろう。(…)戦争とは市民にとって最も無縁な政治状態である。(…)戦争を終始貫徹するのは情念の次元であって、和解を旨とする利害の次元とは何の関係もなく、いわんや比較対照を本質とする理性とはいかなる関係もない。(…)交戦中の軍隊が構成する社会秩序では、もはや個人は存在せず、非人間性そのものにより、ほとんど打ち破りがたいその慣性力が説明される」[1]。戦争はまだ青春期にあった民主主義文化を弱め、隷属の文化を再活性化すると同時に、暴力と個人の無視とを再び正当化したのだった。

二十世紀初頭、ロシア経済は力強い成長段階に入っており、社会は日ごとに自立性を発展させていた。突然、戦争という異常な諸制約が、人々にたいしても、生産と社会構造にたいしても襲いかかって、政治体制の限界をむき出しにした。政治の指導者には、状況を救いえたかもしれぬエネルギーと明敏さが欠けていたからだ。一九一七年の二月革命はこうした破滅的事態への回答であり、「古典的な」方向への道をたどった。すなわち、労働者・農民による社会革命の性格に裏打ちされた、立憲議会選挙をともなう「ブルジョワ的」・民主的な革命の方向である。一九一七年十一月七日のボリシェヴィキによるクーデターによってすべては転倒され、革命は全般化した暴力の時代に突入した。残る問いは、なぜヨーロッパのなかでただ一つ、ロシアだけがこのような激変を経験したのか、である。たしかに世界大戦とロシアに伝統的な暴力とによって、ボリシェヴィキが権力の座についた背景はよりよく理解できよう。けれどもそれだけでは、ボリシェヴィキが突然採用した乱暴きわまる路線、一九一七年二月に開始された革命と異様な対照をなす路線を説明しつくすことはできない。二月革命はその初期において十分に平和的かつ民主的な性格を帯びていたからだ。この暴力を押しつけ、また彼の党に権力掌握を押しつけた人間こそレーニンである。

レーニンが樹立した独裁体制はすぐさまテロリスト的で血なまぐさいものであることが明らかとなった。そのとき革命的暴力は、もはや状況対応的な暴力、数カ月前に消滅したツァーリズム勢力にたいする防衛反応の様相を示すことをやめ、能動的な暴力となった。この暴力こそが粗暴で残忍な古くからのロシア文化を目覚めさせ、社会革命の潜在的な暴力性をかきたてたのである。赤色恐怖《テロル》政治は「公式には」一九一八年九月二日に開始されたことになっているが、実は「テロルに先立つテロル」がすでに存在していた。一九一七年十一月以降、レーニンは計画的にテロルを組織していたのだ。しかも、他の諸政党や社会の諸構成要素から、公然たる反対の意思が全然表明されていなかったにもかかわらず、である。一九一八年一月四日にレーニンは、ロシア史上初めて普通選挙で選ばれた立憲議会を解散させ、街頭で抗議した議会のメンバーに向かって発砲させたのであった。

テロリズムのこの最初の局面は、ロシアの社会主義者で、メンシェヴィキの指導者だったユーリ・マルトフからただちに激しい非難を浴びた。一九一八年八月に彼はこう書いている。「権力の座についた最初の日々から、しかも、死刑廃止が宣言されていたにもかかわらず、ボリシェヴィキは人々の殺害を始めた。野蛮人たちがするように、内戦の捕虜の殺害を。生命だけは救われるとの約束を信じて、戦闘後に降伏した敵たちの殺害を。(…)ボリシェヴィキが組織し、あるいは黙認したこうした殺害につづいて、今度は権力自身が敵の一掃に乗り出した。(…)裁判なしで何万という個人を殺戮したのちに、ボリシェヴィキは正規の手続きを踏んだ処刑にとりかかった。このようにして彼らは、ソビエト権力の敵を裁くための最高革命裁判所を新たに設けたのであった(1)」

マルトフは暗い予感をいだいていた。「獣は人間の熱い血をすすった。殺人機械が作動を始めた。メドヴェージェフ、ブルーノ、ペテルソーン、カレーリンの諸氏——革命裁判所の裁判官たち——は袖をまくりあげて、屠殺屋に姿を変えた。(…)しかし、血は血を呼ぶ。十月以来うち立てられたボリシェヴィキの政治的テロルは、ロシア全土に血なまぐさい瘴気《しょうき》を吹きかけた。内戦はその残忍さを増し、個人の価値を貶めて、野蛮で凶悪な行為に訴えるように仕向けた。社会主義が常に説いてきた真の人間性という偉大な原理はますます忘れられつつある」。ついでマルトフは、ボリシェヴィキに合流した二人の社会主義者、ラーデックとラコーフスキーにこう決めつけた。前者はポーランド系ユダヤ人であり、後者はルーマニアとブルガリアの混血児だった。「あなた方はツァーリが保持してきた古くさい野蛮な文化をはぐくむため、昔ながらのロシアの殺人祭壇に香をささげるため、他人の生命への軽蔑をこの野蛮な国においてさえこれまで知られていない程度にまで高めるため、最後に官僚制という汎ロシア的な成果を組織するために、わが国にやって来た。(…)死刑執行人がロシアの生活の中心人物に再びなったのだ!」

フランス革命における恐怖政治《テロル》が、ヴァンデ地方を除いては、人口のごくわずかな階層にしか関係しなかったのと違い、レーニン治下のテロルはあらゆる政治組織と、貴族・大ブルジョワ・軍人・警察官・立憲民主党・メンシェヴィキ・社会革命党と、それだけでなく、人民の総体、労働者・農民を含む人口の全階層とに向けられたのである。とりわけ知識人への扱いはひどかったので、数十人の大学者が逮捕されたのち、一九一九年九月六日にゴーリキーはレーニンに次のような激しい怒りの手紙を送ったほどだった。「私にとって、一国の豊かさ、ある人民の力強さはその知的潜在力の量と質によって測られます。革命が意味をもつとすれば、この潜在能力の成長発展を助長する場合だけです。科学者は最大限の気づかいと尊敬をもって処遇されるべきです。しかしながらわれわれは、みずからが生き延びようとすることで、人民の首を切り落とし、われらの脳髄を破壊しつつあるのです(1)」

レーニンの返事の手厳しさときたら、ゴーリキーの手紙の明晰さに優るとも劣らぬものだった。「人民の〝知的勢力〟をブルジョワ・インテリゲンツィアの〝勢力〟と混同するとしたら間違いだろう。(…)労働者・農民の知的勢力は、ブルジョワジーとその配下の者、すなわち国の脳髄たらんとする哀れな小知識人や資本の下僕を転覆する闘いのなかで増大し拡大していく。実際のところ、彼らは脳髄などではなく、糞にもひとしいのだ」。知識人をめぐるこの逸話は、最も優秀な者も含め、同時代の知識人にたいしレーニンがいだいていた深い軽蔑の念を最初に物語ったものだ。やがて、軽蔑の時期から、彼は殺害の時期へと移っていった。

レーニンが最優先した目標はできるだけ長く権力を握りつづけることだった。十週間がたって、パリ・コミューンの継続期間を超えるやいなや、レーニンは夢想し始め、権力保持の意志は倍加された。歴史の流れはその進路を変え、ボリシェヴィキが握ったロシア革命はそれまで未知の道に入り込んでいった。

なぜ権力の保持が、あらゆる手段の使用と、最も初歩的な道徳原理の放棄とを正当化するほどまでに重要だったのだろうか。なぜなら権力保持だけが、レーニンに彼の思想の実行を、「社会主義建設」を可能にしてくれたからである。この回答から、テロルの真の原動力が見えてくる。すなわちそれは、レーニン主義イデオロギーと、現実と完全にずれた教義を適用しようというまったくユートピア的な意志とであった。

この点にかんして、次の問いを発することはきわめて正当であろう。そもそも、一九一四年より前の、とりわけ一九一七年以後のレーニン主義のなかに、いかなるマルクス主義的要素があったのだろうか？　確かにレーニンは、階級闘争、歴史の助産婦としての暴力、歴史の意味をになう階級としてのプロレタリアートといった、いくつかのマルクス主義の初歩的概念のうえに彼の方法を基礎づけてはいた。しかし、早くも一九〇二年には、『何をなすべきか』というかの有名な書物のなかで、ほとんど軍隊的といえる規律をもつ非公然構造の形に結集した職業革命家からなる革命政党という新たな構想を提起している。レーニンはドイツ、イギリスの、あるいはフランスを含めてもいいが、大きな社会主義組織という考え方とはかけ離れたネチャーエフのモデルを採用し展開していたのだ。

第二インターナショナルとの決定的な断絶が起こったのは一九一四年のことである。社会主義政党のほとんどすべてが、民族感情の激しさに突然直面して、それぞれの政府に同調したのにたいし、レーニンは理論的な前方への逃走に敢えて身を投じた。つまり彼は

「帝国主義戦争の内戦への転化」を予言したのだ。冷静な推論からすれば、社会主義運動はナショナリズムに対抗しうるほどにはまだ強力でなかったし、したがって、避けがたい戦争ののちに――事実避けることはできなかったのだが――好戦主義の再来を防ぐべくその勢力を再組織するよう求められるという結論に導かれたはずなのに、レーニンにあっては革命的情熱が優先した。彼は一種の信仰表明を行い、いちかばちかの賭けに出たのだ。二年のあいだ、レーニンの予言は実らぬように思われた。ついで突然、想像を超えた思いがけぬ出来事が訪れた。ロシアは革命期に入ったのである。レーニンはこの事実こそ、自分の予言の鮮やかな確証とみなければならないと確信した。ネチャーエフ的な主意主義がマルクス主義的な決定論に打ち勝ったのだ。

権力獲得の可能性をめぐる判断は驚くほど正確だったが、ロシアが社会主義への道に入る用意がととのっており、その路線から速やかな成果をあげるだろうという仮説が根底的に誤りであることは明らかだった。テロルの根深い原因の一つは、この判断の間違いに、言葉を換えれば、現実――自由への到達を熱望していたロシア――と、実験的教義を適用するために絶対権力を確保したいというレーニンの意志とのあいだのずれにあったのだ。

早くも一九二〇年からトロツキーは、この仮借ない関連性をはっきりと規定している。「生産手段の個人所有の廃止を任務として定めるなら、それを実現するには、国家の全権力をプロレタリアートの手中に集中し、過渡期のあいだ特例的体制を創設する以外に道がないことはこのうえなく明白である。(…)部分的変革ではなく、ブルジョワジーの存在そのものが課題なのだから、独裁は不可欠である。この基礎については、いかなる協定も不可能であり、ただ力のみが決定しうる。(…)目的実現を望む者は、そこにいたる手段を放棄することはできない(1)」

みずからの教説を実行しようとする意志と、権力を保持する必要性とのあいだにはさまれて、レーニンは世界ボリシェヴィキ革命の神話を思い描いた。一九一七年十一月以降彼は、革命の大火がすべての大戦参加国を、そして何よりもまずドイツをなめつくすものと信じようと望んだ。ところが世界革命は起こらず、一九一八年十一月のドイツ敗北の後に、すぐさま立ち直った新たなヨーロッパは、ハンガリー、バイエルン、そしてベルリンにおいてまで、いったんは飛び散ったものの、たちまち消されてしまった革命の火花にかかずらう必要などありはしなかった。一九二〇年のワルシャワ付近での赤軍の敗北時にすでに明白ではあったが、一九二三年にドイツでの「十月」が挫折した後にやっとヨーロッパ・世界革命にかんするレーニン主義理論の破綻が認められた結果、ひとりボリシェヴィキだけが無秩序の極にあるロシアを相手に取り残される事態となった。いつにもまして、テロルが日程にのぼったのだ。テロルに訴えることにより、権力の保持も、理論のイメージにあわせた社会の造りかえも可能になるし、言論と実践によって、いや——社会的・経済的・知的な——生存そのものによって、日々理論の空虚さを非難してやまないすべての人々に沈黙を押しつけることも可能になるからである。権力の座についたユートピアは殺害を生み出すユートピアとなった。

マルクス主義理論とレーニン主義理論のあいだの、ついでレーニン主義理論と現実のあいだのこの二重の乖離のために、ロシア・ボリシェヴィキ革命の意味について最初の根本的な論争が引き起こされた。早くも一九一八年八月には、カウツキーは確定的な判断をくだしている。「フランス大革命の諸事件が西ヨーロッパで繰り返されるだろうなどと仮定することは決して許されない。もし現代ロシアが一七九三年のフランスとあれほどの類似性を示すとしたら、それはロシアがフランス革命の段階に近い証拠である。(…)あそこで起こっていることは最初の社会主義革命ではなく、最後のブルジョワ革命なのだ」[1]

そのとき起こったのは重要な出来事だった。社会主義運動におけるイデオロギーの地位の根底からの変化である。すでに一九一七年より前からレーニンは、自分だけが真の社会主義的教義を保持し、真の「歴史の意味」を解読する者だという深い確信を示していた。ロシア革命の勃発と、とりわけボリシェヴィキによる権力の獲得とは、レーニンには、「天来の兆候」であり、彼のイデオロギーと分析が不可謬だということの明々白々で異論の余地ない確証であると思われた[2]。一九一七年の後、彼の政策とそれにともなう理論形成とは福音書の言葉と同じものになった。イデオロギーはドグマに、絶対的・普遍的真理に変貌したのだ。この神聖化には直接的な帰結がともなっていた。コルネリウス・カストリアディスが次のように巧みに跡づけているとおりである。「もし真正の歴史理論があれば、もし事物のなかに貫徹する合理性があれば、発展の指導がこの理論の専門家に、この合理性の技術者に委ねられるべきことは明瞭だ。党の絶対権力は（…）哲学的な地位をもつことになる。その権力は理性のうえでは唯物論的な歴史の見方のなかに基づいている。（…）もしこの見方が真正であれば、権力は絶対的でなければならず、いっさいの民主主義は、指導者の人間的な誤謬可能性を百歩譲って承認するのでなければ、指導者だけが正しい服用量を処方しうる教育的手続きにすぎなくなってしまう(1)」「科学的」なるが故に絶対的真理の高みにまでイデオロギーと政治とを祭りあげたことこそ、共産主義の「全体主義的」側面を基礎づけたものだった。単一政党制をいわば命令したのも、イデオロギーと政治の絶対真理へのこの格上げだった。恐怖政治《テロル》を正当化したのもこの格上げだったし、個人・社会生活のあらゆる側面への監視侵入を権力に強いたのもまた同じくこの格上げであった。

数的にきわめて弱体だったロシア・プロレタリアート、しかも、のちに反乱を起こしたときには躊躇せずにこれを粉砕するのだが、このロシア・プロレタリアートの代表者であるとみずから宣言することによって、レーニンは自分のイデオロギーの正しさの確証としたのだ。プロレタリアというシンボルをこのようにかすめ取ったことこそ、レーニン主義の大きな欺瞞の一つであり、この欺瞞は早くも一九二二年に、数少ない労働者出身のボリシェヴィキ指導者の一人、アレクサンドル・シュリャープニコフの次のような辛辣な反論を招いたのだった。「昨日ヴラジーミル・イリッチは階級としての、またマルクス主義的意味でのプロレタリアートは（ロシアには）存在しないと断言した。存在しない階級の名において独裁を行うことに賛辞を述べさせてください！」。プロレタリアのシンボルのこうした利用・操作は以後、ヨーロッパと、中国からキューバにいたる第三世界のあらゆる共産主義体制の国に見られるであろう。

レーニン主義の主要な特徴の一つは、この点に、つまり言語の操作のなかに、単語と単語が表現しているはずの現実とを切り離す行為のなかに、また社会も人間もいっさいの厚みを失って、もはや歴史的・社会的な組立玩具のパーツでしかなくなる抽象的な見方のなかにあった。イデオロギー的方法と密接に結びついたこの抽象性こそ、テロルを創始した要因である。人間たちをでなく、「ブルジョワ」を、「資本家」を、「人民の敵」を根絶するのであり、ニコライ二世とその家族をでなく、「封建制の代表者」を、「血をすする者」を、寄生者を、シラミども……を殺戮したというわけだ。

このようなイデオロギー的方法は、正当性と威信と手段とをいわば保証する国家権力の保持のおかげで、急速に大きな衝撃力を獲得した。メッセージの真理性の名において、ボリシェヴィキは象徴的な暴力から現実の暴力へと移行し、絶対的・恣意的な権力を樹立して、マルクスが手紙のなかでペンの勢いで使った表現を採用し、これを「プロレタリアートの独裁」と名づけた。そのうえボリシェヴィキは猛烈な宣伝を開始した。彼らは革命的メッセージに本来の純粋性を取り戻させるという印象を与えることによって、新たな希望の窓を開いたのである。この希望が速やかな反響を呼んだのは、大戦が終わるやいなや、復讐の気持ちに燃えていた人々のもとにおいてであり、同時に革命神話の再活性化を夢見ていた人々——両者はしばしば同一人物だった——のもとにおいてでもあった。突然ボリシェヴィズムは普遍的な有効性を獲得し、五大陸でライバルたちと向きあうことになった。民主か独裁か、二つの道の交わるところに社会主義はあった。

一九一八年夏に執筆した著書『プロレタリアートの独裁』によって、カウツキーはナイフを突き立てて相手の傷口を広げた。ボリシェヴィキが権力をとってからまだ六カ月しか経たず、彼らの政治体制がやがて引き起こす大量虐殺を予感させる兆しはまだわずかだったにもかかわらず、カウツキーは根本的な争点を明確に位置づけている。「社会主義の二つの流れの対立は（…）本質的に異なる二つの方法、すなわち民主的方法と独裁的方法のあいだの対立に基づいている。どちらの潮流も同一のことがらを追求している。社会主義を通じ、プロレタリアートの、およびこの階級とともに、人類の解放を求めているのだ。しかしながら、一方が選んだ路線は他方から見れば偽りであり、破滅に行きつくしかない。

(…) 自由な討論を求める立場から、われわれはただちに民主主義の側にある。独裁の目標は対立する意見を論駁することではなく、その表明を暴力的に抹殺することである。こうして民主主義と独裁という二つの方法は、討論の開始以前からすでに妥協の余地なく対立する。一方は討論を求め、他方はそれを拒否するからだ[1]」

論理展開の中心に民主主義を置いて、カウツキーは次のように自問している。「少数派の独裁は最も確かな支持を献身的な軍隊のなかに見出すことになる。しかし、独裁の側が多数派の代わりに武器の力に頼れば頼るほど、あらゆる反対派は、彼らに拒否された投票の代わりに、銃剣と拳固の力を借りざるをえなくなる。そのとき内戦は、政治的・社会的対立が解決されるための手段となる。最も徹底した政治的・社会的無力感、ないし最も徹底した勇気の喪失感が支配すれば別だが、そうでないかぎり、少数派の独裁はたえずクーデターか、永続的なゲリラ活動に脅かされることになる。(…) そのため、独裁はもはや内戦から脱出することができず、常に内戦によって壊滅させられる危険に直面する。しかし、社会主義建設にとって、内部の戦争以上に大きな障害はない。(…) 内戦においては、どの党もみずからの存在のために闘う。敗北した党は完全な消滅の危機にさらされる。このような意識こそが、内戦をあれほど残忍にするものなのだ[2]」

この予感的な分析は否応なしに回答を迫る性質のものだった。激高したレーニンは重い職責に押しつぶされそうになりながらも、有名となった文献、『プロレタリア革命と背教者カウツキー』を書いた。書名自体が討論の……、というよりむしろ、カウツキーが予告していた通り、討論の拒否の様相を呈していた。レーニンは彼の思想と行動の核心にあるものを次のように定義している。「国家は支配階級の手にあっては、階級的敵対者の抵抗を粉砕するための機関である。この点にかんして、プロレタリアートの独裁は本質において、他のいかなる階級の独裁とも少しも変わるところがない。プロレタリア国家はブルジョワジーを粉砕するのに役立つ機関であるからだ」。国家なるもののきわめて簡潔かつ単純化したこの観念から出発して、彼はこの独裁の本質をむき出しにすることになる。「独裁は直接暴力に依拠し、いかなる法によっても縛られない権力である。プロレタリアートの革命的独裁は、プロレタリアートがブルジョワジーにたいして行使する暴力によって獲得され維持される権力であり、いかなる法によっても縛られない権力である」

民主主義という中心問題にぶつかると、レーニンは手のひらを返すようにして切り抜けている。「プロレタリア民主主義は――ソビエト権力もその一形態であるが――まさに人口の圧倒的多数のために、被搾取者と勤労者のために、世界のどの場所にもないほど民主主義を発展させ拡大した(1)」。「プロレタリア民主主義」というこの表現をよく記憶しておこう。数十年にわたってこの表現はもてはやされ、最悪の犯罪をも覆い隠すのに使われた。

カウツキー対レーニンの論争は、一方で「歴史の法則」と想定されるものにあくまでこだわろうとするマルクス主義と、他方で革命的情熱をはぐくむためなら何でもよいと考える行動主義的な主観主義とのあいだで、ボリシェヴィキ革命とともに出現した主要な争点を強調して見せてくれた。マルクスの方法のなかにすでに潜在していた、一八四八年の『共産党宣言』のメシアニズムと、『資本論』における社会の諸運動の冷徹な分析とのあいだの緊張関係は、世界大戦・二月革命・十月革命という三重の出来事の影響を受けて、社会主義者と共産主義者を二十世紀を通し最も名高い敵対的兄弟とすることとなる、深刻で取り返しのつかない分裂へと変貌した。それにもかかわらず論争の分岐点は、主要には民主主義か独裁か、人間性かテロルかであった。

骨の髄まで革命的情熱に動かされ、諸事件の渦に対応しなければならなかったボリシェヴィキ革命のこの第一段階の二人の主役、レーニンとトロツキーは、みずからの行動を理論化しようとしていた。もっと正確に言えば、彼らは情勢に規定された結論に、イデオロギー的形態を与えようとしていたのである。彼らは永続革命理論を創始した。これはロシアでの状況のために、ブルジョワ革命（二月）からプロレタリア革命（十月）への直接の移行が可能だったことに対応している。彼らはまた永続革命から永続的内戦への変化にも、イデオロギー的衣裳を与えたのだった。

この点で、革命家の方法に及ぼした大戦の衝撃の大きさが測定されよう。トロツキーは書いている。「カウツキーは戦争のなかに、風俗にたいする戦争の恐るべき影響のなかに、革命闘争の血なまぐさい性格の原因の一つを見ている。これには異論の余地はない」[1]。しかしながら、この二人の男は、ここから同じ結論を引き出すことはまったくなかった。軍国主義の重圧に直面していたドイツの社会主義者は、民主主義と人間性の擁護の問題にますます敏感になっていった。トロツキーにとっては、「ブルジョワ社会の発展は——そこから現代民主主義が出てきたのだが——戦前に社会主義的民主主義のユートピストのなかで最も偉大だったジャン・ジョレスが夢見ており、また現在、すべての衒学者のなかで最も学識あるカール・カウツキーが夢見ている漸進的な民主化の過程を全然歩んでいない」[2]

彼の議論を一般化して、トロツキーは「全世界で展開されている容赦なき内戦」について語っている。彼の考えるところでは、地球は「政治闘争が急速に内戦に転化する」時期に入ったのだ。この内戦で衝突するのは、近いうちに「二つの勢力、すなわち共産主義者に指導される革命的プロレタリアートと、先頭に将軍や提督を擁する反革命的民主主義」だけになる。見通しの誤りは二重である。一方で、代表制民主主義への熱望とその施行は、一九九一年のソ連までも含め、世界的現象になったことをその後の歴史は証明した。他方で、トロツキーにはレーニン同様、ほとんどカリカチュア的に解釈したうえで、そのロシアの経験の有効性を普遍化しようとする強い傾向があった。ボリシェヴィキは、内戦がロシアで勃発したのだから——主としてそれ故に——内戦はヨーロッパに、ついで世界に広がるであろう——し、広がるべきだ——と確信していた。にもかかわらず、数十年にわたって共産主義テロルの正当化がつくりあげられることになるのは、この二重の誤った解釈に基づいてであった。

これらの前提から、トロツキーは決定的な結論を引き出している。「内戦期には、白衛軍が勤労者を絶滅することがないように、われわれが白衛軍を絶滅するのだということを理解させうるし、また理解させるべきだ。だからして、われわれの目標は人命を抹殺することでなく、人命を予め守ることである。(…)敵は害を与ええない状態に置かれるべきだ。このことは、戦時にあっては、敵の抹殺によってしか表現されえない。革命にあっても戦争にあっても、敵の意志を打ち砕き、勝者の条件を受け入れて降伏するよう追い込むべきだ。(…)国内でだれの手に権力が属すべきか、すなわちブルジョワジーが生きるべきか滅びるべきかという問題は、憲法の条文を根拠として決められることではなく、あらゆる形態の暴力の行使によって決められるであろう(1)」。トロツキーのペン先を追っていくと、ルーデンドルフにおいて総力戦観を根拠づけた表現を下敷きにしているように思われてしまう。偉大な革新者であるとみずから信じていたボリシェヴィキは、実は彼らの時代と彼らを取りまく超軍国主義に支配されていたのだ。

新聞の自由の問題だけをとりあげても、それにかんするトロツキーの注釈は、この戦時中という心性がどれほどまでに一貫しているかを示している。「戦時においてあらゆる組織は、政府権力の機関も世論の機関も、直接間接に戦争遂行のための機関となる。このことはまず第一に新聞にあてはまる。厳しい戦争を行っているいかなる政府も、公然とであれ、そうでなかれ、敵を支持する出版物の配布をみずからの領土内で許すことはできない。いわんや内戦の時期においては不可能である。相戦う二つの陣営が、自分の軍隊の背後に敵と通じた住民をもつことこそ、内戦の性格である。成功も失敗も死によって処断される戦争では、軍隊の背後へ忍び込んだ敵の手先は、死刑に処さなければならない。たしかに非人道的な法ではあるが、戦争を人道的な学校と見なした者は一人もいない。いわんや内戦においては当然のことではないか[1]」

ロシアで一九一八年の春から夏にかけて勃発し、四年近くにわたり、両軍の狂気にみちた残忍さのなかで荒れ狂うことになる内戦に加わっていたのは、ボリシェヴィキだけではない。両軍ともはりつけにし、串刺しにし、生きながら首をはね、焼き殺した。しかし、ボリシェヴィキだけが内戦を理論化し、自分のものとして引き受けた。教義と、戦争がもたらした新しい風俗とが複合した結果として、内戦はボリシェヴィキにとって、政治闘争の永続的形態になった。白軍にたいする赤軍の内戦には、もう一つの戦争、ずっと規模が大きく、ずっと意味深い戦争が隠されていた。それは労働者世界の重要な部分と農民の大きな部分にたいする赤軍の戦争だった。労働者と農民は一九一八年夏以降、ボリシェヴィキの支配に耐えられなくなり始めていた。この戦争は伝統的なシェーマにおけるように、もはや対立する二つの政治集団を対決させていたのではなく、当該権力を社会の主要部分と対決させていた。スターリン治下になると、この戦争は党-国家を社会総体に対立させるであろう。これは新しい前代未聞の現象であり、この現象が一定の期間一定の広がりをもちえたのは、ただ社会の活動総体を統制し、大量テロルに依拠した全体主義体制の樹立によってのみ可能となったのであった。

公文書に基づいて最近行われた研究の示すところによると、一九一八年から一九二一年のこの「汚い戦争」(ニコラ・ヴェルト)は、ソビエト体制の真の母胎であった。この革命をにない展開しようとする人々が鍛えられたるつぼでもあり、レーニン流・スターリン流の共産主義者にあれほど特有な心性――観念論的昂揚と冷笑的態度と非人間的な残忍さの混淆――がそのなかで煮つめられた地獄の釜でもあった。この内戦は、ソビエト領土から全世界に広がり、社会主義が地球を征服しつくすまでは続くものとされていた。この内戦はほかならぬ残忍さを、人間のあいだの「ごく当たり前の」関係様式として確立していた。この内戦により、絶対的・根本的な暴力にたいして通常張りめぐらされていたはずの伝統的な予防線はあっさり突き破られてしまった。

とはいえ、ボリシェヴィキ革命の最初の日々から、カウツキーが提起した問題はロシアの革命家たちの心をさいなんでいた。ボリシェヴィキと同盟した社会革命党左派のイサーク・シュテインベルグは一九一七年十二月から一九一八年五月まで司法人民委員だったが、一九二三年以降、ボリシェヴィキ権力について「首尾一貫した国家テロルの制度」と語っており、革命における暴力の限界という中心的な問題を提起していた。「旧世界の転覆、旧世界を新しい生活に置き換えようというのだが、実際は旧来の悪を保持し同じ古い原理に汚染された生活をもってくるだけのこと、これによって社会主義者は次の決定的な選択の前に立たされる。すなわち、古い（ツァーリズム的・ブルジョワ的）暴力か、それとも決定的闘争の瞬間における革命的暴力か、という選択だ。（…）古い暴力は農奴制の病的な擁護にほかならない。新しい暴力は解放に向かう苦痛にみちた道である。（…）これこそがわれわれの選択を決定する。われわれは、暴力と永遠におさらばするために暴力という道具を手にとる。というのも、暴力に対抗する闘争の具として他のものはないからである。だが、ここにこそ革命の道徳的な傷口がぱっくりとあいている。革命の二律背反・革命の内的苦痛・革命の矛盾が姿を現すのもその点においてである」[1]。さらに彼はこうつけ加える。「テロルと同様に、暴力（強制や嘘の形をとっているが、暴力と見なされるものも含め）は常に、まず敗者の、と同時に勝者の、ひいては全社会の魂の本質的組織を汚染するのだ」

シュテインベルグは、単に「普遍的道徳」の観点から、あるいは「自然法」の観点からのみ、彼らの経験がこうむらねばならない大きなリスクを意識していた。ゴーリキーが一九二三年四月二十一日、ロマン・ロランに宛てて次のように書いたときにも、これと同じような考え方からであった。「私はロシアに帰ろうという気持ちが少しもありません。〝殺すなかれ〟という決まり文句を繰り返すのに時間を浪費しなければならないとしたら、書くことができないだろうからです[1]」。非ボリシェヴィキ革命家のすべてのためらいも、ボリシェヴィキ自身の最後の懸念も、レーニンの激怒――それをスターリンが引き継いだが――によって一掃されてしまった。そこで一九三〇年十一月二日になると、「天才的な指導者」の見解に味方するようになったばかりのゴーリキーは、同じロマン・ロランに次のような手紙を書くことができたのである。「ロラン。もしあなたが次の単純な事実を認めていたとしたら、(ソビエト)連邦内部の出来事をもっと安心して、もっと公平に判断しただろうに、と思われます。ソビエト体制と労働者党の前衛は、内戦状態に、すなわち階級戦争の状態にあるという事実です。彼らが現に闘っている――また闘わねばならない――敵は、ブルジョワ体制の再建につとめるインテリゲンツィアであり、富農なのです。富農は資本主義の基礎であるみずからの小財産を守ることで、集団化の事業を妨害しています。彼らはテロル、集団化主義者《コレクティヴィスト》の殺害、集団化された財産への放火、その他パルチザン戦争の諸手段に訴えています。戦争では人が殺されるのです[2]」

当時ロシアは、一九五三年までスターリンが体現した革命の第三段階を経験していた。この段階は、一九三七―一九三八年の大粛清が象徴するテロルの全般化によって特徴づけられた。今や全社会が、それだけでなく国家と党の機関までもがテロルの標的とされていた。スターリンは絶滅さるべき敵集団を次々と決定していった。しかもこのテロルが吹き荒れるのに、戦争という例外的情勢を待つことはなかった。対外平和の時期にテロルは開始されたのだ。

ヒトラーは、例外を除けば、ヒムラーのような信頼できる男たちに例の迫害・弾圧などの「二次的な」任務を任せて、抑圧にみずからたずさわったことがなかった。それと反対だが、ちょうど同じ程度に、スターリンは抑圧を熱心に追い、その主導者兼組織者となった。彼は銃殺さるべき数千の名前がのったリストにみずから略署名し、また政治局のメンバーにも同じようにすることを強制した。一九三七年から一九三八年にかけ、十四カ月にわたる大恐怖政治《テロル》の際に、周到に練り上げられた四十二回の大作戦を通じ、一八〇万の人々が逮捕され、六九万人近くが殺害された。「熱い」か「冷たい」かの差こそあれ、集中かつ公然たるものであるか、あるいは隠蔽された狡猾なものであるかの違いこそあれ、内戦の雰囲気は永続していた。階級闘争という表現より、しばしば好んで使われた「階級戦争」という表現は、もはやまったく比喩的なものではなくなっていた。政治上の敵はもはやあれこれの名をもった反対者ではなく、「階級敵」ですらなく、社会総体であった。

社会の破壊をめざすテロルが遅かれ早かれ伝染して、権力の座にある党という反社会にまで到達することは不可避だった。すでにレーニン治下において、一九二一年以降、逸脱者と反対派とは制裁を受けていたが、潜在的な敵は党員でない人々でありつづけた。スターリン治下になると、今度は党員たちが潜在的な敵となった。しかしながら、スターリンが口実をとらえて党員に死刑を執行するには、キーロフの暗殺を待たねばならなかった。このようにして、スターリンはネチャーエフと同じ地点に立ち戻ったことになる。一八七〇年六月の絶交状のなかで、バクーニンはネチャーエフに宛て次のように書いていた。「われわれの活動の基礎には、真理・誠実・全（革命家）兄弟のあいだの信頼という単純な法がなければならない。嘘・策略・欺瞞、そして――必要があれば――暴力は、敵にたいしてしか用いられることはない。（…）それに反し親しい友よ――これこそあなたの主要で巨大な誤りだが――あなたはロヨラ〔イエズス会の創立者。一四九一頃―一五五六〕やマキャヴェリのやり口にいかれてしまった。（…）警察的・イエズス会的な原理と方法にほれ込んで、あなたはそれらに基づいてあなた自身の組織を建設しようと思い込んでしまった。（…）こうした理由から、あなたの友人にたいし、あたかも敵であるかのようにふるまっているのだ(1)」

スターリンが改革を加えたもう一つの点は、死刑執行人が次には犠牲者となる運命にあるということだ。長いあいだ党の同志だったジノヴィエフとカーメネフの暗殺ののち、ブハーリンは妻にこう明かした。「あの犬どもが銃殺されて、とても嬉しいよ！(2)」。それから二年も経たないうちに、今度は彼ブハーリンが犬のように銃殺された。このようなスターリン的特徴は共産主義体制の国の大部分にも現れることになる。

彼の「敵」のうちのある者を殺戮するに先立って、スターリンは彼らに特別な運命を残しておいた。彼らを鳴り物入りの裁判に出頭させたのである。レーニンはすでに一九二二年、最初のでっちあげ裁判だった社会革命党員の裁判の際に、この方式を発明していた。スターリンはこの方式を改良し、それを彼の抑圧装置のお決まりの手法とした。一九四八年以降の東欧で、この方式を実行させたことからも分かるとおりだ。

アンニー・クリーゲルは、これらの裁判が果たしていたおそるべき社会的予防のメカニズムをみごとに示した。これらの裁判がもつ「地獄の教育法」的側面は、この地上において、宗教が約束する地獄に取って代わっていたのだ[1]。この裁判を通じて、同時に実行されていたのは階級的憎悪の教育であり、敵の烙印を押す教育にほかならなかった。アジアの共産主義国において、この手法は論理の極点にまで推し進められた。そこでは憎悪の日〔敵にたいする憎悪をかきたてるために定められた日。オーウェルの『一九八四年』に描写されている〕が組織された。

憎悪による教育法に、スターリンは秘密による教育法を加えていた。逮捕や訴追の理由や刑の宣告や犠牲者の運命を、これ以上ないほど絶対的な秘密が包んでいた。謎と秘密とは恐怖《テロル》と密接に結びついて、住民総体に恐るべき不安を醸し出していた。

みずから戦時下にあると考えていたので、ボリシェヴィキは「敵の手先」「敵と通謀する住民」など、敵にかかわる一連の用語法をつくりあげた。戦争をモデルとしていたので、政治は、友か敵かの関係[1]と規定されるような、あるいは「奴ら」にたいして「我ら」と名乗るような、単純きわまる用語法に還元されることになった。政治は革命的陣営、反革命的陣営といった「陣営」――これまた軍隊的表現だが――に置き換えられる見方をともなっていた。そして、各人は死刑に処される覚悟のうえで、みずからの陣営を選ぶよう求められた。百五十年に及ぶ個人的・民主的なブルジョワの努力をかき消すような、古めかしい段階への政治の重大な退行ではあった。

敵をどのように定義すべきだろうか？　政治は二つの軍勢――ブルジョワジーとプロレタリアート――が相争う内戦へと還元されており、最も暴力的な手段を使ってでも、このうちの一方を絶滅することが必要とされていたので、したがって敵とはただ単に旧体制の人間・貴族・大ブルジョワ・将校のみに限られることなく、ボリシェヴィキの政策に敵対し、「ブルジョワ」と呼ばれるいっさいの人間を含むものであった。ボリシェヴィキの精神から見て、絶対権力の障害となるいっさいの人間と社会的カテゴリーを示すものが「敵」だった。ソビエトの選挙集会のような、テロルがまだ不在だったレベルの機関まで含め、この現象はただちに出現している。すでに一九一八年に次のように書いたカウツキーはこのことを予感していた。「(ソビエトにおいて) 投票権をもつのはただ〝生産的労働、すなわち全体に利益をもたらす労働によって、生活手段を得た〟者だけである。しかし〝生産的労働、すなわち全体に利益をもたらす労働〟とは何か？　伸縮自在なゴムのような言葉だ。〝自分の利益をあげるために給料労働者を雇う〟者を含む、投票権から排除される人々にかんする政令もまた、ゴムのように伸縮自在である。（…）ソビエト共和国の選挙制度のもとで資本家というレッテルを貼られ、投票権を失うには、ちょっとしたことだけで十分だということがよく分かる。選挙法のなかの語の定義の伸縮自在性は、このうえなく明白な恣意の支配へとドアを開くが、この性格は立法制度から来たものではなく、制度の目標からもたらされたものである。プロレタリアという語を確固かつ厳密に法的に定義することには決して成功しないであろう[1]」

「プロレタリア」という語がロベスピエール治下の「愛国者」に置き換わった結果、敵というカテゴリーも変幻自在となり、その時期の政策に応じ、膨れ上がることもあれば、縮むこともある。この敵というカテゴリーは共産主義者の思想と実践の重要な一要素となった。ツヴェタン・トドロフ〔ブルガリア生まれの現代フランスの思想家〕は次のように詳説している。「敵はテロルの偉大な正当化である。全体主義国家は敵なしでは生存することができない。敵がいなければ、それを創りだすであろう。ひとたび同定されれば、敵はどんな憐れみを受けるにも値しない。（…）敵であるということは不治の遺伝病なのだ。（…）ユダヤ人は彼らが行ったことの故でなく、彼らがほかならぬユダヤ人であったことにより迫害を受けたという事実が強調されることがある。とはいえ、共産主義権力についても事情が異なるわけではない。共産主義権力は階級としてのブルジョワジーの抑圧（あるいは、危機の瞬間には抹殺）を要求する。この階級に属しているという事実だけで十分なのだ。どんなことであれ、何かをする必要などないのだ」[1]

本質的な問題が一つ残っている。なぜ「敵」を絶滅しなければならないのだろうか？　抑圧の伝統的な役割は、高名な著作のタイトル〔ミシェル・フーコー著『監視と処罰――監獄の誕生』をさす〕を借りれば、「監視し処罰する」ことだ。「監視と処罰」というこの段階はすでに乗り越えられていたのだろうか。「階級敵」は「回収不可能」だったのだろうか。ソルジェニーツィンは、グラーグでは普通犯のほうが政治犯より終始よい待遇を受けていたことを示すことによって、この問いに解答の糸口を与えている。それは実際的理由から――普通犯は収容所の要員の役割をつとめていた――だけでなく、「理論的な」理由からでもあった。というのも、ソビエト体制は、最も頑迷な犯罪者の再教育という手段も含めて、「新しい人間」を創造できると自負していたからだった。これは、スターリンのロシアにおいて、毛沢東の中国やカストロのキューバにおけると同様、そのプロパガンダをになう実り豊かな媒介手段でさえあった。

しかし、なぜ「敵」を殺さなければならないのだろうか？　実際、政治の要諦がとりわけ友と敵を識別する点にあるというのは別段新しい現象ではない。すでに福音書が次のように断定していた。「私とともにいない者は私にそむく者である」と。新奇なのは、レーニンが「私とともにいない者は私にそむく者である」としただけでなく、「私にそむく者は死ぬべきである」と布告し、またこの提案を政治の領域から全社会の場へと一般化したことである。

テロルとともに、二重の転換に立ち会うことになった。何よりもまず敵であり、ついで犯罪者でもある敵対者は被排除者へと変貌をみた。この排除からはほとんど機械的に絶滅という観念に行き着く。実際、友／敵という弁証法は今や、次のような全体主義の根本問題を解決するには不十分となったからである。すなわち、プロレタリアートのなかでプロレタリアートによる人類の再統合をめざすマルクス主義的企図のメシア的側面を通じて実現されるはずの、再統一され、純化され、非敵対的となった人類を追求すること、これこそ全体主義の根本問題である。このような企図が正当化するのは、党と社会の強制的統一、ついで帝国の強制的統一という道程であり、この進行は当然竣工図に載らない人々を屑として廃棄する。やがて、政治闘争の論理から排除の論理へと次第に移行し、ついで、淘汰のイデオロギーへ、最後にはすべての不純分子の絶滅のイデオロギーへと向かうのである。この論理の行き着くところ、人道にたいする犯罪がある。

中国・ベトナムなど、いくつかのアジアの共産主義国の振る舞いはいくぶん異なっている。おそらくは儒教的伝統の影響があって、再教育により大きな場を残していた。中国の労改《ラオガイ》は、囚人――「生徒」ないし「学生」と呼ばれる――に、獄吏兼教授の支配のもと自己の思想を改造するよう強制する制度をもつ点で際立っていた。この型の「再教育」には、単純明快な殺害におけるより、さらに一層偽善的で、率直さに欠ける態度があるのではなかろうか。敵たちに、自己を否認するようにと、死刑執行人の言葉に服従するようにと強制することはより大きな悪ではなかろうか。これに反し、クメール・ルージュは一気に根底的な解決策を採用した。カンボジア人民はあまりに「腐りきっている」ので、その一部の再教育は不可能だと考え、彼らは人民をすっかり取り換えることに決めたのだ。知的で都市化した全住民の絶滅が行われたのはこのためである。もちろんこの場合も、まず心理的な面で敵を滅ぼし、ついで「自己批判」を押しつけることでその人格を解体させるという意志をともなっていた。自己批判したところで、不名誉に身を覆われるばかりで、いずれにせよ、最高刑を免れることはできなかった。

　全体主義体制の指導者はその同類を死に追いやる権利があると主張し、事実そうする「道徳的な力」をもっていた。彼らの根本的な正当化の論理は常に同一で、科学に基づく必然性という点にあった。全体主義の起源について熟考しながら、ツヴェタン・トドロフはこう書いている。「全体主義のイデオロギー的基礎を置くのに貢献したのは科学主義であって、人間主義《ユマニスム》ではなかった。(…)科学主義と全体主義のあいだの関係は、いわゆる科学的な必然性（生物学的だろうと、歴史的だろうと）によって行為を正当化することに限られるものではない。社会の完全な透明性を信ずるため、したがって社会を自分の理想どおりに革命という手段を通じて変革する可能性を信ずるためには、すでに科学主義（〝野蛮な〟形であれ）を実践していなければならないわけだ(1)」

すでに一九一九年からトロツキーは、この論点を力を込めて詳述している。「プロレタリアートは歴史的に上昇する階級である（…）。ブルジョワジーは現時点では衰退する階級である。ブルジョワジーは生産において本質的な役割を演じていないだけでなく、生産手段の帝国主義的な専有方法により世界経済と人類の文化を破壊している。しかしながら、ブルジョワジーの歴史的な活力は巨大である。それは権力にしがみつき、手放そうとはしない。まさにこのことによって、それは全社会をみずからの転落のなかに引きずり込もうとしている。このため、われわれはブルジョワジーから社会を奪い取り、その手を断ち切らなければならない。赤色テロルは、滅びるべき運命にあるが、滅びることに甘んじない階級にたいして使われる武器である(2)」。彼はこう結論している。「暴力革命は、まさに歴史の直接的要請が議会制民主主義の機関によっては満足されえなかったが故に、必然性となった(3)」。ここに見られるのは、いっさいがそのために犠牲とされるべき歴史の神格化である。また犯罪的方法を用いることにより、より公正でより人間的な社会の出現を促しうるものとみずからの弁証法のおかげで思い込んでいる革命家の度しがたいナイーヴさも見てとれる。それから十二年後、ゴーリキーはこの事態をもっと乱暴な言い方で述べている。「歴史によって予測されたとおり、自己の役割を終えたものすべてが、われわれに反抗している。そのためにわれわれは今なお内戦状態にあると見なす権利を得ているのだ。このことから、当然次の結論が出てくる。敵が降伏しないかぎり、敵を絶滅するという結論が(1)」。同じ年にアラゴンはこのことを詩にうたい、次の一行を書いている。「革命の青い目は/必然の残酷さをもって輝いている」

これとは逆に、カウツキーは一九一八年以降、この問題に勇気をふるいおこし、きわめて率直に接近している。言葉の物神崇拝をいっさい捨て、こう書いているのだ。「まったくのところ、われわれの最終目標は社会主義ではなく、〝ある階級、ある党派、ある性に向けられるものであれ、あるいはある人種に向けられるものであれ、いっさいの種類の搾取と抑圧〟を廃絶することである。(…)プロレタリアートと一般に人類の解放が生産手段の私的所有に基づいてのみ実現しうる、あるいは生産手段の私的所有に基づいたとき、より快適に実現しうると信じないとしたら、それは間違っているということが、もしもわれわれにたいし証明されえたとしよう。そうしたらわれわれは、そのために最終目標は放棄せずに、社会主義を投げ捨てねばならないであろう。まさしく最終目標のためにこそ、そうしなければならないであろう(2)」。こうしてカウツキーは、明瞭に彼の人間主義をマルクス主義的科学主義に優先させたのである。とはいえ彼はマルクス主義的科学主義の最も卓越した代表者ではあったが。

文字通りの死刑を執行するには教育学が必要とされる。隣人を殺すのはだれもがためらうことだが、そのためらいを抑止する最も有効な教育法は、またしても犠牲者の人間性を否認すること、前もって犠牲者を「非人間化する」ことである。アラン・ブロッサは正当にもこう論じている。「粛清の野蛮な儀式と絶滅機械をフル稼働させることは、迫害の言説と実践においては、他者の動物化と、仮想上・現実上の敵を動物状態に陥れることと切り離せない(1)」

そして実際に、モスクワ大裁判の際、知識人であり法律家であり、まともな古典教育を受けた検事ヴィシンスキーは次のような言葉を使って、被告の「動物化」のかぎりをつくした。「狂犬どもに火を！　人民大衆に野獣のような牙と猛禽のような歯を隠す、この一味に死を！　有毒なよだれをまき散らして、マルクス－レーニン主義の偉大な思想をけがす、禿鷹のようなトロツキーよ、消え失せろ！　あのうそつき連中、あのペテン師ども、情けないほど無能な者たち、吠えまわる犬ども、象にまとわりつく犬、彼らを武装解除せよ！　(…)そうだ、おぞましい獣どもを打倒せよ！　キツネとブタのけがらわしい雑種ども、悪臭ふんぷんたる悪党どもを片づけろ！　奴らのブタのようなぼやきを黙らせろ！　わがソビエトの地の最良の人間を粉砕しようとする、資本主義の狂犬どもを絶滅せよ！　わが党の指導者たちに向けられた奴らの野獣のような憎しみを、奴らの喉元へと突き返せ！」。しかしながら、一九五二年に「すべての反共産主義者は犬だ！」とあけすけに言い放ったのは、ジャン＝ポール・サルトルではなかったろうか。こうした悪魔的・動物化的なレトリックは、鳴り物入りのでっちあげ裁判の主として教育的な機能にかんするアンニー・クリーゲルの仮説を裏づけるように思われる。ちょうど中世の聖史劇《ミステール》（中世ヨーロッパの宗教劇だが、その一種の受難劇では悪魔が活躍する）におけるように、善良なる民衆のために、そこには「悪者」役、異端者役、「トロツキスト」役、そしてやがては「シオニスト‐コスモポリタン」役、要するに悪魔役……が登場し、みごとに演出をされたのである。

ブロッサが指摘していることだが、どんちゃん騒ぎ《シャリヴァリ》（若い相手と再婚する者を台所道具を打ち鳴らしてからかう習俗だが、教会の意に反するその民衆性が再評価されている）と謝肉祭《カルナヴァル》とは、他者を動物化する伝統そのものをうちたてていたわけであり、この中世以来の伝統は十八世紀以降、政治的な風刺《カリカチュール》となって受け継がれることになる。この種の隠喩に富んだ儀式は、まさしく動物を通じて、潜在的な危機や紛争を表現することを可能にしていたといえよう。しかし、三〇年代のモスクワでは、隠喩的な要素は何一つなかった。「動物に擬せられた」敵対者は、絞首台に吊される獲物――この場合は、頸に銃弾を一発食らう候補者のことだが――になる前から、文字通り狩りの獲物として扱われていたからである。スターリンがこれらの方法を体系化し一般化したことは確かだが、さらにそれは中国・カンボジアその他における彼の後継者によって、一層広く採用されることになった。それにスターリンがこの方法の発明者というわけではない。レーニンその人もこのような非難を免れることはできない。権力の掌握後、彼はすべての敵のことを「害虫」だとか、「シラミ」だとか、「サソリ」だとか、「吸血鬼」などと決めつけていたのだから。

いわゆる「産業党」のでっちあげ裁判の折、人権同盟はとりわけアルバート・アインシュタインとトーマス・マンの署名を添えた抗議文を発表した。これにたいしゴーリキーは公開状で次のように答えている。「私はこの処刑が完全に合法的だったと考えます。労働者・農民の権力がその敵をシラミとして絶滅することはまったく自然なことだからです(1)」

アラン・ブロッサはこの動物学的逸脱から次のように結論を引き出している。「常に変わらず、全体主義の詩人と屠殺者は、何よりもまず彼らの語彙によってみずからの正体を暴露している。ナチの殺害工業家が使った〝処理する《トレテ》〟という語に瓜二つの、モスクワの死刑執行人が使った〝処分する《リキデ》〟という語は、当時ソビエト空間のなかでまごうかたなき全容をさらしていた、取り返しのつかない精神的・文化的な破滅状態を言語で示したミクロコスモスである。すなわち、人間の生命は価値としては崩壊し、カテゴリーによる思考法（〝人民の敵〟、〝裏切り者〟、〝信頼できない分子〟などの……）が、人類の倫理的積極性をになう概念に取って代わった。（…）ナチの言説と実践と絶滅装置とにおいては、他者の動物化は汚《けが》れと伝染という強迫観念と切り離しえないものであって、人種のイデオロギーと密接に結びついていた。それは超人と劣等人間といった人種の言説の、容赦ないほど階層序列的な用語を使って発想されていた。しかしながら、一九三七年のモスクワにおいては、人種にかかわる言説と、それに結びついた全体主義装置とは消し去られており、使用不可能だった。〝絶対的にいっさいが許される〟という思い込みに基づく政治を考え実行していくうえで、他者の動物化が重要性をもったのは、実にこうした事情からであった[1]」

とはいえ、このイデオロギー的な障壁を越えて、社会的事象から人種的事象へ移ることを躊躇しない者もいることはいた。一九三二年の手紙のなかで、ゴーリキーは――想起してほしいが、当時彼はGPU《ゲーペーウー》の長だったヤゴーダの個人的友人であり、彼の息子は同じGPUの給料生活者であった――次のように書いている。「階級的憎悪は、劣等存在としての敵にたいする生物学的嫌悪感によって支えられるべきである。私の心底からの確信によれば、敵とはまさしく劣等存在であり、肉体面においてだけでなく、〝精神面〟においても退化した人間だからである[2]」

ゴーリキーはソ連実験医学研究所の創設を促すことで、彼の方法の終点にまで行き着くことになる。一九三三年の年頭に彼は次のように書いている。「科学が正常といわれる存在にまで否応なしに疑いをかけるような時代は、すぐそこまで来ている。諸君は有機体のすべての病気・障害・欠陥・老化・早すぎる死が綿密かつ正確に研究されることを望むだろうか。望むとしても、こうした研究は犬・ウサギ・モルモットを使った実験によっては遂行されえないであろう。人間そのものを使った実験こそが必要不可欠なのだ。人間自身に即して、その生体の働きを、細胞内の栄養補給と造血の諸過程を、ニューロンの化学を、さらに広くは人間の生体の全過程を研究することが必要である。そのためには何百という人間被験者が必要とされるだろうが、これは人類への偉大な奉仕であろう。それはまた、当然のことながら、精神的にも道徳的にも退化した、略奪者と寄生者からなる価値なき階級の生活の安楽のために、健康な人間を何千万と絶滅させることより、一層重要であり、一層有益でもあろう[1]」。社会・歴史的な科学主義の最も否定的な影響は、このようにして、生物学的な科学主義のそれと合流したのであった。

こうした「生物学的」ないし「動物学的」逸脱を見るとき、共産主義の多くの犯罪が人道にたいする犯罪に属するのはどういう点においてなのかを、またマルクス-レーニン主義イデオロギーがこれらの犯罪を支え正当化しえたのはなぜかを、われわれはもっとよく理解できよう。生物学の最近の発見と結びついた法的な決定に立ち返って、ブリュノ・グラヴィエは次のように書いている。「生命倫理にかんする法文が（…）出現して、より陰険な他のもろもろの脅威を照らしだす指標の役割を果たしている。なぜ陰険な脅威かと言えば、これらの脅威は科学の進歩に結びついていたからである。またわれわれは〝運動の法則としての〟（J・エイシャーの表現）テロルに基づくイデオロギーの生成過程における、科学の役割をあまりにも過小評価してきたからである。（…）リチェットとかカレルといった高名な医者たちの文章に見られる優生学的な構想は、ナチの医者たちの逸脱行為までも含め、大量殺戮の温床となってきた[1]」

ところで、共産主義のなかには、社会‐政治的な優生学、社会ダーウィニズムが存在する。ドミニク・コラが書いているように、「社会的な種の進化にかんする知の師匠として、レーニンは、歴史によって断罪されているが故に消滅すべき種を決定する、という問題にけりをつけてしまった[2]」。科学の——それも、マルクス‐レーニン主義のようなイデオロギー的であるとともに政治‐歴史的な科学の効果をよそおって、ブルジョワジーは人類の進化のうえで止揚された段階に当たることが布告された瞬間から、階級としてのブルジョワジーの抹殺が正当化され、やがてはその階級を構成する、ないしその階級に属すると見なされる諸個人の抹殺が正当化されるというわけである。

ナチズムに触れて、マルセル・コランは「あの犯罪的イデオロギーによって伝播された、分類だとか、隔離だとか、排除だとかの純粋に生物学的な基準」について語っている。コランはさらに言う。「われわれはナチズムの科学主義的な諸前提（遺伝・交雑・人種の純粋性）のことを考える。また、それらの前提の幻覚的な、千年王国《ミレナリズム》（原義は〝キリストの支配する至福千年への信仰〟。ユートピアの性急な実現を求める思想と行動）的な、あるいは地球規模的な寄与のことすら考える。これらの前提は深い歴史的刻印をもち、かつ克服しがたいものだ[3]」。歴史と社会に適用されたこの科学主義的諸前提——歴史の意味の担い手としてのプロレタリアートなど——はたしかに千年王国的・地球規模的な幻影に属するものであって、共産主義の経験のなかに遍在していた。純粋にイデオロギー的基準にしたがって、恣意的な隔離（ブルジョワジー／プロレタリアート）や分類（小ブルジョワ・大ブルジョワ・富農・中農・貧農など）を規定する犯罪生産イデオロギーを固定したのは、この諸前提だった。これらの前提を――まるでこの前提が決定的な根拠であり、個人はあるカテゴリーから他のカテゴリーへ移りえないかのように――凝固させることにより、マルクスーレーニン主義は、現実的なものと人間的なものにたいするカテゴリーと抽象の優位性をうちたてたのだった。すべての個人ないし集団は、現実離れした単純きわまる社会学の原型と見なされたのである。このことによって、犯罪は一層容易となった。NKVD《エヌカーヴェデー》の密告者・捜査官・死刑執行人は一人の人間を告発したのでもないし、訴追したのでもないし、殺したのでもなかった。彼らはただ全体の幸福にとって有害な抽象物を除去しただけなのである。

こうした教義が犯罪生産イデオロギーとなったのは、基本的な出発点ともいえるような、ロベール・アンテルムが「人類」と呼び、一九四八年の人権宣言の前文が「人間家族」と名づけたものの統一性を否認するという、ただそれだけの事実を通じてであった。マルクスーレーニン主義の根源は、マルクスのなかにというよりはむしろ、社会問題に適用され、人種問題におけると同様な悪習へと至る、脱線したダーウィニズムのなかに起因することになるのだろうか。いずれにせよ、一つのことだけは確実である。人道にたいする犯罪は、人間と人類を、生物学的・人種的にせよ、社会的・歴史的にせよ、普遍的でなく個別的な条件へと還元するイデオロギーの産物だという点だ。この点においても、プロパガンダの効果によって、共産主義者は、人類全体を考慮に入れているのだから、彼らのやり方が普遍的なのだと信じさせることに成功した。ナチの企図が個別的——狭隘なナショナリズム的で人種主義であるが故に——なのにたいし、他方のレーニン主義的企図は普遍主義的なはずだという事実に基づいて、ナチズムと共産主義のあいだの根底的な区別を主張することがしばしばありさえした。だが、これ以上の偽りはない。理論においても実践においても、レーニンと彼の後継者たちは明らかに、人類から資本家・ブルジョワ・反革命家などを除外した。社会学的ないし政治的言説の常套句を採り入れて、彼らはこの連中を絶対の敵としたのだ。そして、早くも一九一八年からカウツキーが述べていたように、人類からだれであろうと望みのままに、いつであろうと望みのときに、どのようであろうと望みのとおりに排除することを許したのは、そして人道にたいする犯罪へとまっしぐらに進ませたのは、これら「ゴムのように伸縮自在の」言葉であった。

ミレーユ・デルマス＝マルティは書いている。「アンリ・アトランのような生物学者自身が、人類概念は生物学的アプローチを超えており、生物学には〝人格性についてほとんど何の発言権もない〟ことを認めている。（…）確かに人類をもろもろの動物種の一つと、人間が様々な動物種や植物種をすでにつくりだしているように、みずからつくることを学んでいる種の一つと完全に見なすことはできるが」[1]。だがこれこそ、共産主義者がしようと試みたことではなかったろうか。「新しい人間」の観念とは、共産主義者の企図の核心にあったものではなかろうか。誇大妄想的な「ルイセンコ」の仲間たちは、トウモロコシやトマトの新種だけでなく、人間の新種を創りだそうと試みたのではなかったろうか。

医学が輝かしい勝利を誇ったのと時を同じくする十九世紀末のこの科学主義的心性にヒントを得て、ワシーリー・グロスマンはボリシェヴィキの指導者たちについて次のような論評をしている。「これら筋金入りの人間たちは診療所における外科医のようにふるまった。(…) 外科医の魂は彼のメスにこそあるのだ。これらの連中を特徴づけるのは、メスの全能性への狂信的な信念である。ここでいうメスとは、二十世紀の大理論家であり、哲学的リーダーのことだ」[2]。こうした考え方はポル・ポトにおいて極限にまで推し進められた。彼は恐るべきメスの手腕をふるって、社会という身体の「壊疽《えそ》にかかった」部分——すなわち「新人民」——を切除し、「健康な」部分——すなわち「旧人民」——を保全したのだった。いかに狂気の沙汰に見えようとも、この観念はまったく新しいものではなかった。すでに一八七〇年代に、ロシアの革命家であり、ネチャーエフのよきライバルでもあったピョートル・トカチョーフは、二十五歳を超えるすべてのロシア人は革命観念を実現しえないと見なし、彼らを絶滅しようと提案している。同じ時期に、ネチャーエフへの手紙のなかで、バクーニンはこの狂気の考え方に憤激して、こう言っている。「わが人民は、いかなる秘密結社にせよ、彼らによいと思われることがらを、たとえばあなた方の共産主義的綱領を書き込める白い紙ではない」[1]。インターナショナルが「過去を白紙状態にしよう！」と歌いかけたこと、毛沢東がみずからをかの有名な、白紙の上に達筆をふるう天才詩人になぞらえたことは事実である。まるで、数千年の重みをもつ文明が白い一ページと見なされえたかのようであった。

本書でとりあげてきたテロル過程の総体は、確かにレーニンとスターリン治下のソ連で基礎を置かれた。しかしそこには、マルクス－レーニン主義を自称する体制のすべての国々で、強さの差はあっても、見出される不変の要素がいくつか含まれている。各国ないし各共産党には、その特殊な歴史、現地の、また地域的な個別性、多かれ少なかれ病的な症例がある。しかし、これらはすべて、一九一七年十一月以降モスクワで練り上げられた母型のなかに常に含み込まれている。この事実からして、この母型は共産主義という一種の遺伝コードを刻んだものといえるだろう。

この恐るべきシステムの主役たちをどう理解すべきだろうか。彼らには特殊な性格が見られるのだろうか。全体主義的体制の各々にはそれぞれ特性があり、体制を機能させうるような人々を見出し昇進させえたように思われる。なかでもスターリンの場合は特異だ。戦略の面では、スターリンはレーニンの有能な後継者だったし、現場の問題に心を配るとともに、世界情勢を把握することもできた。おそらくスターリンは、歴史の観点からすれば、二十世紀最大の政治家として立ち現れることだろう。一九二二年のちっぽけなソ連を世界超大国の地位にまで高め、数十年にわたって、資本主義に取って代わるべき選択肢として共産主義を押しつけることに成功したのだから。

スターリンは、超弩級の死刑執行人にも事欠かなかった二十世紀においてさえ、主要な犯罪者の一人でもあった。ボリス・スーヴァリヌやボリス・ニコラーイェフスキーが一九五三年に叙述したように、スターリンをカリグラ帝〔暴虐をもって鳴るローマ皇帝〕の再来になぞらえるべきだろうか。スターリンの行動は、トロツキーがほのめかしていたように、純粋な偏執病者の行動だったろうか。それとは逆に、政治にたいする才能に極度にめぐまれていたが、民主的方法を嫌悪していた狂信者の行動ではなかったろうか。いずれにせよスターリンは、レーニンが踏み込んだ行動様式、すでにネチャーエフが推奨していた行動様式を極限まで突き進んだのだ。要するに彼は、極端な政策を行うために極端な手段を採用した。

スターリンが統治の手段として人道にたいする犯罪の道へ意図的に入り込んでいった事実から、われわれはまたしてもこの人物のロシア人固有の側面へと立ち戻らざるをえなくなる。カフカスのオセチア人として育った幼年期から青年期にかけ、彼は偉大な心情をもった山賊たち、氏族からは追放された、あるいは血染めの復讐を誓っていたカフカスの――アブレクと呼ばれる――山岳人たち、さらには絶望の勇気のみを動機とする戦士たちの話を聞かされていた。彼自身、これら神話的な貴族にして山賊たる連中の一人、未亡人と孤児の仇をうつ一種の森のロビン・フッドの名をとって、コバの筆名を採用した。ところで、ネチャーエフとの絶縁状のなかで、バクーニンは次のように書いている。

「ぼくがあなたをアブレクと呼び、あなたの教理問答《カテキズム》をアブレクたちのそれと呼んだとき、あなたがどんなに腹を立てたか覚えているかい？　すべての人間はこのようにつくられるべきであり、全面的な自己放棄、すべての個人的欲求・すべての満足感・感情・愛情・絆の断念こそ、例外なしに万人の正常で自然で日常的な状態であるべきだ、とあなたは言っていた。献身にみちあふれたあなた自身の残酷さ、あなたの極度の狂信性、あなたはそれらを今でも共同体の生活規則にしようとしている。あなたは愚劣な行為と、不可能なことがらと、自然・人間・社会の全面否定とを求めているのだ(1)」

革命への全面的な参加にもかかわらず、早くも一八七〇年からバクーニンは、革命的行動さえいくつかの根本的な道徳的制約に服すべきであると認めていたのだった。

共産主義テロルはしばしば、一一九九年にカトリックの異端審問所によって開始されたテロルと比較されてきた。そしてこの点にかんしては、おそらく歴史家より小説家のほうがわれわれの蒙をひらいてくれるだろう。すばらしい小説『汚辱の僧服』のなかで、ミシエル・デル・カスティーヨはこう記している。「目的は拷問したり、焼き殺したりすることではない。目的は正しい質問を提起することにある。真理なしにはテロルはない。真理こそテロルの基礎であるから。真理を手に入れなかったとしたならば、どのようにして誤りを認められるだろうか？　（…）真理を獲得したという確信をいだいたからには、どのようにして隣人を誤りのなかにとどめ置く決心ができようか？」[1]

原罪の赦免と彼岸世界での救済か、さもなければ、超自然的地獄の業火か、この二つのどちらかを教会は約束していた。マルクスは人類のプロメテウス的な自己贖罪を信じていた。これこそ「偉大なる夕べ」のメシア的な夢だった。しかしながら、レシェク・コラコウスキにとっては、「現存世界は改善を考えることさえできないまでに腐敗しきっており、ほかならぬこの理由からして、この世界のあとに来る世界は完璧さに満ちあふれ、最終的な解放をもたらすだろうという考え方は、人間精神の最もはなはだしい逸脱の一つであろう。（…）この逸脱が現代の発明品でないのはもちろんのことだ。しかし、この逸脱は、地上的な価値の総体に超自然的な恩寵の力を対置する宗教思想においてより、地獄の奈落の底からただひと跳びで天空の頂まで跳び上がれば、われわれはみずからの救済を確保できるのだと証明する現世的な教義において、はるかに忌まわしいものであることは認めねばなるまい[2]」。

この点、エルネスト・ルナン〔十九世紀フランスの哲学者・宗教史家〕が『哲学的対話集』

のなかで、無神論者からなる社会で絶対権力を確保するためには、服従しない者を神話的な地獄で脅かすだけではもはや足りないと述べたときに、ルナンの見方はおそらく正鵠を射ていたのだろう。ルナンの考えでは、「現実の地獄」の設置――換言すれば――反抗者を粉砕し、他のすべての者を威圧する強制収容所、道徳的呵責などひとかけらも感ぜずに、君臨する権力に完全な忠実を誓う人間たち、すなわち「ありとあらゆる残虐行為をふるう用意のできた従順な機械たち(1)」からなる特殊警察が仕切る強制収容所の設置こそが必要とされるはずであった。

一九五三年におけるグラーグの囚人の大多数の釈放後、いやソ連共産党第二十回大会の後でさえも、ある形態のテロルはもはや日程にのぼらなくなっていたのだが、テロルの原則はその役割を保持し、有効でありつづけていた。アイノ・クーシネンが想起していることだが、テロルの記憶が残っているだけで、人々の意志を麻痺させるのに十分だった。「人々の魂のうえに重くのしかかっていたのは、あのテロルの思い出だった。誰一人、スターリンが本当にこの世から去ったなどと信じているようには思われなかった。モスクワでは、スターリンの迫害のために苦しまないですんだ家族はほとんど一つもなかったろう。とはいえ、そのことを口に出しはしなかった。こういうわけで、たとえば私は友人の前で、牢獄や収容所の思い出を決してほのめかすことはなかった。友人の方も、私に質問を発することは決してなかった。恐怖があまりにも深く彼らの精神に根をおろしていたのだった」(1)。犠牲者が恐怖《テロル》の記憶をいつまでももちつづけていたのにたいし、死刑執行人の側も、同じ記憶に依拠しつづけていた。ブレジネフの最盛期のソ連は、チェーカーの五十周年を祝う記念切手を発行し、チェーカーをたたえる文集を刊行した(2)。

結びとして最後にもう一度、ゴーリキーの文章を借りることにしよう。一九二四年に書かれたレーニンを讃えるテクストだ。「昔からの知り合いの一人に、ソルモフ出身の労働者で、優しい魂をもった男がいた。チェーカーで働くのは辛いと彼はこぼしていた。私は彼にこう答えた。〝あなたに向いていない仕事のように、ぼくにも思える。あなたの性格にあわないね〟。すると、彼は悲しそうに認めた。〝そうなんだ、全然そぐわないんだ〟。しかし、考え込んだあとで、こうつけ加えた。〝そうは言っても、イリッチもまた、行動の翼によってしばしばみずからの魂を抑制せざるをえないことがきっとあると考えるとき、ぼくは自分の弱さを恥ずかしく思うのだ〟と。果たしてレーニンには、〝行動の翼によってみずからの魂を抑制する〟ことがあったのだろうか。レーニンは自分自身に注意を払うことがあまりにも少なかったので、自分について他人に語りはしなかった。彼は魂をよぎるひそかな嵐について、だれよりもよく沈黙を守ることができた。しかし一度、子どもたちを撫でながら、ぼくにこう言ったことがある。〝彼らの人生はぼくらの人生よりよくなるだろう。ぼくらが経験したことの多くを彼らは味わわなくてすむだろう。彼らの人生はぼくらのほど残酷ではないだろう〟と。それから遠くを見やりながら、夢見るようにこうつけ加えた。〝それでもやはり、ぼくは彼らをうらやみはしない。ぼくらの世代は、歴史的重要性の点で驚嘆すべき任務を達成した。状況によって強いられたぼくらの人生の残酷さは、いつの日か理解され、赦される時が来るだろう。すべては理解されるだろう、すべてはね!〟」(1)

そう、すべては理解され始めている。しかし、ヴラジーミル・イリッチ・ウリヤーノフが言おうとした意味においてではない。この「歴史的重要性の点で驚嘆すべき任務」のうち、今日残っているものは何か。今も残るのは偽りの「社会主義建設」ではなくて、数億の人々の人生になお重くのしかかりつづけており、第三千年紀のとば口の特徴ともなろうとしている巨大な悲劇だけである。それにもかかわらず、スターリングラードの戦場特派員であり、KGB《カーゲーベー》〔国家保安委員会〕によって主要な作品の草稿を押収され、そのことによって死んだ作家ワシーリー・グロスマンは、この事態から楽天主義的な教訓を引き出している。それをわれわれ自身のために引用して終わろう。「われわれの世紀は、人間にたいし国家がふるう暴力が最高限度にまで達した世紀だ。しかし、まさにその点にこそ、人間たちの力と希望とが横たわっている。〝現実的なものはすべて合理的なものである〟という普遍的な歴史過程のヘーゲル的原理を揺るがしたのは二十世紀である。数十年間にわたってつづいた激しい論争のなかで、前世紀のロシア人思想家たちが援用していたあの原理だ。そしてまさしく今、人間の自由にたいする国家の支配力が勝利を告げている時期にあたり、収容所の囚人服を身にまとったロシアの思想家たちが、ヘーゲルの規範を転倒させ、世界史の至高の原理を次のように言明しているのだ。〝非人間的なものはすべて不条理であり無益である〟と。そうだ、非人間性が完全に勝ち誇っているこの時代にこそ、暴力によって創り出されたすべてのものが不条理であり、無益であり、有効性もなければ、未来もないことが自明となったのである(1)」

注

本書はフランス語で書かれたため、ロシア語原典の翻字はフランス式になっている。しかし、これではコンピューターによる検索ができず、わが国では不便なので、アメリカ議会図書館方式に改めた。また原典が英語の文献と、日本語の翻訳がある場合は、できるだけ〔 〕の中にこれを示した。（訳者）

第2部　アジアの共産主義

第1章　中国

二六（1）一九四九年三月五日、中国共産党第七回大会で選出された中央委員会第二回総会への報告。『毛沢東選集』第四巻（北京、外文出版社）所収（この断片は『毛沢東語録』、「階級と階級闘争」の章に採録されている）。文化大革命のあいだ、容疑者の取り調べはしばしばこの引用を大声で朗読することから始められた。

二七（1）本書では、人民中国が義務づけ、ほぼ世界的に認められた漢字のピンイン表記法を使用する。したがって、Mao Tse-toung（毛沢東）はここでは Mao Zedong となる。例外として、一九四九年以前の人物と、北京、南京、広東など、あまりにも有名な都市の名だけは元のままの形で残した。

（2）この件については、Roger Faligot et Rémi Kauffer, *Kang Sheng et les services secrets chinois*

(1927-1987)（ロジェ・ファリゴとレミ・コフェール『康生と中国秘密警察（一九二七―一九八七年）』）〔黄昭堂抄訳『中国諜報機関』光文社、一九九〇〕, Paris, Robert Laffont, 1987. を参照。

二九（1）Kim Il Sung, Œuvres, tome 30（金日成『著作集』第三十巻）, p. 498. Oh Il-whan, *La propagande et le contrôle de pensée : les facteurs de résistance du système communiste nord-coréen*, thèse de doctorat en sociologie politique (non-publiée)（オ・イルファン『プロパガンダと思想の統制：北朝鮮共産主義体制の抵抗要因』）, université Paris-X, 1994, p. 209. から引用。

三〇（1）Hoang Van Hoan, *Une goutte d'eau dans le grand océan――Souvenirs révolutionnaires*, Paris, 1989.（ホアン・ヴァン・ホアン『大洋のなかの一滴の水――革命の回想』）

（2）日刊紙 Nhân Dân（ニャンザン）、一九六四年五月七日付。«Révolutionnaires d'Indochine»（《インドシナの革命家たち》）, *Cahiers Léon Trotski*, n° 40, décembre 1989, p. 119-120. から引用。

（3）同上紙、p. 119.

三一（1）Georges Boudarel, «L'idéocratie importée au Vietnam avec le maoïsme» in *La bureaucratie au Vietnam—Vietnam-Asie-Débat n° 1*, Paris, L'Harmattan, 1983, p. 31-106.（ジョルジュ・ブダレル《毛沢東主義とともにベトナムに輸入された観念支配》、『ベトナムにおける官僚制――ベトナム・アジア・討論第一巻』所収）

（2）特に彼の侍医の回想を参照せよ。Li Zhi Sui, *La vie privée du Président Mao*（李志綏『毛主席の私生活』、『毛沢東の私生活』新庄哲夫訳、文藝春秋、一九九四〕, Paris, Plon, 1994.

三二（1）イスラム以前のイランの古代宗教の影響を受けた。

（2）これらの事件とこの後の記述については、次の論文に多くの示唆を受けた。Richard Shek,

«Sectarian Eschatology and Violence» in Jonathan N. Lipman et Stevan Harrell, *Violence in China—Essays in Culture and Counterculture*（リチャード・シェック《宗派的な終末思想と暴力》、リップマン他『中国における暴力——文化と対抗文化論集』所収), State University of New York Press, 1990, p. 87-109.

三三（1）同上書、p. 101.

（2）同上書、p. 104.

（3）同上書、p. 105.

三四（1）同上書、p. 106.

三五（1）Sun Tzu, *L'Art de la guerre*（孫子『兵法』), Paris, Flammarion, 1972, p. 45.（introduction de Samuel Griffith）から引用。

（2）同上書、p. 103.

（3）同上書、p. 108.

（4）同上書。

（5）同上書、p. 105.

三六（1）Daniel et Vadime Elisseeff, *La civilisation de la Chine classique*（ダニエルとヴァディム・エリセーエフ『古典古代中国の文明』), Paris, Arthaud, 1981, p. 296.

三八（1）John K. Fairbank, *La Grande Révolution chinoise 1800-1989*（ジョン・K・フェアバンク『大中国革命　一八〇〇—一九八九年』), Paris, Flammarion, 1989, p. 126.（英語からの翻訳）

（2）Jen Yu-wen, *The Taiping Revolutionary Movement*（簡又文『太平革命運動』), New Haven,

Yale University Press, 1973. から行った推定。

（3） Marie-Claire Bergère, Lucien Bianco, Jürgen Domes (dir.), *La Chine au XXe siècle* (vol .1, *D'une révolution à l'autre 1895–1949*）（マリ＝クレール・ベルジェール、リュシアン・ビアンコ、ユルゲン・ドメス（編）『二十世紀の中国　第一巻：革命から革命へ　一八九五―一九四九』), Paris, Fayard, 1989, p. 125.

三九（1） Roderick MacFarquhar et John K. Fairbank (dir.), *The Cambridge History of China* ; vol.14, *The People's Republic, Part 1 (1949–1965)*,（ロデリック・マクファーカーとジョン・K・フェアバンク（編）『ケンブリッジ中国史　第十四巻：人民共和国　第一部（一九四九―一九六五）』) Cambridge, Cambridge University Press, 1987, p. 371.

四〇（1） John K. Fairbank et Albert Feuerwerker (dir.), *The Cambridge History of China* ; vol.13, *Republican China 1912–1949, Part 2*（ジョン・K・フェアバンクとアルベルト・フォイアヴェルカー（編）『ケンブリッジ中国史　第十三巻：共和政中国・一九一二―一九四九　第二部』), Cambridge, Cambridge University Press, 1986, p. 605–606.

（2） 同上書、p. 292.

四一（1） 同上書、p. 291–293.

四二（1） 同上書、p. 294–297 et 312–314.

四三（1） Souei-chou, Elisseeff, *op. cit.*, p. 264.（『隋書』の法律概論、エリセーエフの前掲書から引用）

四四（1） Fairbank et Feuerwerker, *op. cit.*, p. 307–322.（フェアバンクとフォイアヴェルカー（編）の前掲書）

四五（1） Roland Lew, *1949 : Mao prend le pouvoir*（ロラン・ルー『一九四九年、毛が権力を握った年』), Bruxelles, Complexe, 1980. 参照。

（2） Jean-Luc Domenach, *Chine : l'archipel oublié*（ジャン＝リュック・ドムナック『中国：忘れられた群島』), Paris, Fayard, 1992, p. 47.

四六（1） Gregor Benton, «Under Arms and Umbrellas : Perspectives on Chinese Communism in Defeat», *in* Tony Saich et Hans Van de Ven, *New Perspectives on the Chinese Communist Revolution*, Armonk（グレゴール・ベントン《銃と傘のもとで：敗北する中国共産主義の展望》、ザイヒ他（編）『中国共産主義革命にかんする新しい展望』所収), M. E. Sharpe, 1995, p. 131-133.

（2） Chen Yung-fa, «The Blooming Poppy under the Red Sun : The Yan'an and the Opium Trade», *in* Saich et Van de Ven, *op.cit.*, p. 263-298.（チェン・ユンファ《赤い太陽の下に花咲くケシ：延安と阿片貿易》、同上書所収）

四七（1） Yves Chevrier, *Mao et la révolution chinoise*（イヴ・シェヴリエ『毛沢東と中国革命』), Florence, Casterman/Giunti, 1993, p. 65. から引用。

（2） François Godement, «La tourmente du vent communiste (1955-1965) *in* Marie-Claire Bergère, Lucien Bianco, Jürgen Domes (dir.), *La Chine au XX*^{e} *siècle* (vol. 2, *De 1949 à aujourd'hui*)（フランソワ・ゴドマン《共産主義風の動乱（一九五五―一九六五）》、ベルジェール他編『二十世紀の中国　第二巻・一九四九年から今日まで』所収), Paris, Fayard, 1990, p. 58.

四八（1） この曖昧な用語は党内権力を行使する者を指すが、正式な党機関には部分的にしか対応しない。こうした機関の境界と決定能力は流動的であって、ある種のメンバーはほとんど権限のない立場に置かれていることがある。逆に鄧小平のように、役職のない「引退者」が十年にもわたって真に「ナンバーワン」の存在であり続けることもある。

（2） Benton（ベントン）の前掲章と、Lucien Bianco «Peasant Responses to CCP Mobilization Policies, 1937–1945», *in* Saich et Van de Ven, *op. cit.*, p. 175–187.（リュシアン・ビアンコ《中国共産党の動員政策への農民の反応　一九三七—一九四五》とを参照。（ともにザイヒ他（編）の前掲書所収）

四九（1） Stephen C. Averill, «The Origins of the Futian Incident», *in* Saich et Van de Ven, *op. cit.*, p. 79–115.（スティーヴン・C・アヴェリル《福建事件の起源》、ザイヒ他（編）の前掲書所収）を参照。

（2） David E. Apter, «Discourse as Power : Yan'an and the Chinese Revolution» *in* Saich et Van de Ven, *op. cit.*, p. 218–219.（デーヴィッド・E・アプター《権力としての言説：延安と中国革命》、ザイヒ他（編）の前掲書所収）を参照。

五〇（1） Vladimirov, *in* Boudarel, chapitre cité, p. 56. ヴラジーミロフ（延安におけるコミンテルン代表）による。（ブダレル、前掲章所収）

五一（1） Frederick C. Teiwes (et Warren Sun), «From a Leninist to a Charismatic Party : The CCP's Changing Leadership, 1937–1945», *in* Saich et Van de Ven, *op. cit.*, p. 372.（フレデリック・C・テイウェズ《レーニン主義の党からカリスマ的な党へ：中国共産党の変動する指導部、一九三七—一九四五》、ザイヒ他（編）の前掲書所収）

（2） 同上書、p. 373.

（3） 同上書、p. 370-375. アプターの前掲章。 Roger Faligot et Rémi Kauffer, *Kang Sheng et les services secrets chinois (1927-1987)*（ロジェ・ファリゴとレミ・コフェール『康生と中国秘密警察（一九二七—一九八七年）』）〔黄昭堂抄訳『中国諜報機関』光文社、一九九〇〕, Paris, Robert Laffont, 1987, p. 186-206.

五二（1）Vladimirof, *in* Boudarel, chapitre cité, p. 55-56.（ヴラジーミロフ、ブダレルの前掲章所収）

（2）Domenach, *op. cit.*, p. 48.（ドムナックの前掲書）

五三（1）Ye Fei, interview de 1983, *in* Benton, chapitre cité, p. 138.（イェー・フェイ、一九八三年のインタビュー）〔ベントンの前掲章所収〕

（2）Domenach, *op. cit.*, p. 44-52.（ドムナックの前掲書）

五五（1）Domenach, *op. cit.*, p. 52-55.（ドムナックの前掲書）

五六（1）たとえば中国革命の最初期の証言の一つであるJack Belden, *China Shakes the World*〔ジャック・ベルデン『中国は世界をゆるがす』青木文庫、一九六五〕, Harmondsworth, Pelican, 1973.（初版、一九四九）のテーゼだが、そのなかで、逆方向に解される情報を提供してもいる。

（2）William Hinton, *Fanshen*（W・ヒントン、加藤祐三・春名徹・加藤幹雄・吉川勇一訳『翻身——ある中国農村の革命の記録』平凡社、一九七二）, Paris, Plon, 1971.（英語からの翻訳）

（3）Alain Roux, *La Chine populaire, tome 1 (1949-1966)*（アラン・ルー『人民中国』第一巻（一九四九—一九六六）), Paris, Éditions Sociales, 1983, p. 81.

（4）同上書、p. 82.

五九（1）Bianco, chapitre cité.（ビアンコの前掲章）

（2）Hinton, *op. cit.*, p. 649-651.（ヒントンの前掲書）

（3） Lynn T. White III, *Policies of Chaos: The Organizational Causes of Violence in China's Cultural Revolution,*（リン・T・ホワイト三世『混沌の政策：中国文化大革命における暴力の組織的原因』）Princeton, Princeton University Press, 1989, p. 82.

六〇（1） A. Doak Barnett et Ezra Vogel, *Cadres, Bureaucracy and Political Power in Communist China*（A・ドウク・バーネットとエズラ・ヴォーゲル『共産主義中国における幹部・官僚制・政治権力』）, New York, Columbia University Press, 1967, p. 228.

（2） Domenach, *op. cit.*, p. 71.（ドムナックの前掲書）; Claude Aubert, «Économie et société rurales» *in* Bergère *et al.*（1990）, *op. cit.*, p. 150.（クロード・オベール《農村の経済と社会》、ベルジェール他編の前掲書所収）

六一（1） Domenach, *op. cit.*, p. 70-72.（ドムナックの前掲書）

（2） Hinton, *op. cit.*, p. 285.（ヒントンの前掲書）ヒントンは基本的には中国共産主義にきわめて好意的であることに注意しよう。とはいえ、彼は貴重な証人であり、彼自身（米国で）農業家であった。

六二（1） He Liyi（avec Claire Anne Chik）, *Mr. China's son —— A Villager's Life*（フー・リーイー〔クレール・アンヌ・シクと共著〕『中国氏の息子——ある村人の生涯』）, Boulder, Westview, 1993, p. 52-54.

（2） Richard Madsen «The politics of revenge in rural China during the Cultural Revolution», *in* Lipman et Harrel, *op. cit.*, p. 186.（リチャード・マスデン《文化大革命中の農村中国における復讐の政治》、リップマン他の前掲書所収）

（3） Werner Meissner, «La voie orthodoxe (1949-1955)», in Bergère *et al.* (1990), *op. cit.*, p. 19.（ヴェルネル・メスネール《正統的路線（一九四九―一九五五）》、ベルジェール他編の前掲書所収）

六三（1） «Commentaires sur le travail de répression et de liquidation des contre-révolutionnaires» cité in *The Cambridge History of China*, vol. 14, p. 89.（前掲『ケンブリッジ中国史』第十四巻に引用された《反革命分子の抑圧と一掃工作にかんする注解》から）

六四（1） Roux, *op. cit.*, p. 164.（ルーの前掲書）

（2） Domenach, *op. cit.*, p. 67 et 80.（ドムナックの前掲書）

六五（1） Meissner, chapitre cité, p. 25.（メスネールの前掲章）

（2） White, *op. cit.*, p. 93.（ホワイトの前掲書）

（3） Domenach, *op. cit.*, p. 86.（ドムナックの前掲書）

六六（1） 同上書、p. 94-101.

六七（1） Roux, *op. cit.*, p. 170.（ルーの前掲書）

六八（1） Domenach, *op. cit.*, p. 77-78.（ドムナックの前掲書）

（2） 同上書、p. 79.

（3） «Quinze ans de persécution contre les catholiques en Chine communiste»（《共産主義中国における15年間のカトリック教徒迫害》, bimensuel *Est et Ouest*, 16-30 septembre 1966, p. 4-9. Domenach, *op. cit.*, p. 504.（ドムナックの前掲書）

六九（1） Domenach, *op. cit.*, p. 80-81.（ドムナックの前掲書）

七一（2） *The Cambridge...*, vol.14, p. 88.（前掲の『ケンブリッジ……』第十四巻）から引用。

七二（1） White, *op. cit.*, p. 104-124.（ホワイトの前掲書）

七二（1） Jacques Andrieu, «Le mouvement des idées», *in* Bergère *et al.* (1990), *op. cit.*, p. 268-269.（ジャック・アンドリュー《思想の運動》、ベルジェール他編の前掲書所収）

（2） Domenach, *op. cit.*, p. 118.（ドムナックの前掲書）

七三（1） たとえば Jean Pasqualini (avec Rudolph Chelminski), *Prisonnier de Mao : sept ans dans un camps de travail en Chine*, Paris, Gallimard, 1975 (éd. originale en anglais, 1973).（ジャン・パスカリーニ〔ルドルフ・ヘルミンスキと共著〕『毛沢東の囚人：中国労働収容所での七年間』、（原書は英語、一九七三））を参照。

（2） Domenach, *op. cit.*, p. 121-126.（ドムナックの前掲書）を参照。

七四（1） Jean-Luc Domenach, *Aux origines du Grand Bond en avant : le cas d'une province chinoise, 1956-1958*（ジャン＝リュック・ドムナック『大躍進の起源に：中国のある省の場合、一九五六―一九五八』）, Paris. Editions de l'EHESS et Presses de la FNSP, 1982, p. 151.

（2） 十年後に、彼らは紅衛兵になるだろう。この革命後の第一世代はしっかりと教育されたのだった……。

（3） 他動詞的に使われた「闘う」という動詞は、ここでは、ある人を集団的に弾劾する、彼に後悔を要求する、さもなければ、彼の有罪判決を求めることを意味する。これはかなり特殊な「闘い」である。なぜなら、犠牲者は口頭においてすら自己を守ることが不可能だからである。怒鳴られるだけか、もしかすると殴られるのか、殴打といっても、ひょっとすると殺害にまで至ることがありうるかどうかは原則として予め定められていた（殺害は土地改革と文化大革命の時期は日常茶飯事だったが、両時期のあいだには稀だった）。

七五（4） He, *op. cit.*, p. 3-8.（フーの前掲書）

（1） この数字はほとんど魔術的な価値をもっているようだ。それほどまでにしばしば、この数字はキャンペーンの最中に言及されていた。しかし、この数字はとりわけ、これより引き下げることが問題にならない最低限度なのだ。この数字はのちにポル・ポトの演説にも出てくるだろうが、その場合は、数字からの「逸脱度」がとりわけて大きい……。

（2） MacFarquhar et Fairbank, *op. cit.*, p. 257.（マクファーカーとフェアバンク編の前掲書）

七六（1） Hinton, *op. cit.* p. 484.（ヒントンの前掲書）

（2） これがHe Liyi, *op. cit.*（フーの前掲書）の経験だった。

七九（1） Justin Yifu Lin, «Collectivization and China's Agricultural Crisis in 1959-1961»（ジュスタン・イーフー・リン《一九五九－一九六一年の集団化と中国の農業危機》）, *Journal of Political Economy*, 1990, vol.98, n°6, p. 1228-1250.

八〇（1） Domenach (1982), *op. cit.*, p. 152.（ドムナックの前掲書（一九八二））

八一（1） William Hinton, *Shenfan*, New York, Random House, 1984.（W・ヒントン『シェンファン』）

（2） Domenach (1982), *op. cit.*, p. 149.（ドムナックの前掲書（一九八二））

八二（1） Roderick MacFarquhar, Timothy Cheek et Eugene Wu (éds.), *The Secret Speeches of Chairman Mao.*（マクファーカー、チーク、ウー（共編）『毛主席の秘密演説』）から

八三（1） MacFarquhar et Fairbank, *op. cit.*, p. 380.（マクファーカーとフェアバンク編の前掲書）

（2）同上書、p. 369.

八四（1）同上個所。

（2）Domenach (1982), *op. cit.*, p. 157.（ドムナックの前掲書〔一九八二〕）

（3）ここまで述べた情報の大部分は、Jasper Becker, *Hungry Ghosts : China's Secret Famine*（ジャスパー・ベッカー『飢えた幽霊たち：中国の隠された飢饉』), Londres, John Murray, 1996. からのもの。これは、われわれが知る限り、大躍進に引き続く飢饉についての唯一の総合的著作である。

八五（1）同上書、p. 133.

（2）Roux, *op. cit.*, p. 295–296.（ルーの前掲書）

八六（1）Becker, *op. cit.*, p. 283.（ベッカーの前掲書）

（2）MacFarquhar et Fairbank, *op. cit.*, p. 370 et 383.（マクファーカーとフェアバンク編の前掲書）

八八（1）同上書、p. 376–377.

（2）Becker, *op. cit.*, p. 113.（ベッカーの前掲書）

八九（1）同上書、p. 146.

（2）同上書、p. 139.

（3）Domenach (1982), *op. cit.*, p. 155.（ドムナックの前掲書〔一九八二〕）

（4）Becker, *op. cit.*, p. 112–149.（ベッカーの前掲書）

九〇（1）Roux, *op. cit.*, p. 296–297.（ルーの前掲書）

（2）Pasqualini, *op. cit.*, p. 262.（パスカリーニの前掲書）

九一（3）同上書、p. 252.

九二（1）同上書、p. 225-228.

（2）Lin, article cité.（リンの前掲論文）

（3）Becker, *op. cit.*, p. 270-273.（ベッカーの前掲書）

（4）MacFarquhar et Fairbank, *op. cit.*, p. 370-372.（マクファーカーとフェアバンク編の前掲書）

九二（1）大躍進にかんするこれらのデータと以下のデータの大部分については、同上書、p. 372-386.

（2）一九六八年、十八歳の魏は、他の数百万の仲間と同様、当局から追われる身の紅衛兵になっており、大躍進でとりわけ多くの人が痛めつけられた安徽省のある村で、自分の家族のもとに身を隠していた。

九三（1）大躍進の正式名称のひとつ（正しくは、「大躍進運動、人民公社化のなかで吹き荒れた、すべてを共有・共用にしようとした熱狂」を指す）

九四（1）一九六六年九月十八日の演説のなかで、林彪が毛沢東を評した有名な表現。

九五（1）百花斉放の「罠」を暗示する。

（2）Wei Jingsheng, «Mon évolution intellectuelle entre seize et vingt-neuf ans», in *La Cinquième Modernisation et d'autres écrits du «Printemps de Pékin»*, textes réunis, traduits et présentés par Huang San et Angel Pino（魏京生《十六歳から二十九歳までの私の知的成長》、ファン・サンとアンジェル・ピノ訳編・解説の『第五の現代化、および《北京の春》からの他の文章』所収）, Paris, Christian Bourgois-Bibliothèque asiatique, 1997, p. 236-244. 魏については以下の記述参照。

九六（1）MacFarquhar et Fairbank, *op. cit.*, p. 381.（マクファーカーとフェアバンク編の前掲書）

九七（1）Becker, *op. cit.*, p. 235–254.（ベッカーの前掲書）
（2）Domenach, *op. cit.*, p. 154.（ドムナックの前掲書）
（3）Lin, article cité.（リンの前掲論文）。Claude Aubert, «Économie et société rurales», *in* Bergère *et al.*（1990）, *op. cit.*, p. 166–168.（クロード・オベール《農村の経済と社会》、ベルジェール他編の前掲書所収）
九八（1）Hua Linshan, *Les Années rouges*（フア・リンシャン『赤い歳月』）, Paris, Le Seuil, 1987, p. 202.
（2）Becker, *op. cit.*, p. 243.（ベッカーの前掲書）
九九（1）Harry Wu, *Laogai : le goulag chinois*（ハリー・ウー『労改：中国の収容所群島』（原書は英語））, Paris, éditions Dagorno, 1996（édition originale en anglais, 1992）, p. 28 et 198.
（2）Yan Jiaqi et Gao Gao, *Turbulent Decade : A History of the Cultural Revolution*（ヤン・ジャーチとカオ・カオ『動乱の十年：文化大革命の歴史』（原書は中国語））, Honolulu, University of Hawaii Press, 1996（édition originale en chinois, 1986）, p. 164.
一〇二（1）Pasqualini, *op. cit.*, p.182.（パスカリーニの前掲書）
一〇三（1）同上書、p. 262.
（2）Wu, *op. cit.*, p. 38.（ウーの前掲書）
一〇四（1）Domenach（1992）, *op. cit.*, p. 242.（ドムナックの前掲書〔一九九二〕）; Pasqualini, *op. cit.*, p. 318.（パスカリーニの前掲書）
（2）Domenach（1992）, *op. cit.*, p. 489.（ドムナックの前掲書〔一九九二〕）

（3）同上書、p. 512.
（4）この点については、Wu, *op. cit.*, p. 23-39 ; Domenach（1992）, *op.cit.*, p. 139-226.（ウーの前掲書とドムナックの前掲書〔一九九二〕とを参照。

一〇五（1）Pasqualini, *op. cit.*, p. 104.（パスカリーニの前掲書）
（2）Domenach（1992）, *op. cit.*, p. 541.（ドムナックの前掲書〔一九九二〕）

一〇六（1）Wu, *op. cit.*, p. 30.（ウーの前掲書）
（2）ウーは改造より「更生」という語を好んでいる。

一〇七（1）同上書、p. 142-143.

一〇八（1）Pasqualini, *op. cit.*, p. 282.（パスカリーニの前掲書）

一〇九（1）Domenach（1992）, *op. cit.*, p. 162.（ドムナックの前掲書〔一九九二〕）
（2）Wu, *op. cit.*, p. 49 et 55.（ウーの前掲書）から引用。
（3）Pasqualini, *op. cit.*, p. 208.（パスカリーニの前掲書）

一一〇（1）Wu, *op. cit.*, p. 50.（ウーの前掲書）

一一一（1）Pasqualini, *op. cit.*, p. 51-52.（パスカリーニの前掲書）
（2）同上書、p. 33.

一一二（1）同上書、p. 53.

一一四（1）Pasqualini, *op. cit.*, p. 267-269.（パスカリーニの前掲書）

一一五（1）同上書、p. 55-59, 117-120, 263.
（2）北京の大きな拘禁センターの詩的名称。

一一六（3）中国でパンに相当する食べ物。中国北部では米よりも多く消費される。
一一七（1）中華人民共和国の国家的祭日。
（2）Pasqualini, *op. cit.*, p. 47-49.（パスカリーニの前掲書）
一一八（1）むしろこの後に続いた反右派運動と理解すべきである。
（2）同上書、p. 77.
（3）同上書、p. 38.
一一九（1）同上書、p. 115-116.
一二〇（1）同上書、p. 156.
（2）同上書、p. 86.
一二一（1）Albert Stihlé, *Le Prêtre et le commissaire*（アルベール・スティーレ『司祭と政治委員』）, Paris, Grasset, 1971.
（2）Domenach (1992), *op. cit.*, p. 170.（ドムナックの前掲書〔一九九二〕）
一二二（1）Pasqualini, *op. cit.*, p. 232.（パスカリーニの前掲書）
（2）同上書、p. 243.
一二三（1）同上書、p. 33.
（2）Domenach (1992), *op. cit.*, p. 168.（ドムナックの前掲書〔一九九二〕）
一二四（1）Pasqualini, *op. cit.*, p. 43-44.（パスカリーニの前掲書）
Nien Cheng, *Vie et mort à Shanghai*（鄭念『上海における生と死』、篠原成子・吉本晋一郎訳『上海の長い夜』原書房、一九八八）, Paris, Albin Michel, 1987, p. 409.（原書は英語、一九八六）

一二六（1）同上書、p. 312-314.
一二七（1）Pasqualini, *op. cit.*, p. 77.（パスカリーニの前掲書）
（2）Nien, *op. cit.*, 3e partie.（鄭念の前掲書）
一二八（1）Domenach (1992), *op. cit.*, p. 170 et 185.（ドムナックの前掲書〔一九九二〕）
（2）Nien, *op. cit.*, p. 438.（鄭念の前掲書）
一二九（1）Pasqualini, *op. cit.*, p. 41.（パスカリーニの前掲書）
一三〇（1）Domenach (1992), *op. cit.*, p. 211.（ドムナックの前掲書〔一九九二〕）
（2）同上書、p. 213.
一三一（1）Pasqualini, *op. cit.*, p. 188-191.（パスカリーニの前掲書）
一三四（1）Pasqualini, *op. cit.*, p. 197-198.（パスカリーニの前掲書）
（2）たとえば Fairbank, *op. cit.*, p. 449.（フェアバンクの前掲書）および Thurston, art. cit. p. 149.（サーストンの前掲論文）を参照。
一三六（1）一九六六年五月十六日、共産党政治局の拡大会議で設立され、その常任委員会だけに属する――つまり、毛沢東その人に直属する――この組織は、彭真（それまで文化大革命準備の任にあたっていた）と、劉少奇と鄧小平の指導する中央委員会書記局とを、文化大革命指導部から追放することを確認した。文化革命小組は、江青（「毛沢東夫人」）、陳伯達、張春橋のような過激な毛沢東主義者に支配され、康生がその正式の顧問だった。毛沢東と密接に協力した文化革命小組は、事実上一九六八年まで基本的決定機関としての中央委員会と政治局に取って代わる。
（2）Harry Harding, «The Chinese State in crisis» *in* Roderick MacFarquhar et John K. Fairbank

(éd.), *The Cambridge History of China*, vol. 15, 2e partie : *Revolutions within the Chinese Revolution, 1966-1982*, Cambridge, Cambridge University Press, 1991, p. 209.（ハリー・ハーディング《危機のなかの中国国家》、前掲の『ケンブリッジ中国史』第十五巻所収）

一三七（1） Domenach (1992), *op. cit.*, p. 259.（ドムナックの前掲書〔一九九二〕）

一三八（1） Yves Chevrier, «L'empire distendu : esquisse du politique en Chine des Qing à Deng Xiaoping», *in* Jean-François Bayart, *La Greffe de l'Etat —— Trajectoires du politique 2*, Paris, Karthala, 1996. を参照。（イヴ・シェヴリエ《膨張した帝国：清から鄧小平にいたる中国の政治過程の素描》、J＝F・バヤール『国家の移植――第二政治の軌跡』所収）

（2） 同上書、p. 383 et 375.

一三九（1） Wei, *op. cit.*, p. 227.（魏京生の前掲書）

一四二（1） Frederick C. Teiwes et Warren Sun, *The Tragedy of Lin Biao : Riding the Tiger during the Cultural Revolution, 1966-1971*（フレデリック・C・テイウェズとウォレン・サン『林彪の悲劇：文化大革命のあいだ虎にまたがって　一九六六―一九七一』）, Honolulu, University of Hawaii Press, 1996. を参照。

一四三（1） Hua Linshan, *Les Années rouges*（フア・リンシャン『赤い歳月』）, Paris, Le Seuil, 1987, p. 251.

（2） 特に上海海軍学院の生徒、ニイ・ユーシアンの驚くべき回想を参照。*in* Anne F. Thurston, *A Chinese Odyssey : The Life and Times of a Chinese Dissident*, New York, Charles Scribner's Sons, 1991.（A・F・サーストン『中国のオデュッセイア：ある中国の反体制者の生涯と時代』所収）

（3） White, *op. cit.*, p. 203.（ホワイトの前掲書）

（4） これとは逆に、体験交流旅行の際、あるいは一九六八年の下放の際、紅衛兵は農村の極度の悲惨さをかなり全般的に発見することになる。このことにより、魏京生の場合に見たように——やや遅れてだが——体制とのあいだに距離をとる傾向が加速された。

（5） Mao Zedong, *Petit Livre rouge des citations*（『毛沢東語録』）, Paris, Le Seuil, 1967, p. 172.

（6） Zhai Zhenhua, *Red Flower of China*（ツァイ・ツェンフア『中国の赤い花』）, New York, Soho, 1992, p. 81. から引用。

一四四（1） 警備兵

（2） Pasqualini, *op. cit.*, p. 311.（パスカリーニの前掲書）

一四五（1） しかしながら、刑務所にいた者の政治活動は禁じられたままだった。William Hinton, *Shenfan*, New York, Random House, 1984, p. 529.（ヒントン『シェンファン』）

（2） Harding, chapitre cité, p. 150.（ハーディングの前掲章）

一四六（1） White, *op. cit.*, p. 245–247.（ホワイトの前掲書）

（2） こうしたことから興味深い立場の逆転が引き起こされた。たとえば河南の穏健派リーダー、潘復生《パンフーシエン》は、大躍進の前夜に、過激な毛沢東主義者、ウー・ツィープの煽動で左遷されたが、一九六六年、陳伯達の極左派のなかで返り咲いた。他方、ウーは逮捕され、おそらく一九六七年に広東の紅衛兵に殺された。Domenach (1992), *op. cit.*, p. 163.（ドムナックの前掲書〔一九九二〕）を参照。

一四七（1） この点については、後に米国で大学人になった元紅衛兵の書いた心ひかれる描写：Wang Shaoguang, *Failure of Charisma : The Cultural Revolution in Wuhan*（ワン・シャオグアン『カリスマの挫折：武漢での文化大革命』), Hong Kong, Oxford University Press, 1995, p. 95-111 et 161-209. を参照。

一四八（1） Alain Roux, *La Chine populaire, tome 2 (1966-1984)*（アラン・ルー『人民中国　第二巻（一九六六—一九八四）』), Paris, Éditions sociales, 1984, p. 45-46.

一四九（1） Yan et Gao, *op. cit.*, p. 152-166 et 197-228.（ヤンとカオの前掲書）を参照。

（2） 同上書、p. 28.

一五〇（1） Yan et Gao, *op. cit.*, p. 210.（ヤンとカオの前掲書）を参照。

一五一（1） Anne F. Thurston, «Urban violence during the Cultural Revolution: who is to blame?» *in* Johathan N. Lipman et Stevan Harrell, *Violence in China——Essays in Culture and Counterculture*, State University of New York Press, 1990.（アンヌ・F・サーストン《文化大革命期の都市における暴力：だれに責めがあるのか》、リップマン他の前掲書所収）から引用。

（2） Marie-Claire Bergère, *La République populaire de Chine de 1949 à nos jours*（マリ＝クレール・ベルジェール『一九四九年から今日までの中華人民共和国』), Paris, Armand Colin, 1987, p. 133. から引用。

（3） Jack Belden, *China Shakes the World*（ジャック・ベルデンの前掲書）, Harmondsworth, Pelican, 1973（1re édition, 1949）, p. 228.

（4） Becker, *op. cit.*, p. 218.（ベッカーの前掲書）; Wu, *op. cit.*, p. 46.（ウーの前掲書）

一五三（1） Ling, *op. cit.*, p. 174-183.（リンの前掲書）および Zhai, *op. cit.*, p. 84-90.（ツァイの前掲書）。「私は涙を流そうと努力したができなかった」と彼女は語る（八八頁）。あまり近くから見られたからといって、毛沢東が権威を増すことにならなかったのは本当である。「私はちょっとがっかりした。彼は私が想像していたよりも年取って見え、髪も半分以上白髪だった。高齢の跡をとどめた顔には、そうあってほしいと思っていたような輝きはなかった。動作は緩慢だった。彼は耄碌した老人だった」(八七頁)

(2) Thurston, *art. cit.*, p. 149.(サーストンの前掲論文)

(3) Yan et Gao, *op. cit.*, p. 76.(ヤンとカオの前掲書)

一五四 (1) Nien, *op. cit.*, p. 101.(鄭念の前掲書)

(2) Pasqualini, *op. cit.*, p. 194.(パスカリーニの前掲書)

(3) Zhai, *op. cit.*, p. 62.(ツァイの前掲書)

一五五 (1) Douwe Fokkema, «Creativity and Politics», *in* MacFarquhar et Fairbank, *op. cit.*, p. 600.(ドウヴェ・フォッケマ《創造性と政治》、マクファーカーとフェアバンク編の前掲書所収)

(2) Yan et Gao, *op. cit.*, p. 79.(ヤンとカオの前掲書)

(3) ある紅衛兵の証言、*in* Roux, *op. cit.*, p. 37.(ルーの前掲書所収)

一五六 (1) Yan et Gao, *op. cit.*, p. 70.(ヤンとカオの前掲書)

(2) Ling, *op. cit.*, p. 49.(リンの前掲書)。Yang et Gao, *op. cit.*, p. 71.(ヤンとカオの前掲書)

(3) Nien, *op. cit.*, p. 110.(鄭念の前掲書)

一五七 (1) 同上書、p. 86.

(2) なかには「同志ノーマン・ベチューンはカナダ共産党の党員である」という引用文を選んだ者もいる。ユーモアというべきか。

（3）たとえば Zhai, *op. cit.*, p. 92–100.（ツァイの前掲書）を参照。

一五八（1）同上書、p. 100.

（2）Wang, *op. cit.*, p. 72.（ワンの前掲書）

（3）Yan et Gao, *op. cit.*, p. 77.（ヤンとカオの前掲書）

一五九（1）Domenach (1992), *op. cit.*, p. 273–274 et 284–285.（ドムナックの前掲書〔一九九二〕）

（2）Yan et Gao, *op. cit.*, p. 212.（ヤンとカオの前掲書）。これらの数字は「四人組」裁判（一九八一）のそれであり、扱いに慎重を要する。

（3）Nien, *op. cit.*, p. 602.（鄭念の前掲書）

（4）Roux, *op. cit.*, p. 50.（ルーの前掲書）

一六三（1）Ken Ling, Miriam London et Ta-Ling Lee, *La vengeance du ciel : un jeune Chinois dans la Révolution culturelle*（原著は英語、一九七二）, p. 20–23.（ケン・リン、ミリアム・ロンドン、タ＝リン・リー共著『天の復讐：文化大革命下のある中国青年』）, Paris, Robert Laffont, 1981. この場面は厦門のエリート高校でのもの。

一六四（1）もちろんシモン・レイスにはこの「長いあいだ」という表現はあてはまらない。次に掲げる彼の先駆的著作は、年代の正確さの点でも、文化大革命のイデオロギーの解読の点でも、今日でもなお読んで裨益するところがある。*Les Habits neufs du président Mao : Chronique de la «Révolution culturelle»*, Paris, Champ libre, 1971 ; et *Ombres chinoises*, Paris, 10/18-Bibliothèque asiatique, 1974.（シモン・レイス『毛主席の新たな装い――「文化大革命」年代記』と『中国の影』）

一六五（1）数か月の間に、武漢の労働者総司令部の指導部のもとでは五組織。Wang, *op. cit.*, p. 89.（ワ

ンの前掲書）

（2） Ling, *op. cit.*, p. 267-269.（リンの前掲書）

（3） 特にLing, *op. cit.*（リンの前掲書）を参照。

一六六（1） Harding, chapitre cité, p. 168.（ハーディングの前掲章）

一六七（1） Hua, *op. cit.*, p. 311.（フアの前掲書）

（2） Ling, *op. cit.*, p. 32-33.（リンの前掲書）

一六八（1） Keith Foster «Spontaneous and Institutional Rebellion in the Cultural Revolution : The Extraordinary Case of Weng Senhe», in *Australian Journal of Chinese Affairs*, n° 27, 1992, p. 38-75.（キース・フォスター《文化大革命時の自然発生的・制度的反乱：翁森鶴の異常なケース》）

（2） Domenach（1992）, *op. cit.*, p. 278-286.（ドムナックの前掲書〔一九九二〕）

（3） 「学生たちは言っていた、俺たちが公安局の支配権を握れば、好きな人間をだれでも逮捕できる、と」。Ling, *op. cit.*, p. 252.（リンの前掲書）

（4） Hector Mandarès *et al.*, *Revo cul dans la Chine pop : anthologie de la presse des Gardes rouges (mai 1966-janvier 1968)*（エクトール・マンダレス他『人民中国の文化大革命：紅衛兵新聞のアンソロジー（一九六六年五月―一九六八年一月）』）, Paris, Bibliothèque asiatique, 1974, p. 353-427. 所収の主な文章を参照。

（5） しかも彼は明確にするための努力を何一つしていない。すれば、一つの派閥にあまりにも与する危険があったからだろう。彼は文化大革命全体についてただの一つも演説をしなかった！

一六九（1） Ling, *op. cit.*, p. 119.（リンの前掲書）

（2） Nien, *op. cit.*, p. 503.（鄭念の前掲書）

（3）「われわれは一つのことを共有している。〝暴力はすべての問題を解決する〟という確信だ」。Ling, *op. cit.*, p. 200.（リンの前掲書）

（4） たとえば Hua, *op. cit.*, p. 328.（ファの前掲書）を参照。

一七一（1） Zhai, *op. cit.*, p. 81.（ツァイの前掲書）

（2） 傍点部は原文では斜字体。

（3） 同上個所。

（4） 同上書、p. 105.

（5） 女子高校生のあだ名（〝子豚ちゃん〟の意味）

一七二（1） Ling, *op. cit.*, p. 42.（リンの前掲書）

（2） Hua, *op. cit.*, p. 106.（ファの前掲書）

（3） 同上書、p. 108.

（4） Nien, *op. cit.*, p. 494.（鄭念の前掲書）

一七三（1）「学生と労働者のあいだに基本的な相違が表れた。学生が権力を欲したのにたいして、労働者は金を欲したのだ」。Ling, *op. cit.*, p. 252.（リンの前掲書）

（2） Wang, *op. cit.*, p. 118.（ワンの前掲書）

一七五（1） 同上書、p. 158.

一七六（1） Hinton (1984), *op. cit.*, p. 521.（ヒントンの前掲書〔一九八四〕）

一七七（1） Wang, *op. cit.*, p. 66.（ワンの前掲書）

一七八（2）同上書、p. 94.
（1）同上書、p. 143-208.
（2）Ling, *op. cit.*, p. 85.（リンの前掲書）

一七九（1）White, *op. cit.*, p. 325.（ホワイトの前掲書）
（2）Hinton (1984), *op. cit.*, p. 519 et 527-528.（ヒントンの前掲書〔一九八四〕）
（3）特に元紅衛兵Hua Linshan, *op. cit.*（フア・リンシャンの前掲書）の証言を参照。
（4）Bergère, *op. cit.*, p. 133.（ベルジェールの前掲書）
（5）Thurston, *art. cit.*, p. 158-159.（サーストンの前掲論文）

一八〇（1）Roux, *op. cit.*, p. 54-55.（ルーの前掲書）
（2）Harding, chapitre cité, p. 188.（ハーディングの前掲章）
（3）Thurstonによれば一二〇〇万、Fairbankによれば一四〇〇万、Bergère, *op. cit.* によれば二〇〇〇万。（サーストン、フェアバンク、ベルジェールの前掲書）
（4）White, *op. cit.*, p. 294.（ホワイトの前掲書）
（5）Harding, chapitre cité, p. 212.（ハーディングの前掲章）

一八一（1）Hua, *op. cit.*, p. 345-346.（フアの前掲書）
（2）Domenach (1992), *op. cit.*, p. 278.（ドムナックの前掲書〔一九九二〕）

一八三（1）この語の発音は中国では「たった一人の勇気ある英雄」に通ずる。

一八四（1）Hua, *op. cit.*, p. 338 et 341-342.（フアの前掲書）
（2）White, *op. cit.*, p. 260.（ホワイトの前掲書）

（3）同上書、p. 277.

一八五（1）Yan et Gao, *op. cit.*, p. 266-267.（ヤンとカオの前掲書）

（2）Faligot et Kauffer, *op. cit.*, p. 407.（ファリゴとコフェールの前掲書）；Harding, chapitre cité, p. 214.（ハーディングの前掲章）

一八六（1）Yan et Gao, *op. cit.*, p. 252-265.（ヤンとカオの前掲書）

（2）Hua, *op. cit.*, p. 365.（フアの前掲書）

（3）Domenach (1992), *op. cit.*, p. 279.（ドムナックの前掲書〔一九九二〕）

一八七（1）Mandarès *et al.*, p. 50.（マンダレス他の前掲書）から引用。

一八九（1）Nien, *op. cit.*, p. 345-348.（鄭念の前掲書）

一九一（1）Sebastian Hellmann, «The suppression of the April 5th Movement and the Persecution of "Counterrevolutionaries" in 1976»（セバスティアン・ヘルマン《一九七六年における四月五日運動の弾圧と、〝反革命派〟の迫害》), *Issues and Studies*, vol.30, n° 1, janvier 1994, p. 37-64.

（2）Wei, *op. cit.*, p. 226.（魏京生の前掲書）

（3）前掲の魏の著作集のなかに完全なテクストが（補遺とともに）見られよう。

一九二（1）Angel Pino, «Postface», *in* Wei, *op. cit.*, p. 261-347.（魏京生の前掲書所収のアンジェル・ピノ《あとがき》）

（2）Jürgen Domes, «La société politique», *in* Bergère, Bianco et Domes, *op. cit.*, p. 251.（ユルゲン・ドメス《政治社会》、ベルジェール、ビアンコとドメス編の前掲書所収）

一九四（1）Domenach (1992), *op. cit.*, p. 335-345.（ドムナックの前掲書〔一九九二〕）

（2）Domenach (1992), *op. cit.*, p. 491.（ドムナックの前掲書〔一九九二〕）

（3）同上書、p. 415.

（4）Jean-Pierre Cabestan, «Chine : un Etat de lois sans Etat de droit», *Revue Tiers Monde*, *t.* 37, n° 147, juillet-septembre, p. 649–668.（ジャン＝ピエール・カベスタン《中国：法治国家ならざる法律の国家》）

一九五（1）Wu, *op. cit.*, p. 186.（ウーの前掲書）

（2）Cabestan, *art. cit.*, p. 662–663.（カベスタンの前掲論文）

（3）Andrew Scobell, «The Death Penalty in Post-Mao China»（アンドルー・スコベル《毛沢東後の中国における死刑》）, *The China Quarterly*, n° 123, septembre 1990, p. 503–520.

一九六（1）同上個所。

（2）Domenach (1992), *op. cit.*, p. 352–355.（ドムナックの前掲書〔一九九二〕）

一九七（1）同上書、p. 365–378.

一九八（1）Becker, *op. cit.*, p. 171.（ベッカーの前掲書）

（2）Vania Kewley, *Tibet : Behind the Ice Curtain*（ヴァニア・キューレイ『チベット：氷のカーテンの背後で』), Londres, Grafton Books, 1990, p. 251.

一九九（1）Becker, *op. cit.*, p. 166.（ベッカーの前掲書）

二〇〇（1）同上書、p. 171.

（2）Pierre-Antoine Donnet, *Tibet mort ou vif*（ピエール＝アントワーヌ・ドネ『生死を問わずチベット』), Paris, Gallimard, 1990, p. 126.

（3）同上書、p. 126–127.

二〇一（1）同上書、p. 128–129.

二〇二（1）Kewley, *op. cit.*, p. 269–270.（キューレイの前掲書）

（2）Donnet, *op. cit.*, p. 70.（ドネの前掲書）

（3）Kewley, *op. cit.*, p. 165.（キューレイの前掲書）

二〇三（1）Donnet, *op. cit.*, p. 66–69.（ドネの前掲書）

（2）同上書、p. 202.

二〇四（1）同上書、p. 137.

（2）Kewley, *op. cit.*, p. 255.（キューレイの前掲書）

（3）同上書、p. 122–124, 291 et 314–318.

二〇五（1）Becker, *op. cit.*, p. 173–176.（ベッカーの前掲書）

（2）Donnet, *op. cit.*, p. 133–134.（ドネの前掲書）

二〇六（1）Becker, *op. cit.*, p. 181.（ベッカーの前掲書）

二〇七（1）Donnet, *op. cit.*, p. 154–155.（ドネの前掲書）

第2章　北朝鮮・ベトナム・ラオス

I　北朝鮮

二一五（1）とくに、ソ連の駐ピョンヤン大使、シトゥイコフが一九五〇年一月十九日にヴィシンスキーに宛てた手紙を見よ。これらの文書はWoodrow Wilson Center, bulletins n°s 5 et 6 du Projet d'histoire internationale de la guerre froide, Washington, 1995 et 1996.（ウッドロウ・ウィルソン・センターのブレティン『冷戦の国際史プロジェクト』）により翻訳されたもの。

二一六（1） Charles Martel et Georges Perruche, «Prisonniers français en Corée», in *Les Cahiers d'histoire sociale*, n° 3, octobre 1994.（シャルル・マルテルとジョルジュ・ペリュシュ《朝鮮におけるフランス人捕虜》）

二一七（1） Kim Hyun Hee, *Dans la fosse aux tigres*, Paris, Presses de la Cité, 1994.（金賢姫『虎の穴のなかで』、池田菊敏訳『いま、女として——金賢姫全告白』文春文庫、一九九四）、および著者とのインタヴュー（一九九七年二月）

（2） Asia Watch, *Human Rights in the Democratic People's Republic of Korea*, Washington, 1988.（アジア・ウオッチ『朝鮮民主主義人民共和国における人権』）

二一九（1） Meray Tibor, «Wilfred Burchett en Corée», *Les Cahiers d'histoire sociale*, n° 7, automne-hiver 1996, p. 87.（メライ・ティボール《朝鮮のウィルフレッド・バーチェット》）

二二三（1） ソウルでの著者とのインタヴュー。一九九七年二月。

二二四（1） もう一人の外国人、ジャック・セディヨという名のフランス人（元スペイン内乱の戦士）も逮捕された。彼もまた、ピョンヤンの外国語出版局に働きに来ていた。同じく二十年の刑を言い渡されたが、彼の場合は「フランス帝国主義の手先」としてだった。一九七五年に釈放されたものの、極度の肉体的衰弱状態に陥っていたため、数か月後、フランスに帰国できないままで死んだ。

二二八（1） 著者とのインタビュー、一九九七年二月、ソウル。

二二九（2）前者については、*Cahiers d'histoire sociale*, n° 3, *op. cit.*（『社会史ノート』所収の前掲論文）。後者については、*Human Rights in the Democratic People's Republic of Korea, op. cit.*（アジア・ウオッチの前掲書）

二三一（1）この証言の長い抜粋は、*Coreana*, bulletin de la Société d'études coréennes, n° 1, mars 1995.（朝鮮研究協会報『コレアーナ』）に発表された。

二三三（1）「国家保衛部」（現在は国家安全保衛部。秘密情報機関に相当）の部局の一つで、国境地域を担当する。事実、この収容所は中国国境のすぐ近くにある。

二三四（1）ひかえめな推定数。変動範囲は一五万から四〇万人のあいだ。

二三六（1）Jean-Pierre Brulé, *La Corée du Nord de Kim Il Sung*（ジャン＝ピエール・ブリュレ『金日成の北朝鮮』）, Paris, éd. Barré-Dayez, 1982.

二三七（1）休戦交渉が行われたこの村は、北の軍隊が南や合衆国の軍隊と直接接触状態にある唯一の地点。

二三八（1）*La Lettre de Corée*, n°s 4 et 5, juin et août 1997.（『朝鮮からの手紙』）に転載された文章。

二三九（1）*Le Figaro Magazine*, 8 mars 1997.（『フィガロ・マガジン』）

二四〇（1）同上誌。

二四三（1）Marc Epstein, *L'Express*, 14 août 97.（『レクスプレス』誌所収のマルク・エプスタンの記事）

二四四（1）*Le Monde*, 10 octobre 1997.（『ル・モンド』紙）

（1）Entretien avec Catherine Bertini, *La Croix*, 8 octobre 1997.（『ラ・クロワ』紙所収のカトリーヌ・ベルティーニへのインタヴュー）。しかし、同じ機関の九〇年代初頭の調査は、インドの児童の四三%が栄養失調にかかっていることを示していた。

II　ベトナム

二四八（1）Doan Van Toai, *Le Goulag vietnamien*（ドアン・ヴァン・トアイ『ベトナムのグラーグ』）, Paris, Robert Laffont, 1979, p. 28. から引用。レ・ズアンが一九七五年の南ベトナム「解放」後、コンソン島の牢獄を訪問した時の言葉。

二四九（1）大多数がベトナム人からなり、ベトナム人に完全に支配されていたけれども、インドシナ共産党（PCI）はラオスとカンボジアを含む、フランス領インドシナ全土で革命を指導する野望をもっていた。PCIは公式には一九四五年に自主解散したが、一九五一年まで機能しつづけた。この年、PCIから三つの政党が生まれたが、三党は相変わらず密接に結びついており、いずれも共産党という公式の地位をもつことをやめた（カンボジアの章を参照）。

二五〇（1）Ngo Van, *Vietnam 1920-1945 : révolution et contre-révolution sous la domination coloniale*（ゴー・ヴァン『ベトナム　一九二〇―一九四五：植民地支配下の革命と反革命』）, Paris, L'Insomniaque, p. 128-129.

（2）David G. Marr, *Vietnam 1945 : The Quest for Power*（デーヴィッド・G・マー『ベトナム一九四五年：権力の追求』）, Berkeley, University of California Press, 1995, p. 234-237.

（3）同上書、p. 415-416.

二五一（1）同上書、p. 409 et 413.

（2）同上書、p. 434-435.

二五二（1）Ngo, *op. cit.*, p. 341.（ゴーの前掲書）

（2）Marr, *op. cit*, p. 518.（マーの前掲書）

（3）Ngo, *op. cit.*, p. 352 et 358-361.（ゴーの前掲書）

（4）同上書、p. 338, 341 et 350.

（5）Marr, *op. cit.*, p. 517 et 519-520.（マーの前掲書）

二五三（1）たとえば、Albert Stihlé, *Le Prêtre et le Commissaire*, Paris, Grasset, 1971. を参照せよ。（アルベール・スティーレ『司祭と政治委員』）

（2）*L'Histoire*, nº 149, mai 1991.（『歴史』誌、一四九号）。フランス軍が一九五四年十月に作成したもう一つの統計によれば、捕虜の数は三万六九〇〇人（フランス人に同盟したベトナム人も含む）に及び、そのうちおそらく五五〇〇人が停戦前後に釈放された——いずれにせよ損耗率（六〇％弱）は、二つの統計で事実上同じである。Colonel Robert Bonnafous, *Les Prisonniers français des camps Viêt-minh*（コロネル・ロベール・ボナフー『ベトミン収容所のフランス人捕虜』）（大学学位論文）, Centre d'histoire militaire et d'études de défense nationale, Université Paul-Valéry (Montpellier), 1985, p. 217 を参照せよ。比較のために、ジュネーヴ協定履行国際監視委員会へのフランス使節団団長ド・ボーフォール将軍の一九五五年三月の手紙によれば、ベトミンの戦争捕虜、六万三〇〇〇人のうち約九〇〇〇人が死んだとされていることを注記しよう。ボナフーの前掲論文を参照。

二五五（1）Georges Boudarel, *Cent fleurs écloses dans la nuit du Vietnam : communisme et dissidence*

1954-1956（ジョルジュ・ブダレル『ベトナムの夜に開いた百花：共産主義と異端派　一九五四―一九五六』）, Paris, Jacques Bertoin, 1991, p. 177.

（2）同上書、p. 174-175.

二五六（1）同上書、p. 176.

（2）同上書、p. 171.

（3）同上書、p. 191.

（4）同上書、p. 170.

（5）同上書、p. 177-178.

二五七（1）同上書、p. 190.

二五八（1）Ngo, *op. cit.*, p. 375.（ゴーの前掲書）

（2）ブダレルの前掲書、p. 200. から引用：その他の情報は同上書の p. 199-202.

（3）Georges Boudarel, «L'idéocratie importée au Vietnam avec le maoïsme», in *La Bureaucratie au Vietnam――Vietnam-Asie-Débat n° 1*, Paris, L'Harmattan, 1983, p. 63.（ジョルジュ・ブダレル《毛沢東主義とともにベトナムに輸入された観念支配》、『ベトナムにおける官僚制――ベトナム・アジア・討論第一号』所収）

（4）同上書、p. 61.

（5）Boudarel（1991）*op. cit.*, p. 183-184.（ブダレルの前掲書〔一九九一〕）

二六〇（1）Ngo, *op. cit.*, p. 404.（ゴーの前掲書）から引用。

（2）Georges Boudarel «1954 : les dilemmas de l'indépendance» *in* Georges Boudarel et Nguyên

Van Ky, *Hanoi 1936-1996: Du drapeau rouge au billet vert*, Paris, Autrement, 1997, p. 141.（ジョルジュ・ブダレル《一九五四年：独立のジレンマ》、ブダレルとグエン・ヴァン・キ『ハノイ　一九三六—一九九六：赤旗からドル紙幣まで』所収）

（3）Ngo, *op. cit.*, p. 404.（ゴーの前掲書）

二六一（1）Boudarel (1991), *op. cit.*, p. 150.（ブダレルの前掲書〔一九九一〕）

（2）Gérard Tongas, *J'ai vécu dans l'enfer communiste au Nord Vietnam*（ジェラール・トンガ『私は北ベトナムで共産主義の地獄を生きた』), Paris, Nouvelles Éditions Debresse, 1960, p. 231-232.

（3）Daniel Hémery ダニエル・エムリとの一九九七年十月パリでのインタヴュー。Georges Boudarel «1965-1975 : guerre ou paix ?», *in* Boudarel et Nguyên, *op. cit.*, p. 154.（ブダレル《一九六五—一九七五：戦争か平和か？》、ブダレルとグエンの前掲書所収）

二六二（1）Doan, *op. cit.*, p. 206-207.（ドアンの前掲書）

（2）すなわち「ベトナム人共産主義者」。南ベトナム側起源の用語。

（3）Stanley Karnow, *Vietnam : A History*（スタンリー・カーノウ『ベトナム：その歴史』), Harmondsworth, Penguin Books, 1984, p. 530-531.

二六三（1）Doan, *op. cit.*, p. 178-179.（ドアンの前掲書）

（2）一九九六年、ホーチミン市での元共産党責任者とのインタヴュー。

二六四（1）たとえば、Communauté vietnamienne, *Les Prisonniers politiques*, Paris, Sudestasie, 1974.（ベトナム人共同体『政治犯』）を参照。

二六五（1）Doan, *op. cit.*（ドアンの前掲書）

二六八（1）Doan, *op. cit.*, p. 331-334.（ドアンの前掲書）から引用。この呼びかけは暗記され、ホーチミン市のいくつもの刑務所内で伝えられ、四八人の勇気ある人によって口頭で「署名」された。

Ⅲ　ラオス

二七二（1）ここで使用した情報は主として、Martin Stuart-Fox (éd.), *Contemporary Laos Studies in the Politics and the Society of the Lao People's Democratic Republic*（マーチン・スチュアート＝フォクス（編）『ラオス人民民主共和国の政治と社会にかんする現代ラオス研究』), Saint Lucia, University of Queensland Press, 1982. と、Martin Stuart-Fox et Mary Koogman, *Historical Dictionary of Laos*（マーチン・スチュアート＝フォクスとメアリ・クーグマン『ラオス歴史事典』）Metuchen & Londres, Scarecrow Press, 1992. ならびに快くインタビューに応じてくださったクリスチャン・キュラスの談話とに基づくものである。

第3章　カンボジア

二七四（1）Michael Vickery, *Cambodia 1975–1982*（マイケル・ヴィッカリー『カンボジア一九七五—一九八二』), Boston, South End, 1984, p. 148. から引用。

二七七（1）彼らにつけられているが、彼らが常に拒否してきた「クメール・ルージュ」（フランス語で「赤いクメール」の意味）という名前は、本来彼ら自身がつけた呼び名ではない。これは、六〇年代の終わり、初期のゲリラの時期にシアヌークがつくりあげた名前だった。しかしながら本書では、

「ポル・ポト派ないしポル・ポト主義者」(カンボジアではこちらのほうが普通の表現である)よりむしろ「クメール・ルージュ」の名で彼らを呼ぶことにしたい。なぜなら、「ポル・ポト派ないしポル・ポト主義者」の呼び名は、実際は集団的なもののように思われる指導部を、あまりに個人化してしまうからである。また付随的には、現在進行中のイエン・サリやキュー・サムファンのような指導者の「免罪の企て」を容易にしてしまうからでもある。一九七五―一九七九年の粛清を逃れえたという事実だけをもってしても、彼らが少なくともこの途方もない犯罪に加担していたことが含意されよう。

(2) 本書では、カンボジアにかんすることを指す時には「カンボジア(の)」という修飾語を、この国の多数民族に当てはまることを指す場合には「クメール(の)」を用いる。後述するように、少数民族の諸集団は、一九七〇年以前は少なくとも人口の一五%にあたっていた。それにもかかわらず、プノンペンに引きつづいて登場した政権は、民族的ナショナリズムの立場から、「カンボジア」の代わりに「クメール」を使う傾向にあった。「カンプチア」についていえば、一九七五年から一九九一年までのこの国の正式名称であって、フランス語になった「カンボジア」をクメール式に発音したものにほかならず、その起源はもともとサンスクリットにある。

二七八 (1) 奇妙なことに、大多数の西洋人解説者に先んじて、共産主義体制を「ジェノサイド」という語であえて呼んだのは、ほかならぬ共産主義者〔ベトナムから侵攻したヘン・サムリン政権を指す〕だった。

(2) これについては、一九九三年の総選挙に勝った、第一首相でもあるラナリット殿下にたいする一九九七年七月の第二首相フン・センによるクーデターがきわめて重い不確実な影を漂わせている。

二七九（1）François Ponchaud, *Cambodge, année zéro*（フランソワ・ポンショー、北畠霞訳『カンボジア・0《ゼロ》年』連合出版、一九七九）, Paris, Julliard, 1977.

（2）また、激痛を和らげようとする虚偽の対抗証言もあった。たとえば、Jérôme & Jocelyne Steinbach, *Cambodge, l'autre sourire*（J&J・スタンバック『カンボジア、もう一つの微笑』）, Paris, Éditions sociales, 1976.

二八〇（1）Pin Yathay, *L'Utopie meurtrière : un rescapé du génocide cambodien témoigne*（プン・ヤッタイ『殺戮するユートピア、カンボジアのジェノサイドの生存者は証言する』）, Bruxelles, Complexe, 1989, p. 381.

二八一（1）（じきに元帥になる）ロン・ノル将軍が引き起こしたもの。

二八二（1）「民主カンプチア」（クメール・ルージュ国家の正式国名）の前兆にかんする新しい最良の報告として、David P. Chandler, *The Tragedy of Cambodian History: Politics, War and Revolution since 1945*（デーヴィッド・チャンドラー『カンボジア史の悲劇：一九四五年以後の政治・戦争・革命』）, New Haven, Yale University Press, 1991. と、Marie-Alexandrine Martin, *Le Mal cambodgien : histoire d'une société traditionnelle face à ses leaders politiques, 1946-1987*（M＝A・マルタン『カンボジア病：政治指導者たちに直面した伝統社会の歴史、一九四六―一九八七』）, Paris, Hachette, 1989. がある。

二八三（1）David P. Chandler, *Pol Pot : frère numéro un*（デーヴィッド・チャンドラー、山田寛訳『ポル・ポト：ナンバーワンの長兄』めこん、一九九四）, Paris, Plon, 1993（原書は英語、一九九二）, p.

142, 162-163, 166-167. とBen Kiernan, *The Pol Pot Regime : Race, Power, and Genocide in Cambodia under the Khmer rouge, 1975-1979*（ベン・キアナン『ポル・ポト体制：一九七五―一九七九年のクメール・ルージュ支配下のカンボジアにおける人種・権力・ジェノサイド』), New Haven, Yale University Press, 1996, p. 20-25. を参照。

（2）たとえば、Haing Ngor, *Une odyssée cambodgienne*（ハイン・ニュル『カンボジアのオデュッセイア』）(Roger Warner と共著), Paris, Fixot-Filipacchi, 1988（原書は英語、一九八七), p. 105-106. を参照。

二八四（1）Henri Locard, «Tramkâk District in the Grip of the Khmer rouge»（アンリ・ロカール《クメール・ルージュ支配下のトラムコック地区》)、シンポジウム *Cambodia : Power, Myth and Memory*（『カンボジア：権力、神話、記憶』）への報告、Université Monash, décembre 1996, p. 26-33.

二八五（1）クメール・ルージュは処刑を常に晩におこなったが、それは彼らの秘密への絶えざる強迫観念に対応していた。

（2）Chandler (1993), *op. cit.*, note 28, p. 308.（チャンドラーの前掲書）と、Kiernan, *op. cit.*, p. 108.（キアナンの前掲書）

（3）同上書、p. 167.

（4）「ナンバーワンの長兄」についてはまた立ち返るであろう。当時の他の第一級の指導者は、当時、フー・ユオン、フー・ニム、キュー・サムファン（一九六七年までプノンペンにおける共産党の「合法的な」ショーウインドウで、全員が元大臣）だった。一九六三年以降、時にはジャングルにいたのは、ヌオン・チェア、ソー・ピム、ソン・セン、ボン・ベト、イエン・サリ、及び、サリの妻のイエン・チリトとサロト・サル（別名ポル・ポト）の妻のキュー・ポナリーで、最後の二人は姉妹。以上全員が二〇年代末に生まれた同じ世代で、せいぜい数年の差があるだけである。

（5） Kiernan, *op. cit.*, p. 108.（キアナンの前掲書）

二八六（1） Chandler (1993), *op. cit.*, p. 63-64.（チャンドラーの前掲書）

（2） Serge Thion, *Chronology of Khmer Communism, 1940-1982*（セルジュ・ティヨン『クメール共産主義年代記、一九四〇―一九八二』）, David P. Chandler & Ben Kiernan, *Revolution and its Aftermath in Kampuchea: Eight Essays*, New Haven, Yale University Southeast Asia Studies, 1983, p. 301-302.（チャンドラーとキアナン『カンプチアにおける革命とその余波：八つの論文』所収）

（3） 明らかにこの措置は一九七五年一月、紙幣が印刷された直後だったのに、貨幣の放棄と同時に決定されたらしい。ただ一人これに反対した指導者は、シアヌークの元大臣でカンプチア共産党の創立メンバーでもある、人望の高いフー・ユオンだったが、その後数カ月のうちに「姿を消した」。このレベルでの最初の粛清だが、他の多数の粛清を予告するものとなった。

二八七（1） クメール・ルージュは直ちにクメール通貨を廃止した。非合法ではあるが、なけなしの交換貨幣として住民がドルにのみ認めた独占状態が、意図せざる結果として残存することになった。

（2） Kiernan, *op. cit.*, p. 48.（キアナンの前掲書）

（3） Marek Sliwinski, *Le Génocide khmer rouge : une analyse démographique*, Paris, L'Harmattan, p. 30.（マレク・スリヴィンスキ『クメール・ルージュによるジェノサイド：人口学的分析』）

（4） このうそのために、たいした物ももたず、とりわけ闇市場で交換可能な品物ももたずに出発した人々がいた事実が説明される。ブラックマーケットは、この先何カ月あるいは何年も生き延びるためのほとんど絶対の条件だったのに。

二八八（1）非革命的ないっさいの書物への教条的な敵意（国立図書館におけるように、あらゆる本は破壊され、うち捨てられ、あるいはタバコの巻紙にされた）が、当時は他のいかなる考慮にも先行していたと考えねばなるまい。

（2）Pin Yathay, *op. cit.*, p 60-64.（プン・ヤッタイの前掲書）；Haing Ngor, *op. cit.*, p. 102-103.（ハイン・ニュルの前掲書）を参照。

二八九（1）Temoignage de Channo（チャノの証言）, *Phnom Penh Post*（『プノンペン・ポスト』、以後*PPP*と略す）、一九九五年四月七日付、p. 5.

（2）たとえば Pin Yathay, *op. cit.*, p. 57, 94 et 209-211.（プン・ヤッタイの前掲書）を参照。

（3）Usha Welaratna, *Beyond the Killing Fields : Voices of Nine Cambodian Survivors in America*（ウシャ・ウェララトナ『キリング・フィールドを越えて：九人の在米カンボジア人生存者の声』）, Stanford, Stanford University Press, 1993, p. 78.

二九〇（1）旧人民と新人民の関係についての一般討論。（キアナンの前掲書、p. 210-215. に所収）

（2）Kiernan, *op. cit.*, p 219.（キアナンの前掲書）

二九一（1）Pin Yathay, *op. cit.*, p. 92.（プン・ヤッタイの前掲書）

（2）Kiernan, *op. cit.*, p 97.（キアナンの前掲書）

二九二（1）たとえばプン・ヤッタイは、住民の突然の移動により失敗に帰した逃亡ないし蜂起の計画を引用している。

（2）個人的所有物としては、ついには時に茶碗一つとさじ一つしか許されないまでになった。

Charles H. Twining, «The Economy»（チャールズ・トゥイニング《経済》）を参照。Karl D. Jackson (éd.), *Cambodia 1975-1978: Rendezvous with Death*（カール・D・ジャクソン編『カンボジア 一九七五—一九七八：死とのランデヴー』), Princeton, Princeton University Press, 1989, p. 121. 所収）

二九三（1）Pin Yathay, *op. cit.*, p. 120.（プン・ヤッタイの前掲書）

（2）シアヌークの顧問、Julio Jeldres フリオ・ヘルドレス〔チリ人〕による。*PPP*, 一九九六年九月二十日付。

二九四（1）Chandler (1993), *op. cit.*, p. 205-209.（チャンドラーの前掲書〔一九九三〕）

（2）Kiernan, *op. cit.*, p. 333.（キアナンの前掲書）

（3）Chandler (1991), *op. cit.*, p. 298.（チャンドラーの前掲書）

（4）地区はおおむねフランスの県にあたり、各地域は多数の地区を含む。

二九五（1）Y Phandara, *Retour à Phnom Penh: le Cambodge du génocide à la colonisation*（イ・ファンダラ『プノンペンに戻って：ジェノサイドから植民地化までのカンボジア』), Paris, A. M. Métailié, 1982, p. 208.

（2）Chandler (1993), *op. cit.*, p. 207.（チャンドラーの前掲書〔一九九三〕）

（3）同上書、p. 209.（チャンドラーの前掲書〔一九九三〕）：Chandler (1991), *op. cit.*, p. 295.（チャンドラーの前掲書〔一九九一〕）

（4）Kiernan, *op. cit.*, p. 418.（キアナンの前掲書）

二九六（1）Kiernan, «Wild Chickens, Farm Chickens and Cormorants: Kampuchea's Eastern Zone under Pol Pot»（キアナン『野生の鶏、農場の鶏、そして鵜：ポル・ポト体制下のカンプチア東部地域』）（チャンドラーとキアナンの前掲書、p. 191-197. に所収）

二九七（1）Chandler（1991）, *op. cit.*, p. 296-297.（チャンドラーの前掲書〔一九九一〕）と、Kiernan, *op. cit.*, p. 392-411.（キアナンの前掲書）

（2）Kiernan, *op. cit.*, p. 144.（キアナンの前掲書）

（3）多くの証言によれば（とくにChandler, 1991, *op. cit.*, p. 276）（チャンドラーの前掲書〔一九九一〕）、そのなかにはカンボジアに——時には家畜と交換して——送り返された者もあり、おそらく戦闘開始後に殺されたと思われる。

（4）たとえばPin Yathay, *op. cit.*, p. 347-402.（プン・ヤッタイの前掲書）を参照。

二九八（1）Y Phandara, *op. cit.*, p. 228.（イ・ファンダラの前掲書）

（2）Henri Locard, *Le Goulag khmer rouge*, Note de l'université Lyon-2, 1995, p. 17.（アンリ・ロカールの論文『クメール・ルージュの収容所群島』）

三〇〇（1）Chandler（1993）, *op. cit.*, p. 265.（チャンドラーの前掲書〔一九九三〕）

（2）同上書、p. 322.

三〇一（1）Locard（1995）, note citée, p. 8-9.（ロカールの前掲論文〔一九九五〕）

（2）彼の試算は、住民の様々な分野でのミクロ研究で得られた重要な数字から拡大的に推論する作業に基礎を置いている。その数字とはたとえば次のようなものである。難民家族における損失は二五%。民主カンプチアの三つの村での損失は三五%、四一%、五三%。プノンペンのある地区での損失は四二%（そのうち四分の一だけが飢えあるいは病気のために死んだ）。東部地域の三五〇人から成るある住民集団のうち、三六％はほとんど全員が殺害された。

（3） Kiernan, *op. cit.*, p. 456-460.（キアナンの前掲書）

（4） Chandler（1993）, *op. cit.*, p. 261.（チャンドラーの前掲書〔一九九三〕）

三〇二（1） Craig Etcheson, *The Rise and Demise of Democratic Kampuchea*（クレイグ・エッチソン『民主カンプチアの興隆と消滅』）, Boulder, Westview, 1984, p. 148.

（2） 民主主義のためのクメール研究所所長、Leo Mong Hai との個人的インタヴュー（一九九六年十二月）。

（3） Sliwinski, *op. cit.*, p. 49-67.（スリヴィンスキの前掲書）

三〇三（1） 同上書、p. 52.

（2） Welaratna, *op. cit.*, p. XIX et 2.（ウェララトナの前掲書）

（3） この考え方は、William Shawcross の他の点では非常に豊かで、時代を画した次の著作の根底にある。*Sideshow : Nixon, Kissinger and the Destruction of Cambodia*, Londres, Deutsch, 1979.（フランス語訳：*Une tragédie sans importance*, Paris, Balland, 一九七九）（ウィリアム・ショークロス『二次的な事件：ニクソン、キッシンジャーとカンボジアの破壊』）と、Kiernan *op. cit.*, p. 20 et 24. をも参照（キアナンの前掲書）。

三〇四（1） Chandler, *op. cit.*,（1993）, p. 13 et 163.（チャンドラーの前掲書〔一九九三〕）

（2） Sliwinski, *op. cit.*, p. 42-48.（スリヴィンスキの前掲書）

三〇五（1） Locard（1995）, p. 10.（ロカールの前掲論文〔一九九五〕）

（2） Etcheson, *op. cit.*, p. 148.（エッチソンの前掲書）

（3） Sliwinski, *op. cit.*, p. 82.（スリヴィンスキの前掲書）による。

三〇六（1） Munthit, *PPP*, 一九九五年四月七日付、p. 6.

（2） たとえば Kenneth M. Quinn, «The Pattern and Scope of Violence»（ケネス・クイン《暴力の型と範囲》、ジャクソン編の前掲書、p. 190. 所収）を参照せよ。

（3） 一九九六年十二月の個人的インタヴュー。

（4） *PPP*, 一九九五年四月七日付、p. 7.

（5） David Hawk, «The Photographic Record», *in* Jackson, *op. cit.*, p. 212.（デーヴィッド・ホーク《写真記録》、ジャクソン編の前掲書所収）

（6） *PPP*, 一九九五年四月七日付、p. 6.

（7） 中等教育をうけたことがあるというだけで、いや時には字がちゃんと読めるというだけで、知識人とされるに十分だった。

三〇七（1） Charles H. Twining, «The Economy», *in* Jackson, *op. cit.*, p. 134.（チャールズ・トゥイニング《経済》、ジャクソン編の前掲書所収）

三〇八（1） 一九七〇年、ロン・ノル政権下の場合の半数にあたる人数……。

三〇九（1） Pin Yathay, *op. cit.*, p. 169.（プン・ヤッタイの前掲書）

（2） Kiernan, *op. cit.*, p. 295.（キアナンの前掲書）はスティーヴン・ヘダーの徹底的な調査を引用。

三一〇（1） Marek Sliwinski, *op. cit.*, p. 77.（マレク・スリヴィンスキの前掲書）

（2） 同上書、p. 76.

（3） François Ponchaud, «Social Change in the Vortex of Revolution», *in* Jackson, *op. cit.*, p. 153.

（フランソワ・ポンショー《革命の渦のなかでの社会変革》、ジャクソン編の前掲書所収）
（4）しかしプン・ヤッタイは、金塊を数缶の米……と交換するため売り飛ばすことができずに、飢え死にした中国人のことに触れている（プン・ヤッタイの前掲書、p. 231.）。
三一一（1）Kiernan, *op. cit.*, p. 297–298.（キアナンの前掲書）
三一二（1）Sliwinski, *op. cit.*, p. 76.（スリヴィンスキの前掲書）
（2）Elizabeth Becker, *Les Larmes du Cambodge* ——*l'histoire d'un auto-génocide*（エリザベス・ベッカー『カンボジアの涙——自己殺戮の歴史』）, Paris, Presses de la Cité, 1986, p. 242. から引用。
（3）Pnong 村へと立ち退かされた Niseth の証言を参照、*in* Welaratna, *op. cit.*, p. 180.（ウェラトナの前掲書所収）
三一三（1）Becker, *op. cit.*, p. 249.（ベッカーの前掲書）
三一四（1）メッカへの巡礼をすませた人。
（2）特に注で断らないかぎり、チャム族についてのこれらの情報は Kiernan の詳細な研究から引かれている。*op. cit.*, p. 252–288.（キアナンの前掲書）
（3）Kiernan, *op. cit.*, p. 428–431.（キアナンの前掲書）
（4）Sliwinski, *op. cit.*, p. 76.（スリヴィンスキの前掲書）
三一五（1）同上書、p. 57.
（2）Michael Vickery, «Democratic Kampuchea : Themes and Variations», *in* Chandler et Kiernan, *op. cit.*, p. 99–135. を参照。（マイケル・ヴィッカリー《民主カンプチア：テーマと変奏》、チャンドラーとキアナンの前掲書所収）

（3） Pin Yathay, *op. cit.*, p. 206.（プン・ヤッタイの前掲書）

（4） 同上書、p. 251–252.

三一六（1） 他の国の共産党指導者と違って、おそらく極端な妄想からか、カンボジアの指導者は移動することが非常に少ないように見えるだけになおのことだった。これについて言及する証言は、伝聞上でも、まったくない。

（2） たとえば Heng et Demeure, *op. cit.*, p. 105, 150–151 et 172–173. を参照。（ヘンとドムールの前掲書）

（3） Pin Yathay, *op. cit.*, p. 85.（プン・ヤッタイの前掲書）

三一七（1） たとえば Pin Yathay, p. 280, 332, 344. を参照。（プン・ヤッタイの前掲書）

（2） しかしながら、開墾地域に強制移住させられた人々にとっては、環境はすぐさまずっと酷いものになった。

三一八（1） Becker, *op. cit.*, p. 276.（ベッカーの前掲書）

（2） Twining, chapitre cité, p. 143.（トゥイニングの前掲章）

（3） *PPP*, 一九九五年四月七日付、p. 5 ; Sliwinski（*op. cit.*, p. 65）はこの印象を確証している。（スリヴィンスキの前掲書）

三一九（1）「階級闘争」の村までの拡大と、一貫した集団化の達成（家族の食事禁止と自主的な食事摂取の禁止）とがあいまって、この時期を境に旧人民のかなりの部分が離反するにいたったのであろう（Kiernan, *op. cit.*, 1996, p. 202, 213–214）。（キアナンの前掲書）

（2） Quinn, chapitre cité, p. 201–202.（クインの前掲章）

（3）Sliwinki, *op. cit.*, p. 64-65 ; Twining, chapitre cité, p. 143-145.（スリヴィンスキの前掲書と、トゥイニングの前掲章）

三一〇（1）オンカー・パデワット（革命組織）の略で、常にほとんど非公然の存在だったカンプチア共産党の衝立組織。

（2）Pin Yathay, *op. cit.*, p. 305.（プン・ヤッタイの前掲書）

（3）たとえば Chandler（1993）, *op. cit.*, p. 195; Ly Heng et Françoise Demeure, *Cambodge: le sourire bâillonné*, Xonrupt-Longemer, Anako, 1994, p. 100. を参照。（チャンドラーの前掲書〔一九九三〕; ヘンとドムール『カンボジア：猿轡をかまされた微笑』〔一九九四〕）

三一一（1）Haing Ngor（*op. cit.*, p. 158）はクメール・ルージュの無料診療所で、一人の看護婦がもう一人の看護婦にこう尋ねるのを聞いた。「あんた、戦争奴隷に食べ物をやった?」（ハイン・ニュルの前掲書）

（2）Pin Yathay, *op. cit.*, p. 59.（プン・ヤッタイの前掲書）

（3）同上書、p. 263.

三一三（1）プン・ヤッタイは高額の金を払って一枚の地図を手に入れた。

（2）Pin Yathay, *op. cit.*, p. 150.（プン・ヤッタイの前掲書）

三一四（1）Chandler（1993）, *op. cit.*, p. 191-193 et 197-198 : 計画のなかで重工業にあてられた部分が、すべての部分のなかで最も長い……。（チャンドラーの前掲書〔一九九三〕）

（2）Chandler, *op. cit.*, p. 223. から引用。（チャンドラーの前掲書）

（3）ちなみに、この目標は、一九七五年の〝農業は大寨に学ぶ〟全国会議で、当時の中国副首相、華国鋒によって定められたのと正確に同じである。
（4）灌漑は、比較的人口が少なく、とりわけ降雨と、例年のような洪水を当てにしているカンボジアではほとんど重要ではない。

三二五（1）Chandler, *op. cit.*, p. 193–194 et Karl D. Jackson, «The Ideology of Total Revolution», *in* Jackson (éd.), *op. cit.*, p. 60.（チャンドラーの前掲書と、ジャクソン《全体革命のイデオロギー》、ジャクソン編の前掲書所収）
（2）Pin Yathay, *op. cit.*, p. 147.（プン・ヤッタイの前掲書）
（3）同上書、p. 99 et 139.
（4）日曜日に取って代わろうと意図して制定されたフランス革命暦の第十日に着想を得たものか。
（5）Twining, chapitre cité, p. 130.（トゥイニングの前掲章）
（6）Kiernan, *op. cit.*, p. 235.（キアナンの前掲書）

三二七（1）Laurence Picq, *Au-dela du ciel : cinq ans chez les Khmers rouges*, Paris, Bernard Barrault, 1984, p. 133–135.（ロランス・ピック『空の彼方に：クメール・ルージュのもとでの五年間』）

三二八（1）Pin Yathay, *op. cit.*, p. 166–167.（プン・ヤッタイの前掲書）

三二九（1）同上書、p. 199.
（2）Twining, chapitre cité, p. 122.（トゥイニングの前掲章）
（3）Pin Yathay, *op. cit.*, p. 291.（プン・ヤッタイの前掲書）
（4）労働者は軍隊と、生産は作戦とたえず同一視されていた。

三三〇（1）Picq, *op. cit.* ; Pin Yathay, *op. cit.*, p. 163–164, 186 et 197.（ピックの前掲書と、プン・ヤッタ

イの前掲書）

（2）*PPP*, 一九九五年四月七日付、p. 5.

三三一（1）とくに Twining, chapitre cité, p. 149–150 ; Kiernan, *op. cit.*, p. 240 ; Pin Yathay, *op. cit.*, p. 138. を参照。（トゥイニングの前掲章、キアナンの前掲書と、プン・ヤッタイの前掲書）

（2）Pin Yathay, *op. cit.*, p. 228; Haing Ngor, *op. cit.*, p. 257–258.（プン・ヤッタイの前掲書と、ハイン・ニュルの前掲書）

（3）個人的な料理は原則としていっさい禁じられていた。人々はしばしば、クメール・ルージュが勧めていた予防措置として湯わかしをするふりをして、この禁止条項をくぐりぬけた。

（4）Heng et Demeure, *op. cit.*, p. 139–140.（ヘンとドムールの前掲書）

（5）*PPP*, 一九九五年四月七日付、p. 7.

三三二（1）Haing Ngor（*op. cit.*, p. 215）は、両親がなす術もなく見ている前で、何日も柱に縛り付けられたまま死んでいった四歳の子どものことを物語っている。（ハイン・ニュルの前掲書）

（2）同上書、p. 135–136. と、Pin Yathay, *op. cit.*, p. 267.（プン・ヤッタイの前掲書）

（3）たとえば Haing Ngor, *op. cit.*, p. 145. を参照。（ハイン・ニュルの前掲書）

（4）Pin Yathay, *op. cit.*, p. 174.（プン・ヤッタイの前掲書）

（5）Locard（1995）, article cité, p. 6.（ロカール前掲論文〔一九九五〕）

三三三（1）Pin Yathay, *op. cit.*, p. 217 et 227.（プン・ヤッタイの前掲書）

（2）Heng et Demeure, *op. cit.*, p. 172–173.（ヘンとドムールの前掲書）

三三四（1）Ponchaud, chapitre cité, p. 160.（ポンショーの前掲章）

（2） Haing Ngor, *op. cit.*, p. 174 et 193-194.（ハイン・ニュルの前掲書）
（3） クメール・ルーに独特な加工品のことであろう。(Ponchaud, chapitre cité, p. 160)（ポンショーの前掲章）
（4） Kên Khun, *De la dictature des Khmers rouges à l'occupation vietnamienne—Cambodge, 1975-1979*, Paris, L'Harmattan, 1994, p. 94.（カエン・クン『クメール・ルージュの独裁からベトナムによる占領まで——カンボジア　一九七五—一九七九』）

三三五（1） Chandler（1993）, *op. cit.*, p. 174-175.（チャンドラーの前掲書）
（2） 郵便が完全に機能を停止していたことを明確にしておく必要があろう。
（3） 一九九六年十二月、カンボジアでの個人的インタビュー。
（4） Picq, *op. cit.*（ピックの前掲書）

三三六（1） Pin Yathay, *op. cit.*, p. 168.（プン・ヤッタイの前掲書）
（2） 同上書、p. 90 et 122.

三三七（1） Chandler（1993）, *op. cit.*, p. 202.（チャンドラーの前掲書〔一九九三〕）; Henri Locard, *Les Chants révolutionnaires khmers rouges et la tradition culturelle cambodgienne, ou la révolution triomphante*, 公刊されていず、日付もない論文。（アンリ・ロカール『クメール・ルージュの革命歌とカンボジアの文化的伝統、あるいは勝ち誇る革命』）
（2） Françoise Corrèze et Alain Forest, *Le Cambodge à deux voix*, Paris.（フランソワーズ・コレーズとアラン・フォレスト『二つの声をもつカンボジア』）

三三八（1） Heng et Demeure, *op. cit.*, p. 132.（ヘンとドムールの前掲書）

(2) Haing Ngor, *op. cit.*, p. 131-133.(ハイン・ニュルの前掲書)
(3) Pin Yathay, *op. cit.*, p. 222-223, 226 et 310.(プン・ヤッタイの前掲書)。同様のエピソードはすべての証言中にたくさん見られる。

三四〇 (1) *PPP*, 一九九五年四月七日付、p. 7 ; Chandler (1993), *op. cit.*, p. 185-186, 227, 245 et 265.(チャンドラーの前掲書)

三四一 (1) 時には月ごとに完全な自伝を執筆するよう強要された。二つのテクストのあいだにほんのわずかでも異同があれば、死刑に追い込まれることを意味した。(Welaratna, *op. cit.*, p. 125)(ウェラトナの前掲書)

三四四 (1) セン・クムシアン(*PPP*, 一九九五年四月七日付、p. 7)は、米を盗んだかどで、少年が意識を失うまで殴られ、ついで、オンカーの手で「消えた」ことを語っている。
(2) Heng et Demeure, *op. cit.*, p. 185.(ヘンとドムールの前掲書)

三四五 (1) Pin Yathay, *op. cit.*, p. 237.(プン・ヤッタイの前掲書)
(2) Haing Ngor, *op. cit.*, p. 178.(ハイン・ニュルの前掲書)
(3) Locard (1995), note citée.(ロカールの前掲論文〔一九九五〕)

三四六 (1) Chandler (1991), *op. cit.*, p. 260.(チャンドラーの前掲書〔一九九一〕)

三四七 (1) Pin Yathay, *op. cit.*, p. 289.(プン・ヤッタイの前掲書)
(2) Kên Khun, *op. cit.*, p. 96. この件では、女性は事前に凶暴な民兵たちから暴行された。直後に今度は、幹部が粛清された。(カエン・クンの前掲書)
(3) *PPP*, 一九九五年四月七日付、p. 6.

（4）同上紙、p. 7.

三四八（1）Pin Yathay, *op. cit.*, p. 314-315 ; Heng et Demeure, *op. cit.*, p. 107.（プン・ヤッタイの前掲書、ヘンとドムールの前掲書）

（2）これに反して、タバコは、最年少のクメール・ルージュ兵士を含めて、だれにも消費されていた。また、それほど行き渡ってはいなかったものの、麻薬は特別に禁止の対象とはなっていなかった。

（3）Ponchaud, chapitre cité, p. 169 ; *PPP*, 一九九五年四月七日付、p. 7.（ポンショーの前掲章と*PPP*）

（4）Pin Yathay, *op. cit.*, p. 161-163 et 190-191.（プン・ヤッタイの前掲書）

三四九（1）Haing Ngor, *op. cit.*, p. 184 ; Welaratna, *op. cit.*, p. 53.（ハイン・ニュルの前掲書、ウェララトナの前掲書）

三五〇（1）Pin Yathay, *op. cit.*, p. 163 et 387.（プン・ヤッタイの前掲書）

三五一（1）*Le Monde*, 一九九七年六月十八日付、p. 16.（『ル・モンド』紙）

（2）Pin Yathay, *op. cit.*, p. 301.（プン・ヤッタイの前掲書）

（3）Kên Khun, *op. cit.*, p. 123.（ある医学生の証言）（カエン・クンの前掲書）

（4）Locard (1995), *op. cit.*, p. 12-13.（ロカールの前掲論文〔一九九五〕）

三五二（1）たとえばHaing Ngor, *op. cit.*, p. 179-180. を参照。（ハイン・ニュルの前掲書）

（2）Sliwinski, *op. cit.*, p. 78；小数の部分を一の位に切り上げた。これらの数字は恐らく指標的な価値しかないであろうから。（スリヴィンスキの前掲書）

（3） Haing Ngor, *op. cit.*, p. 268.（ハイン・ニュルの前掲書）
（4） Heng et Demeure, *op. cit.*, p. 109. 奇妙にもこれは、十九世紀前半のベトナムによる占領時代にクメール人に科せられた、おそらく神秘的な、名高い拷問を思い出させる。首まで土中に埋められ、燃えあがる頭が茶を沸かすやかんの台として使われたとのことである。（ヘンとドムールの前掲書）
（5） Locard, 1995, note citée, p. 18.（ロカールの前掲論文〔一九九五〕）

三五三（1） Pin Yathay, *op. cit.*, p. 306. を参照。（プン・ヤッタイの前掲書）
（2） 刑務所については、とくに断らないかぎり、依拠するのは、Henri Locard の次の二つの基本的な研究である。*Le Goulag khmer rouge*, Note de l'Université Lyon-2 (faculté des langues), 1995. と、一九九六年十二月 Université Monash でのシンポジウム、*Cambodia : Power, Myth and Memory* での報告 «Tramkâk District in the Grip of the Khmer rouge»。（アンリ・ロカールの両研究はともに前掲）
（3） Pin Yathay, *op. cit.*, p. 231.（プン・ヤッタイの前掲書）
（4） Pin Yathay, *op. cit.*, p. 231. で言及されている地元の刑務所では八〇人のうち三人だけだった。（プン・ヤッタイの前掲書）

三五四（1） Kiernan, *op. cit.*, p. 345, note 169.（キアナンの前掲書）
（2） *PPP*, 一九九五年四月七日付、p. 5.
（3） Locard (1996), *op. cit.*, p. 6.（ロカールの前掲論文〔一九九六〕）

三五五（1） Locard (1995), *op. cit.*, p. 11.（ロカールの前掲論文〔一九九五〕）

三五六（1）元役人の証言、*in* Kèn Khun, *op. cit.*, p. 131.（カエン・クンの前掲書所収）
（2）たとえば Haing Ngor, *op. cit.*, p. 170-174, 188-194, 240-244 ; Heng et Demeure, *op. cit.*, p. 144-149. を参照。（ハイン・ニュルの前掲書、ヘンとドムールの前掲書）

三五七（1）Locard（1996）, *op. cit.*, p. 8.（ロカールの前掲論文〔一九九六〕）

三五九（1）カンボジア人権研究所所長の Kassie Neou ヌー・カーシー。*PPP*, 一九九六年九月二十日付、p. 8.（引用者によって英語から翻訳された）

三六〇（1）Chandler（1991）, *op. cit.*, p. 285-302.（チャンドラーの前掲書〔一九九一〕）
（2）Quinn, chapitre cité, p. 198 ; Kiernan, *op. cit.*, p. 432-433.（クインの前掲章、キアナンの前掲書）

三六一（1）Chandler（1991）, *op. cit.*, p. 374, note 27 ; Quinn, chapitre cité, p. 210.（チャンドラーの前掲書〔一九九一〕、クインの前掲章）
（2）Kiernan, *op. cit.*, p. 353-354.（キアナンの前掲書）
（3）Quinn, chapitre cité, p. 198.（クインの前掲章）

三六二（1）イエン・サリ、1977. Chandler（1991）, *op. cit.*, p. 240. から引用。（チャンドラーの前掲書〔一九九一〕）

三六三（1）クメール人の「不幸な意識」の問題については、Jean-Claude Pomonti, «Angoisses khmeres», *Le Monde*, 一九九五年三月十日付を参照。（ジャン＝クロード・ポモンティ「クメール人の苦悩」）
（2）Y Phandara, *op. cit.*, p. 88.（イ・ファンダラの前掲書）

（3）ここで影響力を明示しているのは中国の文化大革命である。一九六七年一月の「上海コミューン」はパリの革命（パリ・コミューン）を模倣するつもりだった。

三六四（1）今日、カンボジアと部分的に比較できる状況にある国が二つある。ラオスとビルマだ。しかし、ラオスは一九四五年になって初めて統一した政治的実体を構成したにすぎず、ビルマは英国による植民地化時代にめざましく繁栄したので、隣国にたいし、カンボジアと同じような弱い立場には立っていない。

三六五（1）Ponchaud, chapitre cité, p. 170–175.（ポンショーの前掲章）

（2）クメール風に発音されたカルマ（業）のこと。

（3）Haing Ngor, *op. cit.*, p. 176.（ハイン・ニュルの前掲書）

三六六（1）それにもかかわらず、その建築は技術の点ですこぶるアルカイックであり、使われた技術は、同時代のゴシック式大聖堂よりファラオ時代のエジプトのそれに一層近い。

（2）ほぼ同時代のジャワ（とくにボロブドゥール）の大寺院はこれと違っている。

三六七（1）カンボジアでは土地と祖先との結びつきが、ベトナムを含む中国的世界よりも弱いことを強調する民族学者は多い。

三六八（1）Chandler（1993）, *op. cit.*, p. 101, 105–106 et 135 ; Raoul Marc Jennar, Cambodge: *une presse sous pression*, Paris, Reporters Sans Frontières, 1997, p. 23.（チャンドラーの前掲書〔一九九三〕、ラウル・マルク・ジェナール『カンボジア：圧力下のプレス』）

（2）Locard（1995）, note citée, p. 15.（ロカールの前掲論文〔一九九五〕）

三六九（1）Haing Ngor, *op. cit.*, p. 163.（ハイン・ニュルの前掲書）

三七〇（1）Pin Yathay, *op. cit.*, p. 95–96. 同じタイプの環境が、中国共産党が権力を掌握する段階で広く用いられた（前出）。（プン・ヤッタイの前掲書）
（2）Haing Ngor, *op. cit.*, p. 112, 126 et 237–238.（ハイン・ニュルの前掲書）

三七一（1）Laurence Picq, *op. cit.*, p. 22.（ロランス・ピックの前掲書）
（2）Pin Yathay, *op. cit.*, p. 271; Ponchaud, chapitre cité, p. 164.（プン・ヤッタイの前掲書、ポンショーの前掲章）
（3）Chandler（1991）, *op. cit.*, p. 247.（チャンドラーの前掲書〔一九九一〕）
（4）イエン・サリの発言。*Newsweek*, 一九七五年九月四日付。
（5）*Drapeau rouge*（Pékin）,『紅旗』（北京）一九五八年六月一日付。
（6）Pin Yathay, *op. cit.*, p. 60.（プン・ヤッタイの前掲書）

三七二（1）Haing Ngor, *op. cit.*, p. 103.（ハイン・ニュルの前掲書）
（2）Picq, *op. cit.*, p. 21; Y Phandara, *op. cit.*, p. 91.（ピックの前掲書、イ・ファンダラの前掲書）
（3）Locard, *PPP*, 一九九四年五月二十日付、p. 16.（ロカールの記事）
（4）Radio Phnom-Penh, プノンペン放送一九七七年四月十八日。Jackson, *op. cit.*, p. 74.（ジャクソンの前掲書）から引用。

三七三（1）Norodom Sihanouk, *Prisonnier des Khmers rouges*, Paris, Hachette, 1986.（ノロドム・シアヌーク『クメール・ルージュの囚人』、牧事務所訳『シアヌーク最後の賭け』河出書房新社、一九八八）
（2）Heng et Demeure, *op. cit.*, p. 189–190.（ヘンとドムールの前掲書）
（3）Chandler（1991）, *op. cit.*, p. 243.（チャンドラーの前掲書〔一九九一〕）

三七四（1）Dith Pranデット・プラン（映画“*La Déchirure*”〔「裂傷」〕のモデル）。Sydney Schanberg, «The Death and Life of Dith Pran»（シドニー・シャンバーグ《デット・プランの死と生涯》）。*New York Times Magazine, 20 janvier 1980*. から引用。
（2）Heng et Demeure, *op. cit.*, p. 112.（ヘンとドムールの前掲書）
（3）Kên Khun, *op. cit.*, p. 97-98.（カエン・クンの前掲書）
三七五（1）Picq, *op. cit.*（ピックの前掲書）
（2）《クメール・ルージュは巧妙にわれわれを去勢していた》、Pin Yathay, *op. cit.*, p. 316.（プン・ヤッタイの前掲書所収）
（3）Sliwinski, *op. cit.*, p. 67.（スリヴィンスキの前掲書）
三七六（1）Locard（1996）, *op. cit.*, p. 28.（ロカールの前掲書〔一九九六〕）
三七八（1）一九七五年夏、トンレ・バテイの一クメール・ルージュ幹部の演説。Haing Ngor, *op. cit.*, p. 110-111.（ハイン・ニュルの前掲書所収）
三七九（1）たとえばChandler（1993）, *op. cit.*, p. 214. を参照。（チャンドラーの前掲書〔一九九三〕）
（2）Locard（日付不明確）, article cité, p. 17.（ロカールの前掲論文）
三八〇（1）一九七七年九月二十七日の演説。Jackson, chapitre cité, p. 73.（ジャクソンの前掲章所収）
（2）Pin Yathay, *op. cit.*, p. 181.（プン・ヤッタイの前掲書）
三八一（1）Chandler（1993）, op. cit., p. 63 et 72-73.（チャンドラーの前掲書〔一九九三〕）
（2）イエン・サリ一派の国王政府への「帰順」後に行われたインタヴュー。*PPP*, 一九九六年十一月十五日付、p. 6. 共産主義の媒介者としてのジャコバン主義への賛美については、François

Furet, *Le Passé d'une illusion : Essai sur l'idée communiste au XXe siècle*, Paris, Robert Laffont, 1995. を参照せよ。（フランソワ・フュレ、楠瀬正浩訳『幻想の過去　20世紀の全体主義』バジリコ、二〇〇七年）

三八二（1）武装抵抗の公式の出発点である一九六七年のサムロートの蜂起にしても、北ベトナム軍へのカンボジア米の引渡量を減らすというロン・ノルの意志に反対して起こされたものだった……。

三八三（1）Sophia Quinn-Judge, «Hô Chi Minh : New Perspectives from the Comintern Files», *in* Philippe Le Failler et Jean-Marie Mancini (éd), *Viêt Nam : Sources et approaches*, Aix-en Provence, Publications de l'Université de Provence, 1996, p. 171-186.（ソフィア・クイン＝ジャッジ《ホー・チ・ミン：コミンテルン文書から得られた新たな観点》、ルファイエとマンシーニ編『ベトナム：資料源と接近』所収）

三八四（1）一九七五年以後のベトナムの失敗は戦時共産主義の性格を物語っている。

（2）この偏向は、林彪元帥が君臨していた（一九六七—一九七一）、その短い期間にかぎっての中国にも認められる。

（3）Chandler（1991), *op. cit.*, p. 276.（チャンドラーの前掲書〔一九九一〕）

（4）Twining, chapitre cité, p. 132.（トゥイニングの前掲章）

三八五（1）Chandler（1993), *op. cit.*, p. 225-226.（チャンドラーの前掲書〔一九九三〕）

（2）同上書、p. 176 ; Ben Kiernan, *op. cit.*, p. 379.（キアナンの前掲書）

三八六（1）Radio Phnom-Penh, プノンペン放送、一九七五年七月二十五日。Jackson, «Ideology...», p. 60.（ジャクソンの前掲章所収）

（2）一九七五年に周恩来はカンボジア指導部にたいし、それこそが従ってはならない実例であるとはっきり警告した。そうシアヌークは確言している。

（3）Locard（日付不明）, article cité, p. 17.（ロカールの前掲論文）

三八七（1）Pin Yathay, *op. cit.*, p. 321.（プン・ヤッタイの前掲書）

三八八（1）Marie-Alexandrine Martin, *Le Mal cambodgien——histoire d'une société traditionnelle face à ses leaders politiques, 1946-1987*, Paris, Hachette, 1989, p. 193.（M＝A・マルタン『カンボジア病：政治指導者たちに直面した伝統的社会の歴史 一九四六―一九八七』）

三八九（1）その後受刑者数は、特に政治囚については、大きな減少をみた（中国ではベトナムよりも早く）。

三九二（1）Chandler（1993）, *op. cit.*, p. 216-217.（チャンドラーの前掲書〔一九九三〕）

（2）Locard（1995）, note citée, p. 19.（ロカールの前掲論文〔一九九五〕）

三九三（1）Chandler（1993）, *op. cit.*, p. 210-211.（チャンドラーの前掲書〔一九九三〕）

（2）一参加者の話による。*in* Chandler（1993）, *op. cit.*, p. 266-267.（チャンドラーの前掲書〔一九九三〕所収）

（3）シアヌークは、ポル・ポトがオンカー賛歌を作曲したのだろう、と主張している。

三九四（1）*PPP*, 一九九六年九月二十日付、p. 7.

三九八（1）Timothy Carney, «The Organization of Power», *in* Jackson, *op. cit.*, p. 95.（ティモシー・カーネイ《権力の組織》、ジャクソンの前掲書所収）

三九九（1）Pin Yathay, *op. cit.*, p. 308.（プン・ヤッタイの前掲書）

(2) Locard (1995), note citée, p. 19.（ロカールの前掲論文〔一九九五〕）

四〇〇 (1) Pin Yathay, *op. cit.*, p. 288.（プン・ヤッタイの前掲書）

(2) 最良の調査は Kiernan, *op. cit* のなかにある。（キアナンの前掲書）

(3) Haing Ngor, *op. cit.*, p. 227.（ハイン・ニュルの前掲書）

四〇一 (1) Locard (1995), note citée, p. 19.（ロカールの前掲論文〔一九九五〕）.

(2) Kiernan, *op. cit.*, p. 247.（キアナンの前掲書）

四〇二 (1) 以下の議論のなかで、私は Craig Etcheson, «Genocide : By the Laws, not by Emotion», *PPP*, 一九九五年八月十一日付、p. 20. に部分的に基づいている。（クレイグ・エッチソン《ジェノサイド：感情によってではなく、法律によって》）

四〇三 (1) Barbara Harff et Ted Robert Gurr, «Towards an Empirical Definition of Genocides and Politicides», *International Studies Quarterly*, n°32, 1988.（バーバラ・ハーフとテッド・ロバート・ガー《ジェノサイドとポリティサイドの経験論的定義に向かって》）

四〇四 (1) Y Phandara, *op. cit.*, p. 72-73.（イ・ファンダラの前掲書）

四〇五 (1) Sliwinski, *op. cit.*, p. 128. による計算。（スリヴィンスキの前掲書）

(2) Welaratna, *op. cit.*, p. 254-258.（ウェラトナの前掲書）

(3) Sliwinski, *op. cit.*, p. 153.（スリヴィンスキの前掲書）

第4章 結論

四一一 (1) Doan, *op. cit.*, p. 302.（ドアン・ヴァン・トアイの前掲書）

四一六（1）この点については、たとえば、Yves Chevrier, «L'empire distendu : esquisse du politique en Chine des Qing à Deng Xiaoping», *in* Jean-François Bayart, *La Greffe de l'Etat——Trajectoires du politique 2*, Paris, Karthala, 1996.（イヴ・シェヴリエ《膨張した帝国：清から鄧小平にいたる中国の政治過程の素描》、バヤール『国家の移植』所収を参照）

（2）Doan, *op. cit.*, p. 195.（ドアン・ヴァン・トアイの前掲書）

なぜだったのか？

四三一（1）François Furet, «Terreur», *in* F. Furet, Mona Ozouf, *Dictionnaire critique de la Révolution française*, Paris, Flammarion, 1988.（フランソワ・フュレ《恐怖政治》、フュレ他『フランス革命批判的辞典』所収）

四三二（1）Jacques Baynac, *La Terreur sous Lénine*（ジャック・ベイナック『レーニン治下のテロル』）, Paris, Le Sagittaire, 1975, p. 75.

四三五（1）Michael Confino, *Violence dans la violence. Le débat Bakounine-Netchaïev*（ミカエル・コンフィーノ『暴力のなかの暴力。バクーニン－ネチャーエフ論争』）, Paris, Maspero, 1973.

（2）同上書、p. 102.

四三六（1）Martin Malia, *La Tragédie soviétique*（マーチン・マリア『ソビエトの悲劇』）, Paris, Le Seuil, 1995, p. 92.

四三七（1）Hélène Carrère d'Encausse, *Le Malheur russe. Essai sur le meurtre politique*（エレーヌ・カレール・ダンコース『ロシアの不幸。政治的殺害論』）, Paris, Fayard, 1988, p. 17.

四三八（1） Vassili Grossman, *Tout passe*（ワシーリー・グロスマン、齋藤紘一訳『万物は流転する』みすず書房、二〇一三), Paris, Julliard/L'Âge d'Homme, 1984, p. 205.

四三九（1） Tomas G. Masaryk, *La Résurrection d'un État, Souvenirs et réflexions 1914-1918*（トマシュ・マサリク『国家の復活、回想と考察　一九一四―一九一八』), Paris, Plon, 1930, p. 197.

四四一（1） Maxime Gorki, *Le Paysan russe*（マクシム・ゴーリキー『ロシアの農民』), Le Sagittaire, 1924, p. 126-127.

四四二（1） Martin Malia, *op. cit.*, p. 13.（マーチン・マリアの前掲書）

四四四（1） Karl Kautsky, *Communisme et terrorisme*（カール・カウツキー『共産主義とテロリズム』), Paris, éditions Jacques Povolozki, 1920, p. 164.

四四五（1） François Furet, *Le Passé d'une illusion : Essai sur l'idée communiste au XXe siècle*（フランソワ・フュレ『幻想の過去　20世紀の全体主義』), Paris, Robert Laffont/Calmann-Lévy, 1995, p. 64-65.

四四七（1） Youri Martov, «A bas la peine de mort», *in* J. Baynac, *op. cit.*, p. 266-267.（ユーリ・マルトフ《死刑を廃止せよ》。ベイナックの前掲書所収）

四四九（1） Arkadi Vaksberg, *Le Mystère Gorki*（アルカージー・ヴァクスベルグ『ゴーリキーという謎』), Paris, Albin Michel, 1997, p. 111. から引用。

四五二（1） Léon Trotski, *Défense du terrorisme*（レオン・トロツキー『テロリズムの擁護』), éditions de la Nouvelle Revue critique, 1936, p. 44.

四五三（1） K. Kautsky, *La Dictature du prolétariat*（カール・カウツキー『プロレタリアートの独裁』),

UGE 10/18, p. 219 et 255.

（2） Nicolas Valentinov, *Mes rencontres avec Lénine*（ニコラ・ヴァレンティーノフ『レーニンとの出会い』), Paris, Plon, 1964. に描かれたレーニンの肖像を見よ。

四五四（1） Cornelius Castoriadis, *L'Institution imaginaire de la société*（コルネリウス・カストリアディス『社会の想像上の設立』), Paris, Le Seuil, 1975.

四五七（1） K. Kautsky, *La Dictature*..., *op. cit.*, p. 173-174.（K・カウツキーの前掲書『プロレタリアートの……』）

（2） 同上書、p. 217 et 219.

四五八（1） V.I.Lenin, *The Proletarian Revolution and the Renegade Kautsky*, Moscow, Foreign Languages Publishing House, 1952, p. 37.（レーニン『プロレタリア革命と背教者カウツキー』）

四六〇（1） L. Trotski, *Défense*..., *op. cit.*, p. 83.（トロツキーの前掲書『テロリズムの……』）

（2） 同上書、p. 107.

四六一（1） 同上書、p. 57.

四六二（1） 同上書、p. 78.

四六四（1） Issac Steinberg, *L'Aspect éthique de la révolution*（Berlin, 1923）, *in* J. Baynac, *La Terreur*..., *op. cit.*, p. 370.（イサーク・シュテインベルグ『革命の倫理的側面』。J・ベイナックの前掲書『レーニン治下の……』所収）

四六五（1） A. Vaksberg, *op. cit.*, p. 183.（ヴァクスベルグの前掲書）

（2） A. Vaksberg, *op. cit.*, p. 264.（ヴァクスベルグの前掲書）

四六七（1） M. Confino, *op. cit.*, p. 137.（M・コンフィーノの前掲書）

（2） Alain Brossat, *Un communisme insupportable*（アラン・ブロッサ『我慢ならない共産主義』）, Paris, L'Hamattan, 1997, p. 266.

四六八（1） *Les Grands procès dans les systèmes communistes*（『共産主義体制諸国における大裁判』）, Paris, Gallimard, Idées, 1972.

四六九（1） Carl Schmitt, *La Notion de politique*（カール・シュミット『政治的なものの概念』）, Paris, Calmann-Lévy, 1972, p. 66.

四七〇（1） K. Kautsky, *La Dictature*..., *op. cit.*, p. 241-243.（K・カウツキーの前掲書『プロレタリアートの……』）

四七一（1） Tzvetan Todorov, *L'Homme dépaysé*（ツヴェタン・トドロフ『居心地の悪い人間』）, Paris, Le Seuil, 1995, p. 33.

四七四（1） Tzvetan Todorov, *Nous et les autres*（ツヴェタン・トドロフ『われわれと他者たち』）, Paris, Le Seuil, 1989, p. 233.

（2） Léon Trotski, Défense du terrorisme, *op. cit.*, p. 82.（L・トロツキーの前掲書『テロリズムの擁護』）

（3） 同上書、p. 57.

四七五（1） A. Vaksberg.（A・ヴァクスベルグ）

（2） K. Kautsky, *La Dictature*..., *op. cit.*, p. 176-177.（K・カウツキーの前掲書『プロレタリアートの……』）

四七六（1）Alain Brossat, *Un communisme insupportable*, *op. cit.*, p. 265.（アラン・ブロッサの前掲書『我慢ならない共産主義』）

四七八（1）A. Vaksberg, *op. cit.*, p. 262.（ヴァクスベルグの前掲書）

四七九（1）A. Brossat, *op. cit.*, p. 268.（ブロッサの前掲書）

（2）Vaksberg, *op. cit.*, p. 286-287.（ヴァクスベルグの前掲書）

四八〇（1）同上書、p. 312.

四八一（1）Bruno Gravier, «Une actualité toujours plus cruciale», *in* Marcel Colin (sous la dir.), *Le Crime contre l'humanité*, Erès, p. 10.（ブリュノ・グラヴィエ《常に一層決定的なニュース》、マルセル・コラン（編）『人道にたいする犯罪』所収）

（2）Dominique Colas, *Lénine et le léninisme*, Paris, PUF, Que sais-je? 1987, p. 101.（ドミニク・コラ『レーニンとレーニン主義』）。彼の博士論文 *Le Léninisme*, PUF, 1982.（『レーニン主義』）をも見よ。

（3）M. Colin, *op. cit.*, p. 14.（M・コランの前掲書）

四八四（1）Mireille Delmas-Marty, «L'Interdit et le respect : comment définir le crime contre l'humanité?» *in* Colin, *op. cit.*, p. 26.（ミレーユ・デルマス＝マルティ《タブーと敬意：人道にたいする犯罪をいかに定義すべきか》、コランの前掲書所収）

（2）V. Grossman, *Tout passe*, *op. cit.*, p. 193.（V・グロスマンの前掲書『万物は流転する』）

四八五（1）M. Confino, *op. cit.*, p. 120.（M・コンフィーノの前掲書）

四八七（1）M. Confino, *op. cit.*, p. 112.（同上書）

四八八（1）Michel del Castillo, *La Tunique d'infamie*（ミシェル・デル・カスティーヨ『汚辱の僧服』）, Paris, Fayard, 1997, p. 25.

（2）L. Kolakowski *L'esprit révolutionnaire*（L・コラコウスキ『革命的精神』）, Paris, Éditions Complexe, 1978, p. 22.

四八九（1）Tzvetan Todorov, *op. cit.*, p. 226-227.（ツヴェタン・トドロフ『われわれと他者たち』）

四九〇（1）A. Kuusinen, *op.cit.*, p. 224.（A・クーシネンの前掲書）

（2）その文集の内容は、Michel Heller, «Lénine et la Vetcheka», *Libre*, n° 2, 19.（ミシェル・エレール《レーニンとヴェチェーカー》）によって分析された。

四九一（1）M. Gorki, *Lénine, op. cit.*, p. 31-32.（M・ゴーリキーの前掲書『レーニン』）

四九二（1）V. Grossman, *Tout passe, op. cit.*, p. 228.（V・グロスマンの前掲書『万物は流転する』）

著者紹介

ステファヌ・クルトワ（一九四七―）

ＣＮＲＳ〔フランス国立科学研究センター〕主任研究員。『共産主義』誌編集長。ロシア・ソ連史、共産主義の歴史の専門家。著書：*Le PCF dans la guerre*（Ramesay, 1980）〔『戦時中のフランス共産党』〕; *Qui savait quoi? Extermination des Juifs, 1941-1945*（La Découverte, 1987, en coll.）〔『だれが何を知っていたか？　ユダヤ人の絶滅　一九四一―四五』〕; *Le Communisme*（Édition, 1987, avec M. Lazar）; *Le sang de l'étranger, les immigrés de la MOI dans la Résistance*（Fayard, 1989, en coll.）〔『異邦人の血　レジスタンスの中の自我の移住』〕; *Cinquante ans d'une passions française. De Gaulle et les communistes*（Balland, 1991, avec M. Lazard）〔『フランスが熱中した五十年　ド＝ゴールと共産主義者』〕; *Rigueur et passion. Hommage à Annie Kriegel*（Le Cerf/L'Age d'homme, 1994, en coll.）〔『厳しさと情熱　アンニー・クリーゲルに捧ぐ』〕; *L'État du monde en 1945*（La Découverte, 1994, avec A. Wieviorka）〔『一九四五年の世界』〕; *Histoire de Parti communiste français*（PUF, 1995, avec M. Lazar）〔『フランス共産党史』〕; *Eugen Fried, Le grand secret du PCF*（Le Seuil, 1997, avec A. Kriegel）〔『ユージン・フリード　フランス共産党の大きな秘密』〕; *Communisme et Totalitarisme*（Édition Perrin, 2009）〔『共産主義と全体主義』〕など。

ジャン＝ルイ・マルゴラン（一九五二―）

歴史学の一級教員資格者、プロヴァンス大学講師、同大東南アジア研究所（ＣＮＲＳ）の研究員。著書：

Singapour, 1959–1987. Genèse d'un nouveau pays industriel（L'Harmattan, 1989）（『シンガポール　一九五九―一九八七年。新工業国の成立』）：*L'Armée de l'Empereur: Violences et crimes dn Japon en guerre-1937–1945*（Armand Colin, 2006）（『皇軍：戦時期日本の暴力と犯罪――一九三七―一九四五年』二〇〇九年の Hachette 版では、副題が正題となっている）

ピエール・リグロ（一九四四―、執筆協力）

社会史研究所の研究員。雑誌 *Cahiers d'histoire sociale*（『社会史ノート』）の編集長。主要著書：*Des Français au Goulag*（Fayard, 1984）（『収容所群島《グラーグ》に入れられたフランス人たち』）：*La Tragédie des Malgré-nous*（Denoël, 1990）（『〝わが意に反して〟の悲劇』）：*Les paupières lourdes, Les Français face au Goulag : aveuglement et indignation*（Éditions universitaires, 1991）（『見るべきものを見ずに、収容所群島《グラーグ》に直面したフランス人：混迷と憤激』）。なお、北朝鮮にかんする次の著述が邦訳されている：*Corée du Nord, État-voyou*（Buchet-Chastel, 2003）（及川美枝訳『北朝鮮の真実――フランスからみたその誕生と行方』角川書店、二〇〇四年）

訳者あとがき

本書の読者の注意を引かなければならない第一の点は、「今世紀」という訳語に出会われたら、それは二十一世紀でなく、二十世紀を意味する、ということである。というのも、原書はフランスにおいて一九九七年に出版されたものだからである。執筆の時期がもっとさかのぼるであろうことはいうまでもない。

翻訳がこれほど遅れたのは、まったく訳者の個人的な事情によるものだが、これにより本書の価値が時間の経過と歴史の批判に堪えうるものかどうかが明らかになるとすれば、望外の幸せである。

本書は一九九七年に出た Stéphane Courtois, Nicolas Werth, Jean-Louis Panné, Andrzej Paczkowski, Karel Bartosek, Jean-Louis Margolin, *Le livre noir du communisme; Crimes, terreur, répression*, Robert Laffont のうち、先に邦訳された「第一部 人民に敵対する国家」（外川継男訳『共産主義黒書―犯罪・テロル・抑圧―〈ソ連篇〉』恵雅堂出版、二〇〇一年）

につづく邦訳の二冊目である。

原書第2部と第4部をそれぞれ本訳書の第1部「世界革命・内戦・テロル」、第2部「アジアの共産主義：〈再教育〉と虐殺のあいだ」とし、これに全巻の結論の位置に置かれたステファヌ・クルトワによる「なぜだったのか？」を加えて、本書を構成している。

ただし、本訳書の第1部には、もともと第3章として「共産主義とテロリズム」があったが、そのタイトルにふさわしい理論的主張を含んでいるわけでもない。諜報の専門家であるレミ・コフェールによって書かれたためか、近過去の国際的なテロ事件の報告を綴ったものになっているが、その内容は社会面記事の範囲を多くは出ていないので、版元と相談のうえで割愛したことをお断りしておく。

本書の意味と反響については、〈ソ連篇〉の訳者、外川継男氏の「訳者解題」が懇切をきわめており、間然する所がない。同篇には、先頃物故したアメリカのソビエト学者マーチン・マリアが英訳本に付した「序文」の要旨も紹介されており、本書の理解に大いに資するものとなっている。全体像をとらえるためにも、ぜひ参照されるようお勧めしたい。

なお、原書には、〈ソ連篇〉および本篇に収められていないパートがほかに二つある。一つは「共産主義の犠牲となったもう一つのヨーロッパ」と題されたもので、ポーランドおよびポーランドを除く南東欧と中欧が取りあげられている。もう一つのパートは「第三世界」と題されて、キューバをはじめとするラテンアメリカの極左的運動、アフリカ（エチオピア・アンゴラ・モザンビーク）、およびアフガニスタンが扱われている。版元としてはこの二部については翻訳出版の予定がないとのこと、この領域に関心のおありの読者は、英語訳（*The Black Book of Communism: Crimes, Terror, Repression*, Harvard University Press, Cambridge, Massachusetts, U.S.A.）、ロシア語訳（*Черная книга коммунизма: преступления, террор, репресии, 95 миллионов жертв*, Москва《ТРИ ВЕКА ИСТОРИИ》）、ドイツ語訳（*Das Schwarzbuch des Kommunismus, Unterdrückung, Verbrechen und Terror*. Piper, Munchen/Zurich）に当たっていただければと思う。

訳者の仕事はフランス語をできるだけ忠実に日本語に置き換えることにあるが、翻訳をしながら、また校正に従事しながらいだいた感想を一言述べることは許されるであろうし、読者の読解を助けるためにも、本書の問題点を指摘することは無駄ではあるまい。

第1部第1章「行動に移ったコミンテルン」についていえば、第二次大戦中の一九四三年六月に、他の連合国との関係調整の配慮から、コミンテルンが解散されたことに言及しないまま、戦後期にまで論が及んでいるのはいささか読者にたいして失礼だ。しかも、最終節では、新しい装いのもとに戦後の一九四七年に創設されたコミンフォルムに一言触れていながら、その間の事情については何の説明もないというのでは、著者の不親切が極まった感じである。

第2部のアジア篇におけるマルゴランのアジアにかんする諸論文は、本書の主題である犯罪・テロル・抑圧についてはくどいほど綿密であるが、特にベトナム・ラオス・カンボジアの章で、植民地宗主国として過去においてのっぴきならない関係をもったはずのフランスの側面がまったくといっていいほど欠落しているのには、やはり驚かされる。他者への批判的な分析は、自己に返る姿勢がないとき、倫理的なものではなくなるであろう。共産主義の犯罪性を断罪する『黒書』の筆者には、それなりの倫理感覚が要求されて当然と思うのである。それに、中国・カンボジアに多くのページを割いたのはよいとして、ベトナムの記述はあまりにも端折りすぎだし、ラオスにいたっては、第4章でラオスが繰り返し言及されているので、落とすことはできなかったのであろうが、あまりにも簡単で、紹介の域を出ていないのは残念である。

第4章の「結論」で、マルゴランがアジア共産主義の抑圧をおさらいしながら、仮説として、ヨーロッパの共産主義とは異なるアジア共産主義に共通するあり方を取りだしているのは興味深く、かつ注目すべき論点である。

〈ソ連篇〉に収められた「序　共産主義の犯罪」と対応するように、本書全体の結論の意味をもつ重要論文「なぜだったのか?」のなかで、本書の企画の主導者であるステファヌ・クルトワは、このマルゴランの提起を十分に受けとめて立論するには至っていない。つまり、世界的に現れた共産主義の犯罪・テロル・抑圧はすべてモスクワに母型をもつという断定には、かなり無理と飛躍があるように訳者には思われる。また、共産主義の犯罪がなぜ生まれたのか、という最も切実で本質的な問いに答えようとする姿勢は諒とするし、中間まで論理的に一気に詰めているが、末尾近くなると、博引旁証の多いのが仇になって、議論が拡散する感があり、せっかくの問いに十分説得力のある答えを出すには成功していないのではないか。『黒書』は、ショアーとそれを産んだナチスへの断罪に、ある意味で対抗して企画された共産主義への批判的な言説であるが、ショアーの「なぜ」と同様に、共産主義の「なぜ」もまた、解明するには程遠いようだ。

第1部第1章の多国籍的な人名表記は齋藤厚氏に、第2章はスペイン内乱全般について本野義雄氏に、第2部第1章は現代中国にかんするもろもろの知識を、初め故太田勝洪氏に、同氏の急逝後は小島晋治氏に、第2章はベトナムにかんして川口健一氏に、第3章はカンボジア語の日本語表記について岡田知子氏に、第4章はラオスにかんする基本的な知識を菊池陽子氏に、それぞれ専門の立場からのご教示を仰いだ。記して厚くお礼申しあげる。また、第2部のアジアの各章、特に多くの触角をもつような錯綜したマルゴランの文章を分かりやすく解きほぐしてくださった及川美枝氏のご助力がなかったら、現在の形には到達できなかったろうと思われ、同氏に厚く感謝する次第である。

なお、文中の〔　〕は訳注または訳者による補足であることを示す。

二〇〇六年三月

＊　＊　＊

本書は、一九九七年にフランスで発行された原書の日本語訳、『共産主義黒書〈コミンテルン・アジア篇〉』（恵雅堂出版、二〇〇六年）から、「アジア篇」を独立させ、本文庫の一冊として刊行したものである。「コミンテルン篇」は次の一冊として、二〇〇六年当時は訳出されなかった箇所と併せて刊行する予定である。

この両世紀間に、ソ連は崩壊し、中国は世界第二の大国となった。だが、原書・訳書が当時提起した事実や評価は、研究者の良心にもとづくもので、いささかの変更も必要とはしない。そのような認識のもと、筑摩書房が復刊に踏み切ってくれたことに感謝する。

このたびの文庫化にあたり、訳文に若干の手直しを行い、ちくま学芸文庫編集部の手で「人名索引」が付された。

二〇一六年十一月

高橋　武智

【ま】

【や】【ら】

【さ】

人名索引

本書は、二〇〇六年七月二十日に恵雅堂出版より刊行された『共産主義黒書〈コミンテルン・アジア篇〉』の〈アジア篇〉である。文庫化にあたっては、誤りを適宜訂正し、新たに人名索引を付した。

憲法で読むアメリカ史(全)　阿川尚之

建国から南北戦争、大恐慌と二度の大戦をへて現代まで。アメリカの歴史は常に憲法を通じ形づくられてきた。この国の底力の源泉へと迫る壮大な通史！

増補 魔女と聖女　池上俊一

魔女狩りの嵐が吹き荒れた中近世、美徳と超自然的力により崇められる聖女も急増する。女性嫌悪と礼賛の熱狂へ人々を駆りたてたものの正体に迫る。

中華人民共和国史十五講　王丹　加藤敬事訳

八九年天安門事件の学生リーダー王丹。逮捕・収監後、亡命先で母国の歴史を学び直し、敗者たちの透徹した認識を復元する、鎮魂の共和国六〇年史。

ツタンカーメン発掘記(上)　ハワード・カーター　酒井傳六／熊田亨訳

黄金のマスク、王のミイラ、数々の秘宝。エジプト考古学の新時代の扉を開いた世紀の発見の全記録。上巻は王家の谷の歴史と王墓発見までを収録。

ツタンカーメン発掘記(下)　ハワード・カーター　酒井傳六／熊田亨訳

王墓発見の報が世界を駆けめぐり発掘された遺物が注目を集める中、ついに黄金の棺が開かれ、カーターは王のミイラと対面する。(屋形禎亮)

王の二つの身体(上)　E・H・カントーロヴィチ　小林公訳

王の可死の身体は、いかにして不可死の身体へと変容するのか。異貌の亡命歴史家による最もラディカルな「王権の解剖学」。待望の文庫化。

王の二つの身体(下)　E・H・カントーロヴィチ　小林公訳

王朝、王冠、王の威厳。権力の自己荘厳のメカニズムを冷徹に分析する中世政治神学研究の金字塔。必読の問題作。全2巻。

世界システム論講義　川北稔

近代の世界史を有機的な展開過程として捉える見方、それが〈世界システム論〉にほかならない。第一人者が豊富なトピックとともにこの理論を解説する。

裁判官と歴史家　カルロ・ギンズブルグ　上村忠男／堤康徳訳

一九七〇年代、左翼闘争の中で起きた謎の殺人事件。冤罪とも騒がれるその裁判記録の分析に著者が挑み、歴史家のとるべき態度と使命を鮮やかに示す。

中国の歴史　岸本美緒

中国とは何か。独特の道筋をたどった中国社会の変遷を、東アジアとの関係に留意して解説。初期王朝から現代に至る通史を簡明かつダイナミックに描く。

共産主義黒書〈ソ連篇〉　ステファヌ・クルトワ／ニコラ・ヴェルト　外川継男訳

史上初の共産主義国家〈ソ連〉は、大量殺人・テロル・強制収容所を統治形態にまで高めた。レーニン以来行われてきた犯罪を赤裸々に暴いた衝撃の書。

民のモラル　近藤和彦

統治者といえど時代の約束事に従わざるをえなかった18世紀イギリス。新聞記事や裁判記録、ホーガースの風刺画などから騒擾と制裁の歴史をひもとく。

増補 大衆宣伝の神話　佐藤卓己

祝祭、漫画、シンボル、デモなど政治の視覚化は大衆の感情をどのように動員したか。ヒトラーが学んだプロパガンダを読み解く「メディア史」の出発点。

同時代史　タキトゥス　國原吉之助訳

古代ローマの暴帝ネロ自殺のあと内乱が勃発。絡みあう人間ドラマ、陰謀、凄まじい政争を、臨場感あふれる鮮やかな描写で展開した大古典。（本村凌二）

秋風秋雨人を愁殺す　武田泰淳

辛亥革命前夜、疾風のように駆け抜けた美貌の若き女性革命家秋瑾の生涯。日本刀を鍾愛した烈女秋瑾の思想と人間像を浮き彫りにした評伝の白眉。

歴史（上・下）　トゥキュディデス　小西晴雄訳

野望、虚栄、裏切り——古代ギリシアを殺戮の嵐に陥れたペロポネソス戦争とは何だったのか。その全貌を克明に記した、人類最古の本格的「歴史書」。

日本陸軍と中国　戸部良一

中国スペシャリストとして活躍し、日中提携を夢見た男たち。なぜ彼らが、泥沼の戦争へと日本を導くことになったのか。真相を追う。（五百旗頭真）

とりあえず分かる！ 世界の紛争地図　ボブ・ハリス　安原和見訳

地球上で今日も起きている武力衝突の数々。それらは、どこでどう起こっているのか？　世界中の紛争を地域ごとに、背景・経緯を解説するガイド。

ちくま学芸文庫

共産主義黒書《きょうさんしゅぎこくしょ》〈アジア篇《へん》〉

二〇一七年一月十日　第一刷発行
二〇二一年五月十五日　第二刷発行

著者　ステファヌ・クルトワ
　　　ジャン＝ルイ・マルゴラン
訳者　高橋武智（たかはし・たけとも）
発行者　喜入冬子
発行所　株式会社 筑摩書房
　　　東京都台東区蔵前二―五―三　〒一一一―八七五五
　　　電話番号　〇三―五六八七―二六〇一（代表）
装幀者　安野光雅
印刷所　明和印刷株式会社
製本所　株式会社積信堂

ISBN978-4-480-09774-3 C0131